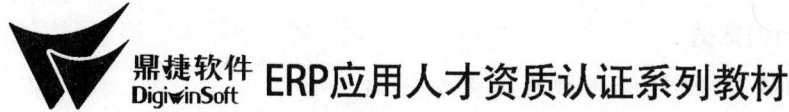

ERP应用人才资质认证系列教材

ERP应用实训教程

ERP应用教程编委会 编著

立信会计出版社
LIXIN ACCOUNTING PUBLISHING HOUSE

图书在版编目(CIP)数据

ERP 应用实训教程/ERP 应用教程编委会编著．
—上海：立信会计出版社，2014.4
ISBN 978-7-5429-4164-0

Ⅰ.①E… Ⅱ.①E… Ⅲ.①企业管理—计算机管理系统—教材 Ⅳ.①F270.7

中国版本图书馆 CIP 数据核字(2014)第 054042 号

责任编辑　黄成艮　孙　勇
封面设计　周崇文

ERP 应用实训教程

出版发行	立信会计出版社			
地　　址	上海市中山西路 2230 号	邮政编码	200235	
电　　话	(021)64411389	传　　真	(021)64411325	
网　　址	www.lixinaph.com	电子邮箱	lxaph@sh163.net	
网上书店	www.shlx.net	电　　话	(021)64411071	
经　　销	各地新华书店			
印　　刷	上海肖华印务有限公司			
开　　本	787 毫米×1092 毫米	1/16		
印　　张	21.75			
字　　数	525 千字			
版　　次	2014 年 4 月第 1 版			
印　　次	2014 年 4 月第 1 次			
印　　数	1—3 100			
书　　号	ISBN 978-7-5429-4164-0/F			
定　　价	38.00 元			

如有印订差错，请与本社联系调换

序

随着中国经济的转型与新型工业化的开展,中小企业面临着转型升级的压力,提升自身素质与竞争力是必由之路,唯有加快技术进步、提升管理水平、优化结构,增强抵抗市场风险的能力,逐步走上依靠内生增长、创新驱动的发展轨道才能跟上经济发展的潮流。从国内外企业发展经验来看,在中小企业成长发展过程中,夯实管理基础,是快速成长的前提,而标准化、信息化是夯实管理基础的基本方法与手段。

鼎捷软件在30余年的发展历程中,经历了亚太区先进制造业的完整发展过程,在这一过程中积累了丰富的企业信息化经验。从为五万余家企业服务的经历中,深深认识到企业信息化成功的关键在于人,即企业需要拥有一批既熟悉管理营运,又掌握信息化管理手段的复合型人才。因此,鼎捷软件以培养复合型信息化人才为己任,致力于与大、中专院校、教育机构合作,一起培养信息化应用型人才,建立起从学校到企业的人才输送桥梁。

鼎捷软件的易助产品是一款有着深厚应用积累的ERP软件,秉承简约管理的企业经营理念,以简单易用的特点和强大的功能为中小企业提供完整的信息化应用,为中小企业的经营管理提供平台。为了能帮助中小企业培养更多的信息化人才,我们编写了以易助软件为应用平台的信息化专业教材,供大、中专院校企业信息化专业教学使用,同时也希望有更多的企业管理人员和IT从业人员能通过这本教材熟悉ERP理念、管理方法和应用技巧。

我们愿意与各大、中专院校、教育机构建立更加密切的合作关系,共同培养出更多的信息化专业人才和企业管理复合型人才,为中国信息化人才的培养和ERP在中国的普及贡献力量。

黄锦禄

2014年4月

前　言

鼎捷软件根据未来市场对 ERP 复合型人才的迫切需求，在总结多年 ERP 专业人才培训经验的基础上，组织了中小企业的行业专家和资深顾问成立 ERP 应用教程编委会，为高校师生、企业用户及社会在职人员，有针对性地设计了"ERP 应用人才培训课程"。本教材从 ERP 的发展史、实施方法、案例分析到 ERP 系统的实务操作，以企业应用实务模拟的方式，深入浅出地引导 ERP 初学者，使他们对 ERP 在企业中的价值有正确的认知和理解并能掌握其应用。

本教材是"全国信息化工程师"认证指定教材，是鼎捷软件中小企业事业部以易助 ERP 软件为平台所编写而成的。本教材共分 17 章，第 1 章为 ERP 基础知识，第 2 章为 ERP 实施方法论及常用工具介绍，第 3~17 章以一家电子企业为背景，采用模拟企业实际经营场景与相应功能模块相结合的方法设计实验，引导学习者身临其境地走进 ERP 世界。

为了协助学习者更好地理解 ERP 知识，更顺利地通过认证考试，同时也为了更好地提升 ERP 系统的应用效益，经过 ERP 专家们的共同努力，还研发了配套的网络 E-Learning 教学课件，网址为：http://elearning.digiwin.com.cn。

本教材可作为高等院校信息管理、企业管理、生产管理、物流管理、财务管理、经济管理、工商管理、电子商务等专业的教材和教学参考书，也可作为从事企业管理、信息管理、企业信息化等高级管理人员的培训教材和参考用书。

本教材由 ERP 应用教程编委会组织编写，编委会成员包括：孟磊、汪敬松、徐晨辉、袁成美、李自坤、张敏、张惠丽、徐静。

我们努力追求把本套教材和课程体系设计得尽善尽美，但疏漏之处在所难免，殷切希望读者批评指正。

编　者

2014 年 4 月

目录 Contents

第1章 ERP 基础知识 1
1.1 ERP 基本概念与原理 1
1.2 ERP 系统的主要业务功能 2
1.3 信息管理方向职业规划 2
1.4 项目管理的初级知识 3

第2章 鼎捷 ERP 标准实施方法论及常用工具 4
2.1 鼎捷 ERP 标准实施方法论 4
2.2 Microsoft Project 2007 工具应用 10
2.3 Microsoft Visio 2007 工具应用 20
2.4 数据库的基础应用 31

第3章 企业现状分析 32
3.1 公司 ERP 项目背景 32
3.2 由日常生活理解 ERP 术语的含义 33

第4章 销售业务管理 35
4.1 销售业务基本流程 36
4.2 基础资料 37
4.3 销售业务操作过程 45
4.4 销售业务相关报表 64
4.5 企业销售业务工作任务分析与操作 71

第5章 采购业务管理 74
5.1 采购业务基本流程 75
5.2 资料 75
5.3 采购业务操作过程 79
5.4 采购业务相关报表 94
5.5 企业采购业务工作任务分析与操作 97

第 6 章 存货管理 · 98
6.1 存货业务基本流程 · 99
6.2 基础资料 · 99
6.3 存货业务操作过程 · 101
6.4 存货管理报表 · 122
6.5 企业存货业务工作任务分析与操作 · 127

第 7 章 物料需求管理 · 128
7.1 物料需求管理基本流程 · 129
7.2 基础资料 · 129
7.3 物料需求的操作过程 · 130
7.4 物料需求相关报表 · 136
7.5 企业物料需求工作任务分析与操作 · 136

第 8 章 生产流程管理 · 141
8.1 生产管理基本流程 · 142
8.2 基础资料 · 142
8.3 产品结构 · 143
8.4 厂内生产管理操作过程 · 149
8.5 委外生产管理操作过程 · 174
8.6 生产管理报表 · 200

第 9 章 工艺流程管理 · 204
9.1 工艺管理基本流程 · 205
9.2 基础资料 · 205
9.3 工艺管理操作过程 · 208
9.4 工艺管理相关报表 · 213
9.5 企业工艺管理工作任务分析与操作 · 214

第 10 章 应收应付管理 · 216
10.1 应收应付业务基本流程 · 217
10.2 基础资料 · 218
10.3 应收应付业务操作过程 · 222
10.4 应收应付相关报表 · 229
10.5 企业应收应付业务工作任务分析与操作 · 230

第 11 章 现金银行管理 · 231
11.1 现金银行业务基本流程 · 232
11.2 现金银行业务基础资料 · 232

11.3　现金银行业务操作过程 ·· 234
11.4　现金银行业务相关报表 ·· 238
11.5　现金银行业务工作任务分析与操作 ······································ 241

第12章　固定资产管理 ·· 243
12.1　固定资产业务基本流程 ·· 244
12.2　固定资产业务操作过程 ·· 247
12.3　固定资产业务相关报表 ·· 251
12.4　固定资产业务工作任务分析与操作 ······································ 256

第13章　工资业务管理 ·· 260
13.1　工资业务主流程 ·· 261
13.2　工资业务基础资料 ··· 261
13.3　工资业务的操作过程 ·· 263
13.4　工资业务相关报表 ··· 269
13.5　企业工资业务工作任务分析与操作 ······································ 270

第14章　总账业务管理 ·· 272
14.1　总账业务基本流程 ··· 273
14.2　基础资料 ··· 274
14.3　总账业务操作过程 ··· 282
14.4　总账业务相关报表 ··· 289

第15章　生产成本管理 ·· 293
15.1　生产成本基本流程 ··· 294
15.2　基础资料 ··· 294
15.3　生产成本相关报表 ··· 296

第16章　CRM客户关系管理 ·· 300
16.1　CRM基本流程 ·· 301
16.2　基础资料 ··· 301
16.3　CRM业务操作过程 ·· 302
16.4　CRM系统相关报表 ·· 316

第17章　其他管理模块功能说明 ··· 318
17.1　服务管理 ··· 319
17.2　检验管理 ··· 324
17.3　管理导航 ··· 329
17.4　报表设计器 ··· 332

第 1 章 ERP 基础知识

课程目标

- 了解 ERP 基本概念及原理
- 熟悉企业基本业务流程,并了解其与 ERP 之间的关联
- 熟悉信息管理的重要性及基本要素
- 熟悉信息化管理的基本方向
- 了解信息化职业发展规划
- 熟悉项目管理基本要素
- 熟悉 ERP 项目管理的基本要求和掌握 ERP 项目管理的技能

1.1 ERP 基本概念与原理

ERP 是企业资源计划(Enterprise Resource Planning,ERP)的英文缩写。作为新一代 MRPII,其概念由美国 Gartner Group(加特纳集团公司)于 20 世纪 90 年代初首先提出。经过 20 余年的时间,ERP 已由概念发展到应用。目前,主流 MRPII 软件供应商已普遍宣传自己的集成系统是 ERP。ERP 流程图如图 1-1 所示。

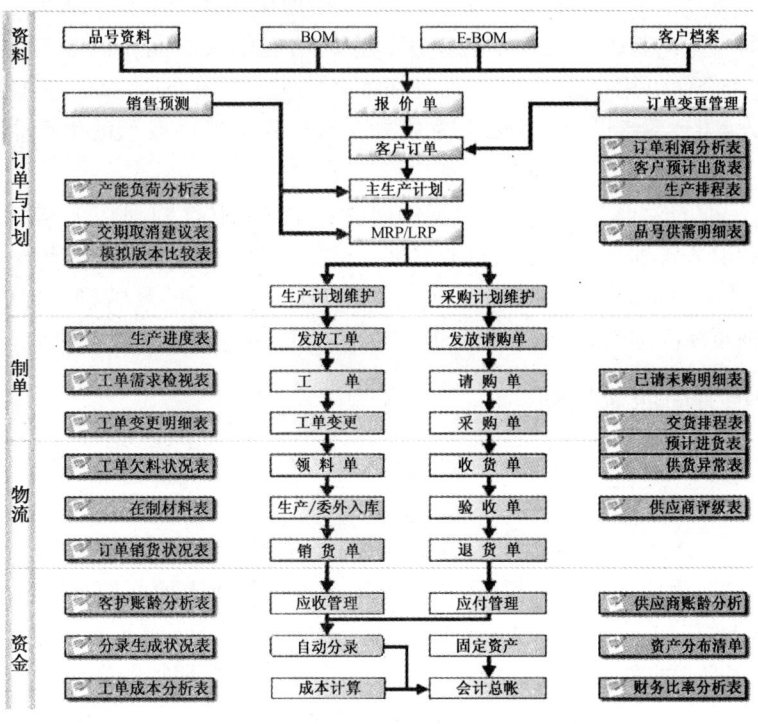

图 1-1 ERP 流程图

1.1.1 ERP 的定义

Gartner Group 信息技术词汇表中关于 ERP 的定义：ERP 是一个由 Gartner Group 提出的概念，是描述下一代制造经营系统和制造资源计划（MRPII）的软件。它将包含客户/服务架构，使用图形用户接口，采用开放式系统制作。它除了已有（MRPII）的标准功能外，还包括其他特性，如质量、过程运作管理以及管制报告等。这就是新一代的 MRPII，即企业资源计划。

ERP 既要具有现行 MRPII 系统的实用性，又要考虑混合型生产的需要，还要有不同计算机平台的环境，图形化窗口界面，仿真和多媒体技术，以及通过 EDI 同外部环境的连接的功能。ERP 将通过降低硬件的成本，减少操作的复杂性，采用开放系统，面向用户，缩短开发周期，采用压缩软件安装，使其逐步进入全球越来越多的公司。

1.1.2 ERP 的目标

企业是利用各项资源提供产品或服务的组织，一般可以用"5M2I1T"来定义这些资源，即 man, money, machine, method, material, information, invisible, time。ERP 系统可以高效地处理材料、产品、设备、流程、人力以及资金等各资源。

ERP 的绩效取决于企业是否善于利用这些资源。ERP 系统是反映企业实际运作的信息系统，企业中的每一项资源在 ERP 系统中自然有对应的软件模块。用系统观念来看企业资源，企业就是一个系统。这个系统由输入、处理和输出组成，系统必须顺应环境，整个 ERP 系统就是在模拟企业这个实际系统，并根据系统现况及环境的变化提出适应的方法，或根据对系统及环境的判断来提示未来可采取的策略。

1.2 ERP 系统的主要业务功能

ERP 是将企业所有资源进行整合集成管理，简单地说是将企业的三大流：物流、资金流、信息流进行全面一体化管理的管理信息系统。它的功能模块不同于以往的 MRP 或 MRPII 的模块，不仅生产企业可用它进行管理，而且在许多其他类型的企业，如一些非生产性、公益性的企业也可导入 ERP 系统进行资源计划和管理。这里将仍然以典型的生产企业为例来介绍 ERP 的功能模块。

在企业中，一般的管理主要包括三方面的内容：生产控制（计划、制造）、物流管理（分销、采购、库存管理）和财务管理（会计核算、财务管理）。这三大系统本身就是集成体，它们互相之间有相应的接口，能够很好地整合在一起来对企业进行管理。另外，要特别一提的是，随着企业对人力资源管理重视的加强，已经有越来越多的 ERP 厂商将人力资源管理纳入了 ERP 系统。

1.3 信息管理方向职业规划

（1）职业介绍。传统认定的企业信息管理工作人员为从事企（事）业单位信息化建设，承担信息技术应用和信息系统开发、维护、管理以及信息资源开发利用的复合型人才。

（2）能力要求。信息化管理工作人员首先是一名合格的企业管理人才，要有从事企业经营管理的经验，对企业的人力资源管理、部门协调、发展战略等方面都要有比较清醒的认识；同时，信息化管理工作人员还必须具备一定的信息产业知识，能够了解国际信息产业发展的潮流趋势，及时掌握最新信息管理系统的特点与功效。企业信息管理师的知识结构则要横跨文理两大学科。

（3）职业薪酬。由于该职业要求任职者拥有对行业发展方向的预测能力、沟通、组织和计划的能力，又处于一个正在发展的时期，创新度相对较大。从业人员年度固定现金收入的平均水平能够达到 19.2 万元，年度总薪酬的平均水平超过 24 万元。据统计，在北京，中级经理的平均年薪为 15 万元/年。

（4）现状与前景。我国的企业，特别是 IT 企业，面临着我国信息化的黄金时代。经济全球化的发展和我国加入 WTO 后，IT 企业迎来了前所未有的发展机遇和压力，这些企业不仅需要计算机软、硬件工程师，网络工程师，通信工程师，更需要信息化建设的复合型开发和管理人才，以便进行单位和部门的应用系统的开发、维护，进行信息资源的开发利用。

1.4 项目管理的初级知识

1.4.1 ERP 项目管理相关背景(ERP History of Project Management)

既然 ERP 是企业管理信息系统，实施应用 ERP 必然要结合业务流程的优化，也就是企业资源配置的合理化，而企业的效益又依赖于描述这种配置的规划模型的优化，因此，规划模型的优化作为 ERP 实施首要的同时也是最终的目标，其他任务都处于从属地位。在 ERP 的实施中，要把 ERP 与工业自动控制系统的概念区分开。ERP 是一个资源调度或决策支持系统，其中有对生产、设备、能力及各种工艺的评估和计算，但 ERP 不等同于自动控制。

1.4.2 项目过程管理(Project Process Management)

ERP 项目的实施过程大致可以归结为 6 步：

（1）项目开始。项目开始阶段主要针对 ERP 项目的需求、范围和可行性进行分析，制定项目的总体安排计划，并以项目合同的方式由企业与 ERP 软件公司确定项目责任和授权。多数中小企业往往缺乏信息管理人才，前期的工作可以委托咨询顾问公司协助完成。

（2）项目选型。在明确了项目的期望和需求后，系统选择阶段的主要工作就是为企业选择合适的软件系统和硬件平台。对软件商的选择和评估是综合性、多方面的，这阶段的主要工作是进行系统选择的风险控制，在综合评测的基础上考察，合理匹配系统功能和自身需求，综合评价供应商的产品功能和价格、技术支持及服务能力等因素，避免在系统选型过程中出现舞弊等行为。

（3）项目计划。项目计划阶段是 ERP 项目进入系统实施的启动阶段，主要进行的工作包括：确定详细的项目实施范围、定义递交的工作成果、评估实施过程中主要的风险、制定项目实施的时间计划、成本和预算计划、人力资源计划等。

（4）项目执行。项目执行阶段是实施过程中历时最长的一个阶段。项目执行贯穿于 ERP 项目的业务模拟测试、系统开发确认和系统转换运行 3 个步骤中。项目执行实施的成败与该阶段项目管理进行的好坏休戚相关。在项目执行阶段进行的项目管理的主要内容包括实施计划的执行、时间和成本的控制、实施文档管理、项目进度汇报、项目例会和纪要等内容。

（5）项目评估。项目评估阶段的核心是项目监控，就是利用项目管理工具和技术来衡量和更新项目任务。项目评估同样贯穿于 ERP 项目的业务模拟测试、系统开发确认和系统转换运行 3 个步骤中。项目评估主要侧重阶段性评估、项目里程碑的鉴定和验收、实施质量的检验等。

（6）项目完成。项目完成阶段是整个项目实施的最后一个阶段。此时，工作接近尾声，已经取得了项目实施成果。在这一最后阶段，仍有重要的项目管理工作需要开展，主要有行政验收、项目总结、经验交流、正式移交等。贯穿上述 6 个项目管理阶段全过程的工作是项目的表现衡量和质量管理，以及项目风险的管理控制。

第 2 章 鼎捷 ERP 标准实施方法论及常用工具

课程目标
- 熟悉 ERP 基本概念及原理
- 熟悉 ERP 标准实施方法论
- 掌握 ERP 项目实施步骤
- 熟悉项目管理基础理论
- 了解 Microsoft Project 项目管理工具
- 了解 Microsoft Visio 流程管理工具

2.1 鼎捷 ERP 标准实施方法论

正确目标的实现必须有正确的策略和方法来保证，ERP 系统实施能否达到预期目标，实施策略和方法非常重要。鼎捷软件经过 30 多年的行业积累，整理并完善了一套可行性较高的实施方法。方法论框架图如图 2-1 所示。

图 2-1 方法论框架图

2.1.1 初访

1. 实施天数
- 1 天（如无特别说明，以下描述均针对外埠客户）。
2. 实施内容
- 与对方企业及项目负责人进行初步沟通，说明项目的大致流程及我方人员和机制；
- 协助客户方成立相关项目组，建立沟通渠道（如有可能可以考虑召开项目启动大会）；
- 结合调研问卷，对客户方各个部门进行调研和访谈；

- 参观对方厂房(生产性企业)和店面(流通性企业)。
3. 前置文档
- 《客服代号及服务机制人员名单》;
- 《项目实施进度表》;
- 《顾问辅导通知单》。
4. 产出文档
- 《电脑化推行小组组织图》;
- 《客户基本资料问卷》(视客户方购买模块决定具体选用的问卷);
- 《项目启动会议报告书》。
5. 重点事项
- 在对客户进行初访之前,需要尽量多了解一些客户的状况,比如,客户所属行业、企业规模、年营业额等相关信息,这样,当与客户交流时就会有更多的共同语言(这些信息的获取,主要有两个途径:①通过代理商或前期与客户接触较深入的业务人员获取;②通过网络获取。通常情况下,通过网络获取的信息比较及时和相对准确些);
- 了解企业领导者的最高期望,得到客户高层领导甚至一把手的信任,这样更容易使客户满意;
- 可以与系统安装同天进行;
- 与代理商/客户沟通时间表与服务内容;拟定实施计划,与代理商/客户确认时间及相关费用(食/宿/行);由项目经理主持召开一个项目碰头会,最好由公司高层出面动员。

2.1.2 培训

1. 实施天数
- 2～3天(视客户方购买模块数量决定,不含IT应用培训和上机练习时间)。
2. 实施内容
- 对客户方项目组成员进行标准教育培训,建议具体操作按照部门进行;
- 有针对性地提升客户方操作人员的IT应用水平(由于客户方操作人员的信息化程度过低,会造成正常使用系统出现困难,这种情况比比皆是。作为顾问,如有可能,应尽量在培训环节就加强对具体录入人员的IT应用水平的提升训练)。
3. 前置文档
- 《顾问辅导通知单》;
- 《培训课程人员指派建议表》。
4. 产出文档
- 《教育训练签到表》(这是必需的,对培训严肃性和效果会产生直接影响);
- 《学员意见调查表》(可由不同部门或不同管理层面的学员进行填写);
- 《系统课后测验》(视客户方购买模块情况决定);
- 《成绩单》(由我方顾问和客户方项目负责人在相对小范围内掌握即可)。
5. 重点事项
- 通常情况下,如果培训工作能做得踏实和到位,项目的成功就实现了一半,由此可见,在整个项目辅导中培训的重要性;

- 针对易助级别客户的培训，需要顾问按照客户的具体情况（如客户高层领导意识不到位、白天工作时间太忙等），对标准化的培训做相应调整；
- 顾问要在项目组中树立威信，需要占主导位置；
- 着重培养企业自身的技术维护人员，并要求其全程参与培训，独当一面，这样才无后顾之忧。参训人数少的话，尽量边练边教，寻找接受能力好的对象，重点培养成客户窗口；
- 课前预习及课后测试都可以帮助客户更清楚了解所讲的内容；
- 培训最好结合客户的实际业务来讲，容易让人接受；注重他们的实际操作能力，每讲一段都要留出时间给他们上机练习。

2.1.3 业务流程及编码方案讨论

1. 实施天数
   - 0.5~1天。
2. 实施内容
   - 结合客户方实际业务及系统状况讨论决定优化后的业务流程；
   - 对系统中的各项基础数据和单据的编码方案进行讨论决定（在下一步的内部演练阶段通常会对这个阶段的基础数据方案进行一定的修订，从整个项目的角度来说，这属正常现象，只是需要由顾问提前向客户予以说明）。
3. 前置文档
   - 《顾问辅导通知单》。
4. 产出文档
   - 《基本材料准备表》（这是必需的，类似于军令状，可达到令行禁止的奇效）；
   - 《主要阶段基础数据准备进度表》（意义与《基础材料准备表》类似，可由顾问按照自己习惯酌情选用）；
   - 《系统业务处理流程》（建议按客户方部门业务或岗位范畴进行划分，而不要按系统模块类别进行划分）。
5. 重点事项
   - 顾问得提供与客户类似行业的业务流程及编码方案的模块，并专门安排时间讲解，之后按客户方部门业务或岗位由关键用户去制定流程，督促客户方按时提交，并将流程纳入客户ERP实施规划文档；
   - 请有决定权的高层坐镇流程讨论，能够帮助更快地找到大家都能接受的方式，让客户决策层对各部门人员灌输局部效益服从整体效益的思想；
   - 编码规范力求用最简单的构成完成描述，要明白，编码只是一个符号，更多的意义应该在品名中表现；
   - 流程设计讨论要基于充分的调研，先从基层了解现有流程，再找高层了解未来期望，最后再结合两者讨论。

2.1.4 基础数据检核

1. 实施天数
   - 0.5天。
2. 实施内容
   - 对客户方所搜集的基础数据进行抽检。

3. 前置文档
- 《顾问辅导通知单》。

4. 产出文档
- 《主要阶段基础数据检核表》。

5. 重点事项
- 基础数据导入可以使用 Excel 批量导入，但 Excel 不是万能的，为了确保前期的基础数据准确，应尽可能少用数据导入方式；
- 检查数据输入是否有问题，可以直接查询各项基础信息清单，使用报表的筛选功能找出输入不全的数据；
- 数据录入前开一个碰头会，由客户方项目经理公布负责人、时限、注意事项等，以引起操作员的重视从而保证录入效率和效果；
- 检核工作非常重要，最好由各相应主管参与检核，这样比较容易查出错误。

2.1.5 仿真演练

1. 实施天数
- 1 天。

2. 实施内容
- 各部门结合实际业务进行协同仿真演练（按照部门日常作业的单据在系统中进行操作流转）。

3. 前置文档
- 《顾问辅导通知单》。

4. 产出文档
- 《仿真演练总结》（对仿真演练过程中暴露的问题以及需要改进之处以书面形式提交客户方项目负责人）。

5. 重点事项
- 仿真使用的数据库最好与正式数据库分开，即复制正式数据库后再进行仿真演练；
- 一定要正式地给客户方项目负责人讲解清楚仿真演练的重要性，并尽可能模拟出现实作业过程的实际情况；
- 确保操作数据的正确性，对于素质差的，甚至可以要求其操作某些具体步骤，以至指定数据操作顺序。

2.1.6 仿真演练调整

1. 实施天数
- 0.5~1 天。

2. 实施内容
- 对仿真过程中出现的问题进行针对性的整改，以期将各种可能在正式上线中出现的问题最大限度地予以排除。

3. 前置文档
- 《顾问辅导通知单》。

4. 产出文档
- 《客户需求确认书》。

5. 重点事项
- 对仿真过程中出现的问题进行针对性的整改,在有变通解决方法的前提下,尽可能地少做二次开发去实现个案需求;
- 善用触发器和自定义字段的功能,快速解决客户问题;
- 对客户提出的需求做适度引导,尽量简化需求,不能够一味地迎合客户的需求,需要引导客户向系统标准化的应用靠拢;
- 演练后再开一个碰头会,把演练的结果通知客户领导,对问题清单及解决方法要找到责任人签名,并限期整改,同时将问题反馈给项目经理,一并讨论整改事宜。

2.1.7 期初余额检核/导入

1. 实施天数
- 0.5 天。

2. 实施内容
- 对客户方库存/应收/应付/总账各项期初余额的搜集和录入工作进行检核;
- 将检核完成的各项余额导入。

3. 前置文档
- 《顾问辅导通知单》。

4. 产出文档
- 《主要阶段期初余额导入进度表》;

5. 重点事项
- 建议以盘点形式进行期初开账,事先罗列可能会发生问题的问题点,并要求管理涉及人员的开账期间进行检核;
- 期初数据在各模块中分别进行导入时,汇总到会计段时注意不要与会计账务重复;
- 客户说没有问题不一定没问题,只有自己去检核了才是最好的保证。

2.1.8 系统开账/上线驻厂

1. 实施天数
- 1～2 天。

2. 实施内容
- 系统正式开账后,顾问应视具体状况进行 1～2 天的驻厂,以免出现意外状况影响刚刚启用的系统。

3. 前置文档
- 《顾问辅导通知单》。

4. 产出文档
- 暂无。

5. 重点事项
- 必须确保能即时解决项目上线过程中至关重要的环节在此阶段使用过程出现的问题,并保持客户方全体使用人员对上线操作的信心和积极性;
- 事先将各部门的操作规范与流程简单的说明书面分发给操作人员;
- 系统上线不等于完全废弃手工账,有时候系统与手工并行(当然只是上线的开始阶段,一般不超过 2 个月)能够帮助找到问题所在;

- 养成良好的习惯，每天下班前都检核一下账表数据是否准确。

2.1.9 第一次正式月结

1. 实施天数
- 2天。
2. 实施内容
- 期末月结。
3. 前置文档
- 《顾问辅导通知单》。
4. 产出文档
- 《月结报告》。
5. 重点事项
- 当项目实施到一定阶段，需要整理相关的文档并通知客户领导层签字确认，为后期结案铺垫；
- 经常和企业领导者沟通(Call High)，善于给高层总结、讲解效益、诱导结案；
- 花较多时间去对账，如有差异，要告诉他们调整的方法，调整好了就月结，要是后面有差异继续调整，主要目标是不要影响之后系统的运行；
- 假如平常都在关注数据，第一次月结应该不会出现太大偏差，不过为了以防万一，在期初开账的碰头会上可以适当给客户降降温；如果出现问题，一定要积极配合解决，这可是项目圆满完工的最后一步了；
- 不要指望第一个月的月结就能完全达到目标要求，存在差异并不代表你的上线是失败的。

2.1.10 项目结案

1. 实施天数
- 1天。
2. 实施内容
- 项目上线完成，与客户方项目组和项目负责人就项目实施状况和效益作沟通，完成项目结项。
3. 前置文档
- 《顾问辅导通知单》。
4. 产出文档
- 《项目结案报告书》。
5. 重点事项
- 结案并不等于项目的结束，结案是顾问维持长期收入的一个开始；
- 向客户提交项目结案报告，并让客户对本次实施ERP的各个模块进行项目结案签字确认；
- 有始有终，最后一次项目碰头会，除了就项目论项目，也应适当说些鼓励和感谢的话，千万要控制好局面，别让谁再纠缠软件的功能层面，借助人格魅力为后面持续为客户服务提供保障；
- 客户永远不会主动表示可以结案了。

2.2 Microsoft Project 2007 工具应用

Microsoft Project 2007 是流行的基于网络的项目管理软件,在各类项目管理中发挥着巨大的作用。本章将全面介绍 Microsoft Project 2007 的强大功能和使用方法。首先将介绍项目管理基础,然后将介绍如何建立具体的项目,接着介绍如何改进项目,如何跟踪进度。

项目管理是一门实践的艺术与科学。就其核心而言,项目管理是一种融合技能与工具的"工具箱",项目管理有助于预测和控制组织工作的成果。除了项目,组织还有其他工作。项目(如电影项目)与持续业务(Ongoing Operation)(如工资单服务)截然不同,因为项目是临时性的工作,产生唯一性的成果或最终结果。

凭借优秀的项目管理系统,您可以解决以下问题:

- 要取得项目的可交付成果,必须执行什么任务,以何种顺序执行?
- 应于何时执行每一个任务?
- 谁来完成这些任务?
- 成本是多少?
- 如果某些任务没有按计划完成,该怎么办?
- 对那些关心项目的人而言,交流项目详情的最佳方式是什么?

良好的项目管理并不能保证每个项目一定成功,但不良的项目管理却会是失败的原因之一。在项目管理工具箱中,Microsoft Office Project 2007 应是最常用的工具之一。本章将介绍如何使用 Project 建立项目计划(包括任务和资源的分配),如何使用 Project 中扩展的格式化特性来组织和格式化项目计划的详细信息,如何跟踪查看实际工作与计划是否吻合,以及当工作与计划脱轨时如何采取补救措施。

2.2.1 使用 Project 管理项目

世界上最好的管理工具也不能替代自己的准确判断。但是工具可以也应该有助于完成下列工作:

- 跟踪与工作有关的所有信息:项目的工期、成本和资源需求。
- 以标准、美观的格式形象具体地呈现项目计划。
- 一致而高效地安排任务和资源。
- 与其他 Microsoft Office 系统应用程序交换项目信息。
- 作为项目经理,在保持对项目的最终控制权的同时,又能与资源和其他项目关系人交流。
- 使用外观和操作类似桌面程序的应用来管理项目。

2.2.2 视图

Project 中的工作区称为视图。Project 包含若干视图,但通常一次只使用一个(有时是两个)视图。使用视图可以输入、编辑、分析和显示项目信息。默认视图(Project 启动时所见)是"甘特图"视图。

通常,视图着重显示任务或资源的详细信息。例如,"甘特图"视图在视图左侧以表格形式列出了任务的详细信息,而在视图右侧将每个任务图形化,以条状表示在图中。"甘特图"视图是显示项目计划的常用方式,特别是要将项目计划呈送他人审阅时,它对于输入和细化任务详细信息及分析项目是有利的。

在本章中，将以"甘特图"视图启动 Project，然后切换到突出项目计划不同部分的其他视图。最后，学习复合视图，以便更容易聚焦于特定的项目详细信息。

（1）单击"视图"菜单中的"资源工作表"。此时，"资源工作表"视图代替"甘特图"视图，如图 2-2、图 2-3 所示。

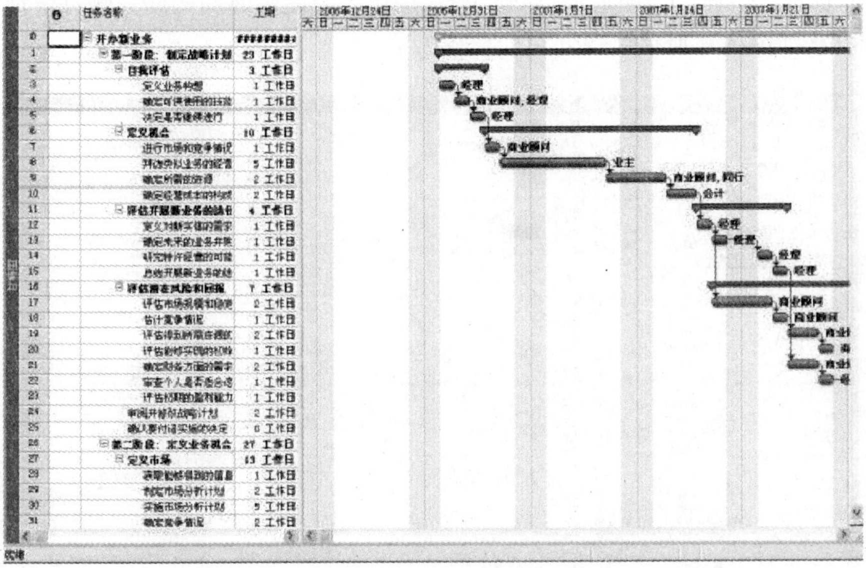

图 2-2 "甘特图"视图

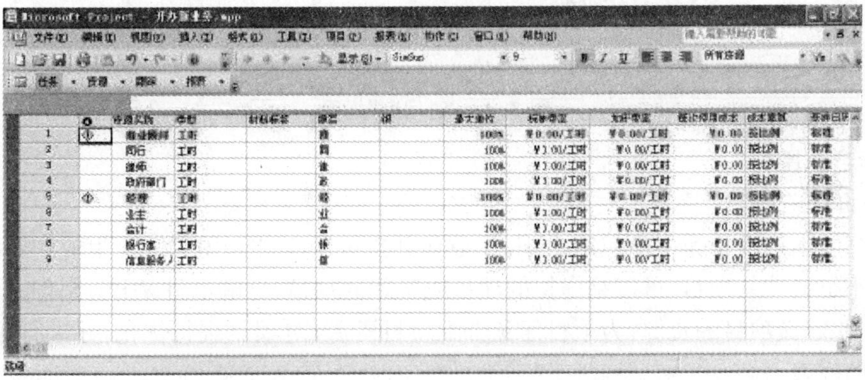

图 2-3 "资源工作表"视图

"资源工作表"视图以行列格式（称为表）显示资源的详细信息，一行显示一个资源。此视图是工作表视图的一种。另一种工作表视图称为任务工作表视图，用于列出任务的详细信息。注意，"资源工作表"视图并没有显示资源所分配到的任务的任何信息。如想查看此类信息，需要切换到不同视图。

（2）单击"视图"菜单中的"资源使用状况"，此时，"资源使用状况"视图代替"资源工作表"视图。此状况视图将每一个资源所分配到的任务组织在一起。另一种使用状况视图是"任务分配状况"视图，其用途与"资源使用状况"视图相反，用于显示分配到每一个任务的所有资源。

使用状况视图也可以将每一个资源的工时分配以不同时间刻显示,如每天或每周。

(3) 单击"视图"菜单中的"任务分配状况"。此时"任务分配状况"视图代替"资源使用状况"视图。

(4) 在视图左侧的表中,单击"定义业务构想"(第三个任务的名称)。

(5) 在"标准"工具栏上,单击"滚动到任务"按钮。视图的时间刻度一侧可滚动显示每一任务的工时值,如图2-4所示。

图 2-4 "时间表"视图

2.2.3 学习范围

1. 产出物范围

时间刻度本产出物为一份使用 Project 制作并生成的文件和用 Word 生成的对工作的描述文档。小组自选一项目,可以是虚拟的项目或实际的项目,分解项目 WBS,制作一份项目进度计划表,并定义项目的资源,为项目任务分配项目资源,对项目进行优化,并进行跟踪,最后输出项目的报表。

通过 Project 生成的文件和 word 文档,能让阅读者明白项目的进度安排、项目资源分配情况、项目的优化过程、项目的跟踪过程、项目的报表信息。

2. 工作范围

首先组建作业的项目团队,选出项目经理(组长),选择一个项目作为作业的案例。明确项目产出物范围和项目工作范围。制订初试的项目进度表,定义资源并为任务分配资源,进行项目的优化,避免出现资源的过度分配或分配不足的情况,对项目进行跟踪,并输出项目的报表。

2.2.4 练习过程

1. 确定项目

小组确定的项目为一个组合锂电池开发项目,这是一个以实际项目为背景的案例,根据作业的要求,对项目的任务进行了部分修改和调整,以更适合作业要求。经过修改后,将项目划分为决策阶段、设计阶段、样品制作阶段、工艺试制阶段四大阶段。项目以完成工艺试制,通过评审,进入批量生产阶段为完成标志。

2. 制订初步项目进度计划

项目确定后,对项目的四大阶段的任务进行了细分,一共分解成 35 个任务,将任务输入了 Project 软件,并对任务进行了初步的时间安排,得到如图 2-5、图 2-6 所示的项目进度计划图。

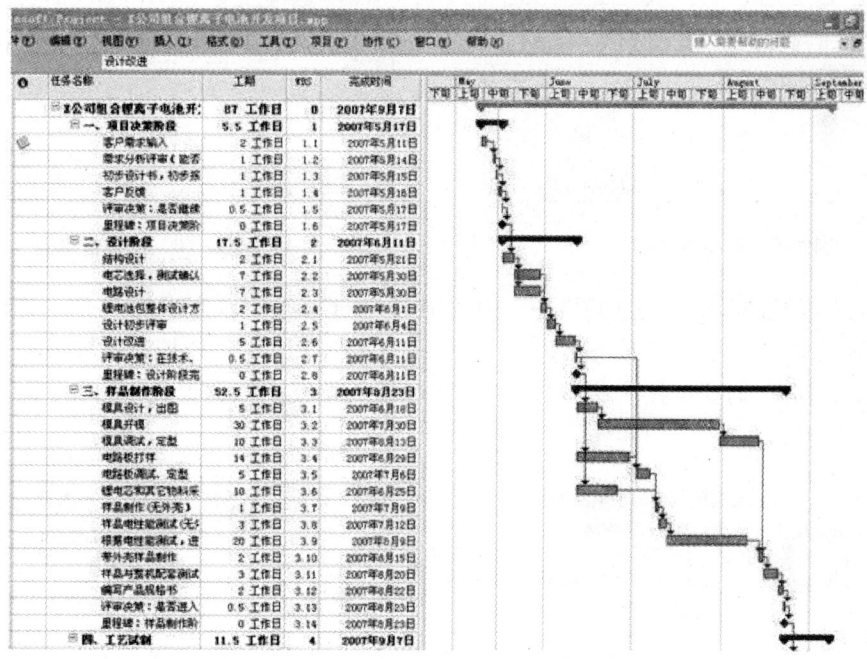

图 2-5 "项目进度计划"视图

图 2-6 "项目进度计划"视图

3. 制订初步项目进度计划

得到初步的项目进度计划表后,希望项目的 WBS 编码以 A1-1 的格式来定义,首先通过插入列,将 WBS 显示出来,然后通过 Project 软件菜单中项目-WBS 定义 WBS 代码,弹出如图 2-7 所示的窗体,在窗体中进行相应的设置,点击确认后,WBS 的代码格式就修改成为需要的格式了,结果如图 2-8 所示。

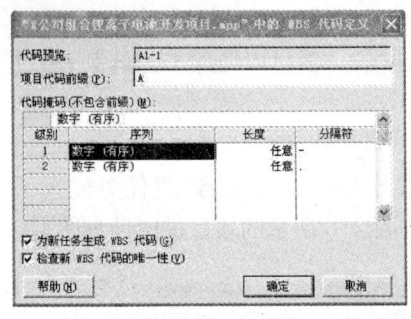

图 2-7　WBS 代码定义图

图 2-8　项目进度计划图

4. 修改任务

对于每个任务,需要对其进行修改时,通过双击任务或点击菜单的任务信息,弹出如图 2-9、图 2-10 所示的窗体,可以进行任务信息修改。

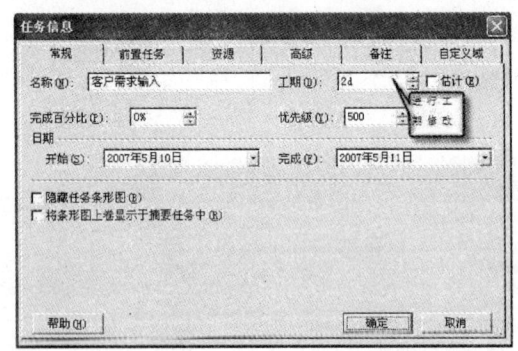

图 2-9　任务信息图

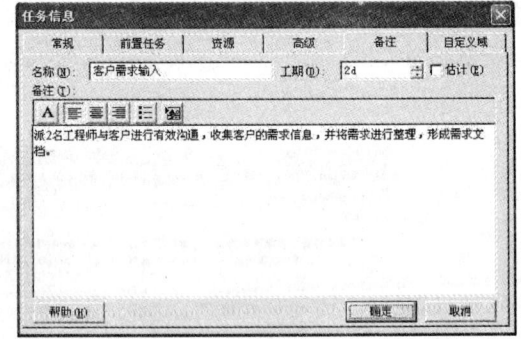

图 2-10　任务信息图

这里以对任务进行备注信息的描述为例,切换插页到"备注"页,如图 2-11 所示,输入该任务的详细信息,完成后,可以看到任务名称前出现了一个类似于记事本的小图标,如图 2-11 所示。

对于某些任务,需要链接一些附件,可以通过添加超级链接的方式进行添加。添加完成后,如图 2-12 所示。

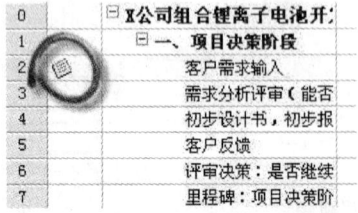

图 2-11　任务详细信息图　　　　　　图 2-12　任务链接图

5. 定义资源和为任务分配资源

在任务定义和初步的任务时间安排完成后,需要对项目进行资源的定义以及为任务分配资源。点击工具栏项目向导中的"资源",点击左边资源向导的"为项目指定人员和设备",在右边视图里,可以进行资源的定义和输入,如图 2-13 所示。

图 2-13 任务资源定义图

在对资源的定义完成后,对每一项任务进行资源的分配,在资源向导界面中,点击左边的"向任务分配人员和设备"链接,出现如图 2-14、图 2-15、图 2-16 所示的任务分配资源图的向导,点击"分配资源"链接,在出现的窗体中进行为任务分配资源的操作。

资源分配后,通过菜单中的格式—甘特图向导来设置是否在甘特图中显示资源名称。选择显示后,显示资源甘特图如图 2-17 所示。

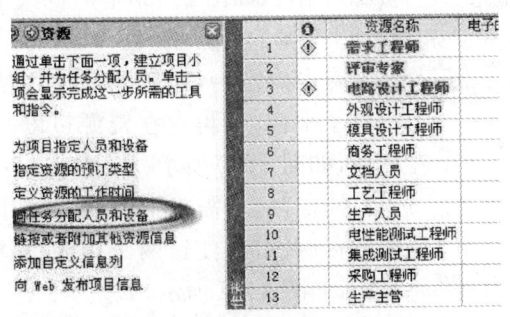

图 2-14 任务分配资源图

图 2-15 任务分配资源图

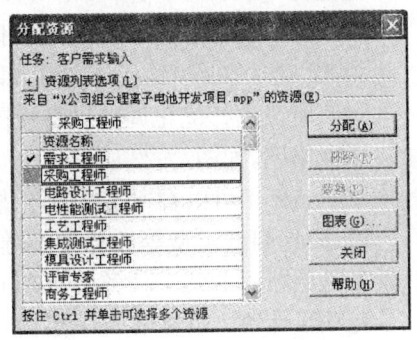

图 2-16 任务分配资源图

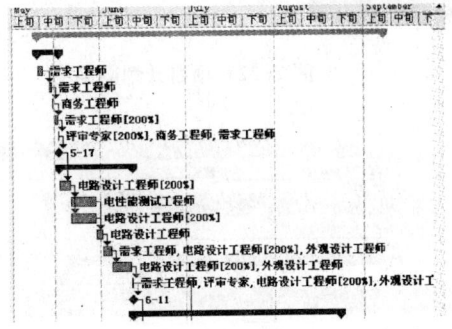

图 2-17 显示资源甘特图

6. 优化项目计划

在完成了资源的定义和分配工作后,需要对项目的进度安排进行优化,以使工期最为合理,同时避免出现资源的过度分配或分配不足。

点击项目向导的"资源",并在资源向导中点击"为项目指定人员与设备"链接,视图栏出现了如图 2-18 所示的界面。

		资源名称	电子邮件地址	Windows 用户帐户	组	标准费率	加班费率
1	◆	需求工程师				¥50.00/工时	¥100.00/工时
2		评审专家				¥100.00/工时	¥300.00/工时
3	◆	电路设计工程师				¥80.00/工时	¥160.00/工时
4		外观设计工程师				¥50.00/工时	¥100.00/工时
5		模具设计工程师				¥50.00/工时	¥100.00/工时
6		商务工程师				¥50.00/工时	¥100.00/工时
7		文档人员				¥50.00/工时	¥100.00/工时
8		工艺工程师				¥50.00/工时	¥100.00/工时
9		生产人员				¥30.00/工时	¥60.00/工时
10		电性能测试工程师				¥40.00/工时	¥80.00/工时
11		集成测试工程师				¥40.00/工时	¥80.00/工时
12		采购工程师				¥50.00/工时	¥100.00/工时
13		生产主管				¥80.00/工时	¥160.00/工时

图 2-18　项目资源图

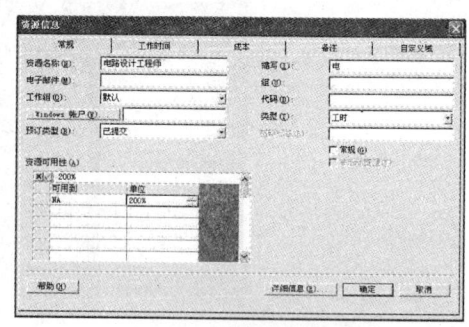

图 2-19　资源信息图

可以看到其中有三行是用红色字体标出的(图 2-18 中框内部分为红字),这说明三个资源存在过度分配现象。通过增加资源的供应来解决资源的过度分配情况。双击存在过度分配的资源,修改资源可用性,如图 2-19 所示,修改电路设计工程师的资源可用性为 200%。

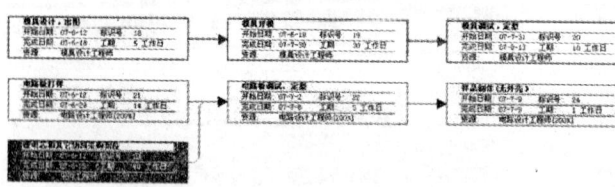

图 2-20　项目资源图

点击确定后,该资源的使用情况得到了平衡,不再存在资源过度分配现象,如图 2-20 所示。

		资源名称	电子邮件地址	Windows 用户帐户	组	标准费率	加班费率
1		需求工程师				¥50.00/工时	¥100.00/工时
2		评审专家				¥100.00/工时	¥300.00/工时
3		电路设计工程师				¥80.00/工时	¥160.00/工时
4		外观设计工程师				¥50.00/工时	¥100.00/工时
5		模具设计工程师				¥50.00/工时	¥100.00/工时
6		商务工程师				¥50.00/工时	¥100.00/工时

图 2-21　项目资源图

同样,增加需求工程师和评审专家的资源供应,使这两个资源也达到平衡,如图 2-21 所示。

资源平衡后,继续对项目计划进行优化,从项目四大阶段中可以看出,第三阶段样品制作阶段的工期最长,为 52.5 个工作日,为了使工期缩短,对该阶段进行优化调整。将视图切换到网络图,如图 2-22 所示。

图 2-22　项目计划网络图

从图中可以看到模具设计、模具开模、模具调试定型等任务为关键任务,于是从缩短这几个任务的工期开始优化项目计划。通过增加 1 名模具工程师,并安排加班,可以使模具设计任务的工期缩短为 3 天,模具开模的工期缩短为 20 天,模具调式定型的工期缩短为 6 天,从而制订出更新后的项目计划,并再切换到网络图。通过自定义方框图的样式更改网络图方框的样式为通常使用的标准形式,如图 2-23 所示。

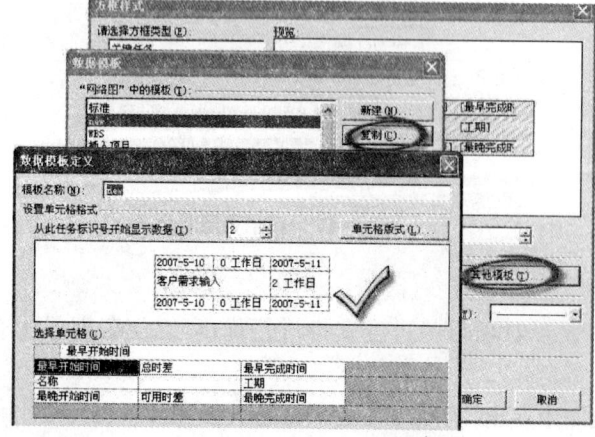

图 2-23　自定义方框图

通过菜单"工具—选项",在图2-24所示界面中把修改天数的描述从"工作日"改为"d"。

确定后,可以看到优化后的项目计划网络图,如图2-25所示。

从图中可以看出模具相关工作的总时差为14天,电路设计相关工作为关键工作,再通过增加1名电路工程师资源,使电路板打样的工期缩短为9天,电路板调试定型的工期缩短为4天,根据电性能测试,进行设计优化的工期缩短为12天,电路相关工作工期缩短了14天。通过改变采购方法使锂电芯等物料采购的工期缩短为7天。优化后的项目甘特图如图2-26所示。

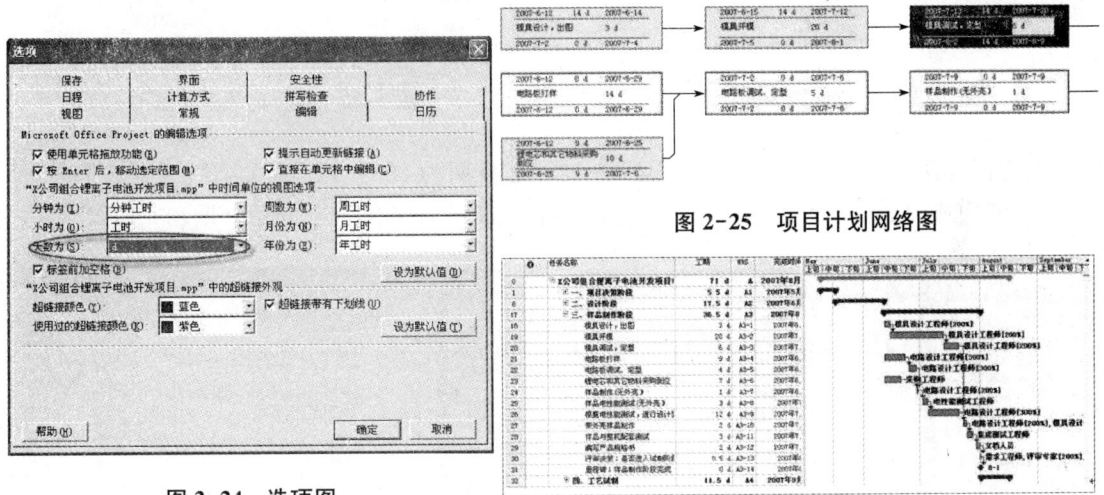

图2-25 项目计划网络图

图2-24 选项图

图2-26 项目甘特图

可以看出,经过优化,总工期缩短为71天。通过菜单"项目—项目信息—统计信息",比较优化前的项目统计信息和优化后的项目统计信息可以看出优化后的项目计划,工期从87天缩短为71天,人力资源成本从12.932万元增加到13.14万元,如图2-27、图2-28所示。

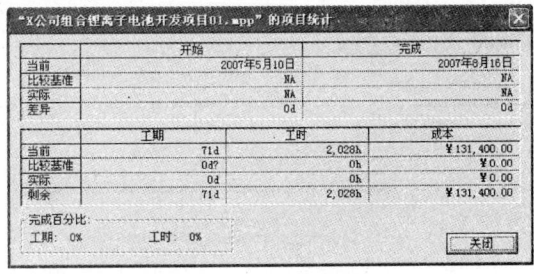

图2-27 统计信息图　　　　　　　　图2-28 统计信息图

7. 跟踪项目进度

在完成了项目计划后,模拟进行项目的进展及控制。在对项目跟踪之前,首先对项目进行保存比较基期的操作。点击项目向导中的"跟踪",再在跟踪向导中点击"保存比较基期,以便与最新版本比较"链接,如图2-29、图2-30所示。然后在跟踪向导中点击"保存比较基准",完成比较基期的保存。

假设项目进展了一段时间后,2007年5月25日,进行项目的进度检查工作。

首先点击跟踪向导的"在项目中引入进度信息"链接,如图2-31所示。

图 2-29 保存比较基期图

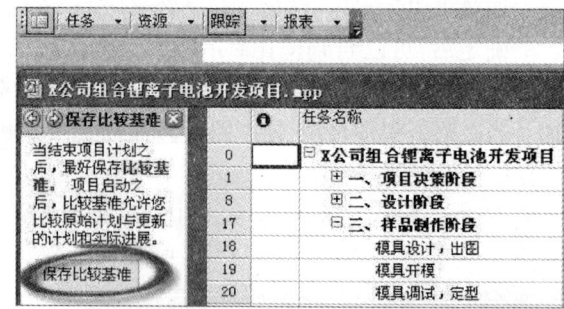

图 2-30 保存比较基期图

跟踪向导出现如图 2-32 所示的界面,选择状态日期为 2007 年 5 月 25 日,并在右侧视图中的"工时完成百分比"列输入任务完成比例,并同时修改任务的实际开始日期和完成日期。

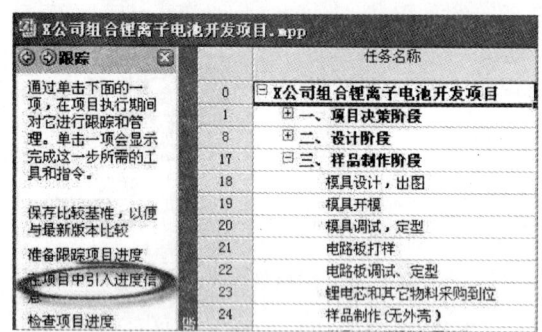

图 2-31 引入进度信息图   图 2-32 跟踪向导设置图

点击完成后,可以看到右侧的甘特图视图中出现了进度,如图 2-33 所示。

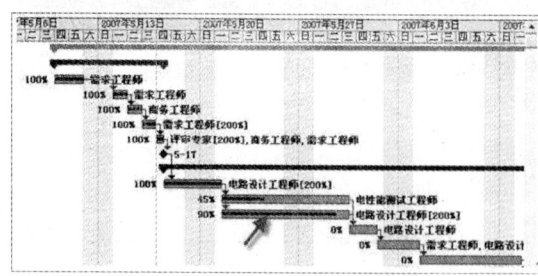

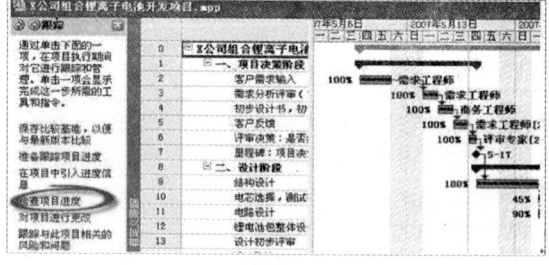

图 2-33 项目进度甘特图   图 2-34 检查项目进度图

然后,通过点击跟踪向导中的"检查项目进度",查看已完成的任务、按时完成的任务、延期的任务、未完成的任务等多种类型的任务,如图 2-34、图 2-35 所示。

也可以通过进度线(前锋线)形式来查看项目进度情况,通过菜单"工具—跟踪—进度线"进行进度线的显示设置,如图 2-36 所示。

在进度线设置窗体中,选择在项目状态日期显示进度线,并且选择相对于比较基准显示进度线,如图 2-37 所示。

第 2 章　鼎捷ERP标准实施方法论及常用工具

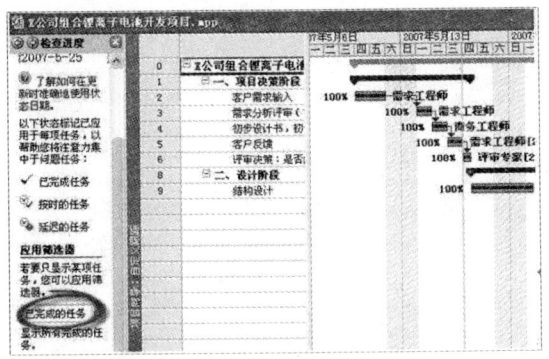

图 2-35　已完成任务图　　　　　　　图 2-36　进度线跟踪设置图

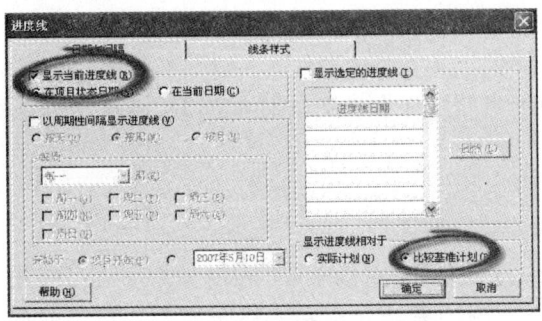
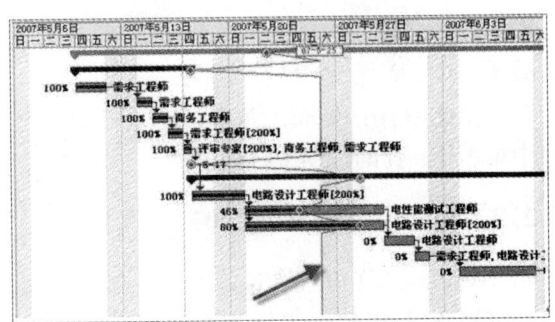

图 2-37　进度线跟踪设置图　　　　　图 2-38　进度线跟踪甘特图

点击确认后,甘特图中出现了以检查状态日2007年5月25日为基准的进度线,如图2-38所示。

8．输出项目报表

在进行了项目的跟踪检查后,需要对项目输出报表。

打印报表可以点击项目向导中的报表,再在报表向导中选择视图、筛选、设置格式、打印,如图 2-39 所示。

可以输出单页的报表,也可以输出多页的报表,输出多页的报表可以设置缩放比例。报表的

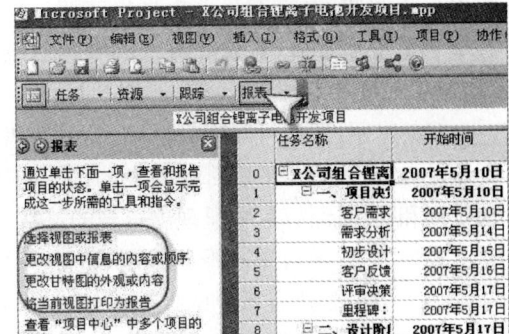

图 2-39　报表查询图

样式可以进行设置,以多页方式输出的跟踪甘特图报表打印预览的截图如图 2-40 所示。

图 2-40　跟踪甘特图报表

19

×公司组合锂电池项目总体任务检查报表

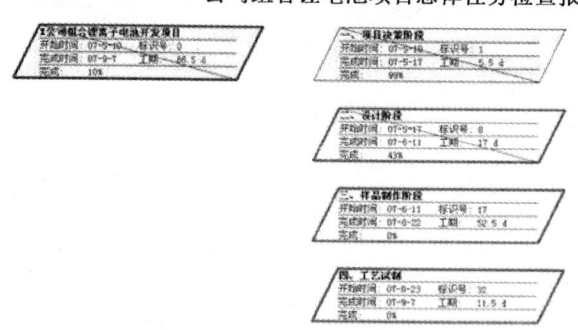

图 2-41　总体任务网络图

图 2-41 总体任务网络图是以多页方式 100% 缩放比例输出的网络图的总体任务的截图。

至此,利用 Project 基本完成了一个完整的项目管理工作。若有任何问题,请在 Project 中单击 F1 查询帮助。

2.3　Microsoft Visio 2007 工具应用

Microsoft Office Visio 2007 是微软公司的一款软件,它有助于 IT 和商务专业人员轻松地可视化、分析和交流复杂信息。它能够将难以理解的复杂文本和表格转换为一目了然的 Visio 图表。该软件通过创建与数据相关的 Visio 图表(而不使用静态图片)来显示数据,这些图表易于刷新,并能够显著提高生产率。使用 Office Visio 2007 中的各种图表可了解、操作和共享企业组织系统、资源和流程的有关信息。

2.3.1　一维和二维

(1) 作用:形状可以组成任何 Visio 图表,无论此图表是流程图、组织结构图、路线图、项目日历还是办公室布局,形状都是图表的实质内容和精髓。可以使用形状来表示对象、操作和观点。在排列和连接形状后,将显现出直观的关系。一维连接二维,二维表示意义;任何内容都是形状;

(2) 区分:通过单击形状确定,有 8 个点的是二维;

(3) 某些形状有黄色的控制手柄,这些控制手柄能够与形状交互;

(4) 获得形状的方式:①选择一个模板;②搜索形状;③浏览模具,如图 2-42 所示;④从其他地方获得,文件→形状;⑤创建自己的形状,您自己的形状可以简单也可以复杂。从一条波浪线到一件自定义办公室设备都可以;⑥插入图片。

(5) "形状"窗口:此窗口包含模具。

(6) 模具:模具不是形状,这一点非常重要,模具包含形状。

(7) 形状:在 Visio 中,形状就是一切,但形状不是模具,模具包含形状。

图 2-42 Visio 界面图显示了"组织结构图形状"模具及其形状。注意另外两个模具:"边框和标题"以及"背景"。要查看其中任意一个模具中的形状,只需单击该模具的名称。

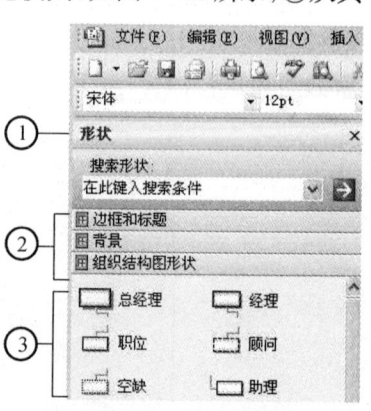

图 2-42　Visio 界面图

2.3.2 放置、堆叠和组合形状

（1）显示或隐藏标尺：在"视图"菜单上，单击"标尺"；

（2）在页面上放置参考线：单击水平或垂直标尺，将参考线拖到绘图页上，然后释放鼠标按钮；

（3）对形状位置进行细微调整：选择形状，用方向键；

（4）"对齐"选项，工具→对齐和粘附；

（5）视图→"大小和位置"窗口；

（6）对齐形状：选择与之对齐的形状，按住 shift 键选择要对齐的其他形状→"形状"菜单→对齐形状；

（7）对布形状：选择3个或3个以上形状，按（6）操作即可；

（8）翻转形状；

（9）更改形状的堆叠顺序；

（10）组合形状。

2.3.3 文本：另一个关键

作为任何 Visio 图表的组成部分，形状无疑在传达信息、思想、流程等方面发挥着极大的作用。但是，在图表中如果没有文本，形状也是孤掌难鸣。无论文本长短，也无论文本是描述性的还是指示性的，都很重要。

1. 作用

在 Visio 图表中，有许多地方都要用到文本。要使用文本来标注形状，以便向他人说明形状的含义；还要用文本标注形状之间的连接线。不仅如此，若要在页面顶部为图表添加标题，也必须使用文本。有时，希望文本单独显示，也就是说，文本独立于形状。

2. 操作

（1）单击添加，双击编辑。为组合形状添加和编辑文本的方法：使用"指针工具"单击形状组合；

（2）再次单击以选择组合中的某个形状；

（3）单击"文本工具"按钮；

（4）Visio 会将形状文本放大。此时，可以根据需要添加或更改文本。完成后记得单击页面的空白区域，以便返回到原来的缩放级别。

——为什么要返回到"指针工具"？在 Visio 中，大约有90％的时间都是在使用"指针工具"。通过该工具，可以完成一件非常重要的操作：选择。但是如果将"文本工具"保持为活动状态。将无法选择任何内容，而只能键入文本。

这里要讨论一种被称为"字段"的特殊文本。字段是一个特殊的文本区域，它指示 Visio 自动显示信息。例如，可以将一个日期字段插入到形状中，Visio 便会自动显示当前日期，无需键入。当结合图表使用数据时，字段会非常方便。例如，一个组织结构图可能具有与之关联的数据。这些数据可能包括雇员的姓名、部门、电话号码等。通过使用字段，形状会自动显示这些信息，无需为每个形状键入信息，这非常方便。

2.3.4 将数据链接到图表 A：入门

1. 摘要：连接到数据源

（1）打开已包含形状的图表。

(2)在"数据"菜单上,单击"将数据链接到形状"。

(3)选择将使用的数据源类型。

(4)单击"下一步"。

(5)在此屏幕上找到将使用的外部数据,单击"浏览"按钮。

(6)单击"完成"。

(7)将数据行拖动到形状上。在"外部数据"窗口中,将行拖动到形状上。

2．刷新数据

(1)在"数据"菜单上,单击"刷新数据"。

(2)在"刷新数据"窗口中,单击"刷新"按钮。

注意：如果从数据源中删除某行,Microsoft Office Visio Professional 2007将在"刷新冲突"任务窗格中显示差异。该任务窗格会在需要时显示在右侧。该任务窗格将显示链接到数据源中已删除的行的形状。可以选择保留或丢弃这些形状。如果向数据源添加新行,则新行将显示在"外部数据"窗口中,以便根据需要拖动到新形状。

3．更改Visio的刷新功能以便它覆盖对"形状数据"窗口所做的更改

(1)在"数据"菜单上,单击"刷新数据"。

(2)在"刷新数据"窗口中,单击"配置"按钮。

(3)在右下角的"选项"下,单击以选择"覆盖对形状数据所做的更改"。

注意：如果希望将此选项应用于其他图表,请打开这些图表,然后为每个图表选择此选项。

图2-43订单执行过程图对于初步解释业务流程很有用。不过,此流程图并不仅仅是一个图,它还能显示更多的信息。如果需要更多详细信息怎么办?如果需要了解每个部门的更多信息怎么办?有多少份销售订单正在等待处理?处理一份订单平均要花费多长时间?有多少订单正在等待装运?可以通过将数据链接到图表,从而在图表中添加这些详细信息。

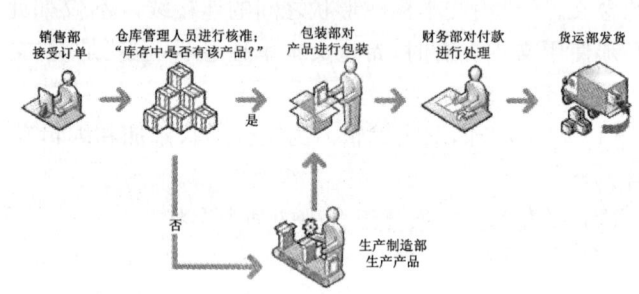

图2-43　订单执行过程图

图2-44显示的还是同一个图表,不过其中包含有链接数据,可以告诉每个部门中等待处理的订单数目。通过这些数据,可以发现趋势、异常或问题。例如,在此图表中可以看出仓储部门似乎出现了问题：该部门有24份订单正在等待处理。也许现在是改进相应流程或找出存

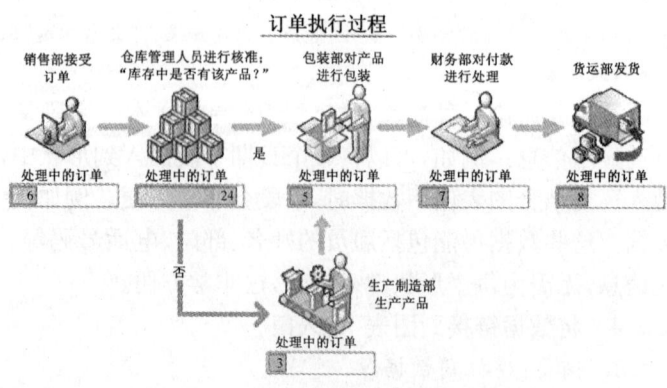

图2-44　订单执行过程详细信息图

在的问题的时候了。

为什么要使用 Visio 来查看和分析数据呢,毕竟,工作表和数据库报告就可以提供此信息息?是的,确实如此。不过,Visio 实际上是在显示数据的同时带来强烈的视觉效果。为什么不采用一个两全其美的方法:将 Visio 图表的视觉效果与详细的数据分析结合在一起呢?

图 2-45 是有关如何利用数据增强图表效果的另一示例。此网络图表包含链接数据,并且可以看到每个服务器的数据以速度计形式显示。如果老板询问哪个服务器的 CPU 功能最强大以便部署

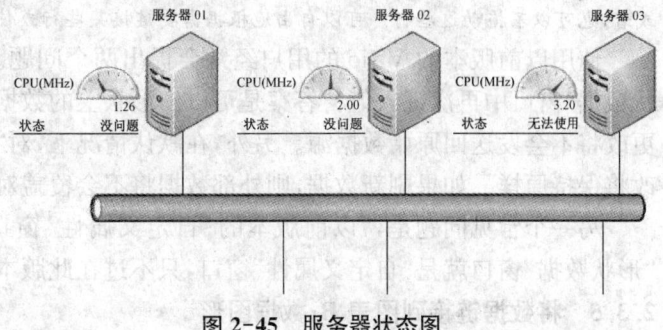

图 2-45 服务器状态图

新的 Web 应用程序,通过这些速度计一眼就能看出:服务器 3 的速度最快。

还可以查看哪个服务器可用,哪个服务器不可用。从图表中看来,服务器 1 和服务器 2 正常,但是服务器 3 不可用,现在最好是找出存在的问题。Visio 通过使图表包含更丰富的信息来提高直观显示的价值。这是一个用于查看和跟踪设备相关数据的可视化界面。

而且,此图表显示的是当前更新的信息。可以随时刷新此图表以显示数据中发生的更改。转瞬之间,此图表就变成了一个极为逼真的业务跟踪工具,如图 2-46、图 2-47 所示。

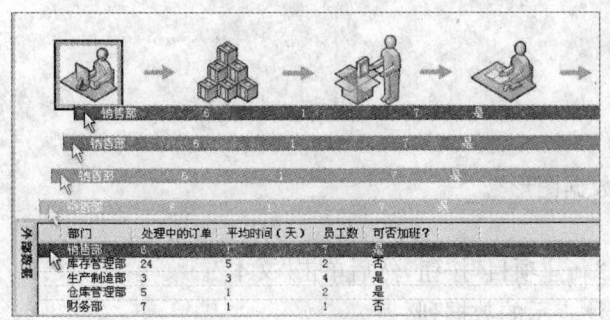

图 2-46 流程状态图　　　　　　　　　　图 2-47 部门状态图

当将行拖动到形状上时会发生两件事情。一件事情较为明显,而另一件事情则比较隐蔽。

发生的第一件很明显的事情:行中的数据子集将在形状上显示为文本。由于数据太多,不会显示整行数据。因此,Visio 选择显示两个值。完全可以对此进行更改以显示行中更多、更少或不同的数据。将在后面的练习单元中演示如何做到这一点,然后在"将数据链接到图表 B"中更详细地了解这一过程。

在形状上显示的文本不是普通文本,也就是说,不能选择和键入此文本,此文本是显示为文本的数据。

将一行拖动到形状上时发生的另一件事情:在"外部数据"窗口中该行的旁边将显示一个链接图标,此图标表示数据和形状之间的连接。

为什么链接图标很重要呢?首先,当处理多个行时,此图标可以帮助了解已链接的行和未链接的行。不过,链接图标还可以在刷新图表中的数据时起到提醒作用。当使用"数据"菜单

刷新数据时,"外部数据"窗口中的所有数据都将获得更新,并且任何带有链接图标的行都将向它所链接到的形状发送更新。

注意:不一定要将每一行都链接到形状,因此,不是所有的行都必定具有链接图标。可稍后拖动这些行,或者,也可以不拖动这些行。可以自由地根据需要链接某些行或使其中的一些行保持未链接状态。

使用以前版本的 Visio 的用户经常会提出两个问题。一个常见问题是,"是否可以在'形状数据'窗口中再次键入值?"答案是可以。形状上的数据也将显示相应的更改。不过,所做的更改将不会发送回原始数据源。另外,在默认情况下,对"形状数据"窗口中的值所做的任何更改将保持原样。如果刷新数据,则外部数据将不会覆盖对这些值所做的更改。

另一个常见问题是,"以前版本的'自定义属性'窗口有什么变化?"答案是没什么变化。"形状数据"窗口就是"自定义属性"窗口,只不过在此版本的 Visio 中采用了不同的名称而已。

2.3.5 将数据链接到图表 B:数据图形

1. 目的

在 Visio Professional 2007 中将数据链接到图表后,需要确保数据以有意义和能够帮助其他人作出业务决策的方式显示。了解数据图形是关键所在。在本课程中,将深入探讨有关数据图形的更多细节:如何使用它们的组成部分,以及如何有效地显示信息。

2. 目标

用数据图形为数据提供视觉效果。

了解数据图形的外观如何对应于数据。

更改数据图形,使其显示需要的数据。

识别数据图形的不同组成部分。

使用数据文本、数据栏和图标。

从头创建一个新的数据图形。

在"数据图形"任务窗格中,单击"新建数据图形"。

3. 创建文本标注

(1) 在"新建数据图形"对话框中,单击"新建项目"按钮,然后单击"文本"。

(2) 对于"数据字段"框,选择希望此标注表示的数据列。

(3) 从"标注"框中选择文本样式。

(4) 在"值格式"框中单击。在此框的右侧,单击"…"按钮,这将打开一个对话框,使用此对话框按照自己的意愿设置文本格式。

4. 创建数据栏标注

(1) 在"新建数据图形"对话框中,单击"新建项目"按钮,然后单击"数据栏"。

(2) 对于"数据字段"框,选择希望此标注表示的数据列。

(3) 从"标注"框中选择栏样式。

(4) 对于"最小值",很可能想键入 0,因为这可以确保即使是数据中的最小值栏也是可见的。

(5) 对于"最大值",键入一个大于数据中的最大值的值,这将解决将来数据中可能出现的任何增长的问题。

5. 创建图标标注

(1) 在"新建数据图形"对话框中,单击"新建项目"按钮,然后单击"图标集"。

(2) 对于"数据字段"框,选择希望此标注表示的数据列。

(3) 从"标注"框中选择图标样式。

(4) 通过在"等于"框的右侧键入数据值为图标设置规则。

将数据导入 Visio 程序时,尽量让数据有用并且外观漂亮。这里有一些例子,如图 2-48 所示,说明了如何在图表中以吸引人的方式呈现有用的数据。请注意,数据栏显示每个部门中

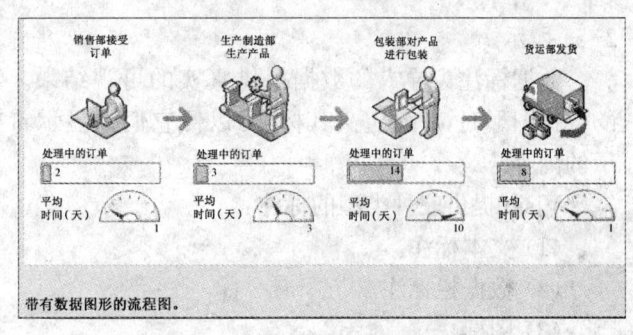

图 2-48 带数据图形的流程图

有多少份订单正等待处理。但是,也请看一看这些速度计;现在,可以看到每个过程要进行多长时间。看起来包装部门可能遇到了问题,包装产品的时间比制造产品的时间还要长!

什么是数据图形?图 2-49 所示的数据图形是形状的一系列数据标注。例如,此包装部门形状只附加有一个数据图形。但是,该数据图形包含三个标注。一个是文本标注,它显示部门名称,即包装部。一个是栏标注,它显示处理中的订单数,即 14。一个是速度计标注,它显示处理一份订单的平均时间,即 10 天。

数据图形附加到形状,因此,如果形状移动,则数据图形及其所有标注会随形状一起移动。那么,重温一下定义:有形状本身,而且还有附加到形状的数据图形。数据图形中包含的是各个数据标注,如图 2-50 所示。

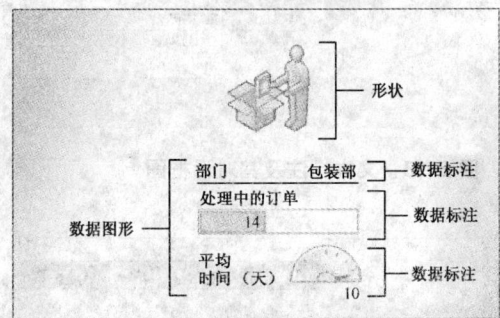

图 2-49 数据图形图

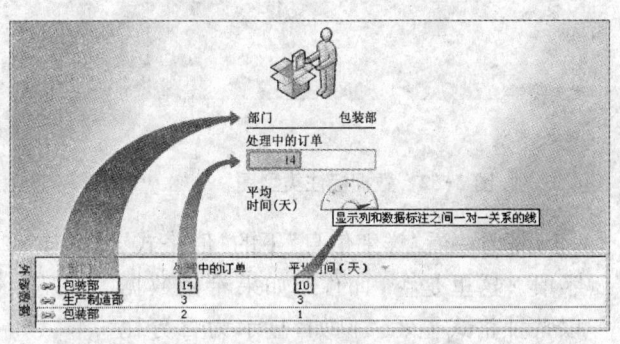

图 2-50 数据图形及数据标注图

每个数据标注均显示一列的数据。

数据图形包含一系列数据标注,是否已充分强调了这一点?而每个数据标注均对应数据中的一列。在本例中,显示部门名称"包装部"的文本标注从"部门"列获得其信息。显示有 14 份订单正在处理的栏标注从"处理中的订单数"列获得其信息,依此类推。

尽管在课程"将数据链接到图表 A:入门"中已经简短地谈论过,但是在这里再说一遍:无法选择在数据图形中看到的文本,也无法键入新文本来覆盖该文本。该文本之所以会显示,是因为形状链接到列中的数据。

但是这并不意味着,如果形状带有来自链接的数据的文本,就不能含有在形状上键入的常规文本。本例包含这两种文本:键入的文本,即"罗冠名";以及作为数据的文本,即"部门""销售部""处理中的订单数",等等。常规文本和数据标注文本可以共存于一个形状中,如图

2-51所示。

数据标注为导入的数据提供真实的可视结果。当创建新的数据图形时,应自定义其标注,以便它们只显示希望它们显示的内容。

Visio 提供三种类型的标注:

(1) 文本标注。
(2) 数据栏标注。
(3) 图标。

图 2-52 中的服务器形状在其数据图形中含有所有这三种类型。本章将详细说明每种类型,以及如何使用每种类型。

来讨论一下文本标注如何工作。这里有一个简单的例子,说明文本标注本身,以及在创建一个文本标注时,它如何与其对话框相关,如图 2-53 所示。

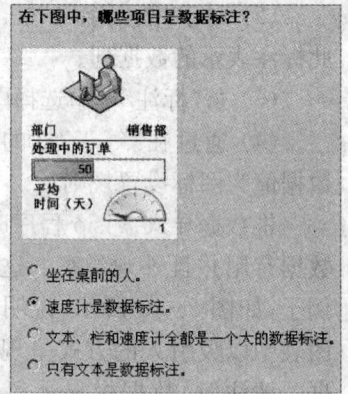

图 2-51 数据标注图

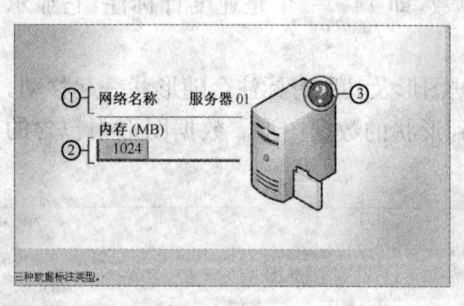

图 2-52 数据标注类型图

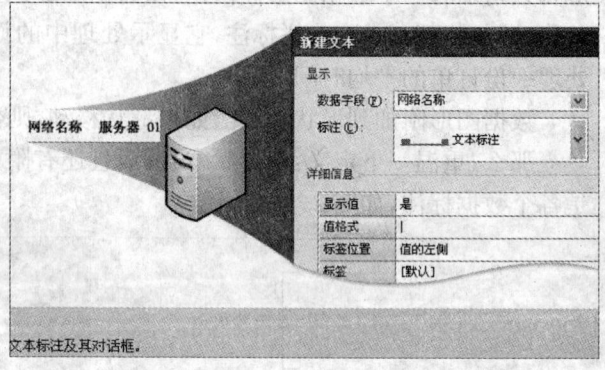

图 2-53 文本标注及其对话框图

请看一看"详细信息"下的"值格式"字段。这里是空白的,但如果希望数据以某种格式显示。例如,显示为百分比或货币。则可以通过单击省略号实现此目的。

在讨论标签位置之前,先解释一下什么是标签。标签是数据中的列的名称。在本例中,标签是"网络名称",它处于"服务器01"的左侧。知道这一点很有用,因为标签并不只是用于文本标注,也可以将它们用于数据栏标注。

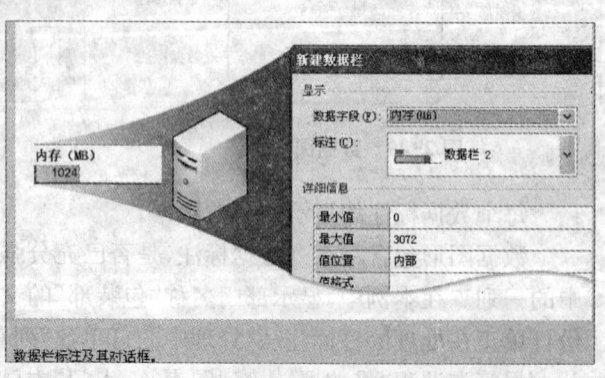

图 2-54 数据栏标注及其对话框图

这里有一个简单的例子,说明服务器形状上的数据栏,以及在从头创建数据栏时,它如何与其对话框相关,如图 2-54 所示。

数据栏适合显示数量,而要了解它们如何工作,很重要的一点是它们需要一个最小值和一个最大值,最小值表示栏的开始或基值,最大值表示栏的结束。在本例中,服务器最多可以升级到 3 GB(或 3 072 MB)。因此,将键入 3 072 作为最大值,并键入 0 作为最小值。特定最小值和最大值将视数据而定。

数据栏并不一定显示为栏状,它们也可以呈现为星形、速度计形和温度计形,就像在这里看到的一样。这些全都是在 Visio 中为您提供的,而且像栏一样,它们最适合呈现数量,如图 2-55 所示。

图标标注在 Visio 中称为图标集,它们很适合指示条件。在"等于"框右侧的列中,需要键入值以触发特定的图标。在本例中,如果服务器"状态"列中的数据等于"正常",则将会为该形状显示一个复选标记图标。如果服务器"状态"列中的数据等于"不可用",则将会出现一个感叹号图标。而如果"状态"等于"未知",则将会出现一个问号图标,如图 2-56 所示。

图 2-55 数据栏的形态图

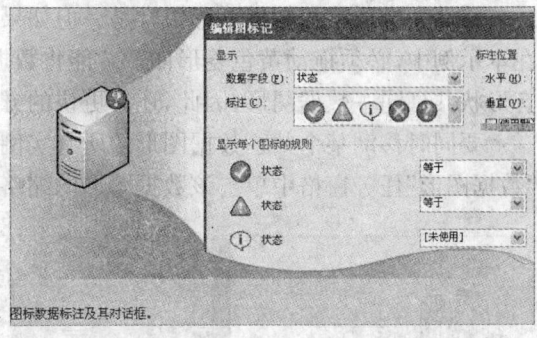

图 2-56 图标数据标注及其对话框图

如图 2-57 所示,图标集也可以呈现为旗帜、表情或交通信号,等等不可胜数的形式。Visio 需要的只是客户选择所需的图标集,然后设置条件,以控制在什么时候显示什么图标。

如图 2-58 所示,像图标集一样"按值显示颜色"功能可以以引人注目的方式显示数据。例如,在组织图中,可以给每个员工形状着色,以显示员工的工作年限。在本例中,颜色最深的形状表示在公司中工作年限最长的员工。颜色越浅,员工在公司中的工作年限越短。"按值显示颜色"不是标注类型,但它与标注极为相似。

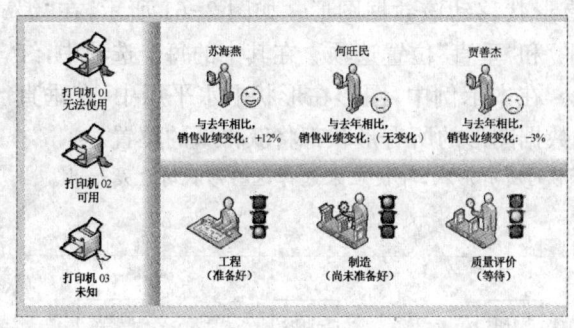

图 2-57 图标集形态图

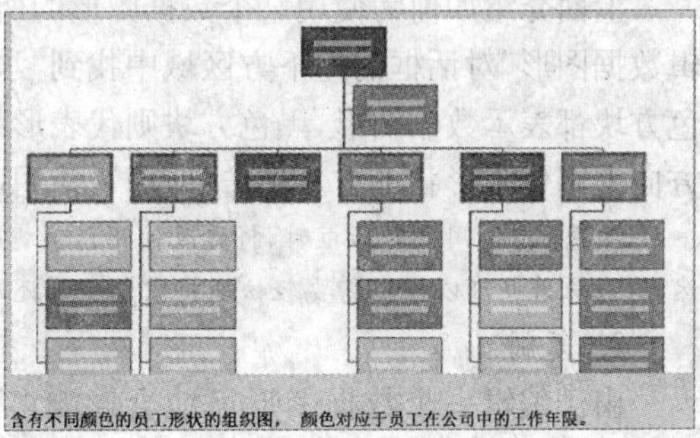

图 2-58 按值显示颜色图

2.3.6 将数据链接到图表 C:定位数据图形

1. 目标

更改页面上部分形状或所有形状的数据图形的位置。

确定并解决拥挤问题。

数据图形的默认位置是在形状的右侧,如图 2-59 所示。

当在 Visio 中应用数据图形时，其初始位置通常位于形状的右侧，但如果需要将数据图形移动到形状的左侧、上方或下方，该怎么办呢？如何让图形与形状重叠？当然可以这样做。无论是单个形状，还是共享某个数据图形的所有形状，使用 Visio 都可以轻松地实现这些目的。

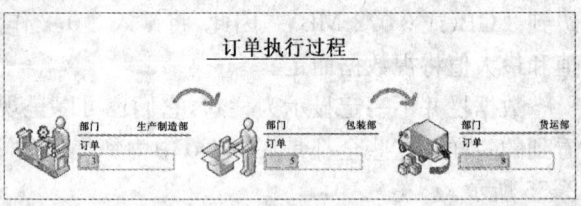

图 2-59　数据图形图

要移动一个形状的数据图形，请首先单击"指针"工具，然后选择该形状，单击黄色菱形并进行拖动。可以将图形移到该形状的上方、下方或侧面，甚至可以让图形与它重叠。

移动一个形状的数据图形很容易。但如果所有形状都需要移动其数据图形，该怎么办呢？在本示例中，必须拖动黄色菱形四次才能将数据图形移到形状下方，这样做十分耗时。由于所有形状共享同一数据图形，因此，还有更快的方法，即通过使用"数据图形"任务窗格更改位置。

要同时移动某个共享数据图形的所有实例，需对其进行编辑。如图 2-60 所示，首先，请在"数据图形"任务窗格中单击该数据图形的缩略图上的箭头，然后单击"编辑数据图形"。

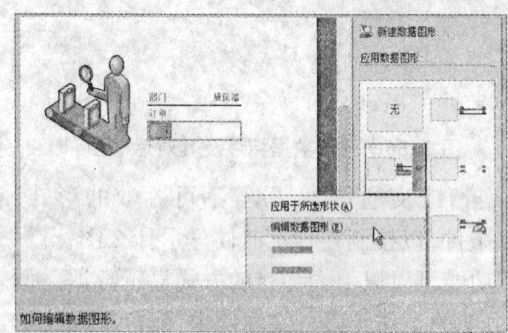

图 2-60　编辑数据图形图　　　　　图 2-61　编辑数据图形定位选项图

上面介绍如何为使用某个数据图形的所有形状移动该数据图形。如图 2-61 所示，在"编辑数据图形"对话框的左下方区域中找到"水平"和"垂直"位置选项。在其中的每个选项中，红色方块都表示数据图形，黑色方块则代表形状。在本示例中，图形在形状上水平居中，在垂直方向上则位于形状下方。单击"应用"，使此数据图形的所有形状都将获得新的位置。

注意：在使用此对话框时，将更改使用该数据图形的所有形状，即使在未选择这些形状时也是如此。当然，这意味着也可以根据需要轻松地将它们全部还原。

2．复制

由于编辑一个数据图形可能会影响多个形状，因此，在编辑数据图形之前，最好先创建它的副本。为此，请使用"复制"命令。通过这种方式，始终都可以根据需要还原到原始数据图形。

为什么会出现图表拥挤呢？如图 2-62 所示，某些数据图形特别是数据栏会与它们所属的形状占据相同的空间。有时，它们可

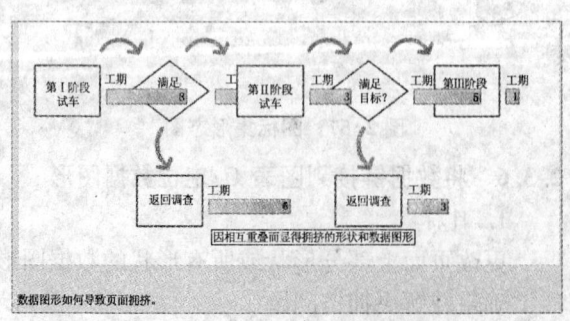

图 2-62　数据图形导致页面拥挤图

能比形状还大。在这种情况下,就好像拥有两倍于计划的形状数一样。

移动数据图形有助于解决空间紧张问题。如果是两侧拥挤,请尝试将所有图形都一致置于形状的上方或下方。如果空间确实很狭窄,可以让图形与形状重叠一点,甚至可以让这两者完全重叠,这将有助于释放空间。可以不断调整图形的位置,直至获得适合的外观并且具有良好的可读性。

2.3.7 将数据链接到图表 D:自动链接数据

1. 目的

在"将数据链接到图表 A"中,介绍了如何将数据行逐个拖动到形状上。但是,如果有大量的行需要链接,则执行这一手动过程将非常耗时。本课程将演示如何在 Microsoft Office Visio Professional 2007 中将多个行自动链接到多个形状。另外,还将在本节中学习如何处理在早期版本中创建的 Visio 图表,即已经包含数据的图表。将演示如何将这些图表自动链接到外部数据源,以省去手动输入数据的麻烦。同时将大量数据全部自动链接到多个形状。将 Visio 配置为自动刷新链接数据,从而不必进行手动操作。将包含数据的旧 Visio 图表链接到数据源。

2. 摘要

设置页面以及要自动链接的数据。

(1) 在 Microsoft Office Visio Professional 2007 中,在页面上获取形状。然后向形状提供与数据中的值匹配的文本。例如,通过单击形状并键入内容为每个形状命名。请确保这些名称与数据中的名称匹配。

(2) 在"数据"菜单上,单击"将数据链接到形状"。

(3) 选择将要使用的数据源类型,然后单击"下一步"。

(4) 在此屏幕上需要定位要使用的外部数据。单击"浏览"按钮可以进行定位,然后单击"下一步"。

(5) 按照后续屏幕上的说明操作,并在完成后单击"完成"。

(6) 屏幕底部将显示"外部数据"窗口。在该窗口中,可以查看将自动链接到形状的数据行。自动将行链接到形状在"数据"菜单上,单击"自动链接"。

3. 自动将数据链接到图表

要自动将数据链接到图表,需要执行 3 个步骤。这些步骤与手动过程中的 3 个步骤相似,它们分别是:步骤 1,获取页面上的形状;步骤 2,连接至数据源;步骤 3,自动将行链接到形状。

在每个步骤中,自动过程和手动过程之间都有一些差别,尤其是最后一个步骤。在该步骤中,自动过程会以"批量"方式自动将行链接到形状,而不是对行逐个进行拖动。

第一步是在页面上获取形状,这一点与手动过程几乎完全相同。但要实现自动链接,还需要为每个形状键入一些文本,这一点很重要,如图 2-63 所示。

注意:为使自动链接正常工作,形状文本的拼写必须与数据中的拼写完全匹配。请注意每个服务器形状的名称,其拼写应与数据中的名称完全相同。这将有助于在后面的步骤 3 中实现自动链接,因为它为每个行和形状对提供了共享标识符。

第二步是连接到数据源。首先,单击"数据"菜单上的"将数据链接到形状"。此操作将启动"数据选取器"向导,该向导与手动将数据链接到图表时使用的向导相同,如图 2-64 所示。

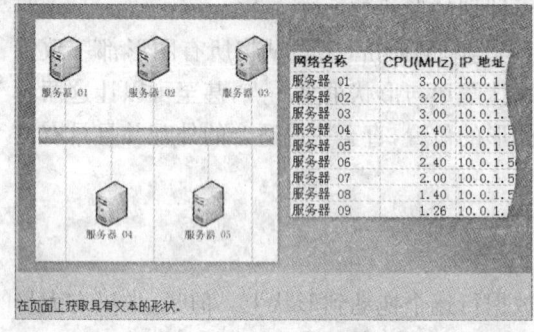
图2-63 获取文本形状图

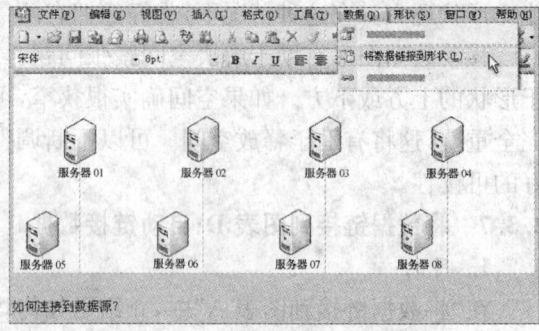
图2-64 连接数据源图

与使用手动链接方法的情形相比,使用自动方法时,要处理的数据很可能会多一些。因此,可能需要在"数据选取器"向导中执行一些其他操作。例如,可以选择将哪些列显示在"外部数据"窗口中。这样做十分有用,因为数据源中有时会包含大量的列,而图表可能并不需要所有的列,如图2-65所示。

在完成链接到数据源的工作后,屏幕底部将出现"外部数据"窗口。不用将每个行逐个拖动到形状上,而只需单击"数据"菜单上的"自动链接",如图2-66所示。

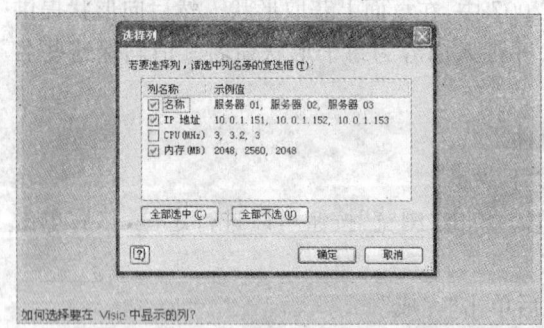
图2-65 选择列图

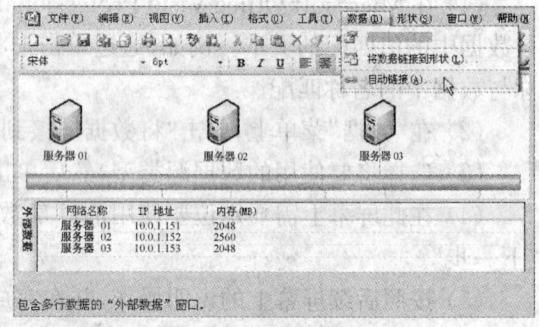
图2-66 链接数据源图

接下来,应告诉Visio如何将每个行链接到每个形状。在"自动链接"向导中,请在左侧选择数据列,然后在右侧选择"形状文本"。请注意,形状文本是指为形状键入的文本。在本示例中,如果行的"网络名称"列数据与"形状文本"相同,Visio便会将该行链接到该形状。只要行的"网络名称"与"形状文本"匹配,Visio便会为每个这样的行继续上述操作。无需拖动,一切都自动进行! 如图2-67所示。

如图2-68所示,所有行已同时链接到形状。请注意,与手动链接一样,每个形状上都会附加一个初始数据图形,并且"外部数据"窗口中将显示链接图标。此外,还有很多其他相似之处。

下面介绍另一种自动实现方式:使用"自动刷新",确保图表中的数据是最新的。在"数据"菜单上,单击"刷新数据",然后单击"配置"。选

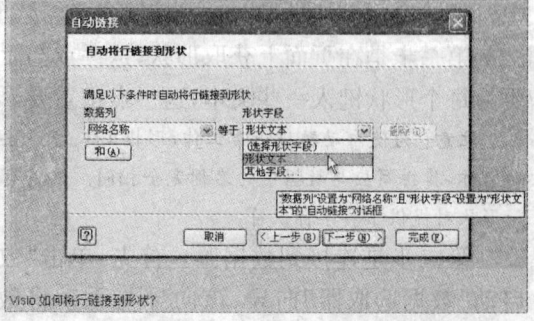
图2-67 行与形状链接图

中"刷新间隔"复选框,然后键入一个数值,以设置每次刷新之间的时间间隔。请注意,即使在链接数据时使用的是拖动方式而不是自动方式,也可以使用"自动刷新",如图 2-69 所示。

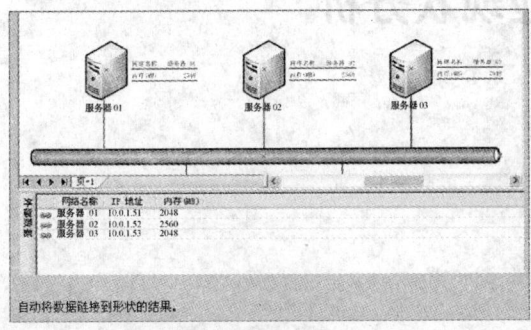

图 2-68　自动链接完成效果图

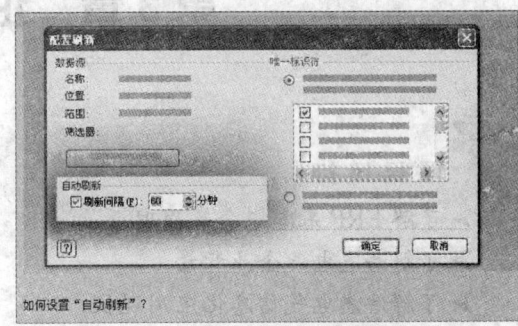

图 2-69　自动刷新设置图

2.4　数据库的基础应用

1. 数据库与数据表

数据库(Date Base)是由许多相关数据根据一定的原则构成的数据集合。一个数据库由一个或多个数据表(Table)组成。数据表中的一列称为一个字段或域(Field),表中的一行数据称为一条记录(Record)。同一个表中字段名不允许重名,表中同一字段的数据类型相同,所有记录具有同样的字段。

2. SQL 基础语法

(1) SELECT 语法。SELECT 语句可以从一个或多个表中选取特定的行和列。该语句格式如下。

SELECT 字段名列表 From 表名 Where [查询条件…] Order By [排序字段…]

【举例】

SELECT 学号,姓名,性别　From 学生基本情况表 Where 专业＝"计算机应用"

SELECT ＊ From 学生基本情况表 Where 性别＝"女" Order By 专业

(2) Insert 语法。Insert 语句用于向数据表中追加一条记录。该语句格式如下。

Insert Into 表名(字段列表) Values(字段值表)

【举例】

Insert Into 学生成绩表(学号,英语,程序设计) Values("2001006",85,88)

(3) Delete 语法。Delete 语句用于删除指定条件的记录。该语句格式如下。

Delete From 表名 Where 条件

说明:默认 Where 嵌套子句,将删除内容指定表中的所有记录。

【举例】

Delete From 学生成绩表 Where 学号＝"2001006"

(4) Update 语法。Update 语句用于修改指定条件的记录。该语句格式如下。

Update 表名 Set[字段 ＝ 表达式…] Where[查询条件…]

【举例】

修改学生基本情况表中学号为"2001005"的专业。

Update 学生基本情况表 Set 专业＝"计算机应用" Where 学号＝"2001005"

第3章 企业现状分析

课程目标
- 了解 ERP 基本概念及原理
- 了解浩志电气企业背景
- 了解浩志电气信息化应用现状
- 了解浩志电气公司的业务
- 理解浩志电气公司的管理困扰
- 了解浩志电气公司实施 ERP 项目的目标
- 由日常生活实例理解 ERP

任务名称和背景

浩志电气企业发展中的管理问题一直没有很好地解决,如产销协调、订单评审效率、产品报价及成本核算等问题,这些问题困扰着企业的日常管理,如何通过信息化管理提升企业运行效率,如何通过信息化精进管理便被提上日程。

3.1 公司 ERP 项目背景

浩志电气信息化应用的主要状况如下:

(1) 销售有一套 CRM 系统,但是在里面只是应用了销售部员工的行程情况管理功能、记录简单的合同项目信息(包括阶段和回款情况),CRM 系统的使用和管理功能很有限。

(2) 仓库和财务使用了金蝶 K3 系统,实现了部门级的应用,在使用过程中存在数据失真问题,不能满足企业要求。

(3) 日常行政办公有使用过 OA,但是对于协同管理中的流程驱动和跨地域无纸化办公应用深度不够。

3.1.1 浩志电气公司业务简介

浩志电气科技股份有限公司位于×××经济开发区,系国家高新技术企业,占地 300 亩,建筑面积 75 000 平方米,旗下拥有湖北浩志汉光真空电器有限公司、湖北浩志电子科技有限公司等 4 家子公司,总资产近 2 亿元。公司主要研发、生产大中型电动机的软启动、调速节能、功率补偿、电真空器件等高新技术产品,是同行业中唯一一个涵盖纯电阻式、电磁式、电力电子控制三大启动模式产品的厂家。主导产品曾荣获省"著名商标",蝉联两届"省名牌",被列为"国家重点新产品",获国家创新基金立项支持。近 3 年,通过自主创新和产学研合作,公司研发了一批重大新产品,技术性能均居国内领先水平,部分达到国际先进水平,共获国家专利 28 项。

3.1.2 浩志电气公司典型问题

(1) 产品没有统一的编码;

(2) 工艺、图纸变更频繁;
(3) BOM 不够标准化;
(4) BOM 临时变更频繁;
(5) 非标产品的管理响应不及时;
(6) 计划安排粗放,缺乏反馈达成机制;
(7) 部门内部之间沟通互助低效;
(8) 整体数据反馈不及时;
(9) 高层决策缺乏数据支撑。

3.1.3 浩志电气公司 ERP 项目目标

(1) 加强浩志电气的信息集成和共享;
(2) 提高浩志电气的管理水平;
(3) 综合治理浩志电气存在的问题;
(4) 加强统一的编码体系建设;
(5) 加强对数据的追溯性和安全性的管理;
(6) 建立决策支持系统。

3.2 由日常生活理解 ERP 术语的含义

3.2.1 "ERP 与饭局"的故事

【ERP 饭局故事】

一天中午,丈夫在外给家里打电话:"亲爱的老婆,晚上我想带几个同事回家吃饭可以吗?"(订货意向)

妻子:"当然可以,来几个人,几点来,想吃什么菜?"

丈夫:"6个人,我们 7 点左右回来,准备些酒、烤鸭、番茄炒蛋、凉菜、蛋花汤……你看可以吗?"(商务沟通)

妻子:"没问题,我会准备好的,"(订单确认)

妻子记录下需要做的菜单(MPS 计划),具体要准备的东西:鸭、酒、番茄、鸡蛋、调料……(BOM 物料清单),发现需要:1 只鸭、5 瓶酒、4 个番茄……(BOM 展开),炒蛋需要 6 个鸡蛋、蛋花汤需要 4 个鸡蛋(共用物料)。打开冰箱一看(库房),只剩下 2 个鸡蛋(缺料)。来到自由市场,妻子:"请问鸡蛋怎么卖?"(采购询价)

小贩:"1 个 1 元,半打 5 元,1 打 9.5 元。"

妻子:"我只需要 8 个,但这次买 1 打。"(经济批量采购)

妻子:"这有一个坏的,换一个。"(验收,退料,换料)

回到家中,准备洗菜、切菜、炒菜……(工艺路线),厨房中有燃气灶微波炉电饭煲……(工作中心)妻子发现拔鸭毛最费时间(瓶颈工序,关键工艺路线),用微波炉自己做烤鸭可能就来不及(产能不足),于是决定在楼下的餐厅里买现成的(产品委外)。下午 4 点,电话铃又响:"妈妈,晚上几个同学想来家里吃饭,你帮准备一下。"(紧急订单)妻子:"好的,儿子,你们想吃什么吗,爸爸晚上也有客人,你愿意和他们一起吃吗?""菜你看着办吧,但一定要有番茄炒鸡蛋。我们不和大人一起吃,6:30 左右回来。"(不能并单处理)"好的,肯定让你们满意。"妻子说。(订

单确认)

妻子发现鸡蛋又不够了,于是打电话叫小贩送来。(紧急采购)

6:30,一切准备就绪,可烤鸭还没送来,急忙打电话询问:"我是李太太,怎么订的烤鸭还没送来。"(采购委外单跟催)

餐厅:"不好意思,送货的人已经走了,可能是堵车吧,马上就会到的。"一会儿,门铃响了,"李太太,这是您要的烤鸭。请在单上签一个字。"(验收入库转应付账款)

6:45,女儿打来电话:"妈妈,我想现在带几个朋友回家吃饭可以吗?"(又是紧急订购意向,要求现货)

妻子:"不行呀,女儿,今天妈妈已经需要准备两桌饭了,时间实在是来不及,真的非常抱歉,下次早点说,一定给你们准备好。"(这就是ERP的使用局限,要有稳定的外部环境,要有一个起码的提前期)

送走了所有客人,疲惫的妻子坐在沙发上对丈夫说:"亲爱的,现在咱们家请客的频率非常高,应该要买些厨房用品了(设备采购),最好能再雇个小保姆(连人力资源系统也有接口了)。"

丈夫:"家里你做主,需要什么你就去办吧。"(通过审核)

妻子:"还有,最近家里花销太大,用你的私房钱来补贴一下,好吗?"(最后就是应收货款的催要)还可再加上成本核算,总账,决策分析,等等。例如,送走了所有客人,妻子拿着计算器,准确地算出了今天的各项成本(成本核算)和节余原材料(车间退料),并记入了日记账(总账),把结果念给丈夫听(给领导报表),丈夫说道:"值得,花了145.49元,请了好几个朋友,感情储蓄账户增加了若干"(经济效益分析)。

3.2.2 ERP 概念模块

ERP是一套多方面、全方位为企业运作提供辅助决策信息和大量日常管理信息的大规模集成化软件,同时,也是一整套现代化管理思想及办公手段,它包括财务管理、供应链管理(SCM)、客户关系管理(CRM)、项目管理、人力资源管理(HRM)、资产设备管理等诸多方面。

第 4 章　销售业务管理

课程目标

- 模拟浩志电气公司销售员张丹利用 ERP 完成销售业务管理
- 了解企业实际销售业务的经办过程
- 熟悉在 ERP 系统中完成销售业务的基本操作过程
- 熟练掌握 ERP 软件系统销售模块的操作
- 熟悉销售基础资料的设置和输入过程
- 能够分析销售业务流程
- 能够熟练完成销售系统初始化工作
- 掌握销售业务的处理方法
- 能够利用 ERP 系统完成企业销售业务的操作

任务名称和背景

掌握浩志电气公司销售业务的实际操作过程。

张丹是浩志电气公司销售部门的一名普通员工，目前她的工作是负责该公司产品的国内销售，每天她都需要拨打数百个电话询问相关的购买意向，并发出报价。对有意向的客户，要记录客户的电话、要货信息，在了解公司库存情况后签订即时销售订单或远期交货合同。但由于库存、生产计划、财务和采购等信息的不准确，经常会发生延时交付的问题，客户抱怨很多。

公司老总也经常为此事批评生产部门排产不准、采购部门供货不及时、财务部门安排资金不周密、销售部门随意承诺交货期。各部门间则相互推卸责任，而且矛盾很大。

除此之外，张丹每日还要处理大量的事务性工作，要了解订单的生产进度情况、成品的完工入库情况，要做发货通知，要向财务部门提交开票申请，要和客户对账，结算货款。老总每天要看销售的动态统计报表，因而需要按照客户或者产品类别制作不同的统计报表。

张丹迫切希望通过公司即将实施的 ERP 系统改变自己现在的工作状态。销售岗员工工作职责见表 4-1。

表 4-1　　　　　　　　　　销售岗员工工作职责

姓　名	所属公司	职　务	工 作 职 责
李经理	浩志电气	销售部主管	负责销售业务规划、制度制定、业务管理等
张丹	浩志电气	业务员1	负责浩志电气公司的产品销售
李洋	浩志电气	业务员2	负责浩志电气公司的产品销售

4.1 销售业务基本流程

4.1.1 工作流程

销售管理工作流程图如图 4-1 所示。

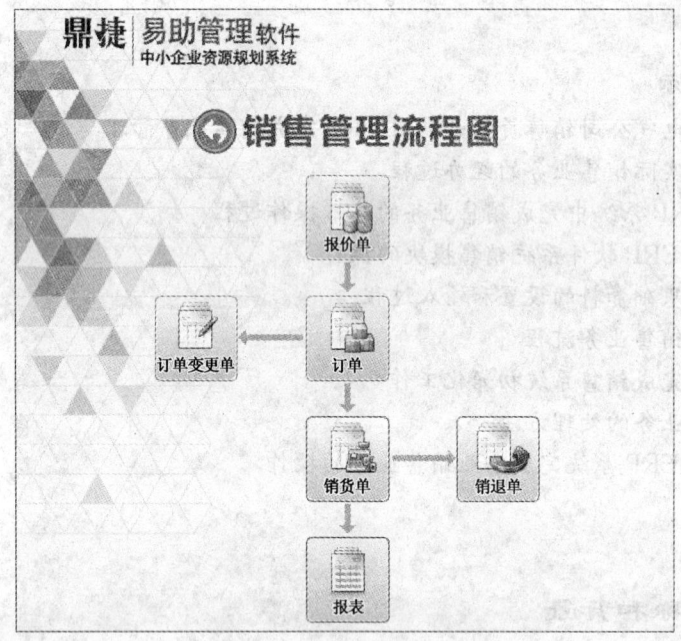

图 4-1　销售管理流程图

4.1.2 关于本系统

销售管理系统,是综合运用报价单、订单、销货、销货退回、客户管理、客户商品价格管理及订货交货信息管理等功能的管理系统,通过对业务订单的货物流和资金流的全方位进行有效的双向控制和跟踪,通过各种明细表、分析表等完善的报表实现完善的业务流程管理。

该系统可以与物料需求计算系统、生产管理子系统、应收应付管理系统、会计总账系统等其他系统结合运用,能提供更完整、全面的企业物流业务流程管理和财务管理信息。

4.1.3 与其他模块的关联关系

1. 关联关系图示

销售管理模块与其他模块的关联关系如图 4-2 所示。

2. 关联关系说明

与物料需求模块间的关联。订单可以通过物料需求计算系统自动展算出来需要生产多少成品及半成品,需要采购多少物料。

与存货模块间的关联。销售管理系统中的销货单、销退单会即时更新存货模块里的"现有库存量"及"实际在库量"信息。

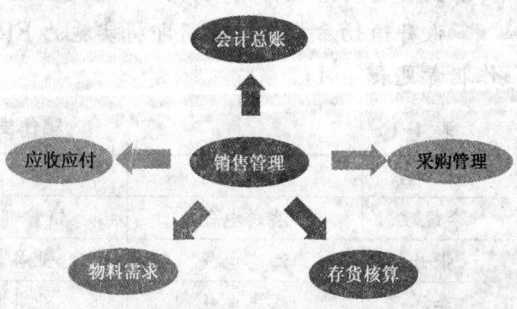

图 4-2　销售管理模块与其他模块关联关系图

与应收应付模块间的关联。销售管理系统中涉及的订金、货款和发票都会传递到应收应付模块的预开发票、销售发票、红字销售发票中。

与财务管理模块间的关联。销售管理系统中的销售成本要通过财务总账系统中的自动分录系统反应到会计总账。

与采购管理模块间的关联。采购系统的采购单底稿可以根据销售订单生成从而处理以销定购的业务。

4.2 基础资料

4.2.1 销售业务参数设置

4.2.1.1 进销存参数

1. 作业目的

对本进销存系统所需的参数进行基本设置。如：成本计价方式、库存量不足的警告与多项管理的选择以及各个单据的编码方式。

2. 进销存参数设置

进销存参数设置界面如图4-3所示。

3. 单号编码设置

单号编码设置图如图4-4所示。

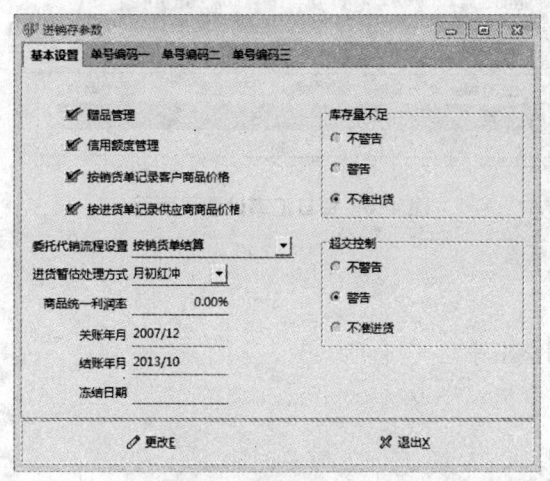

图4-3 进销存参数设置界面图

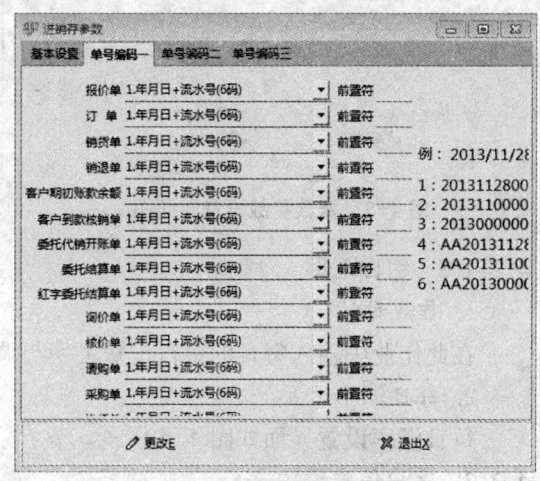

图4-4 单号编码设置图

4. 单号设置字段说明

本设置可以定义进销存系统所有使用单号的编号方式，共提供了7种编号方式。（以2001/08/24为示范）

➡ 年月日＋流水号：20010824000001

➡ 年月＋流水号：20010800000001

➡ 年＋流水号：20010000000001

➡ 前置符＋年月日＋流水号：AA200108240001

➡ 前置符＋年月＋流水号：AA200108000001

➡ 前置符＋年＋流水号：AA200100000001
➡ 手动编号：由操作者打单时自行输入
  ▷ "调整单"在"成本计价作业"运行时,系统会自动在每月月底生成一笔数据,所以系统不提供"手动编号"的选择。
  ▷ 前置符字段不可输入特殊符号,建议以英文字母(A、B、C…a、b、c…)或阿拉伯数字(1、2、3…)来设置。
  ▷ 此作业设置好后,不建议更改,以免导致后续报表打印错误。

4.2.1.2 账款参数

1. 作业目的

在刚开始使用账款系统时,要优先设置的该项作业,主要是设置各张单据的编码方式。在设置前,请先审核有无其他用户在运行其他作业,务必将其他作业关闭后,才开始设置,以确保数据的正确性。

2. 账款参数设置

账款参数设置界面如图4-5所示。

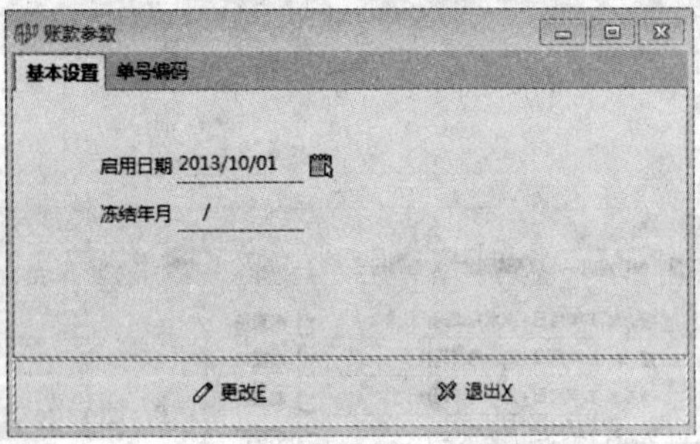

图 4-5　账款参数设置界面图 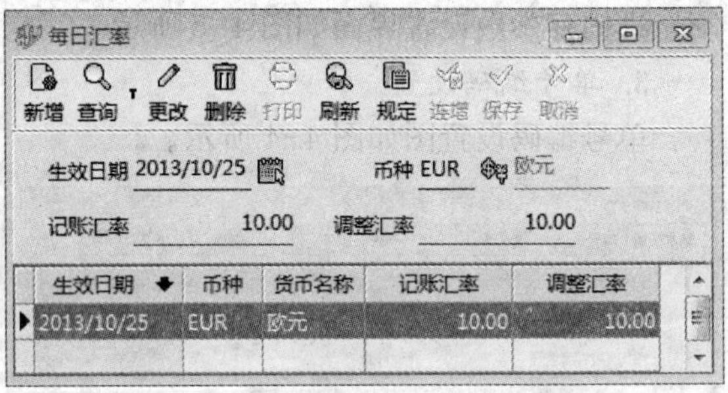　　　　图 4-6　每日汇率设置界面图

4.2.1.3 每日汇率

1. 作业目的

在此作业中输入每日的银行记账汇率与调整汇率。

2. 每日汇率设置

每日汇率设置界面如图4-6所示。

4.2.2 客户信息维护

4.2.2.1 客户信息

1. 作业目的

对所有交易的客户,均必须在交易前(受订或销货前)先行编号并录入其基本信息,才可以进行受订及销货作业。

2. 作业画面

基本数据、交易信息、业务信息、名片信息等客户信息维护界面如图4-7所示。

3. 功能钮说明

1) ——设置。内含8种功能,如图4-8所示。

(1) 客户地址。可将客户的多个地址录入此作业,以利日后单据上的开窗选定,如图4-9所示。

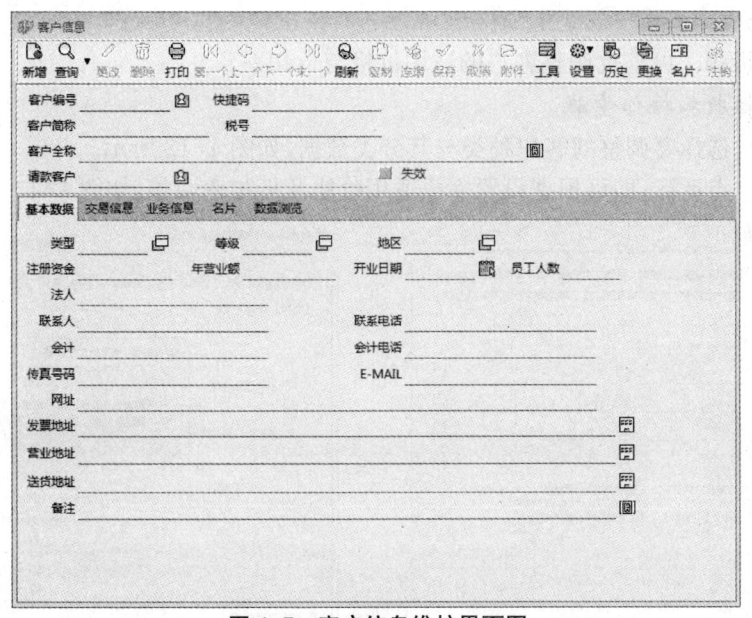

图 4-7　客户信息维护界面图

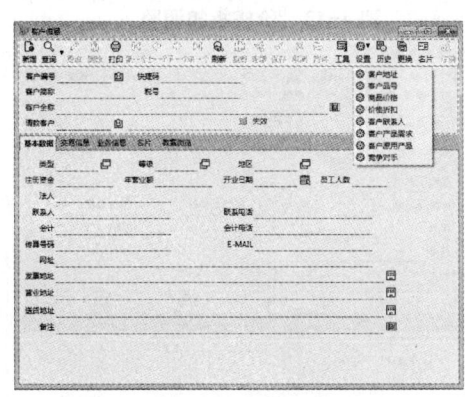

图 4-8　客户信息维护设置按钮图

图 4-9　客户地址图

(2) 客户品号。录入品号与客户品号的对应关系，如图 4-10 所示。

(3) 商品价格。针对不同客户设置不同商品的价格，以便进行报价、订单、销货单等作业时，自动带出客户商品价格，如图 4-11 所示。

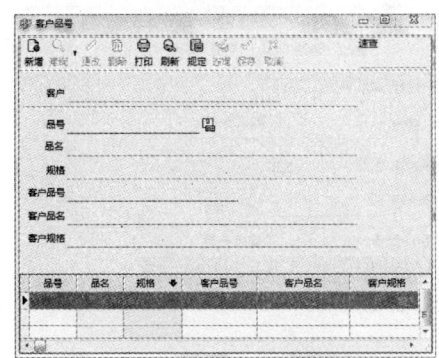

图 4-10　客户品号图

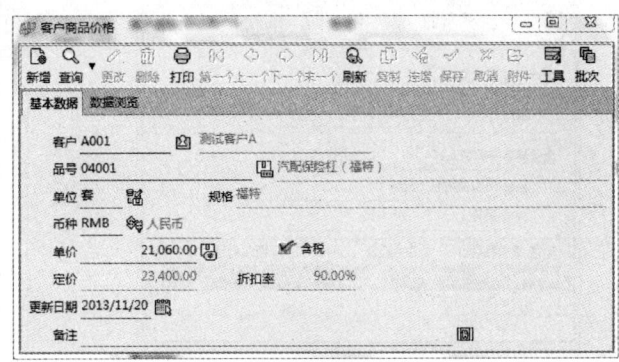

图 4-11　客户商品价格图

※ 请至"客户商品价格"中浏览作业详细说明。

(4) 价格折扣。可整批调整客户的适用价格与折扣率。

调整价格折扣操作步骤

【步骤1】 选择要调整的客户种类与其分类数据,如图4-12所示。

【步骤2】 点运行,即可根据设置完成适用价格及折扣率调整,如图4-13所示。

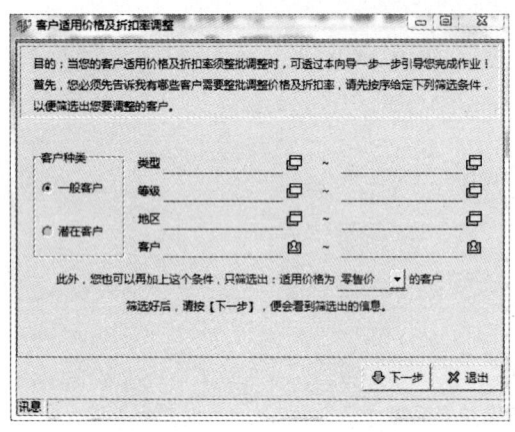

图4-12 价格折扣调整图

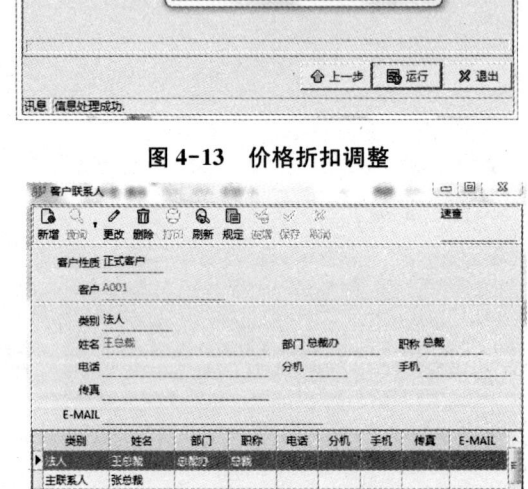

图4-13 价格折扣调整

(5) 客户联系人。可设置客户的一些联系人的信息,如图4-14所示。

(6) 客户需求产品。可设置客户的产品需求资料,如图4-15所示。

(7) 客户原用产品。设置客户的原用产品资料。

(8) 竞争对手。可设置目前可能存在的竞争对手的资料,如图4-16所示。

2) 历史——历史交易。可查询客户商品于各单据的交易记录,如图4-17所示。

3) 名片——名片。显示当前客户名片信息,如图4-18所示。

图4-14 客户联系人设置图

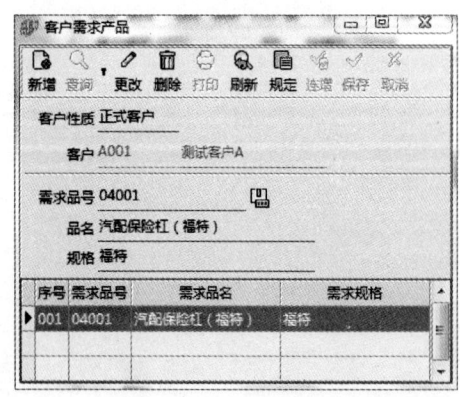

图4-15 客户需求产品图

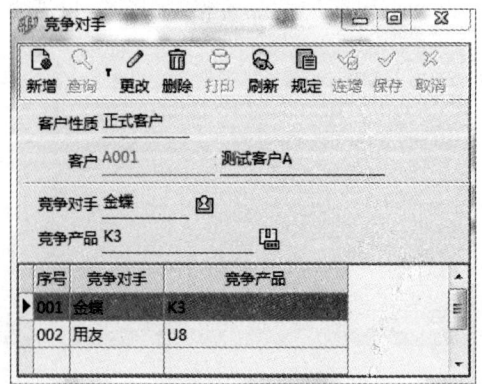

图4-16 竞争对手设置图

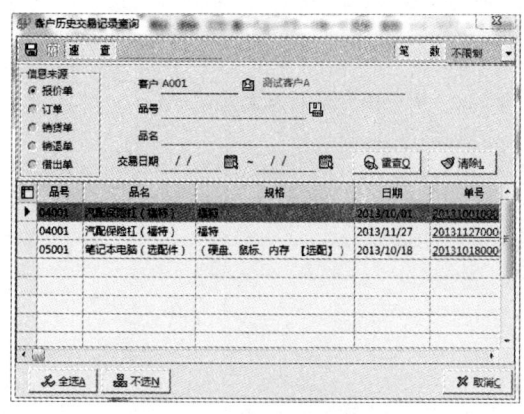
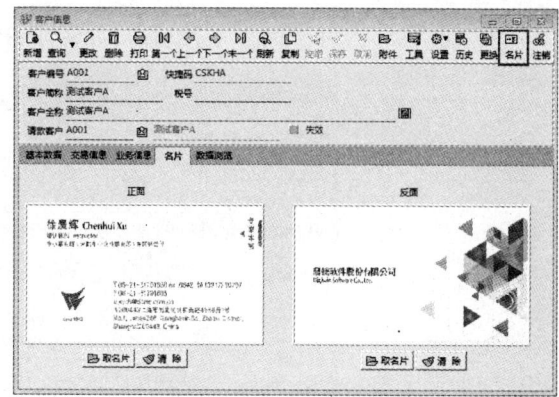

图 4-17 历史交易查询图　　　　　　　图 4-18 客户信息图

4.2.2.2 潜在客户信息

1. 作业目的

录入尚未交易的潜在客户的基本信息。

2. 作业画面

基础数据栏位如图 4-19 所示。

3. 功能钮说明

1) ——转换。接到潜在客户的订单或销货单时，须先利用此功能钮将潜在客户转为正式客户后，才可输入单据。

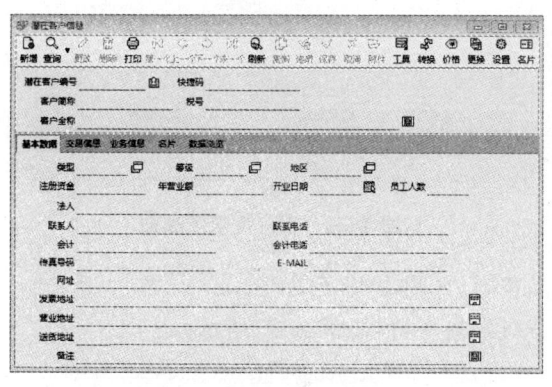

图 4-19 潜在客户信息图　　　　　　　图 4-20 潜在客户转正式客户图

转换的操作步骤

【步骤1】 选定要转换的客户后，按下 按钮，如图 4-20 所示。

【步骤2】 输入欲转为正式客户的编号与业务员，如图 4-21 所示。

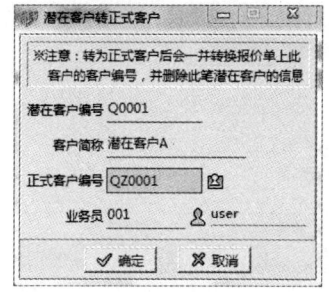

图 4-21 潜在客户转正式客户图

2) ——设置。内含4种功能,如图4-22所示。

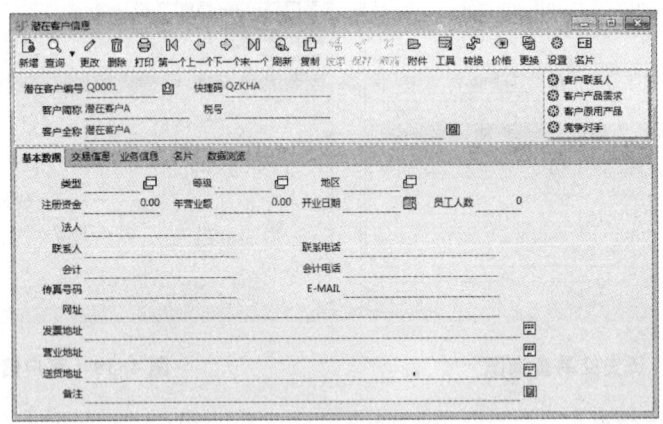

图 4-22　潜在客户信息设置图

(1) 客户联系人。可设置客户联系人信息,如图4-23所示。

(2) 客户需求产品。可设置客户的产品需求资料,如图4-24所示。

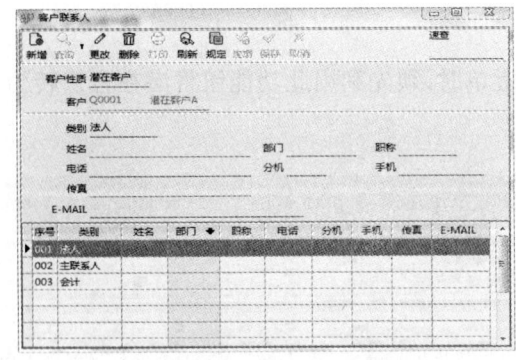

图 4-23　客户联系人设置图　　　　图 4-24　客户需求产品图

(3) 客户原用产品。可设置客户的原用产品资料,如图4-25所示。

(4) 竞争对手。可设置目前可能存在的竞争对手的资料,如图4-26所示。

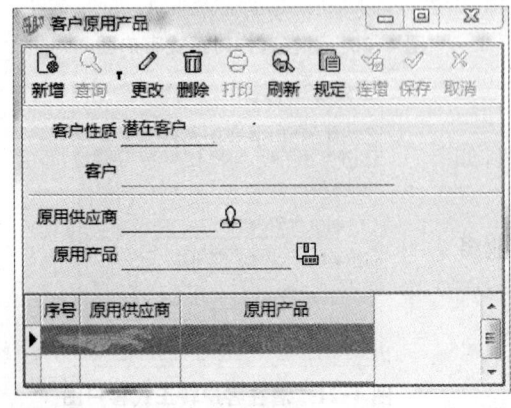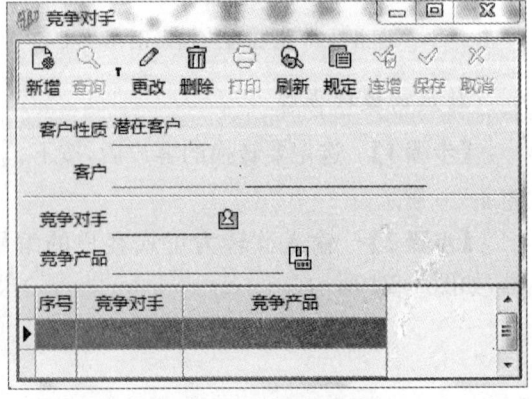

图 4-25　客户原用产品图　　　　　图 4-26　竞争对手图

3) ![名片按钮] ——名片。显示当前潜在客户的名片信息,如图4-27所示。

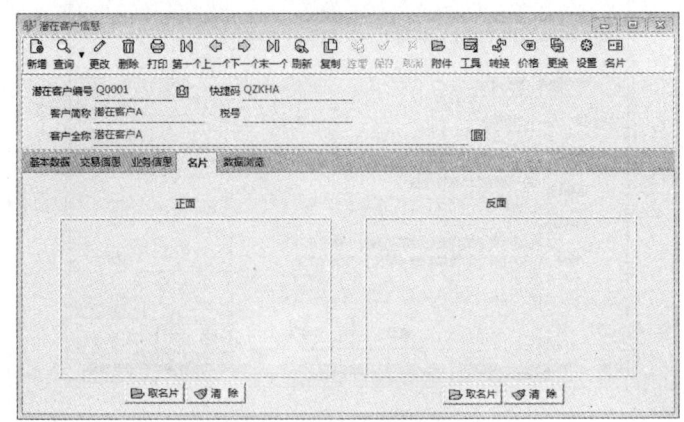

图4-27 潜在客户信息名片图

4.2.3 客户商品价格

1. 作业目的

针对客户设置不同商品的特惠价格,以便进行报价单、订单、销货单等作业时,自动带出商品的单价。

若"进销存参数设置"中,有勾选"按销货单记录客户商品价格",则系统将自行根据销货单自动更新客户商品价格的数据。

2. 作业界面

作业界面如图4-28所示。

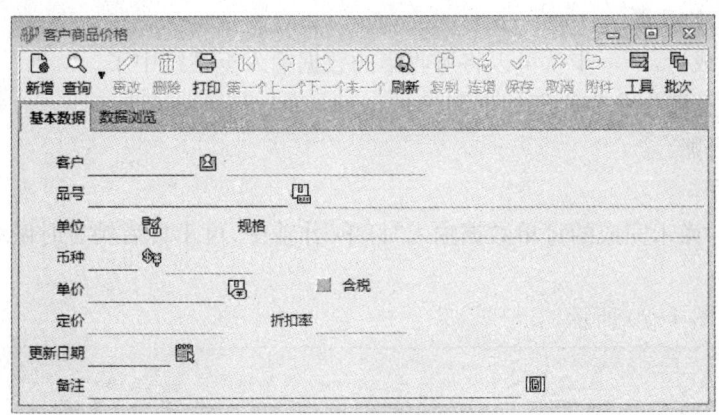

图4-28 客户商品价格作业界面图

3. 功能钮说明

1) ![批次按钮] ——客户商品价格整批生成。当客户商品价格需整批调整时,可通过此按钮的一步一步引导完成作业,如图4-29所示。

操作说明

输入需调整价格的商品数据,包括起止商品分类、会计分类、品号。(若未输入,则表示要调整所有商品的价格。)

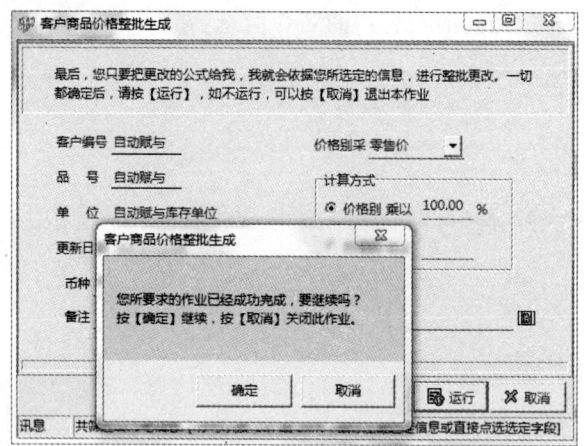

图 4-29 整批调价操作图

4.2.4 销售初始化单据录入

4.2.4.1 上线流程

1. 决定上线日期

需结合会计、票据资金、账款等所有系统,经各部门根据前置作业所需时间讨论后,决定统一的日期,一般以月初第一天为上线日期。

2. 信息的收集

可针对要设置的前置作业来事先准备所需用到的信息。

➡ 订单开账:将在上线日期前,所有未完成交货的订单数据全部备齐,以方便开账时的录入。

3. 前置作业的设置

信息收集完成后,下一步就可以将所收集的数据输入至系统中了。

以下将针对开账作业作详细的说明。

4.2.4.2 订单开账

1. 作业目的

在上线日前,尚未完成的订单数据输入"订单"作业中,可于日后销货时做取单联机。

2. 作业界面

作业界面如图 4-30 所示。

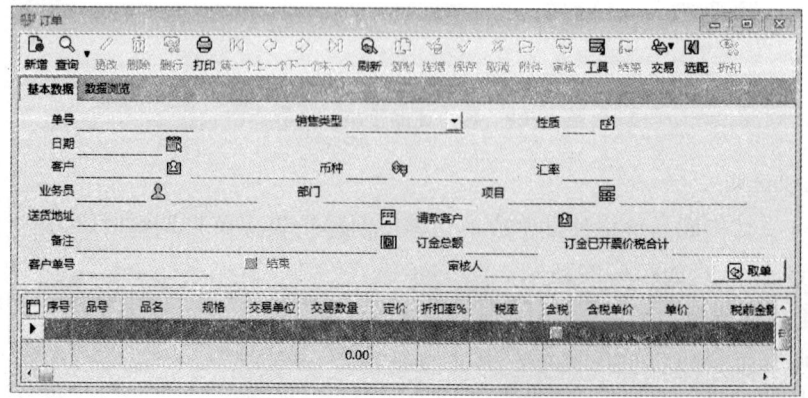

图 4-30 订单新增作业界面图

4.3 销售业务操作过程

4.3.1 报价单生成向导

1. 作业目的

通过报价向导批量生成报价单。

2. 作业界面

作业界面如图 4-31、图 4-32、图 4-33 所示。

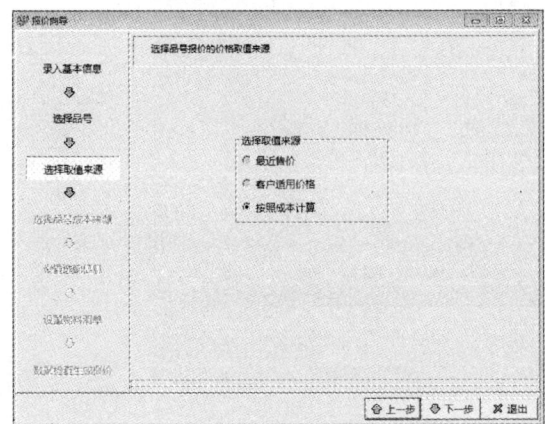

图 4-31 报价单取值来源作业界面图

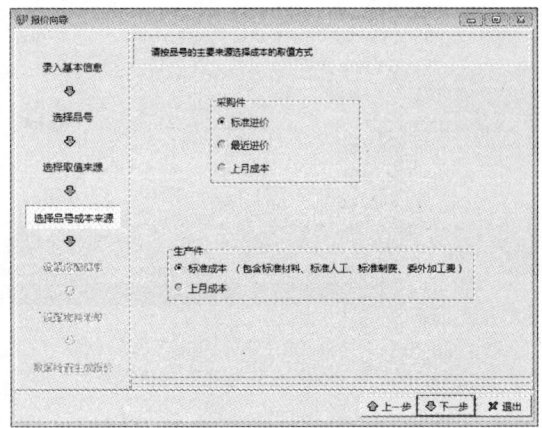

图 4-32 品号成本来源作业界面图

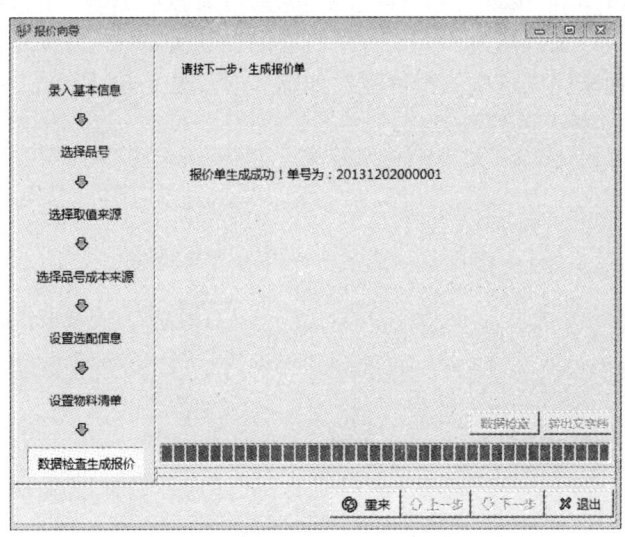

图 4-33 报价单生成作业界面图

※最近售价：即"客户商品价格"中的价格。

※客户适用价格：即"客户信息"中对应适用价格所指向的商品价格。

※按照成本计算：即将先前在"成本计算"作业中通过计算得到的商品成本作为本次报价的价格。

4.3.2 销售报价单

1. 作业目的

与客户的报价过程及记录,可通过本作业得以保留,且本作业与订单有联机,当客户接受报价内容时,便可在订单中将报价数据转入,非常方便。

2. 作业界面

作业界面如图 4-34 所示。

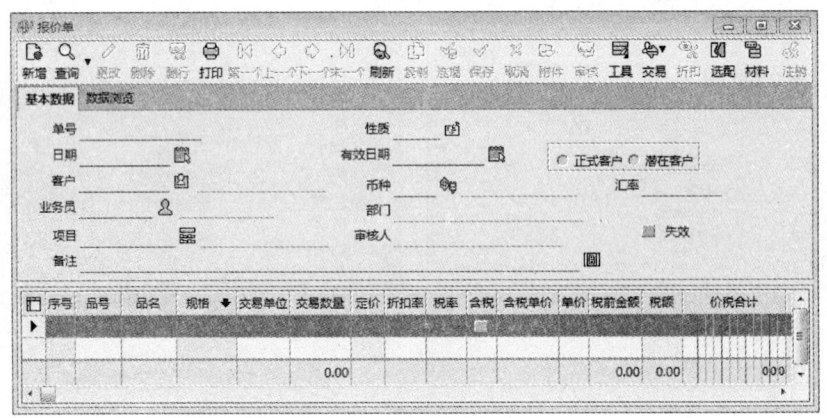

图 4-34　报价单作业界面图

操作说明

实例模拟:业务员 user 接到一笔销售订单,需要给某客户 A001 报价,客户所需商品为笔记本电脑 20 台。其中详细数据为:2 GB 内存的笔记本电脑 20 台,并要求赠送 20 个笔记本电脑包。想想看,该如何来完成这次的报价呢?如图 4-35、图 4-36 所示。

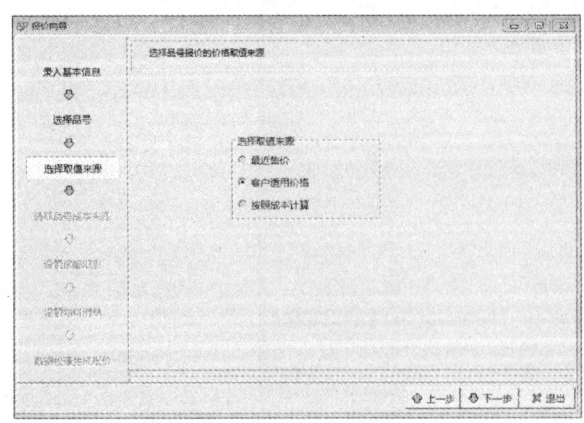

图 4-35　报价取值来源图

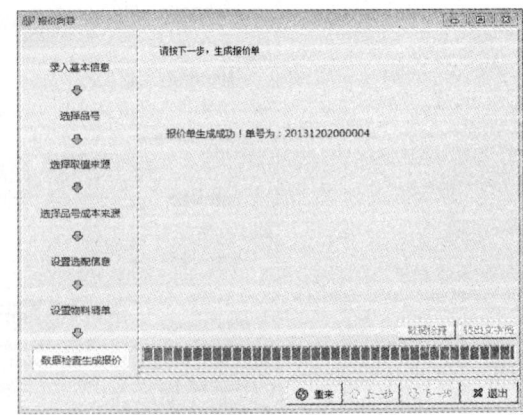

图 4-36　报价单生成图

3. 功能钮说明

1) ——选配。可以查看生产件的选配信息,如图 4-37、图 4-38 所示。

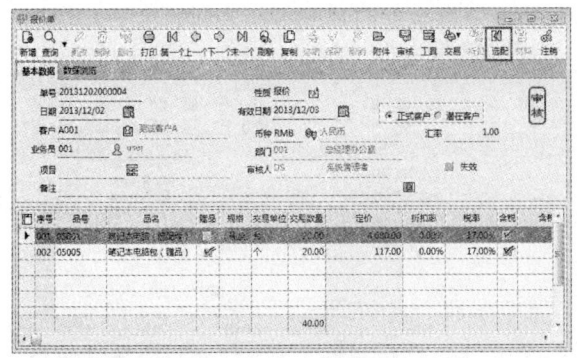
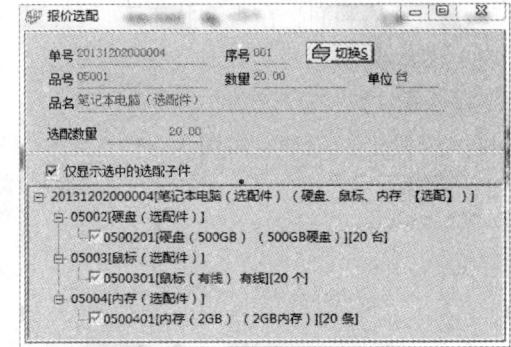

图 4-37　报价选配图　　　　　　　图 4-38　报价选配图

2) ——材料。报价单向导中默认采用无品号商品,生成的报价单就会点亮此处按钮。可以查看无品号商品的材料清单,如图 4-39 所示。

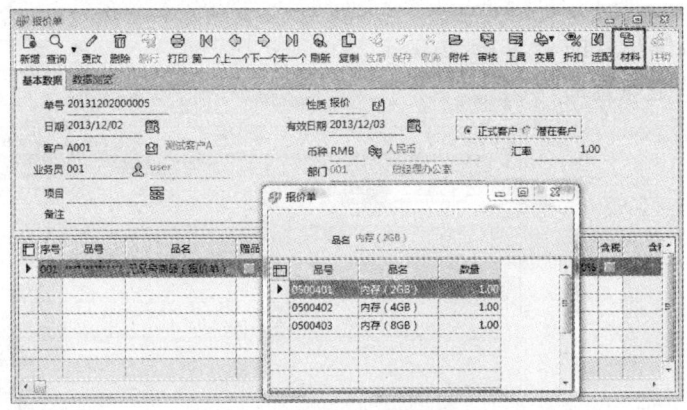

图 4-39　报价单材料查询图

3) ——交易。内含 4 种查询功能,以下将按序作说明,如图 4-40 所示。

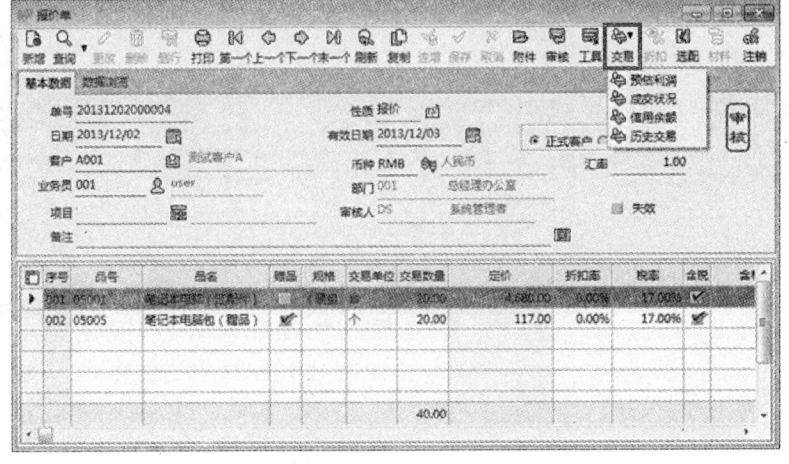

图 4-40　报价单交易图

(1) 预估利润。在查询状态下,可针对不同的报价单来查询其成本与毛利的状况。

操作步骤

【步骤1】 按下"预估利润"按钮进行查询,如图4-41所示。

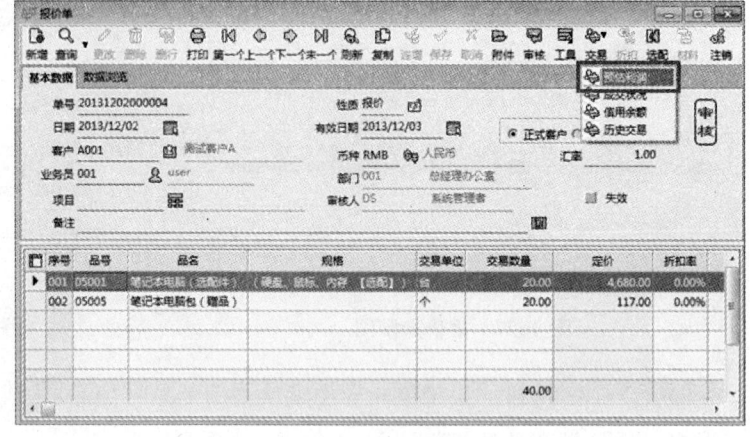

图4-41 预估利润图

【步骤2】 每笔品号的成本与毛利即可清楚地查询到,如图4-42所示。

图4-42 预估利润图

(2) 成交状况。在查询状态下,可针对某张报价单来查询其订单或直接销售的状况。

操作步骤

【步骤1】 按下"成交状况"按钮进行查询,如图4-43所示。

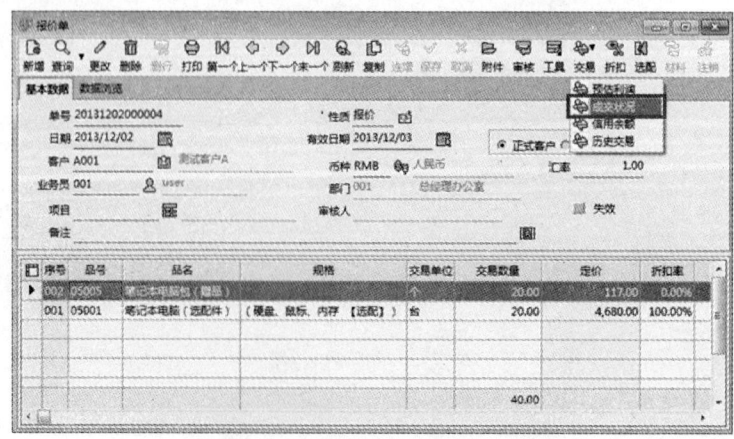

图4-43 报价单成交状况查询图

【步骤2】 报价单的成交状况可在单身清楚显示出来，如图4-44所示。

图4-44 报价单成交状况查询图

（3）信用余额。可查询客户的信用额度与已用额度、信用余额，可作为接单销售的参考。

操作步骤

【步骤1】 按下"信用余额"按钮进行查询，如图4-45所示。

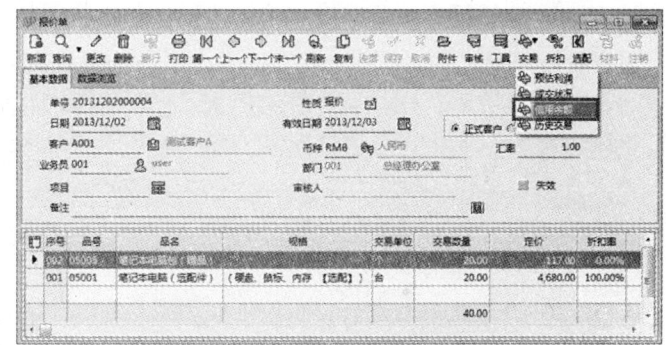

图4-45 报价单信用余额查询图

【步骤2】 报价单对应客户信用额度可在单身清楚显示出来，如图4-46所示。

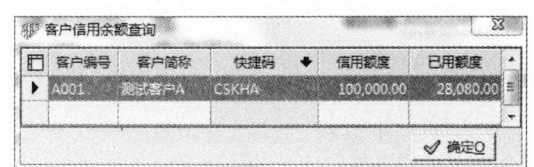

图4-46 报价单信用余额查询图

（4）历史交易。可查询任一客户的商品交易记录。

操作步骤

【步骤1】 按下"历史交易"按钮进行查询，如图4-47所示。

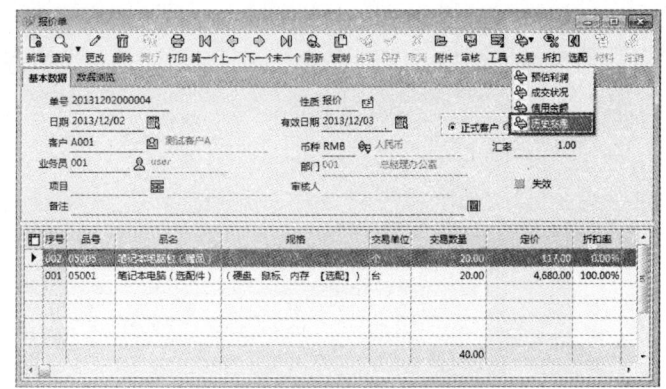

图4-47 报价单历史交易查询图

【步骤2】 可以查询到客户历史交易记录信息，如图4-48所示。

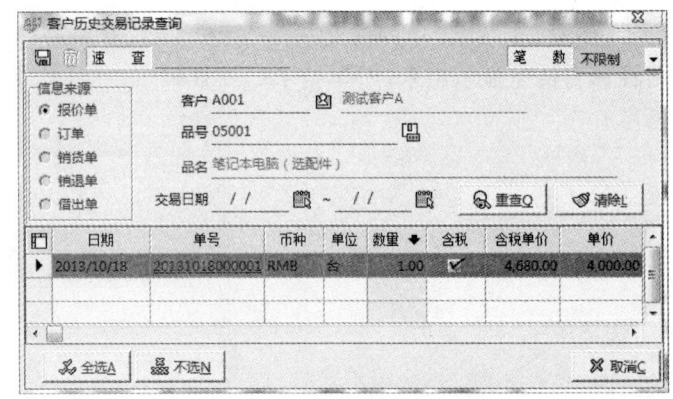

图 4-48　报价单历史交易查询图

4) ✂折扣 ——报价单单据折扣功能。报价单折扣图如图4-49所示。

操作说明

※选择折扣方式分："输入折扣后金额"或"统一折扣率"，如图4-50所示。

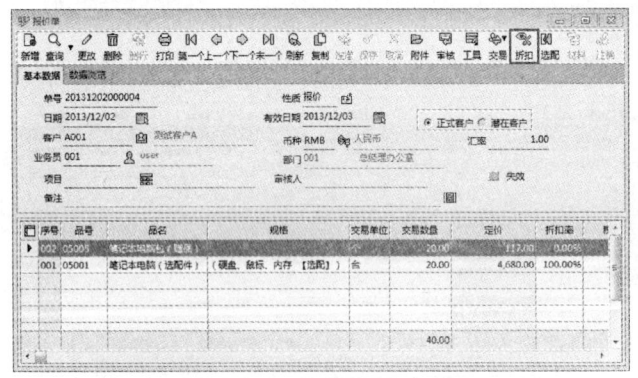

图 4-49　报价单折扣图

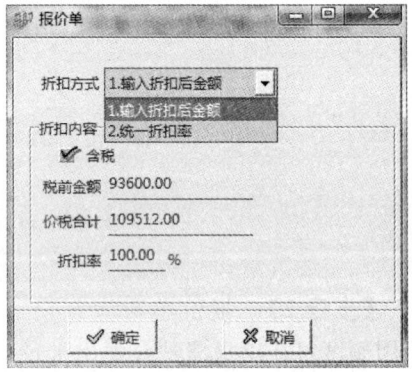

图 4-50　报价单折扣方式图

5) 注销 ——报价单单据注销功能。

操作说明

※注销方式分："整张注销"或"单身指定注销"，如图4-51所示。

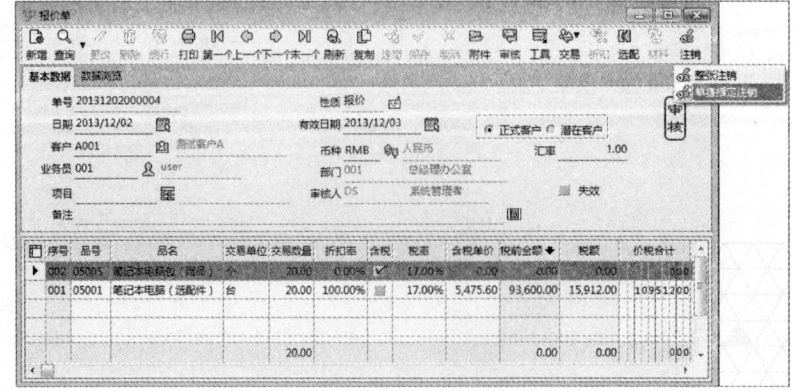

图 4-51　报价单单据注销图

4.3.3 销售订单

1. 作业目的

将客户下单的数据输入此作业,若销售订单过程有与报价单联机,不需重复输入,可直接取单,前置报价单单据。

2. 作业界面

作业界面如图 4-52 所示。

3. 功能钮说明

1) ![结束] ——销售订单单据结束。客户未交完货的订单确定不再出货时,便可运行本功能钮,届时查询"订单未出明细表"时就不会出现该张订单。

操作说明

结束方式分:"整张结束"或"单身指定结束",如图 4-53 所示。

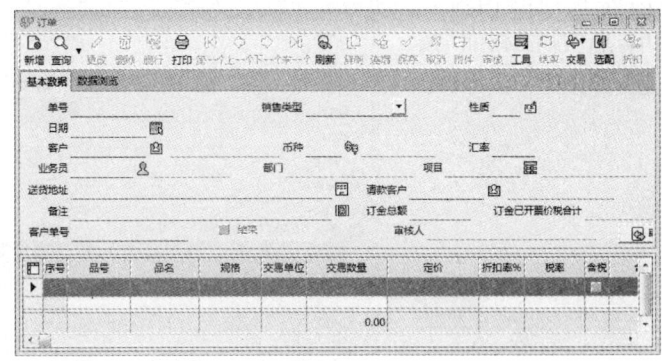

图 4-52 销售订单作业界面图

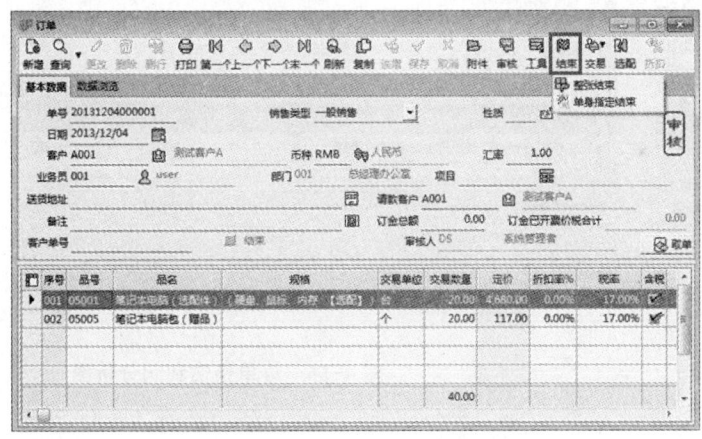

图 4-53 销售订单单据结束图

2) ![交易] ——交易。内含 7 种查询功能,以下将按顺序作介绍,如图 4-54 所示。

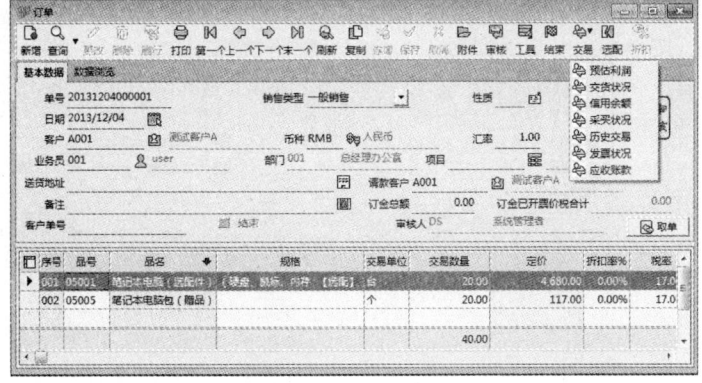

图 4-54 订单交易图

(1) 预估利润。在查询状态下，可针对不同的订单查询其成本与毛利的状况。

操作步骤

【步骤1】 点选出要查询的销售订单，点"预估利润"按钮，如图4-55所示。

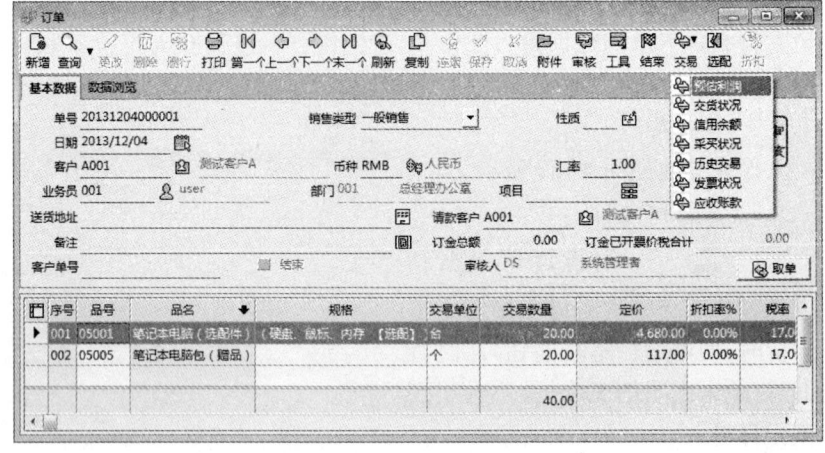

图4-55 订单预估利润图

【步骤2】 该笔销售订单的每笔品号成本与毛利即可清楚地查询到，如图4-56所示。

图4-56 订单预估利润分析图

(2) 交货状况。在查询状态下，可查询某张订单销售的状况。

操作步骤

【步骤1】 点选出要查询的销售订单。点"交货状况"按钮，如图4-57所示。

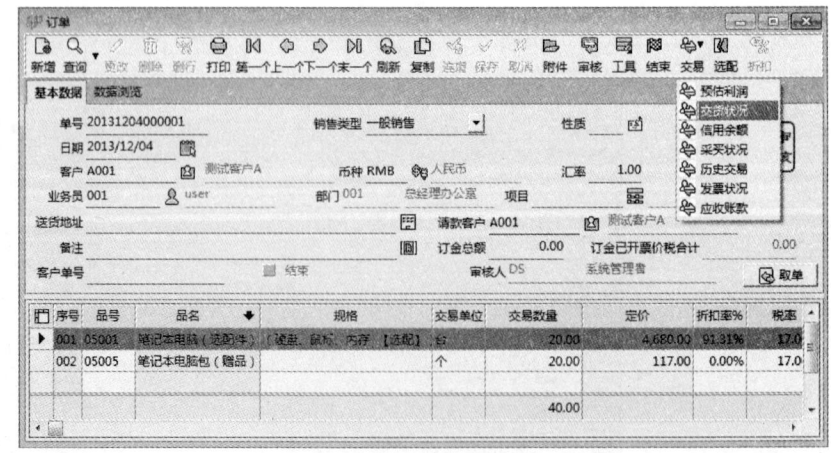

图4-57 订单交货状况图

【步骤2】 该笔销售订单的每笔品号订单交货情况可清楚地查询到,如图4-58所示。

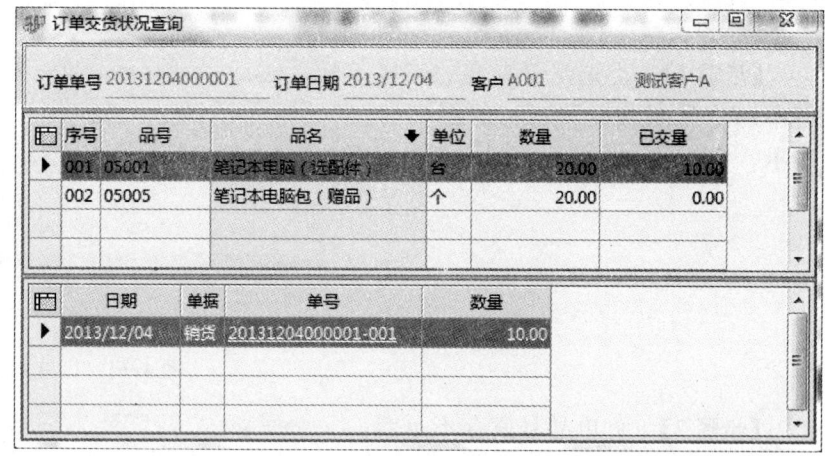

图 4-58 订单交货状况查询图

(3) 信用余额。可查询客户的信用额度与已用额度、信用余额,可作为接单销售的参考。

操作步骤

【步骤1】 点选出要查询的销售订单,点"信用余额"按钮,如图4-59所示。

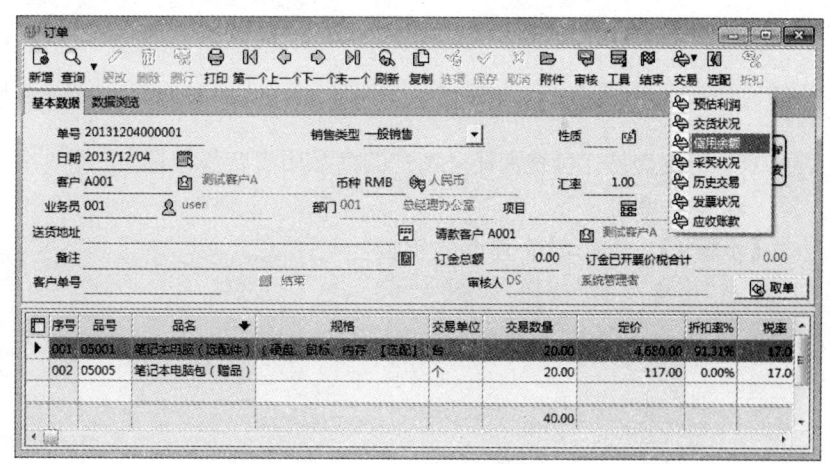

图 4-59 客户信用余额查询图

【步骤2】 客户信用额度、已用额度可以清楚显示出来,如图4-60所示。

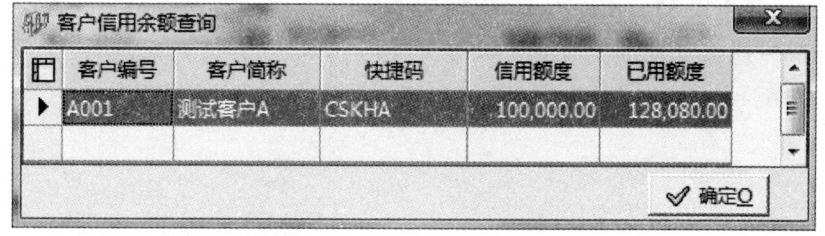

图 4-60 客户信用余额查询图

(4) 采买状况。可查询某笔订单因库存不足而下采购单的状况。

操作步骤

【步骤1】 点选出要查询的销售订单,点"采买状况"按钮,如图4-61所示。

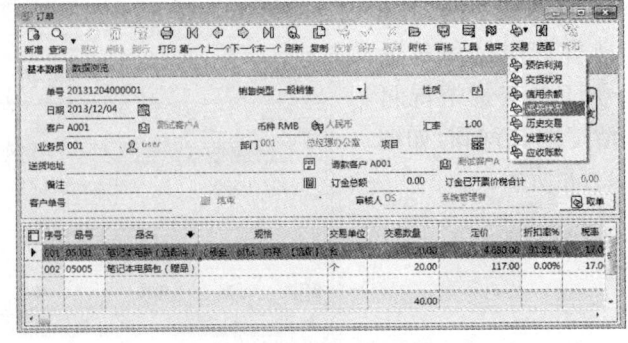

图4-61 订单采买状况图

【步骤2】 订单品号库存不足商品的采购状况记录就会显示出来,如图4-62所示。

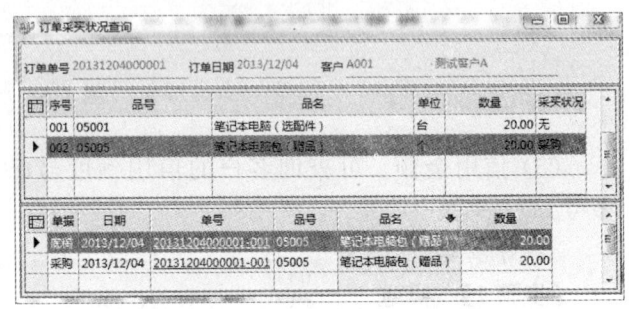

图4-62 订单采买状况查询图

(5) 历史交易。可查询任一客户的商品历史交易记录。

操作步骤

【步骤1】 点选出要查询的销售订单,点"历史交易"按钮,如图4-63所示。

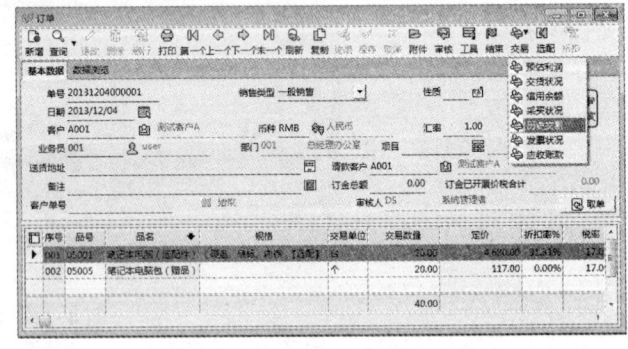

图4-63 订单历史交易查询图

【步骤2】 可以查询到对应客户品号历史交易信息记录,如图4-64所示。

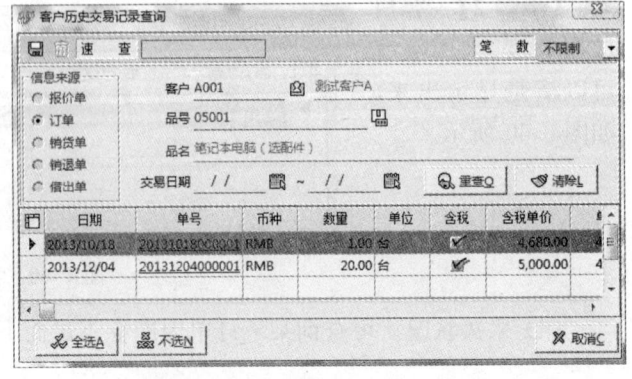

图4-64 订单历史交易查询图

(6) 发票状况。可查询本张订单的开票状况。

操作步骤

【步骤1】 点选出要查询的销售订单,点"发票状况"按钮,如图4-65所示。

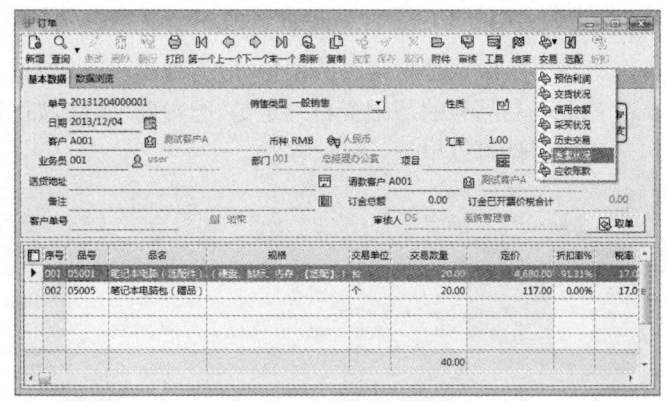

图 4-65 订单发票状况查询图

【步骤2】 可查询到交易开票的记录信息,如图 4-66 所示。

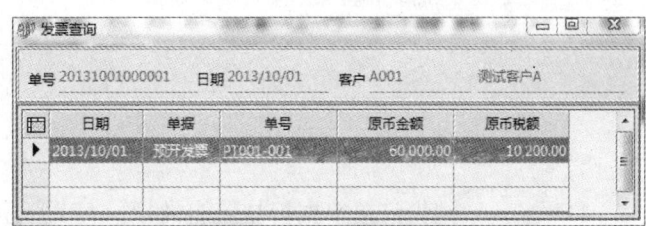

图 4-66 订单发票状况查询图

(7) 应收账款。可查询本张订单的应收账款情况明细。

操作步骤

【步骤1】 点选出要查询的销售订单,点"应收账款"按钮,如图 4-67 所示。

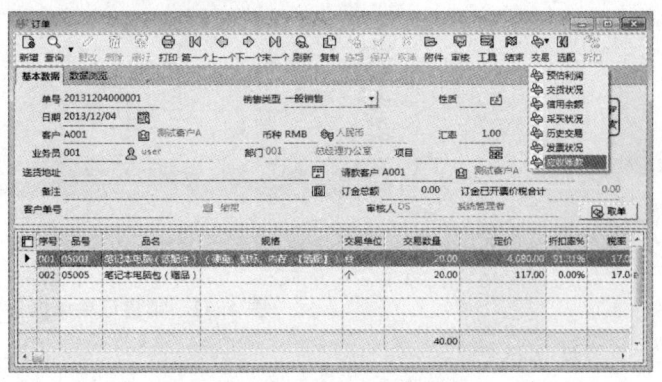

图 4-67 订单应收账款查询图

【步骤2】 可以查询到此张订单应收账款数额信息,如图 4-68 所示。

图 4-68 订单应收账款查询图

3) ——选配。给该订单品号的下阶子件品号设定选配件。

操作方法

点选出要设定选配信息的销售订单,如图 4-69 所示。

选配商品品号的基础资料一定是"配置件"属性,如图 4-70 所示。

选配属性可以单选、不选、多选。

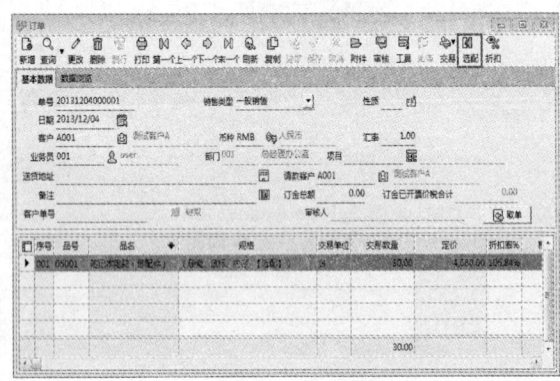
图 4-69 订单选配图

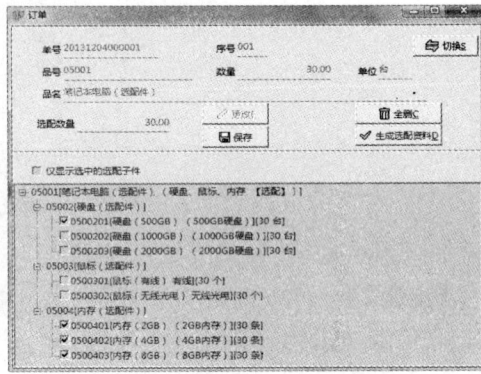
图 4-70 订单选配图

4) ——销售订单单据折扣功能,如图 4-71 所示。

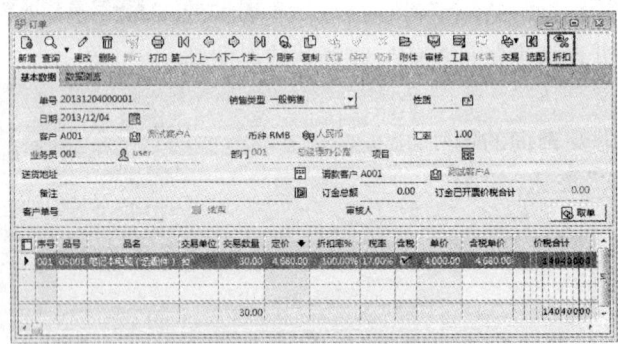
图 4-71 销售订单单据折扣图

操作说明

操作界面如图 4-72 所示。

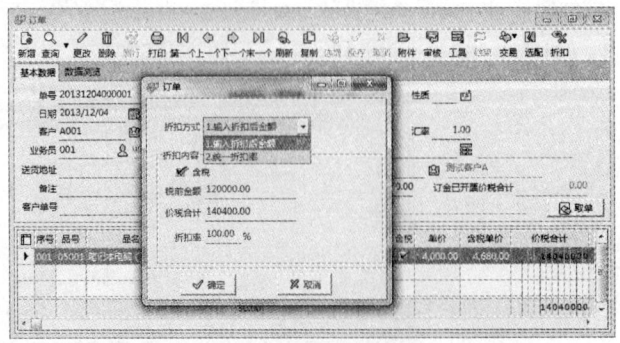
图 4-72 销售订单折扣方式操作界面图

选择折扣方式分:"输入折扣后金额"或"统一折扣率"。

4.3.4 销货单

1. 作业目的

用于输入客户的销货单,是进销存系统最常用的作业之一。

2. 作业界面

作业界面如图4-73所示。

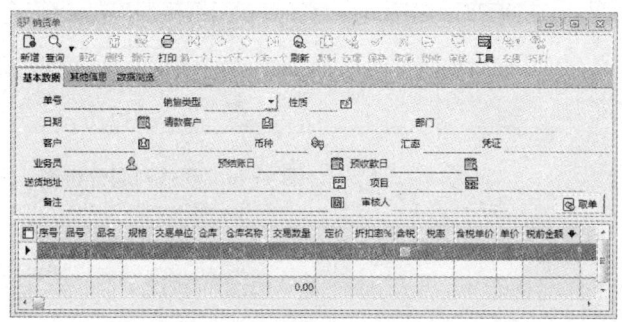

图4-73 销货单作业界面图

3. 功能钮说明

1) ——交易。内含6种查询功能,以下将按顺序作说明,如图4-74所示。

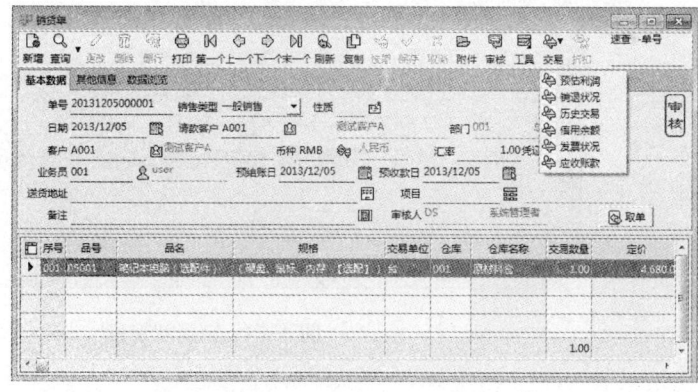

图4-74 销货单交易图

(1) 预估利润。在查询状态下,可针对销货单来查询其成本与毛利的状况。

操作步骤

【步骤1】 按下"预估利润"按钮进行查询,如图4-75所示。

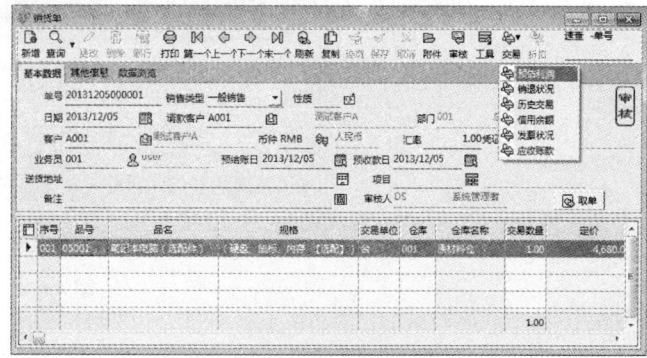

图4-75 预估利润图

【步骤 2】 每笔品号的成本与毛利即可清楚地查询到，如图 4-76 所示。

图 4-76 预估利润分析图

※ "毛利"＝"本币金额（不含税）"－"成本"

（2）销退状况。在查询状态下，可查询销货单销退的状况。

操作步骤

【步骤 1】 按下"销退状况"按钮进行查询，如图 4-77 所示。

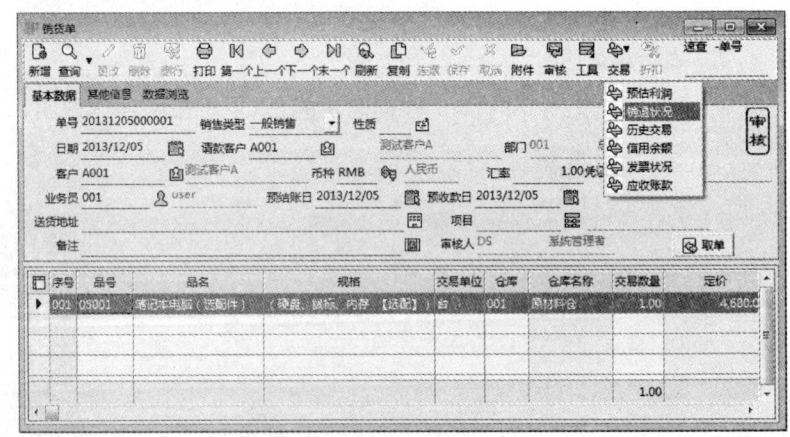

图 4-77 销退状况图

【步骤 2】 销货单的退货状况即可在单身清楚显示出来，如图 4-78 所示。

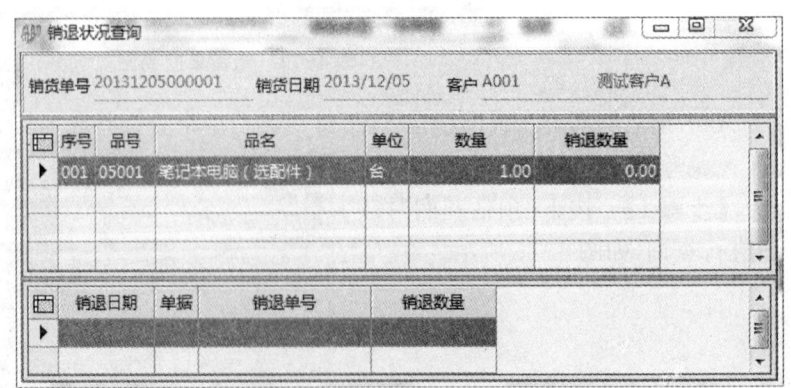

图 4-78 销退状况查询图

（3）历史交易。可查询任一客户商品的相关单据交易历史记录。

操作步骤

【步骤1】 按下"历史交易"按钮进行查询,如图4-79所示。

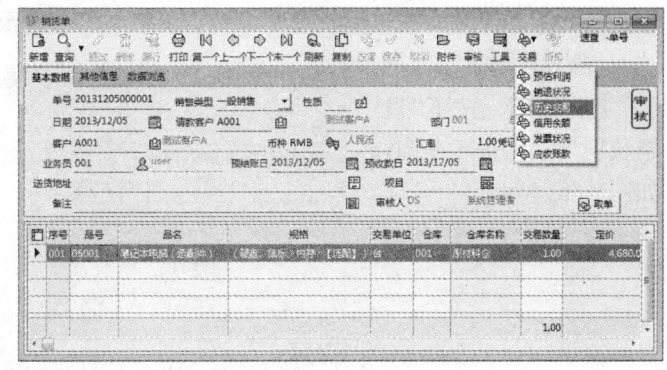

图4-79 销货单历史交易图

【步骤2】 客户商品的相关单据交易历史记录,即可分类显示出来,如图4-80所示。

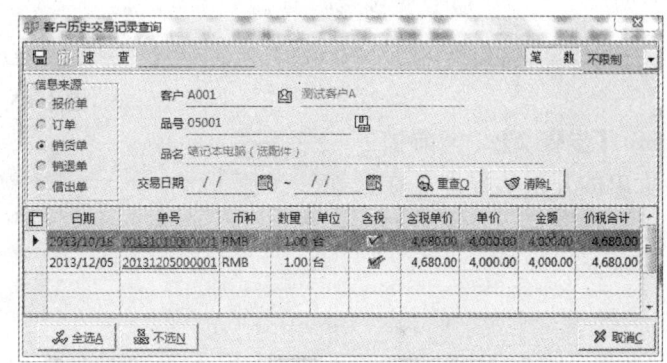

图4-80 客户历史交易查询图

(4)信用余额。可查询客户的信用额度与已用额度、信用余额,可作为接单销售的参考。

操作步骤

【步骤1】 按下"信用余额"按钮进行查询,如图4-81所示。

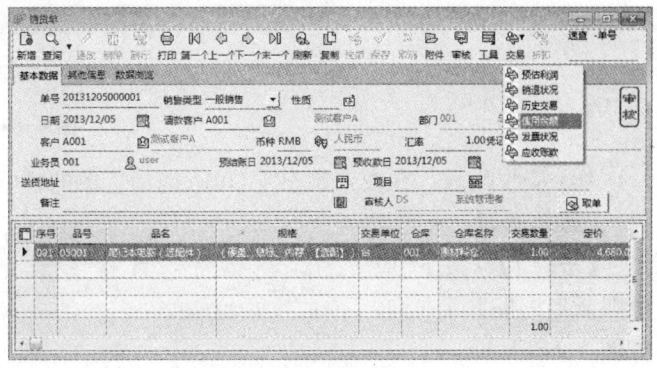

图4-81 信用余额图

【步骤2】 对应客户的信用额度、已用额度即可清楚显示,如图4-82所示。

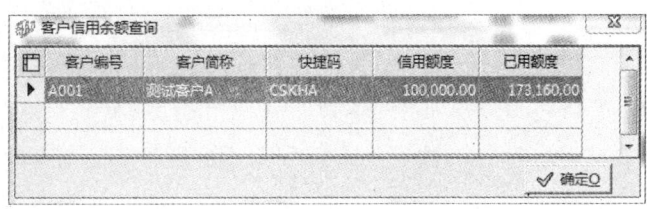

图4-82 客户信用余额查询图

(5)发票状况。在查询状态下,可查询销货单的发票开具状况。

操作步骤

【步骤1】 按下"发票状况"按钮进行查询,如图4-83所示。

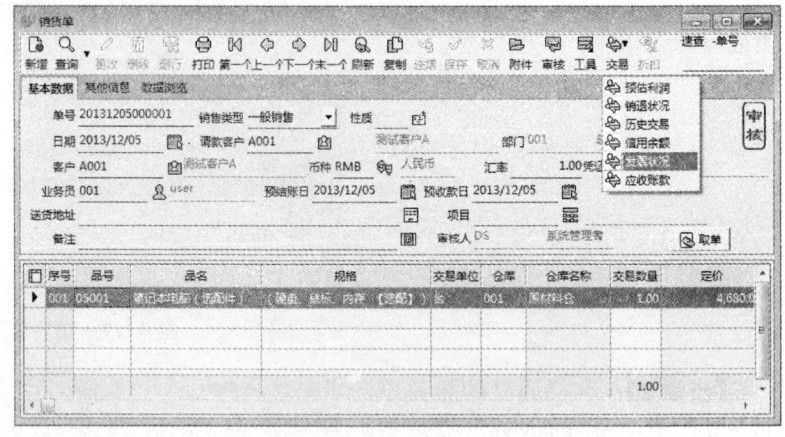

图4-83 发票状况图

【步骤2】 当前销货单的开票状况即可在单身清楚显示,如图4-84所示。

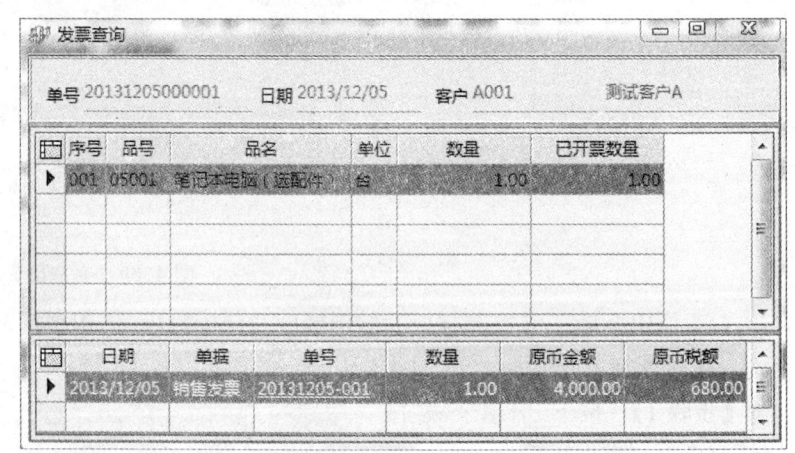

图4-84 发票查询图

(6)应收账款。在查询状态下,可查询销货单的应收账款明细情况。

操作步骤

【步骤1】 按下"应收账款"按钮进行查询,如图4-85所示。

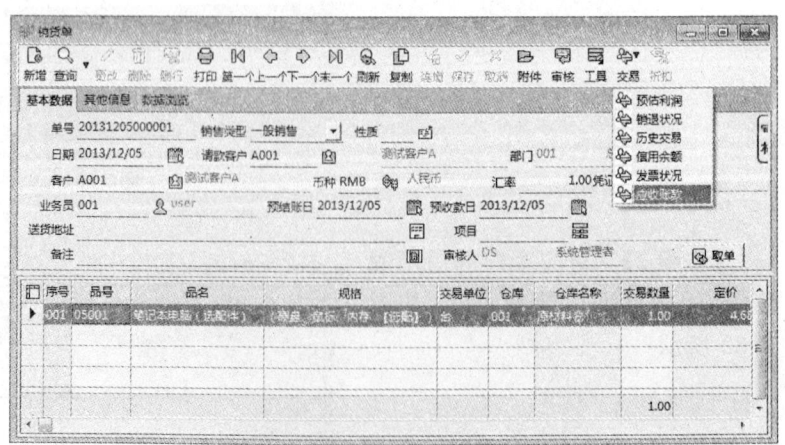

图4-85 应收账款图

【步骤2】 当前销货单所对应客户应收未收账款明细情况即可显示出来,如图4-86所示。

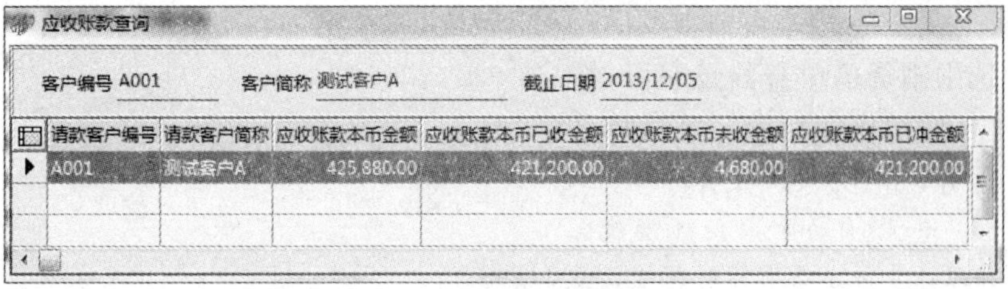

图 4-86 应收账款查询图

2) ——销货单单据折扣功能。

操作说明

按下"折扣"按钮进行销货单折扣调整,如图4-87所示。

※折扣方式分:"输入折扣后金额"或"统一折扣率"。

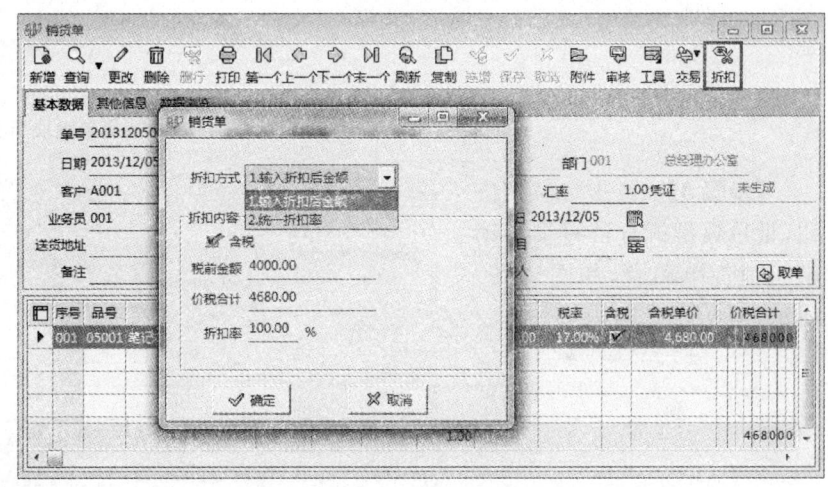

图 4-87 销货单据折扣设置图

(1) 批号数量拆分说明。在新增和修改状态下,当系统启用批号管理并且该商品也启用了批号管理时,在单身输入完数量后,可以针对批号进行数量的拆分。

操作步骤

【步骤1】 库存批次查询[现有2个批次各20台"笔记本电脑(选配件)"],如图4-88所示。

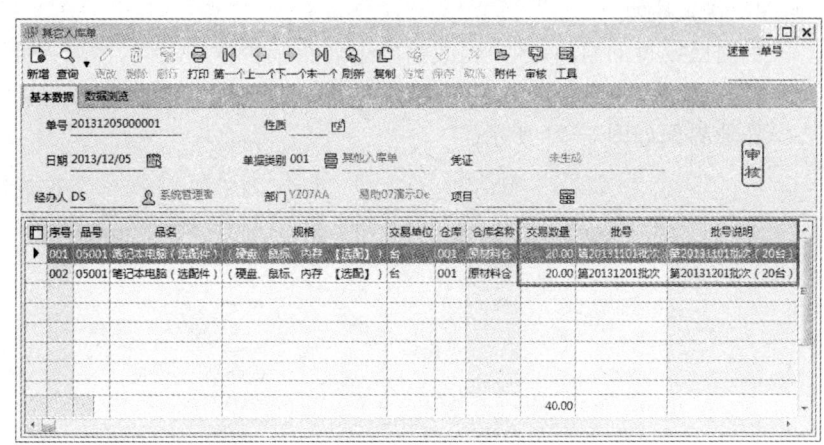

图 4-88 库存批次查询图

【步骤2】 在销货单作业选中销货单单身数量字段，按F6按键作库存商品批号数量拆分，如图4-89所示。

※ 点"自动拆分"按钮，系统会按照批号拆分原则自动进行数量拆分。

※ 用户也可以选定特定的批号进行数量拆分。

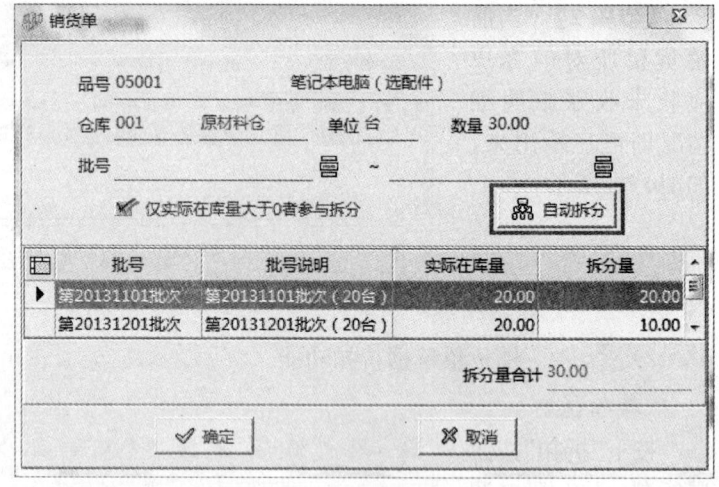

图4-89 销货单批次拆分图

【步骤3】 点击"确定"按钮，批号数量拆分资料会自动带回销货单单身，如图4-90所示。

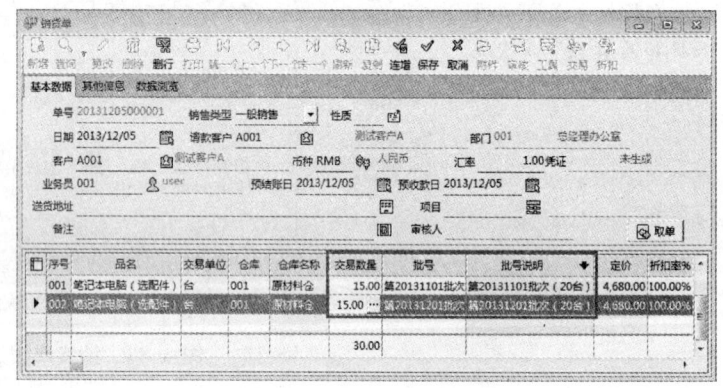

图4-90 销货单批号拆分结果图

4.3.5 销退单

1. 作业目的

针对已销货的商品，客户因故需要退还给销售方的时候，请输入此作业。

2. 作业界面

作业界面如图4-91所示。

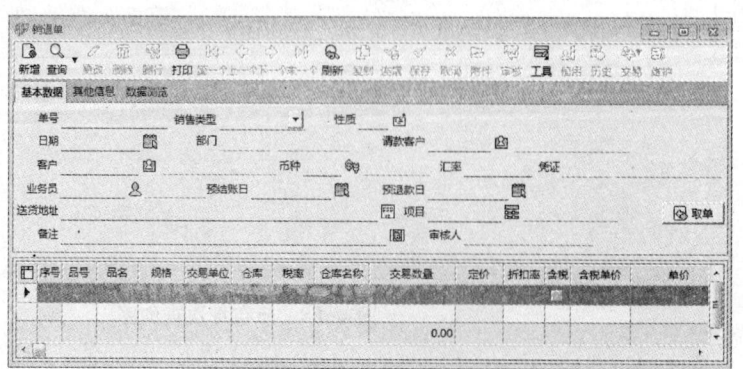

图4-91 销退单图

3. 功能按钮说明

1) ——信用余额。可查询当前销货单中客户的信用额度与已用额度、信用余额,可作为接单销售的参考。

【操作步骤】

【步骤1】 按下单头"信用"按钮,进行查询,如图 4-92 所示。

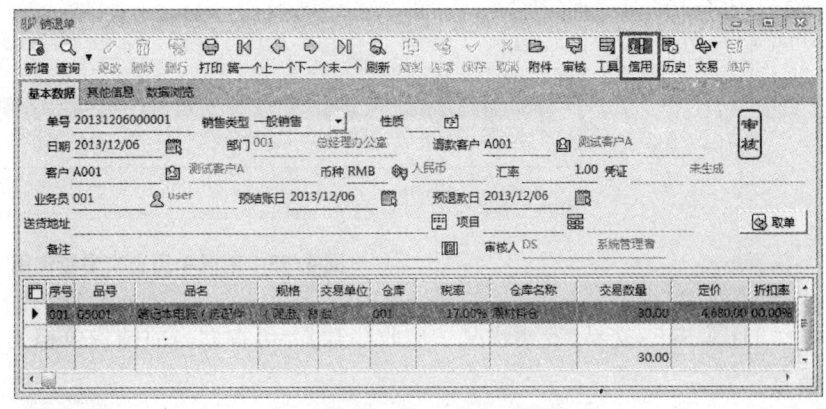

图 4-92 销退单信用查询图

【步骤2】 当前销退单所对应客户信用额度可在单身清楚显示出来,如图 4-93所示。

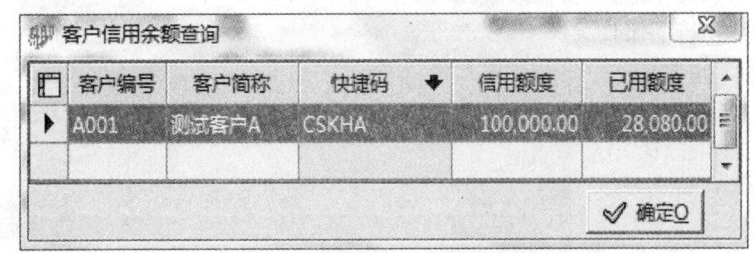

图 4-93 销退单信息余额查询图

2) ——历史交易记录。可查询当前销货单中客户的历史交易记录明细。

【操作步骤】

【步骤1】 按下单头"历史"按钮,进行查询,如图 4-94 所示。

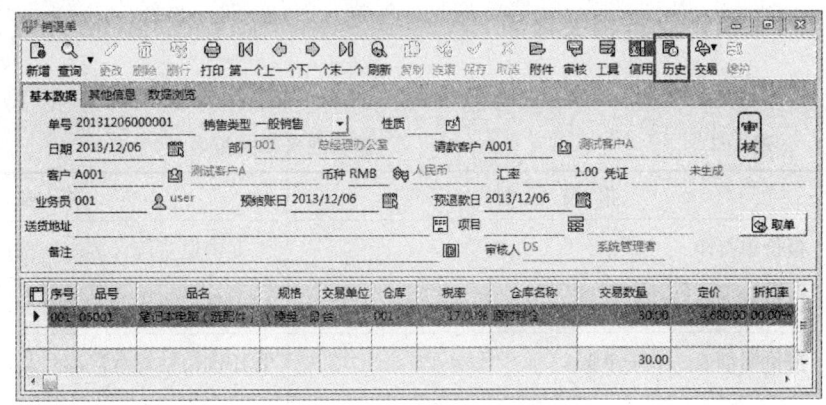

图 4-94 销退单历史查询图

【步骤2】 当前销退单所对应客户历史交易记录,可分类显示,如图 4-95 所示。

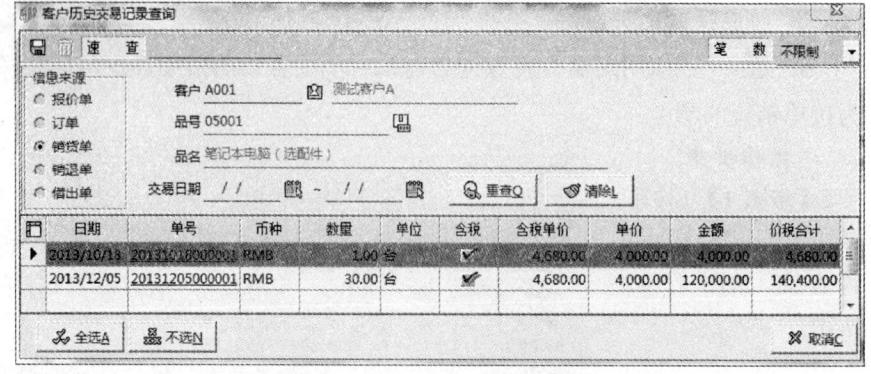

图 4-95 销退单历史交易查询图

3) ——交易(发票状况/应收账款)。可查询当前销货单相关的开票状况及应收账款信息。

操作说明

按下单头"交易"-"发票状况"按钮,进行查询,如图 4-96 所示。

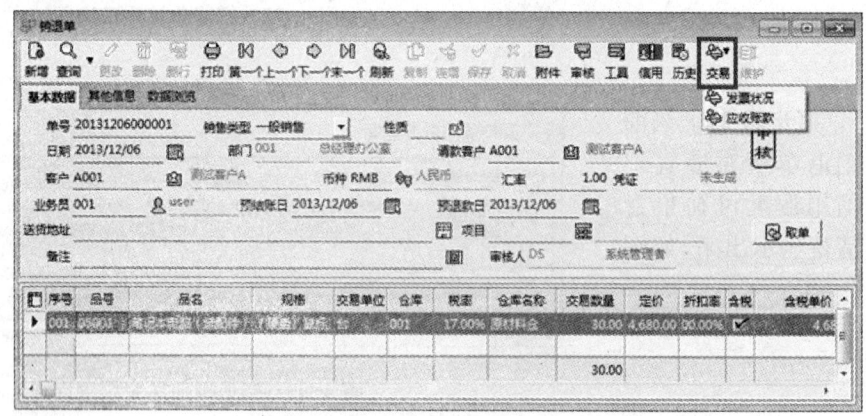

图 4-96 销退单交易查询图

4.4 销售业务相关报表

销售业务相关报表见表 4-2。

表 4-2　　　　　　　　　　　销售业务相关报表

报 表 名 称	报 表 名 称
报价单打印	年度销退货统计表——按产品
订单打印	销项暂估收入明细表
报价明细表——按单据	委托代销结算状况表
报价明细表——按客户	委托结算明细表
报价明细表——按业务	红字委托结算明细表

(续表)

报 表 名 称	报 表 名 称
报价明细表——按产品	委托未结状况表
订单明细表——按单据	委托结算余额表
订单明细表——按客户	委托代销汇总表
订单明细表——按业务	客户款项余额表
订单明细表——按产品	客户款项统计表
订单明细表——按预交货日	订金核销明细表
订单未出明细表——按客户	订金汇总表
订单未出明细表——按业务	客户销售分析表——图(季)
订单未出明细表——按产品	客户销售分析表——图(半年度)
订单未出明细表——按预交货日	客户销售分析表——图(全年度)
订单利润分析表——按单据	客户销售分析表——图(汇总)
订单利润分析表——按客户	业务销售分析表——图(季)
订单利润分析表——按部门	业务销售分析表——图(半年度)
订单利润分析表——按业务	业务销售分析表——图(全年度)
订单变更明细表	业务销售分析表——图(汇总)
销退货明细表	部门销售分析表——图(季)
销货利润分析表——按单据	部门销售分析表——图(半年度)
销退货利润分析表——按客户	部门销售分析表——图(全年度)
销退货利润分析表——按业务	部门销售分析表——图(汇总)
销退货利润分析表——按部门	商品销售分析表——图(季)
销退货利润分析表——按项目	商品销售分析表——图(半年度)
销货赠品统计表——按客户	商品销售分析表——图(全年度)
销货赠品统计表——按产品	商品销售分析表——图(汇总)
销货赠品统计表——按业务	项目销售分析表——图(季)
销退货统计表——按客户	项目销售分析表——图(半年度)
销退货统计表——按业务	项目销售分析表——图(全年度)
销退货统计表——按产品	项目销售分析表——图(汇总)
年度销退货统计表——按客户	查询订单树状信息
年度销退货统计表——按业务	

4.4.1 报价明细表——按单据

1. 作业目的

按"按单据"查询,打印报价单的明细数据。

2. 报表格式

报表格式如图4-97 所示。

易助07演示Demo
报价明细表

报价单号: ~
报价日期: ~

<全部>　　制表: 2013/12/10　系统管理者

报价单号	报价日期	品号	品名	客户名称	业务员	交易数量	交易单位	折扣率	单价	含税单价	金额	税额	价税合计
20131001000001	2013/10/01	04001	汽配保险杠（福特）	测试客户A	user(001)	20.000	套	90.00%	18000.00	21060.00	360000	61200	421200.00
20131015000002	2013/10/15	04001	汽配保险杠（福特）	测试客户A	user(001)	1.000	套	90.00%	18000.00	21060.00	18000	3060	21060.00
20131018000001	2013/10/18	05001	笔记本电脑（选配件）	测试客户A	user(001)	1.000	台	100.00%	4000.00	4680.00	0	0	4680.00
20131127000001	2013/11/27	04001	汽配保险杠（福特）	测试客户A	user(001)	1.000	套	0.00%	0.00	0.00	0	0	0.00
20131202000001	2013/12/02	05001	笔记本电脑（选配件）	测试客户A	user(001)	20.000	台	100.00%	4000.00	4680.00	0	0	93600.00
20131202000002	2013/12/02	05001	笔记本电脑（选配件）	测试客户A	user(001)	10.000	台	100.00%	4000.00	4680.00	0	0	46800.00
20131202000003	2013/12/02	05005	笔记本电脑包（赠品）	测试客户A	user(001)	20.000	个	0.00%	0.00	0.00	0	0	0.00
20131202000004	2013/12/02	05001	笔记本电脑（选配件）	测试客户A	user(001)	20.000	台	100.00%	4680.00	5475.60	93600	15912	109512.00
20131202000004	2013/12/02	05005	笔记本电脑包（赠品）	测试客户A	user(001)	20.000	个	0.00%	0.00	0.00	93600	15912	0.00
20131204000001	2013/12/04	05001	笔记本电脑（选配件）	测试客户A	user(001)	20.000	台	0.00%	0.00	0.00	0	0	0.00

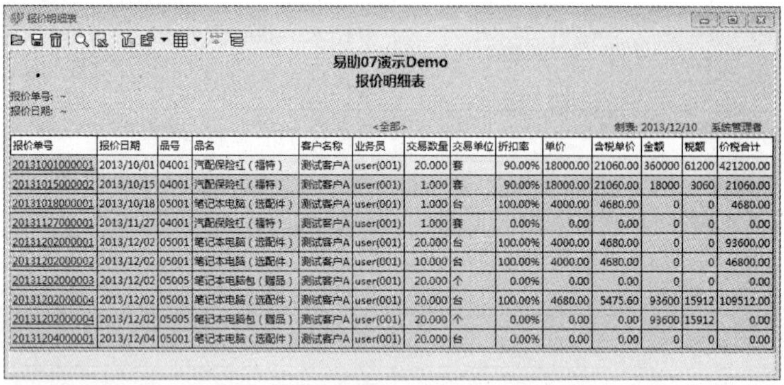

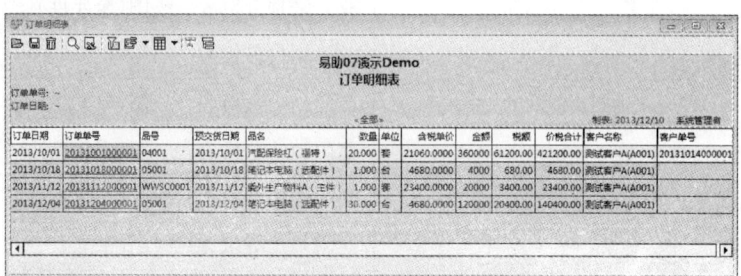

图 4-97　报价明细表报表格式图

4.4.2 订单明细表——按单据

1. 作业目的

按“按单据”查询，打印销售订单的明细数据。

2. 报表格式

报表格式如图4-98 所示。

易助07演示Demo
订单明细表

订单单号: ~
订单日期: ~

<全部>　　制表: 2013/12/10　系统管理者

订单日期	订单单号	品号	预交货日期	品名	数量	单位	含税单价	金额	税额	价税合计	客户名称	客户单号
2013/10/01	20131001000001	04001	2013/10/01	汽配保险杠（福特）	20.000	套	21060.0000	360000	61200.00	421200.00	测试客户A(A001)	20131014000001
2013/10/18	20131018000001	05001	2013/10/18	笔记本电脑（选配件）	1.000	台	4680.0000	4000	680.00	4680.00	测试客户A(A001)	
2013/11/12	20131112000001	WWSC0001	2013/11/12	委外生产物料A（主件）	1.000	套	23400.0000	20000	3400.00	23400.00	测试客户A(A001)	
2013/12/04	20131204000001	05001	2013/12/04	笔记本电脑（选配件）	30.000	台	4680.0000	120000	20400.00	140400.00	测试客户A(A001)	

图 4-98　订单明细表报表格式图

4.4.3 订单未出明细表——按客户

1. 作业目的

按“客户”查询，打印未出货销售订单的明细数据。

2. 报表格式

报表格式如图 4-99 所示。

易助07演示Demo
订单未出明细表

业务员: ~
订单日期: ~　　制表: 2013/12/10　系统管理者

分组面板: 可以拖动列标题到这儿来实现按此列分组

业务员名称	订单日期	订单单号	客户	品号	品名	单位	订单数量	已交量	未交量	预交货日期
user(001)	2013/11/12	20131112000001	测试客户A	WWSC0001	委外生产物料A（主件）	套	1	0	1	2013/11/12
user(001)	2013/12/04	20131204000001	测试客户A	05001	笔记本电脑（选配件）	台	30	0	30	2013/12/04

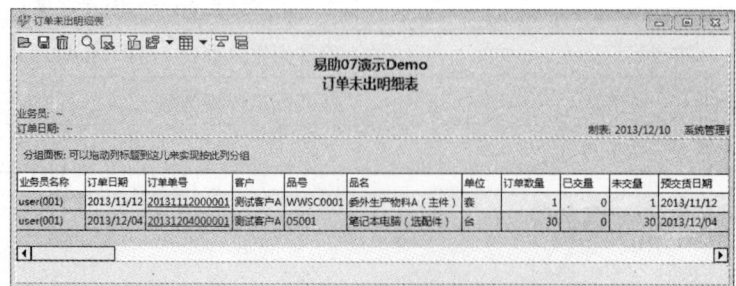

图 4-99　订单未出明细表报表格式图

4.4.4　订单利润分析表——按单据

1. 作业目的

按“单据”查询，分析销售订单利润的明细数据。

2. 报表格式

报表格式如图 4-100 所示。

订单利润分析表

易助07演示Demo
订单利润分析表

订单单号: ~
订单日期: ~
制表: 2013/12/10　系统管理者

订单日期	订单单号	客户名称	品号	品名	交易数量	交易单位	本币税前金额	成本	毛利	部门	部门名称	销售类型
2013/10/01	20131001000001	测试客户A	04001	汽配保险杠（福特）	20.000	套	360,000.00	53,820.00	306,180.00	001	总经理办公室	一般销售
2013/10/18	20131018000001	测试客户A	05001	笔记本电脑（选配件）	1.000	台	4,000.00	900.00	3,100.00	001	总经理办公室	一般销售
2013/11/12	20131112000001	测试客户A	WWSC0001	委外生产物料A（主件）	1.000	套	20,000.00	29,250.00	-9,250.00	001	总经理办公室	一般销售
2013/12/04	20131204000001	测试客户A	05001	笔记本电脑（选配件）	30.000	台	120,000.00	27,000.00	93,000.00	001	总经理办公室	一般销售

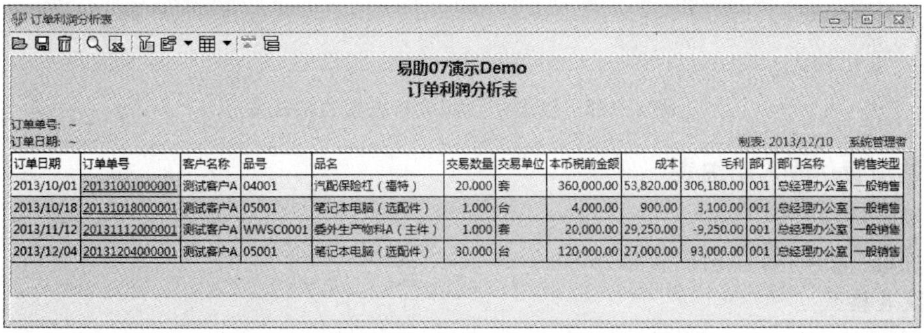

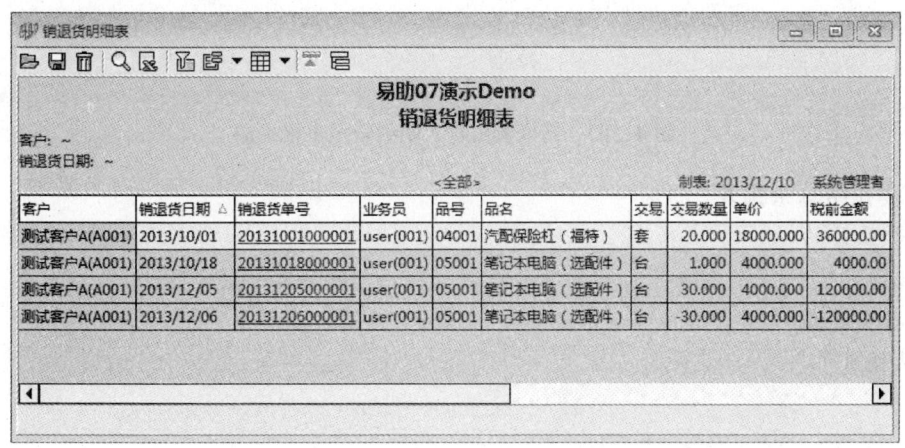

图 4-100　订单利润分析表报表格式图

4.4.5　销退货明细表

1. 作业目的

按“客户”“日期”“品号”等来综合查询某段期间内的商品销退货数据。

2. 报表格式

报表格式如图 4-101 所示。

销退货明细表

易助07演示Demo
销退货明细表

客户: ~
销退货日期: ~
<全部>
制表: 2013/12/10　系统管理者

客户	销退货日期	销退货单号	业务员	品号	品名	交易	交易数量	单价	税前金额
测试客户A(A001)	2013/10/01	20131001000001	user(001)	04001	汽配保险杠（福特）	套	20.000	18000.000	360000.00
测试客户A(A001)	2013/10/18	20131018000001	user(001)	05001	笔记本电脑（选配件）	台	1.000	4000.000	4000.00
测试客户A(A001)	2013/12/05	20131205000001	user(001)	05001	笔记本电脑（选配件）	台	30.000	4000.000	120000.00
测试客户A(A001)	2013/12/06	20131206000001	user(001)	05001	笔记本电脑（选配件）	台	-30.000	4000.000	-120000.00

图 4-101　销退货明细表报表格式图

4.4.6　销退货利润分析表——按客户

1. 作业目的

按“客户”查询，打印销退货商品的成本和毛利。

2. 报表格式

报表格式如图 4-102 所示。

销退货利润分析表

易助07演示Demo

销退货利润分析表

来源单据:全部

类型:~　等级:~　地区:~

销退货日期:~　客户:~　部门:~　业务员:~　制表: 2013/12/10　系统管理者

销退货日期	来源	销退货单号	业务员名称	客户名称	品号	品名	交易数量	交易单位	本币金额	成本	毛利
2013/10/01	销货	20131001000001	user	测试客户A	04001	汽配保险杠（福特）	20.000	套	360,000.00	53,820.00	306,180.00
2013/10/18	销货	20131018000001	user	测试客户A	05001	笔记本电脑（选配件）	1.000	台	4,000.00	900.00	3,100.00
2013/12/05	销货	20131205000001	user	测试客户A	05001	笔记本电脑（选配件）	30.000	台	120,000.00	27,000.00	93,000.00
2013/12/06	销退	20131206000001	user	测试客户A	05001	笔记本电脑（选配件）	-30.000	台	-120,000.00	-27,000.00	-93,000.00

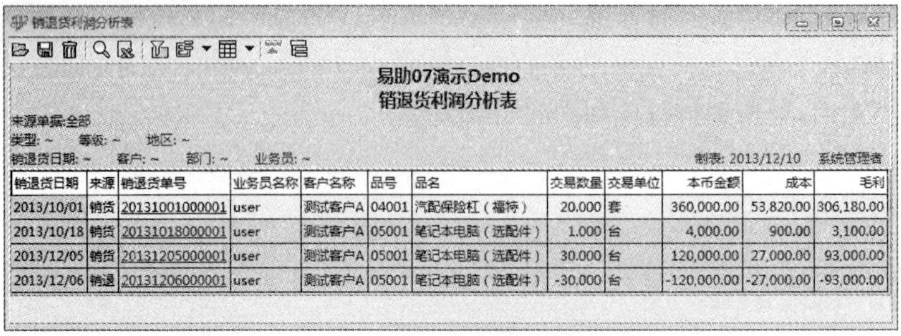

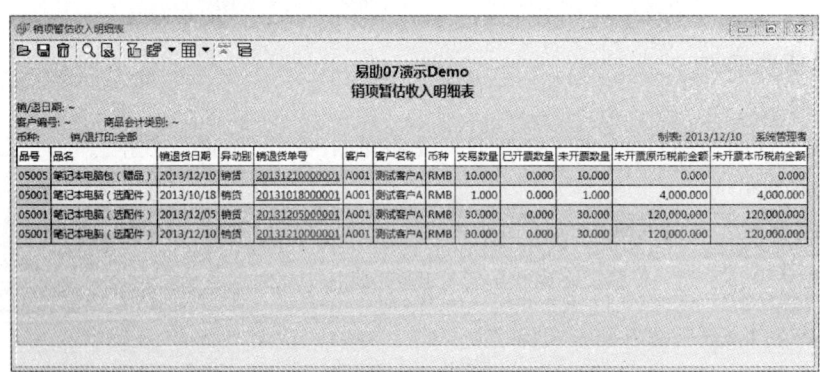

图 4-102　销退货利润分析表报表格式图

4.4.7　销项暂估收入明细表

1. 作业目的

按“商品”查询，打印销项暂估收入。

2. 报表格式

报表格式如图 4-103 所示。

销项暂估收入明细表

易助07演示Demo

销项暂估收入明细表

销/退日期:~

客户编号:~　商品会计类别:~

币种:　销/退打印:全部　制表: 2013/12/10　系统管理者

品号	品名	销退货日期	异动别	销退货单号	客户	客户名称	币种	交易数量	已开票数量	未开票数量	未开票原币税前金额	未开票本币税前金额
05005	笔记本电脑包（赠品）	2013/12/10	销货	20131210000001	A001	测试客户A	RMB	10.000	0.000	10.000	0.000	0.000
05001	笔记本电脑（选配件）	2013/10/18	销货	20131018000001	A001	测试客户A	RMB	1.000	0.000	1.000	4,000.000	4,000.000
05001	笔记本电脑（选配件）	2013/12/05	销货	20131205000001	A001	测试客户A	RMB	30.000	0.000	30.000	120,000.000	120,000.000
05001	笔记本电脑（选配件）	2013/12/10	销货	20131210000001	A001	测试客户A	RMB	30.000	0.000	30.000	120,000.000	120,000.000

图 4-103　销项暂估收入明细表报表格式图

4.4.8　委托结算余额表

1. 作业目的

提供显示委托代销结算业务的未结数量，只有按代销清单结算时才显示。

2. 报表格式

报表格式如图 4-104 所示。

委托结算余额表

易助07演示Demo

委托结算余额表

起止客户：~

起止品号：~　制表: 2013/12/10　系统管理者

客户	客户名称	品号	品名	数量
W001	委外代销客户A	委外代销品A001	（委外代销品）豪华别墅	0.000

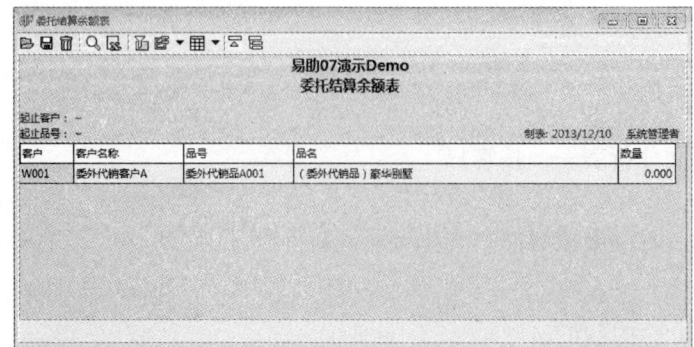

图 4-104　委托结算余额表报表格式图

4.4.9　订单选配信息表

1. 作业目的

按“订单单号”查询，查询到对应选配明细状况。

2. 报表格式

报表格式如图 4-105 所示。

易助07演示Demo
订单选配信息表

订单单号: ~
订单日期: ~
制表: 2013/12/10　系统管理者

订单日期	订单单号	序号	客户	审核码	类型	勾选	品号	品名	规格	数量	单位
20131001	20131001000001	001	测试客户A	已审核	订单件		04001	汽配保险杠（福特）	福特	20.000	套
20131018	20131018000001	001	测试客户A	已审核	订单件		05001	笔记本电脑（选配件）	（硬盘、鼠标、内存 【选配】）	1.000	台
					选配件	未勾选	|--0500201	硬盘（500GB）	（500GB硬盘）	1.000	台
					选配件	已勾选	|--0500202	硬盘（1000GB）	（1000GB硬盘）	1.000	台
					选配件	未勾选	|--0500203	硬盘（2000GB）	（2000GB硬盘）	1.000	台
					选配件	已勾选	|--0500301	鼠标（有线）	有线	1.000	个
					选配件	未勾选	|--0500302	鼠标（无线光电）	无线光电	1.000	个
					选配件	已勾选	|--0500401	内存（2GB）	（2GB内存）	1.000	条
					选配件	已勾选	|--0500402	内存（4GB）	（4GB内存）	1.000	条
					选配件	未勾选	|--0500403	内存（8GB）	（8GB内存）	1.000	条
20131112	20131112000001	001	测试客户A	已审核	订单件		WWSC0001	委外生产物料A（主件）		1.000	套
20131204	20131204000001	001	测试客户A	已审核	订单件		05001	笔记本电脑（选配件）	（硬盘、鼠标、内存 【选配】）	30.000	台
					选配件	已勾选	|--0500201	硬盘（500GB）	（500GB硬盘）	30.000	台
					选配件	未勾选	|--0500202	硬盘（1000GB）	（1000GB硬盘）	30.000	台
					选配件	未勾选	|--0500203	硬盘（2000GB）	（2000GB硬盘）	30.000	台
					选配件	已勾选	|--0500301	鼠标（有线）	有线	30.000	个
					选配件	未勾选	|--0500302	鼠标（无线光电）	无线光电	30.000	个
					选配件	已勾选	|--0500401	内存（2GB）	（2GB内存）	30.000	条
					选配件	已勾选	|--0500402	内存（4GB）	（4GB内存）	30.000	条
					选配件	已勾选	|--0500403	内存（8GB）	（8GB内存）	30.000	条

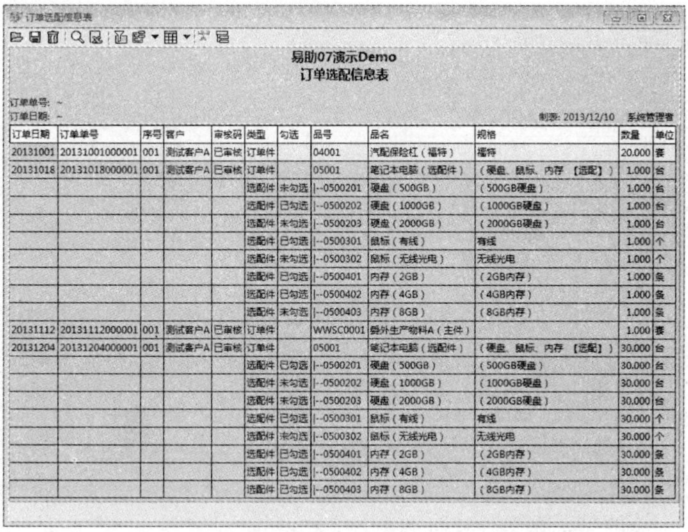

图 4-105　订单选配信息表报表格式图

4.4.10　客户销售分析表/图(半年度)

1. 作业目的

按“半年”来查询客户商品的销售排名与状况，并可选择打印成报表或图表。

2. 报表格式

报表格式如图 4-106 所示。

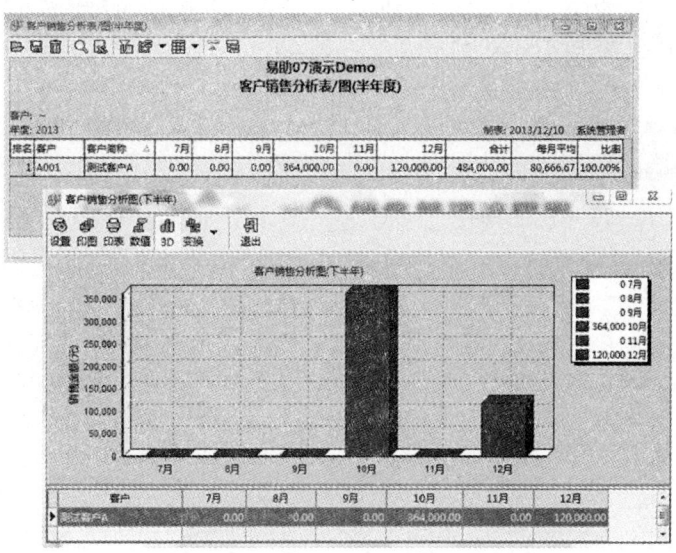

图 4-106　客户销售分析表报表格式图

4.4.11 商品销售分析表/图(半年度)

1. 作业目的

按"半年"来查询某一商品的销售排名与状况,并可选择打印成报表或图表。

2. 报表格式

报表格式如图 4-107 所示。

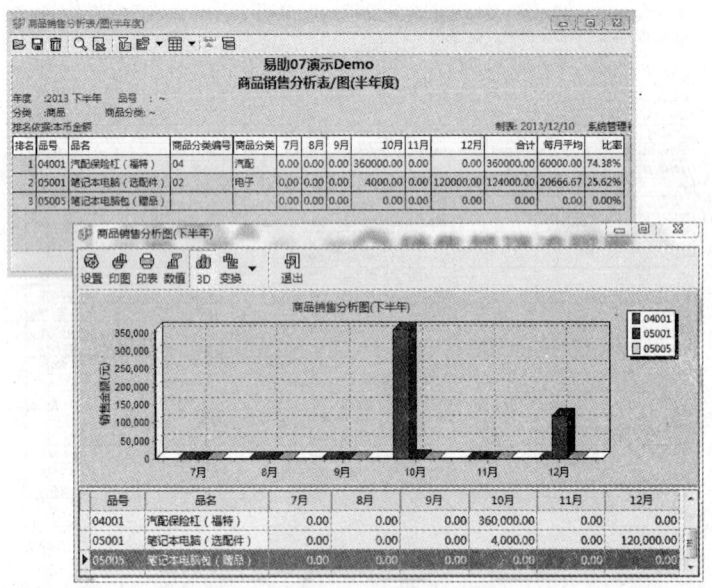

图 4-107　商品销售分析表报表格式图

4.4.12 查询订单树状信息

1. 概述

以订单做入口用树状结构来查询订单的所有下游单据。

2. 报表格式

报表格式如图 4-108 所示。

※所有下游单据信息都可以点击,直接超链接至对应单据窗口。

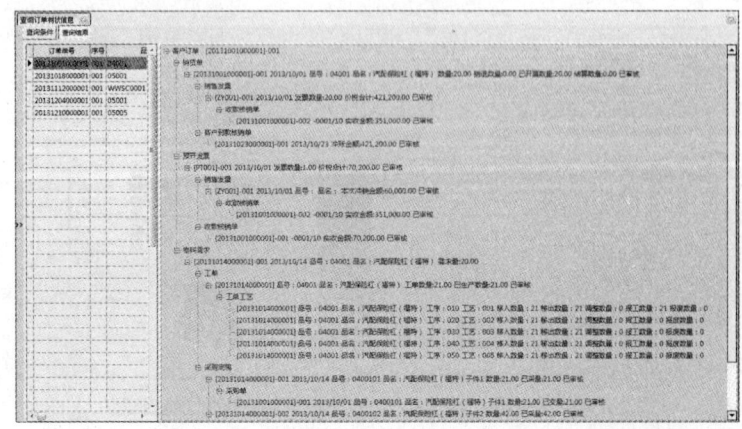

图 4-108　查询订单树状信息报表格式图

4.5 企业销售业务工作任务分析与操作

4.5.1 工作任务一：订单变更业务

1. 概述

当客户的订单需求变动后,可通过录入此张单据,更改订单的记录。

2. 作业界面

作业界面如图 4-109 所示。

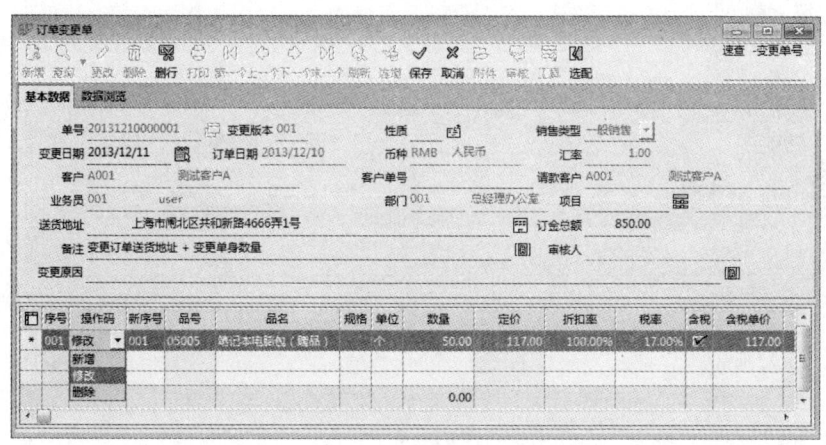

图 4-109　订单变更单作业界面图

4.5.2 工作任务二：委托结算业务

1. 作业目的

委托业务的结算,表示已经确认可以收款的数据,委托业务的销货单,只有结算后才可以开票。

2. 基本信息界面

基本信息界面如图 4-110 所示。

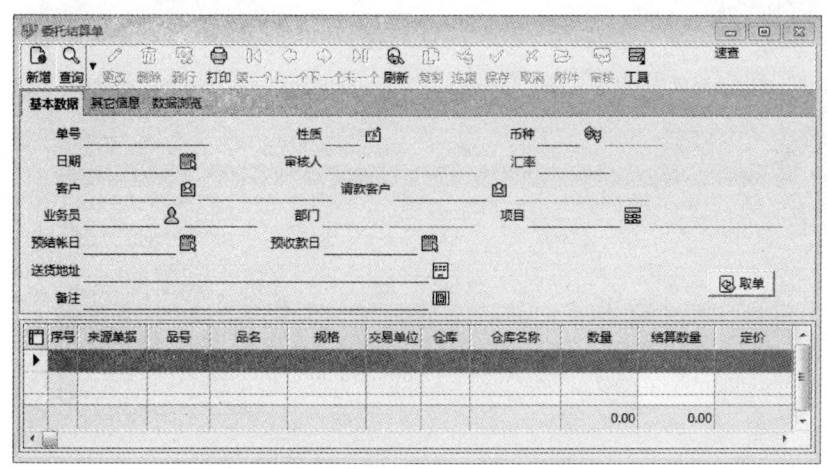

图 4-110　委托结算单基本信息界面图

4.5.3 工作任务三：客户到款核销业务

1. 作业目的

处理客户到款与销货应收款的核销业务。

2. 基本信息界面

基本信息界面如图 4-111 所示。

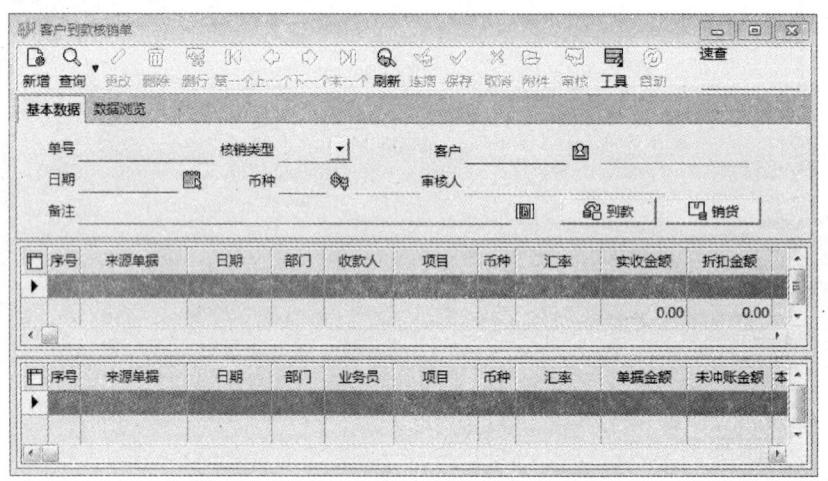

图 4-111　客户到款核销单基本信息界面图

3. 操作说明

客户到款核销按销货类型，区分为"销货核销"和"订金核销"。

（1）客户到款核销单——销货核销。可以在 001 单和 002 单的"本次冲账金额"字段中，依次输入需要冲账的金额，如图 4-112 所示。

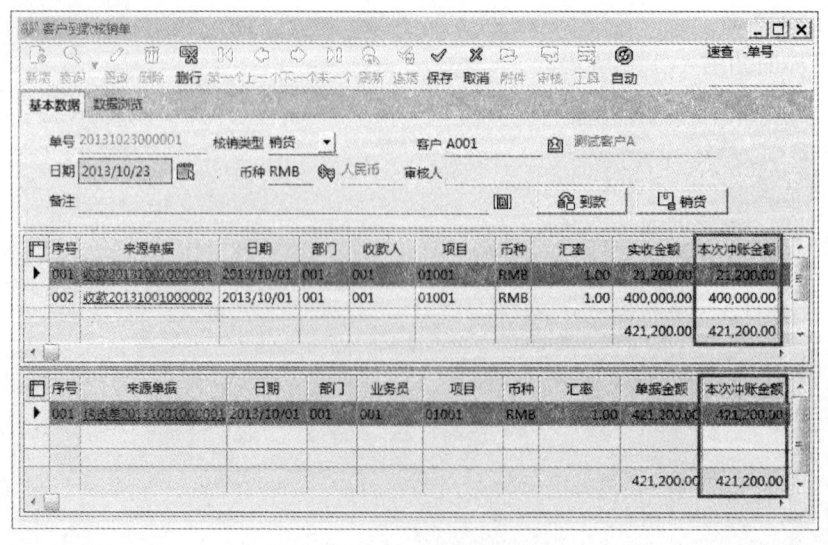

图 4-112　销货核销单图

（2）客户到款核销单——订金核销。可以在 001 单和 002 单的"本次冲账金额"字段中，依次输入需要冲账的金额，如图 4-113 所示。

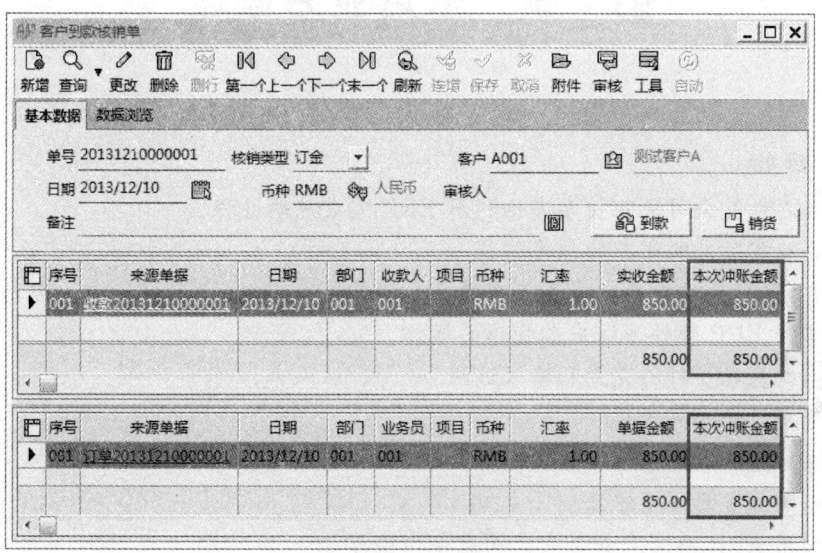

图 4-113　订金核销单图

第 5 章 采购业务管理

课程目标

- 模拟浩志电气公司采购员李海伦利用 ERP 完成采购过程
- 了解企业实际采购业务的经办过程
- 熟悉在 ERP 系统中完成采购业务的基本操作过程
- 熟练掌握 ERP 软件系统采购模块的操作
- 熟悉采购基础资料的设置和输入过程
- 能够分析采购业务流程
- 能够熟练完成采购系统初始化工作
- 掌握采购业务的处理方法
- 能够利用 ERP 系统完成企业采购业务的操作

任务名称和背景

掌握浩志电气公司采购业务的实际操作过程。

李海伦是浩志电气公司采购部门的经理,目前她的工作是负责该公司原料的国内采购。每天由采购专员拨打数百个电话询问各供应商的原料信息,接受各供应商发出的报价。李海伦需要对供应商进行核价处理。采购完成后,负责采购进货的相关业务。采购岗员工工作职责如表 5-1 所示。

表 5-1 采购岗员工工作职责

姓 名	所属公司	职 务	工作职责
李海伦	浩志电气	采购部项目经理	ERP 项目核心模块参与者,相关业务负责人

5.1 采购业务基本流程

采购业务主流程图如图 5-1 所示。

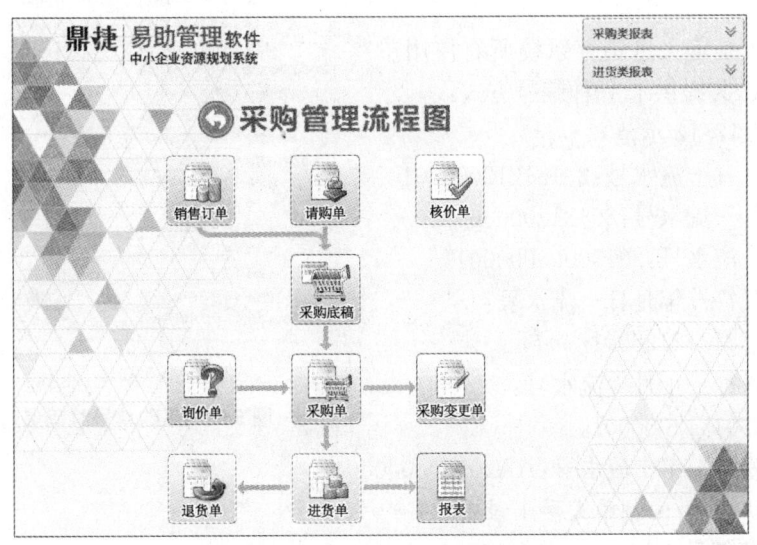

图 5-1 采购业务主流程图

5.2 资料

5.2.1 采购业务参数设置

5.2.1.1 概述
设置采购业务所需的基本参数及采购各个单据的编码方式。

5.2.1.2 参数界面(基本设置)
参数界面(基本设置)如图 5-2 所示。

采购字段说明

➡ 赠品管理：在此处选择是、否，决定系统中是否需要作赠品管理。

➡ 按进货单记录供应商商品价格：若有勾选，表示录入进货单时，需将商品单价回填至"供应商商品价格"中。

➡ 进货暂估处理方式：可选择进货暂估的处理方式，共有以下三种："月初红冲""单到回冲""单到补差"。

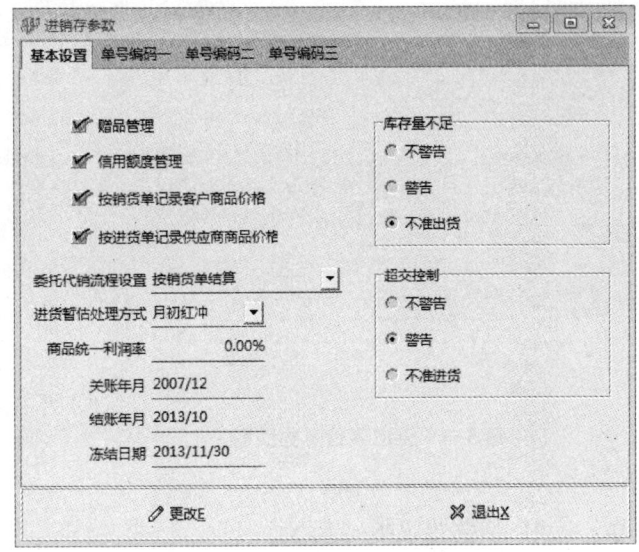

图 5-2 进销存参数设置界面图

5.2.1.2 参数界面(单号编码)

参数界面(单号编码)如图 5-3 所示。

➡ 单号设置字段说明(仅包含和采购业务相关的字段)。

➡ 本设置是定义进销存系统所有使用单号的编号方式,共提供了 7 种编号方式:

(以 2013/12/12 示范)

⇨ 年月日＋流水号:20131212000001

⇨ 年月＋流水号:20131200000001

⇨ 年＋流水号:20130000000001

⇨ 前置符＋年月日＋流水号：AA201312120001

⇨ 前置符＋年月＋流水号：AA201312000001

⇨ 前置符＋年＋流水号：AA201300000001

⇨ 手动编号:由制单人手工录入

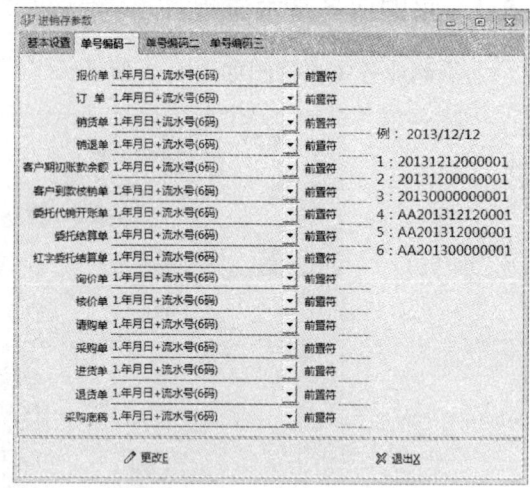

图 5-3 采购单号编码参数界面图

5.2.2 供应商信息维护

5.2.2.1 概述

采购的供货商信息均在本作业录入。可以输入、查询、更改、删除各供应商基本数据的类型、法人,交易数据的常用币种、发票种类、结账方式……

5.2.2.2 供应商信息界面(基本数据)

供应商信息界面(基本数据)如图 5-4 所示。

5.2.2.3 供应商信息界面(交易信息)

供应商信息界面(交易信息)如图 5-5 所示。

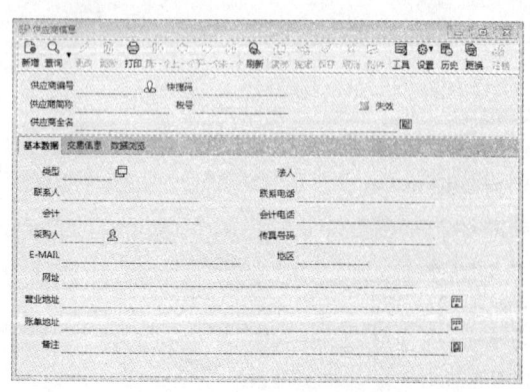

图 5-4 供应商信息界面图   图 5-5 供应商交易信息界面图

5.2.2.4 功能钮说明

1) ⚙(供应商品号)——可新建查询供应商商品信息。

操作步骤

按下单头"设置"按钮中的"供应商品号"菜单按钮,如图5-6所示。

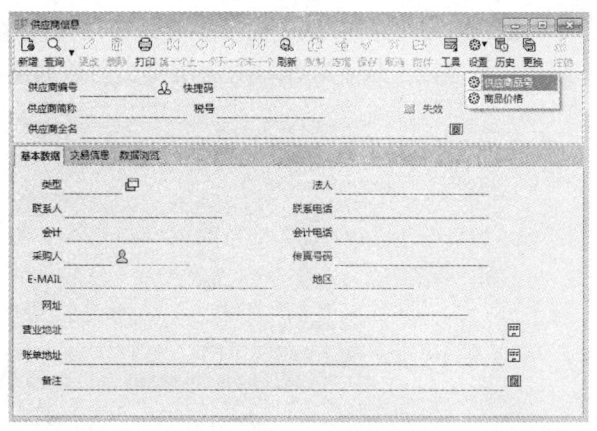

图5-6 供应商品号查询图

2) （商品价格）——可新建、查询、更改供应商商品价格信息。

操作步骤

【步骤1】 按下单头"设置"按钮中的"商品价格"菜单按钮,如图5-7所示。

【步骤2】 在商品价格开窗中,即可新增或查询或更改"供应商商品价格"信息,如图5-8所示。

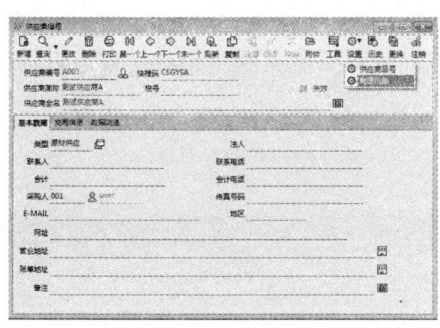

图5-7 商品价格图

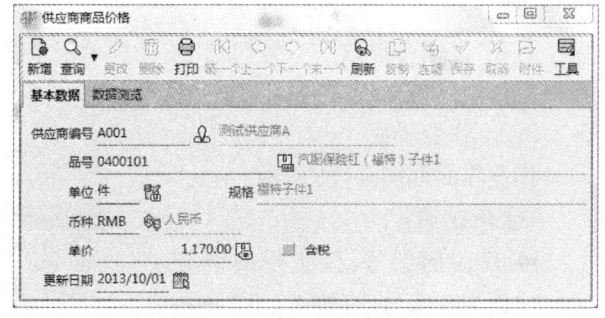

图5-8 供应商商品价格图

3) ——历史。可查询供应商商品与各单据的交易记录。

操作步骤

【步骤1】 先在"供应商信息"作业中,查询到目标供应商信息。单击"历史"按钮,如图5-9所示。

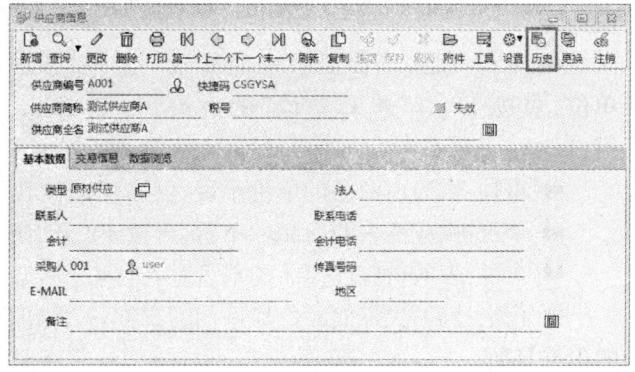

图5-9 供应商历史图

【步骤2】 先在"供应商历史交易记录查询"窗口中,选择信息来源、维护供应商、品号、规则等过滤字段。按下🔍重查Q,对应历史交易数据便将生成在其下方的窗口中,如图5-10所示。

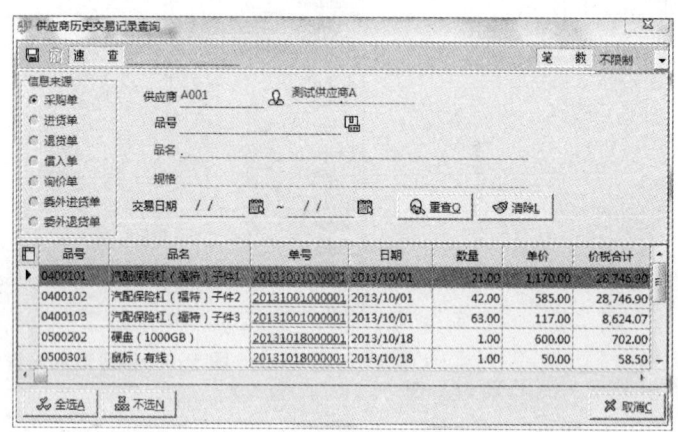

图5-10 供应商历史交易记录查询图

5.2.3 供应商商品价格

5.2.3.1 概述

用于设置预设的指定供应商对应商品价格。可设置同品号同种商品,对应不同供应商的价格指定。

若在"进销存参数"中,有勾选"按进货单记录客户商品价格",则系统将根据进货单自动更新供应商商品价格的数据。

5.2.3.2 作业界面

作业界面如图5-11所示。

字段说明

➡ **供应商编号**:设置供应商商品价格的供应商编号,可按 F2 作"供应商基本信息"的开窗选定,不可空白。

➡ **品号**:设置供应商商品价格的商品品号,可按 F2 作"商品信息"的开窗选定。

➡ **单位**:供应商商品数量的计量单位,可按 F2 作"换算单位"的查询窗口。

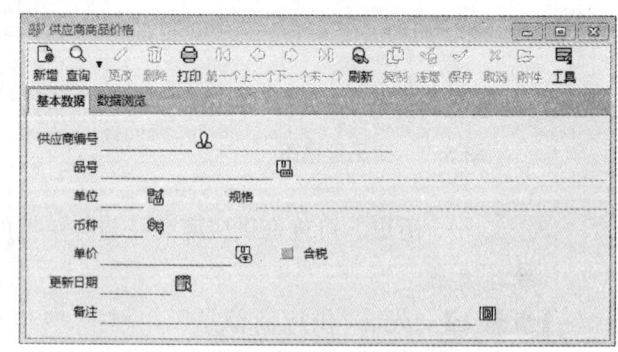

图5-11 供应商商品价格作业界面图

➡ **币种**:供应商商品的单价币种,可按 F2 作"币种数据"的查询窗口。

➡ **单价**:供应商采购商品的单价,可按 F2 开"商品进价"窗查询。

➡ **含税**:表明供应商商品的单价是否含税。

➡ **核定日期**:决定商品价格采用的日期,若此单价设置由进货单更新,则此日期为进货单的单据日期。

➡ **备注**:可将单据的备注说明输入在此字段,也可按 F2 作"词组"的查询窗口,可空白。

5.3 采购业务操作过程

5.3.1 请购单

5.3.1.1 作业目的

为满足公司内部管理需求,在发采购单给供应商前,先进行内部需求的审查,由授权主管审查需求的合理性。本作业也与采购单有联机,可在采购中单将此请购的数据汇入,非常方便。

5.3.1.2 作业界面

作业界面如图 5-12 所示。

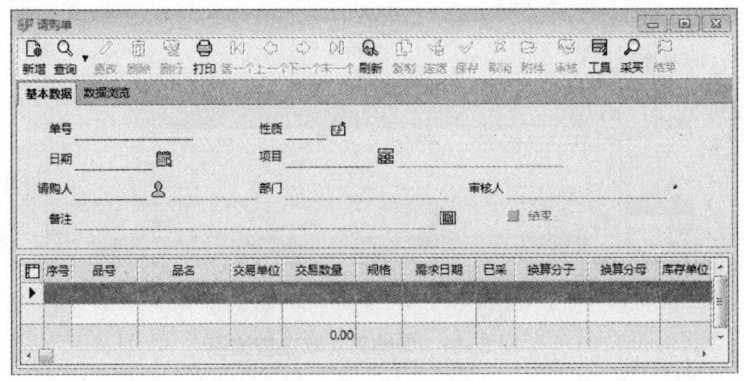

图 5-12 请购单作业界面图

5.3.1.3 案例演练

例如,请购员李海伦欲请购以下的商品,你能帮她录入一张请购单吗?

品　号	品　名	数　量
Y020-035-S36	方钢 S36＊32	100
Y030-045-024	圆钢 φ24	200

操作说明

如图 5-13 所示。

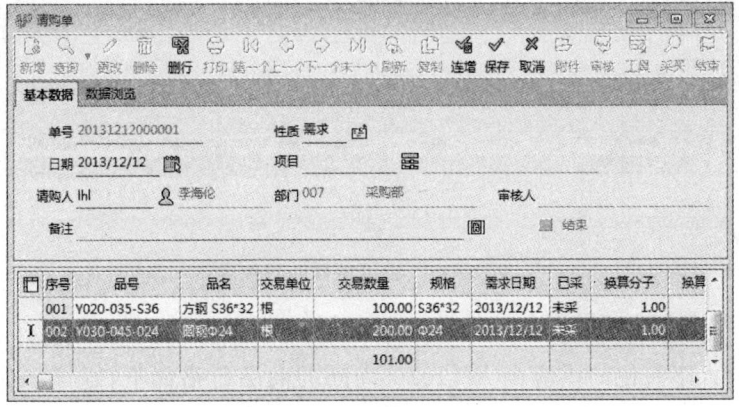

图 5-13 请购单查询图

5.3.1.4 功能钮说明

1) ——可实时查询当前请购单的采买情况。

操作说明

点选要查询的"请购单",点到 采买 按钮,请购单的采买情况,即可于单身中清楚显示出来,如图 5-14 所示。

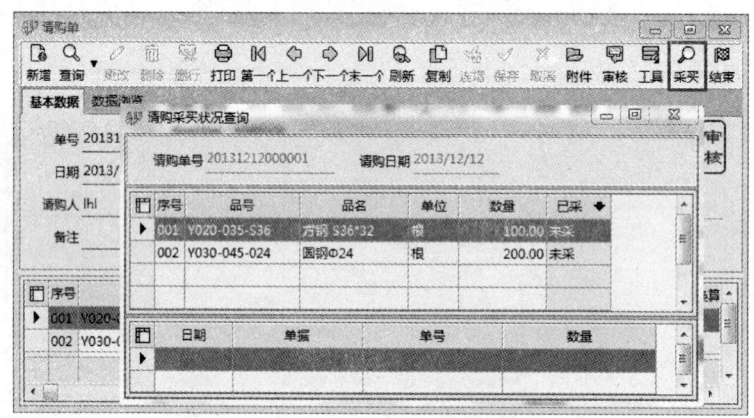

图 5-14 请购采买状况查询图

5.3.2 询价单

5.3.2.1 作业目的

录入向不同供应商询问商品的价格后的记录数据,以利于后续采购。本作业与采购单有联机,当接受供应商的报价后,便可在采购单中将询价单的数据转入。

5.3.2.2 作业界面

作业界面如图 5-15 所示。

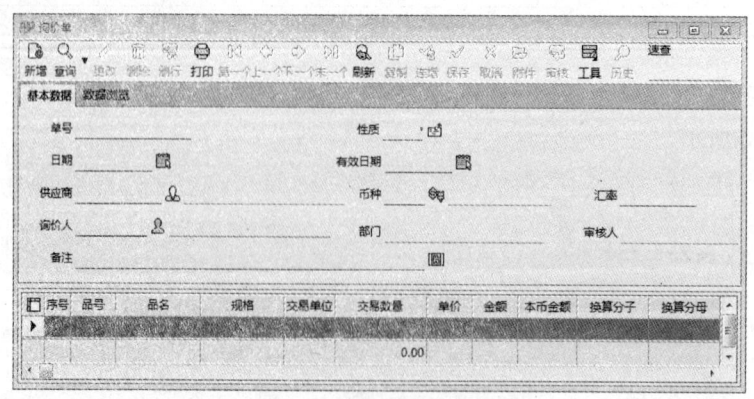

图 5-15 询价单作业界面图

5.3.2.3 案例演练

例如,询价人李海伦向供应商 W11020 询问的商品价格如下,她该如何将这些数据输入到询价单呢?

品号	品名	数量	单价
Y020-035-S36	方钢 S36*32	100	10 000.00
Y030-045-024	圆钢 φ24	200	20 000.00

操作说明

操作如图 5-16 所示。

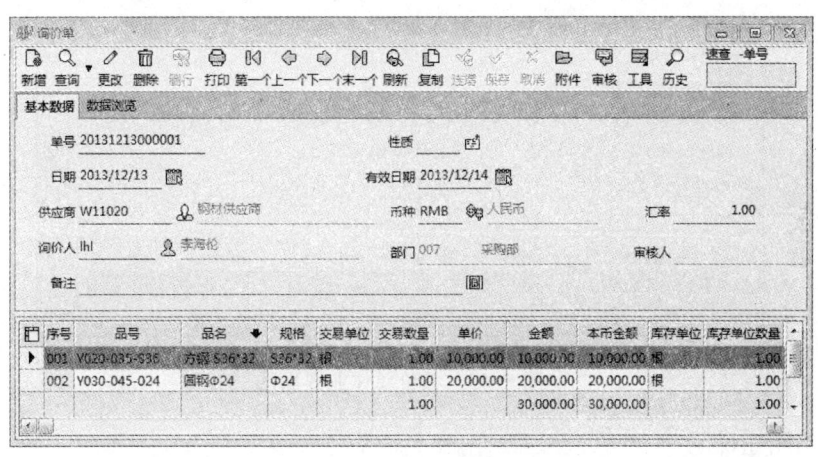

图 5-16　询价单演示图

5.3.2.4 功能钮说明

1) ——历史。可供查询与任一供应商交易的记录。

操作步骤

【步骤 1】　先在"询价单"作业中,查询到目标询价单据信息。单击"历史"按钮,如图 5-17 所示。

【步骤 2】　先在"供应商历史交易记录查询"开窗中,选择信息来源、维护供应商、品号、规则等过滤字段。按下"重查",对应历史交易数据便将生成于图 5-18 所示的窗口中,如图 5-18 所示。

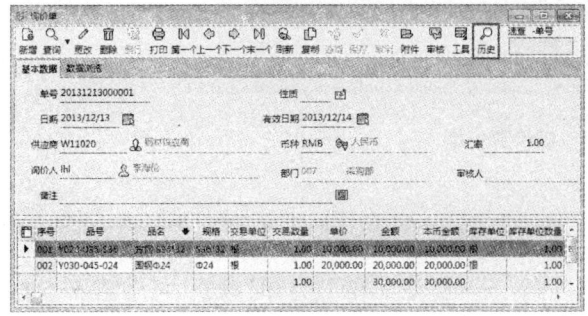

图 5-17　询价历史图

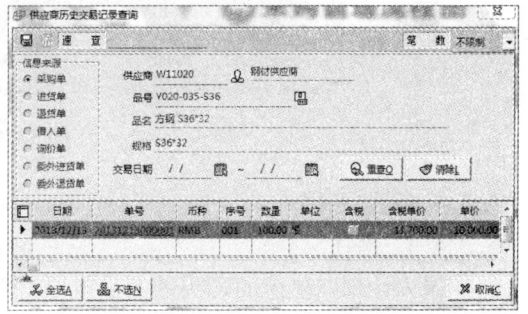

图 5-18　供应商历史交易记录查询图

5.3.3 核价单

5.3.3.1 概述

针对某品号提供不同供应商的核价信息。

5.3.3.2 作业界面

作业界面如图5-19所示。

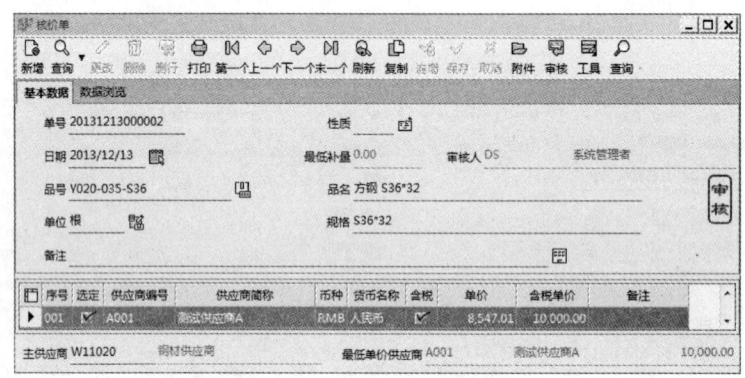

图5-19 核价单作业界面图

5.3.3.3 功能钮说明

1）——查询。内含3种查询功能，以下将按顺序作说明。

操作说明

"标准进价查询""供应商商品价格查询""历史进价查询"，如图5-20所示。

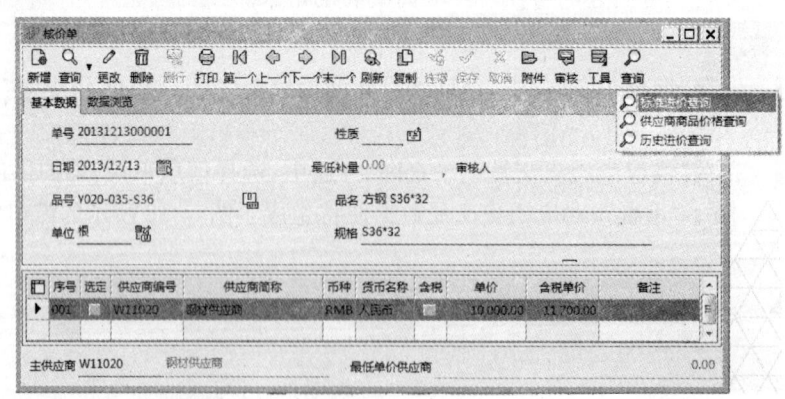

图5-20 核价查询图

5.3.4 采购底稿

5.3.4.1 概述

录入计划向供应商购买的商品或原材料数据。若与"请购单""订单"联机，可节省不少打单的时间，非常方便。

5.3.4.2 作业界面

作业界面如图5-21所示。

第 5 章　采购业务管理

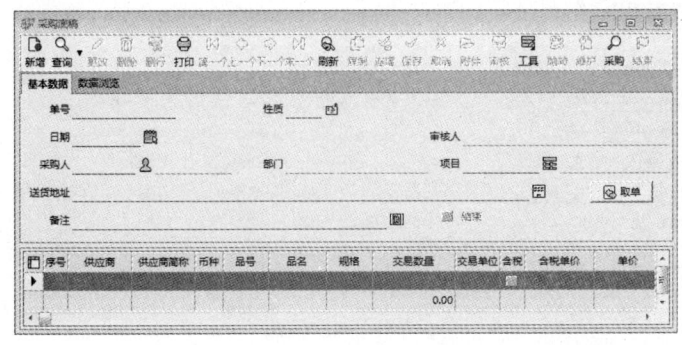

图 5-21　采购底稿图

5.3.4.3　案例演练

例如,采购李海伦想预测采购的商品,通过取单请购单到采购底稿中,该如何操作呢?

品号	品名	数量	单价
Y020-035-S36	方钢 S36*32	100	10 000.00
Y030-045-024	圆钢 φ24	200	20 000.00

操作说明

采购底稿取单前置单据请购单,如图 5-22 所示。

※ 若勾选"按需求"表示:只需计算在商品信息档中有勾"按需求补货"的商品。

➡ **展算公式**:利用此公式,来推算出所需采购的商品数量。

◆ 需求量:即为信息来源单据的数量。

◆ 实际在库量:现有库存量－现有借出量。

◆ 安全存量:即为"商品信息"中的安全存量的数值。

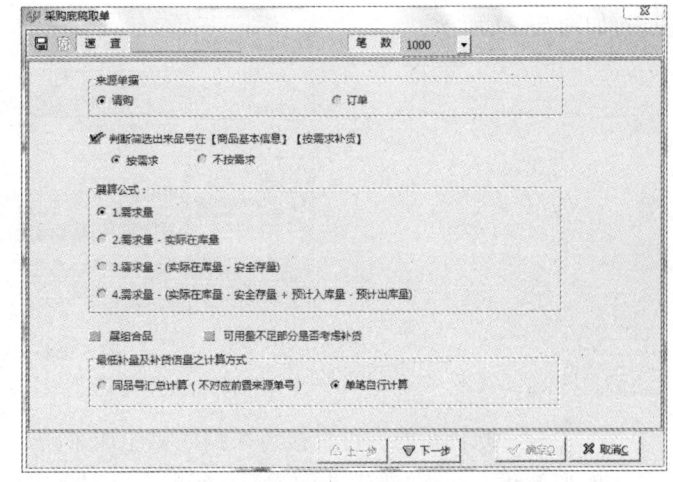

图 5-22　采购底稿取单图

◆ 预计出库量:所有订单尚未交货的数量,以及工单/委外单尚未领料的数量和。

◆ 预计入库量:所有采购单尚未进货的数量,以及工单/委外单尚未生产的数量和。

◆ 展组合品:当有勾选时,则会将组合的子件品号计算至展算公式中。

➡ 最低补量及补货倍量的计算方式:

◆ 同品号汇总计算(不对应置来源单号):如果勾选,则会先做同品号合并,然后根据合并后的数量再来考虑最低补量和补货倍量,可以避免重复考虑最低补量和补货倍量,但是抛转的采购底稿无法记录来源订单。

◆ 单笔自行计算:如果勾选,则每一笔品号都会考虑最低补量和补货倍量,可能会出现重复考虑的问题,但是抛转的采购底稿可以记录到来源订单,如图 5-23 所示。

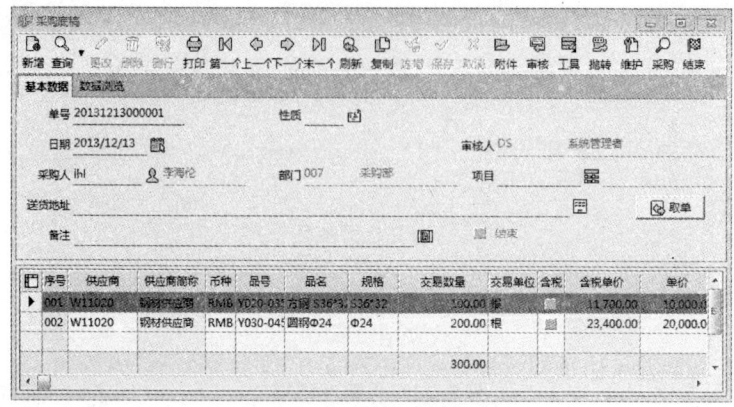

图 5-23　来源订单查询图

5.3.4.4　功能钮说明

1) ——采购查询。可查询任一张底稿的采购状况。

操作说明

选择要查询采购记录的采购底稿单据，按下"采购"按钮，如图 5-24 所示。

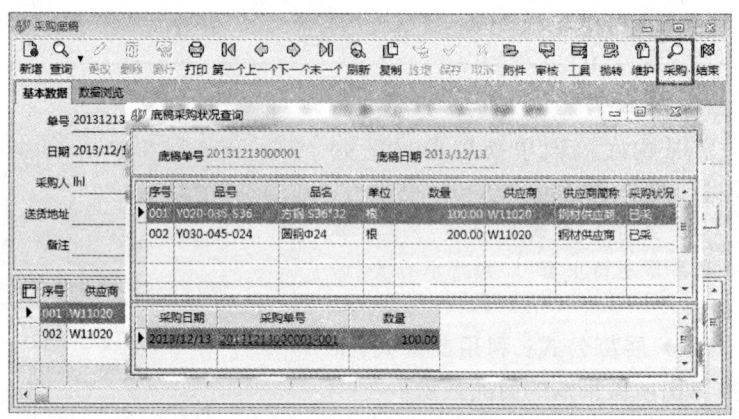

图 5-24　底稿采购状况查询图

2) ——抛转功能。可直接将采购底稿生成采购单。

操作步骤

【步骤 1】　选择要查询采购记录的采购底稿单据，按下"抛转"按钮，如图 5-25 所示。

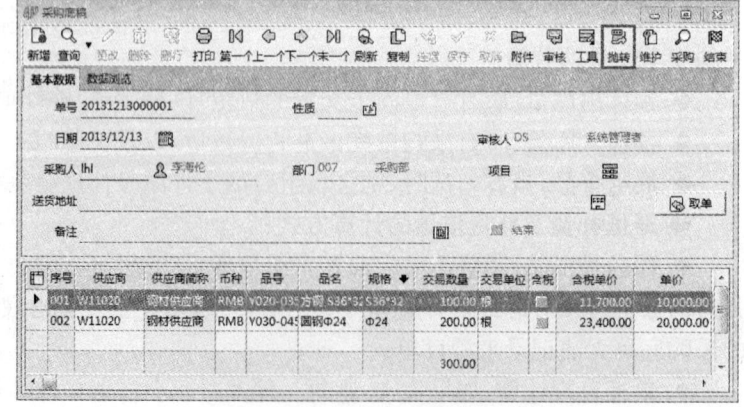

图 5-25　采购底稿抛转图

【步骤2】 自定义维护抛转采购单采购日期信息,按下"生成采购单"按钮,如图5-26所示。

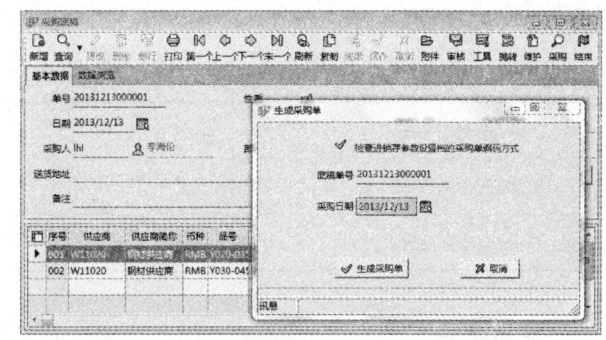

图5-26 采购单生成图

3) ——维护。可以在已经审核的并且尚未采购的底稿单身资料维护供应商信息。

操作步骤

【步骤1】 选择要查询采购记录的采购底稿单据,按下"维护"按钮,如图5-27所示。

【步骤2】 维护底稿单身未采购商品品号供应商的信息缺省值,如图5-28所示。

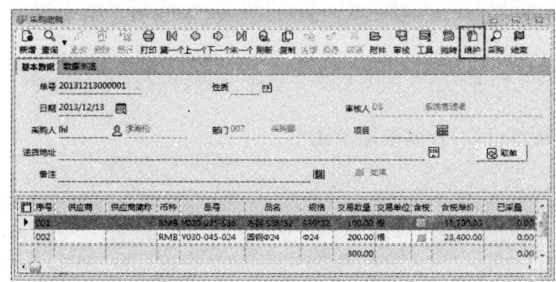

图5-27 采购底稿维护图

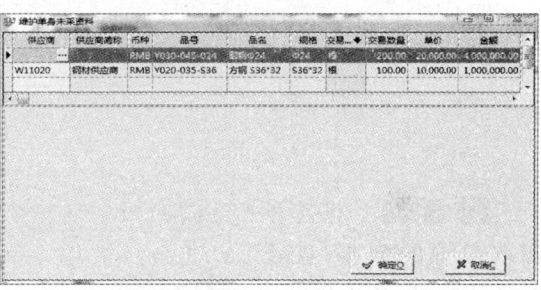

图5-28 维护单身未采资料图

5.3.5 采购单

5.3.5.1 概述

当要向供应商购买商品或材料时,便可使用此单据,这是一般公司常用的作业,本作业也与"询价单""请购单"联机,可直接做"取单",非常实用。

5.3.5.2 作业界面

作业界面如图5-29所示。

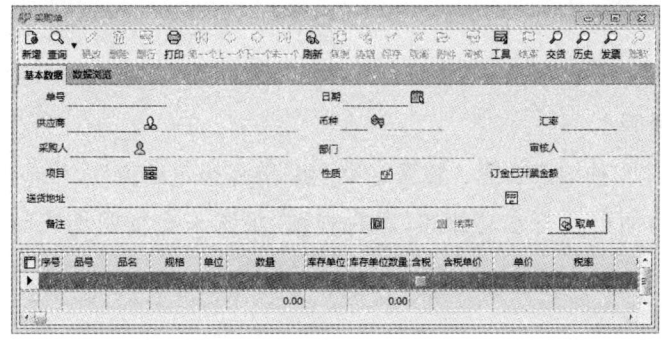

图5-29 采购单作业界面图

5.3.5.3 案例演练

例如,采购李海伦与供应商达成最终采购确定意向,后续业务该如何继续操作呢?

品号	品名	数量	单价
Y020-035-S36	方钢 S36*32	200	10 000.00
Y030-045-024	圆钢 φ24	200	20 000.00

【操作步骤】

【步骤 1】 选择采购单取单请购单,如图 5-30 所示。

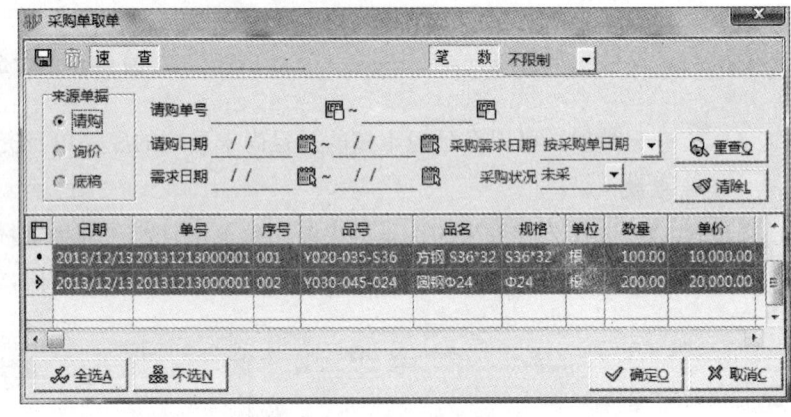

图 5-30 采购单取单图

【步骤 2】 选定所需取单源的数据,按下"确定"按钮,系统会自动将选的取单来源数据填充到采购单单身,如图 5-31 所示。

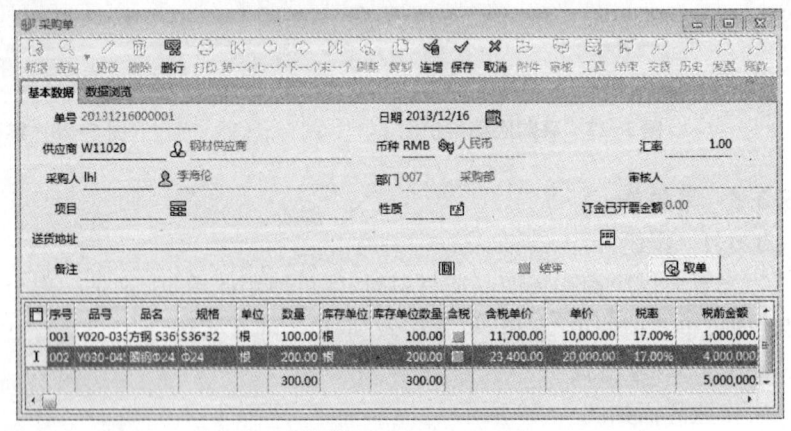

图 5-31 采购单生成演示图

5.3.5.4 功能钮说明

1) ——内含 2 种结束功能,"整张结束"和"单身指定结束"。供应商未交完货的采购单确定不再出货时,便可运行本功能钮,届时查询"采购未交货明细表"就不会出现这张采购单。

【操作说明】

选择"整张结束",如图 5-32 所示。

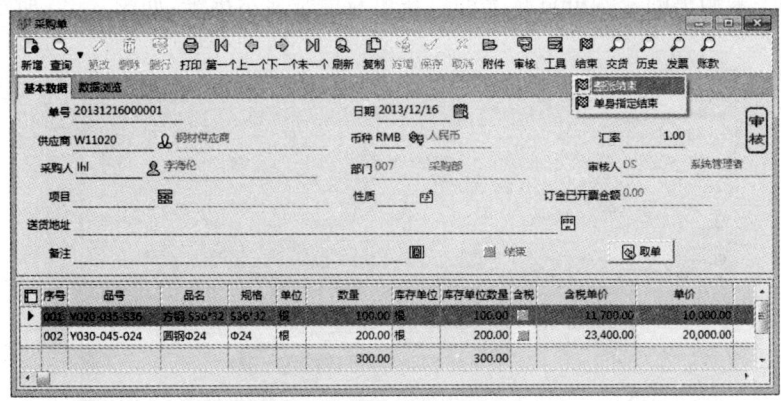

图 5-32　采购单结束图

选择"单身指定结束",如图 5-33 所示。

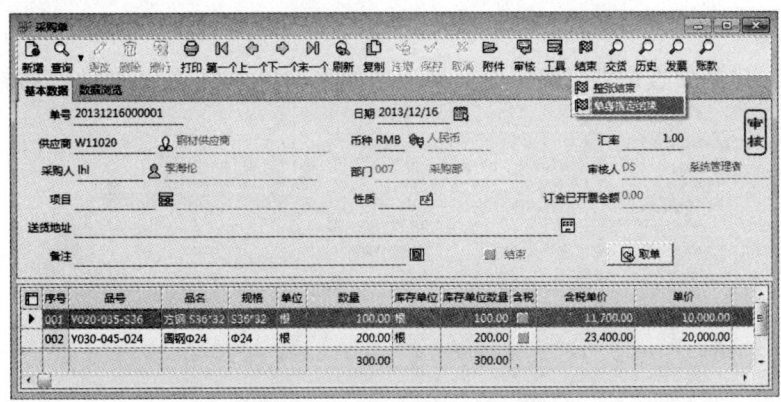

图 5-33　采购单身指定结束图

2) ——交货查询。可查询任一张底稿的采购状况。

操作步骤

【步骤1】　选择要查询交货记录的采购单单据,按下"交货"按钮,如图 5-34 所示。

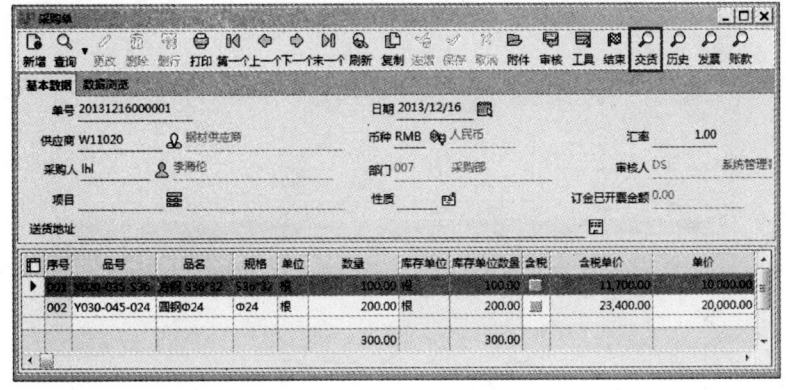

图 5-34　采购单交货图

【步骤2】 采购单的采购进货状况即可在单身清楚显示出来,如图 5-35 所示。

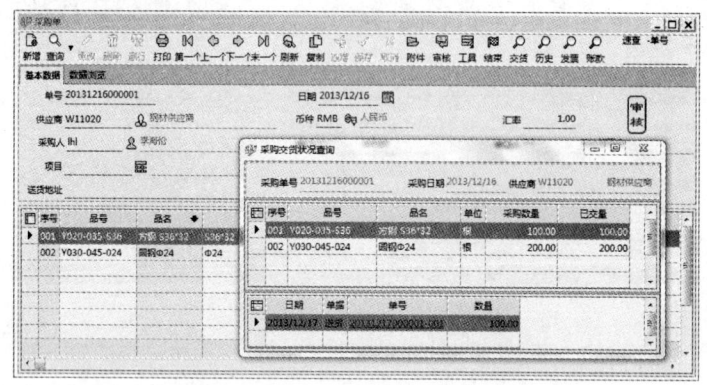

图 5-35 采购单交货状况查询图

3) ——历史。可联查到任一供应商交易的记录。

操作步骤

【步骤1】 选择要查询供应商历史交易记录的采购单单据,按下"历史"按钮,如图 5-36 所示。

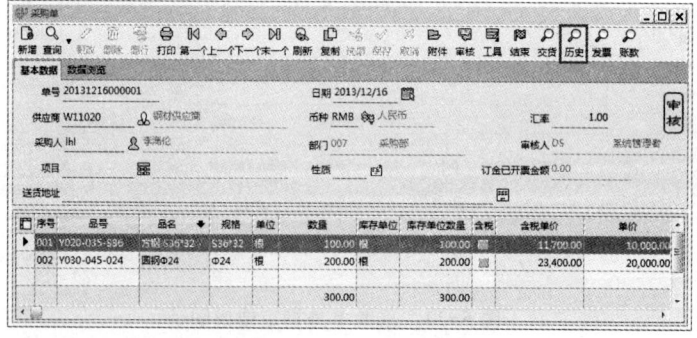

图 5-36 采购单历史图

【步骤2】 先在"供应商历史交易记录查询"开窗中,选择信息来源、维护供应商、品号、规则等过滤字段。按下"重查",对应历史交易数据便将生成在图 5-37 所示的窗口中,如图5-37所示。

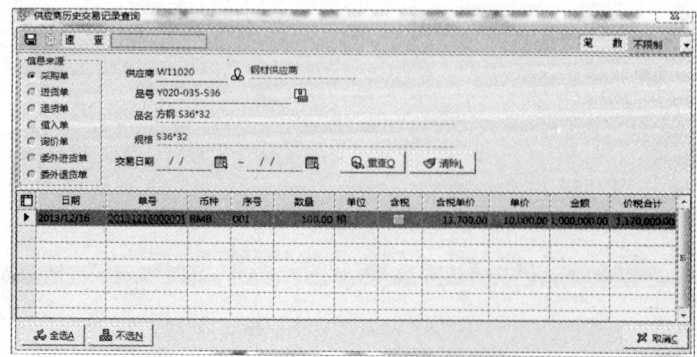

图 5-37 供应商历史交易记录查询图

5.3.6 采购变更单

5.3.6.1 概述

当因为某些原因，导致采购需求变动后，可通过录入此种单据，更改采购单的信息。同时留下记录，以便了解原始采购单据变动的原因。

5.3.6.2 作业界面

作业界面如图 5-38 所示。

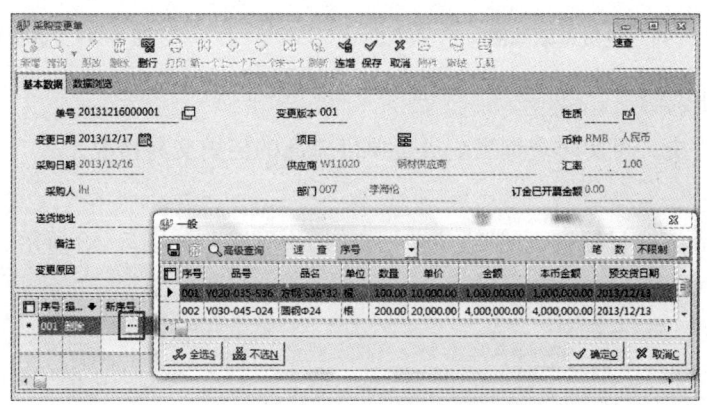

图 5-38 采购变更单作业界面图

5.3.7 进货单

5.3.7.1 概述

用于输入来自供应商采购进货的采购进货单据，是进销存系统最常用的作业之一。

5.3.7.2 作业界面

作业界面如图 5-39 所示。

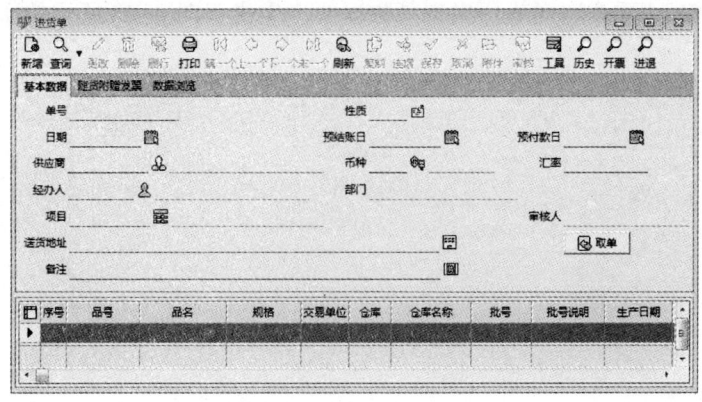

图 5-39 采购进货单作业界面图

5.3.7.3 取单操作说明

【步骤1】 进货单作业取单采购单，如图 5-40 所示。

【步骤2】 选定数据后，按下"确定"按钮，即可将取单源数据带出至进货单中，如图 5-41 所示。

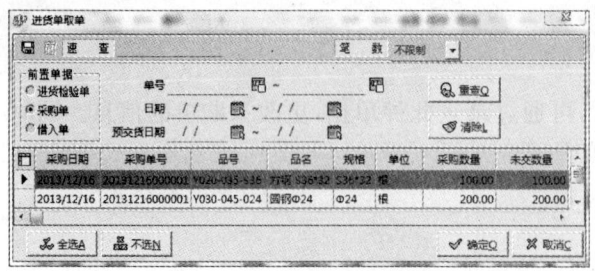

图 5-40 进货单取单图

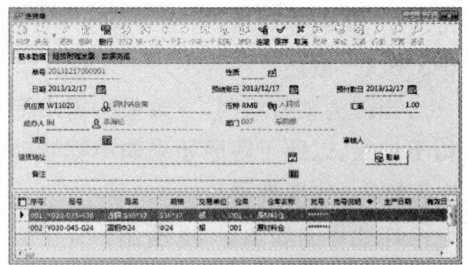

图 5-41 进货单生成图

5.3.7.4 功能钮说明

1) ——历史。可实时查询当前进货单供应商的历史交易情况。

【操作步骤】

【步骤 1】 点选要目标查询的"进货单",点"历史"按钮,如图 5-42 所示。

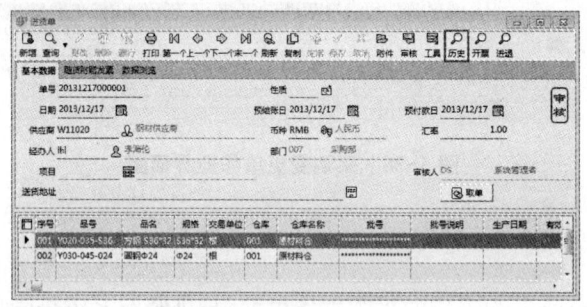

图 5-42 进货单历史图

【步骤 2】 先在"供应商历史交易记录查询"开窗中,选择信息来源、维护供应商、品号、规则等过滤字段。按下"重查",对应历史交易数据便将生成于图 5-43 所示的窗口中,如图 5-43 所示。

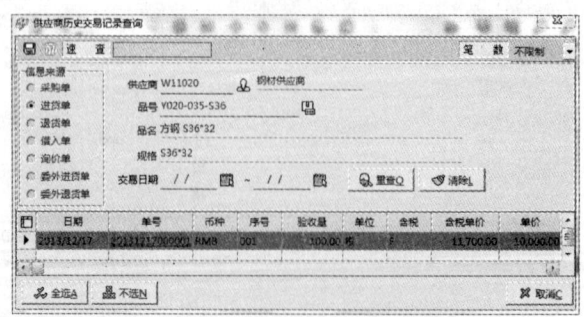

图 5-43 供应商历史交易记录查询图

2) ——可查询不同的进货单所开发票的状况。

【操作步骤】

【步骤 1】 点选要目标查询的"进货单",点"开票"按钮,如图 5-44 所示。

【步骤 2】 在"发票查询"开窗中,查询进货单开票信息,如图 5-45 所示。

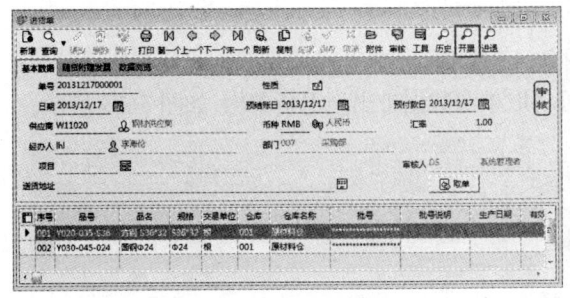

图 5-44 进货单开票图

图 5-45 发票查询图

3) ![进退]——进退。可查询不同的进货单进退货状况。

操作说明

点选要目标查询的"进货单",点![进退]按钮。在"进退状况查询"开窗中,可查询到进货单进退货信息,如图 5-46 所示。

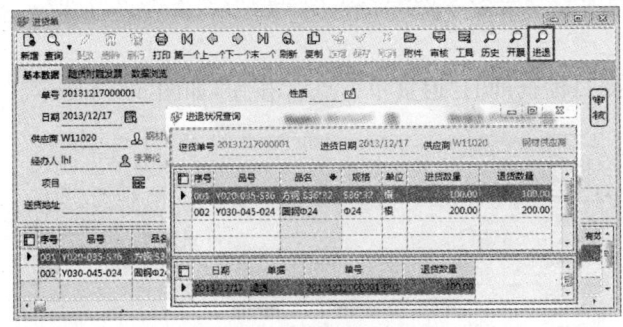

图 5-46 进货单进退图

5.3.8 退货单

5.3.8.1 概述

已进货的商品因错误或质量等问题而需退给供应商时,请输入在本作业中。

5.3.8.2 作业界面

作业界面如图 5-47 所示。

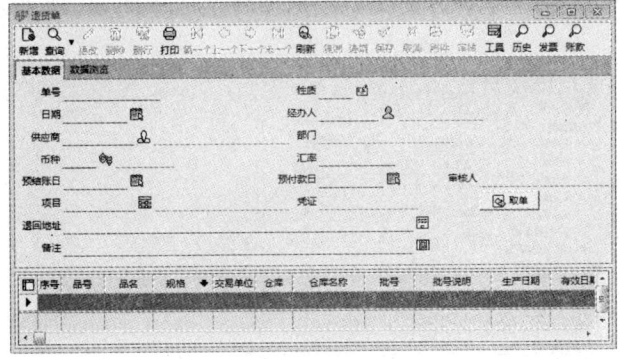

图 5-47 退货作业界面图

5.3.8.3 取单操作说明

【步骤1】 退货单作业中取单进货单,如图5-48所示。

【步骤2】 选定数据后,按下"确定"按钮,即可将取单源数据带出至退货单中,如图5-49所示。

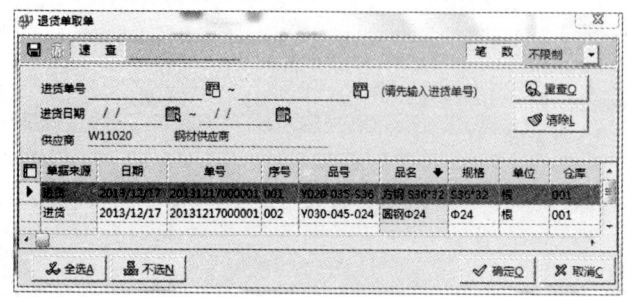 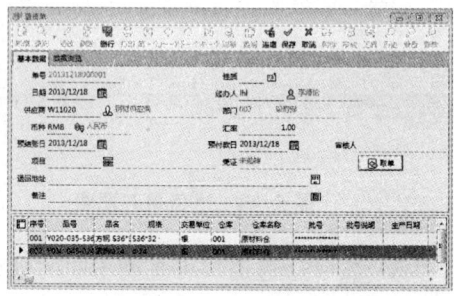

图5-48 退货单取单图　　　　　　　　图5-49 退货单生成图

5.3.8.4 功能钮说明

1) ——历史。可实时查询当前退货单供应商的历史交易情况。

操作步骤

【步骤1】、点选要目标查询的"退货单",点 按钮,如图5-50所示。

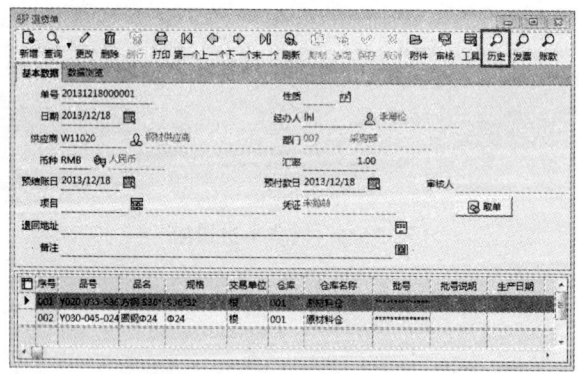

图5-50 退货单历史图

【步骤2】 先在"供应商历史交易记录查询"开窗中,选择信息来源、维护供应商、品号、规则等过滤字段。按下"重查",对应历史交易数据便将生成于图5-51所示的的窗口中,如图5-51所示。

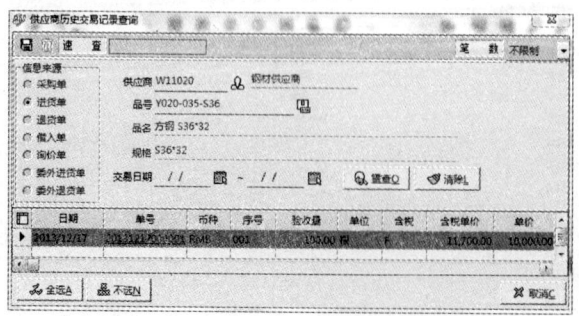

图5-51 供应商历史交易记录查询图

2) ![]——发票。可查询不同的退货单所开发票的状况。

操作步骤

【步骤1】 点选要目标查询的"退货单",点 ![] 按钮,如图 5-52 所示。

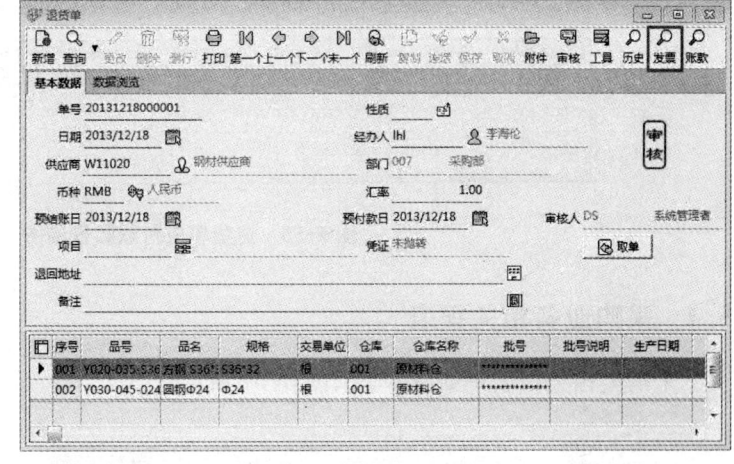

图 5-52 退货单发票图

【步骤2】 在"发票查询"开窗中,查询退货单开票信息,如图 5-53 所示。

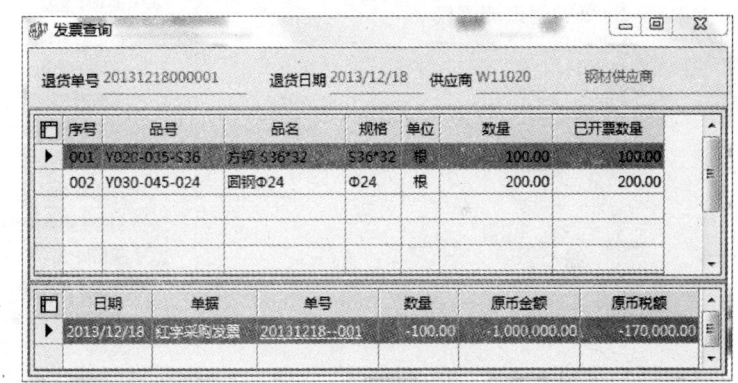

图 5-53 发票查询图

3) ![]——账款。可查询不同的退货单所开发票的状况。

操作步骤

【步骤1】 点选要目标查询的"退货单",点 ![] 按钮,如图 5-54 所示。

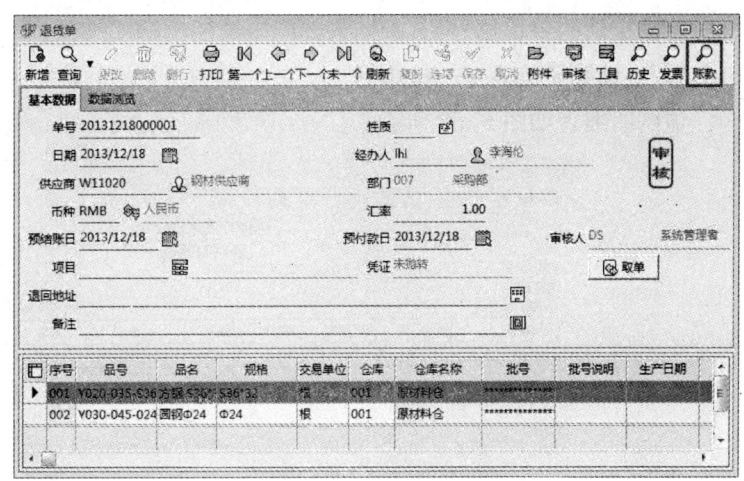

图 5-54 退货单账款图

ERP 应用实训教程

【步骤2】 在"应付账款查询"开窗中，查询退货单应付款项信息，如图5-55所示。

图 5-55 退货单应付账款查询图

5.4 采购业务相关报表

采购类相关报表单如图5-56、图5-57所示。

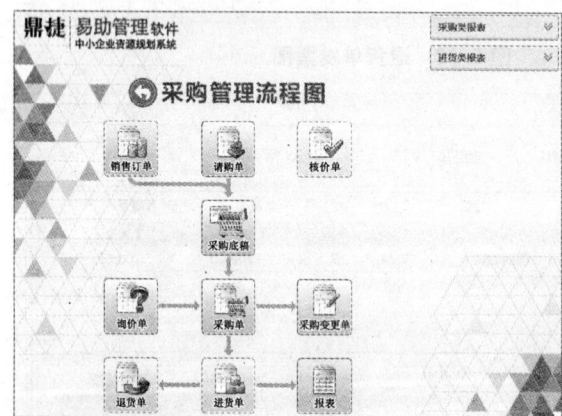

图 5-56 采购报表图

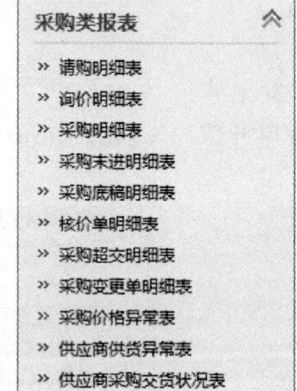

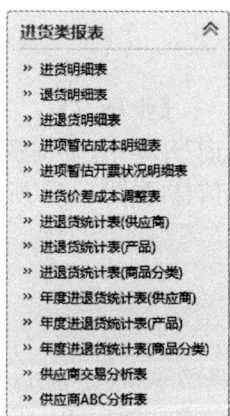

图 5-57 供应商历史交易记录查询图

5.4.1 请购明细表

5.4.1.1 报表说明

可根据请购单单据号码，查询各部门申请的请购明细信息。

5.4.1.2 请购明细表——按单据

请购明细表如图5-58所示。

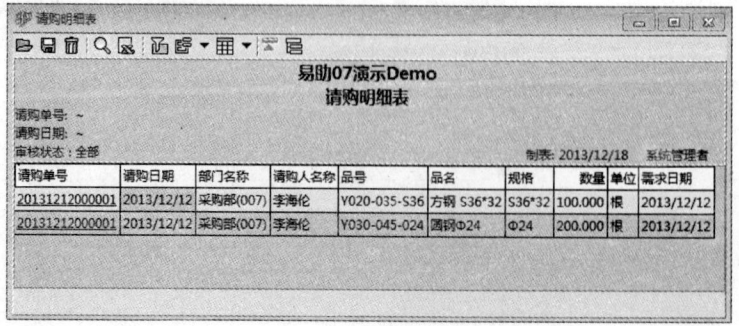

图 5-58 请购明细表图

5.4.2　询价明细表

5.4.2.1　报表说明

可从供应商角度查询不同的询价信息明细表。

5.4.2.2　询价明细表——按单据

询价明细表如图 5-59 所示。

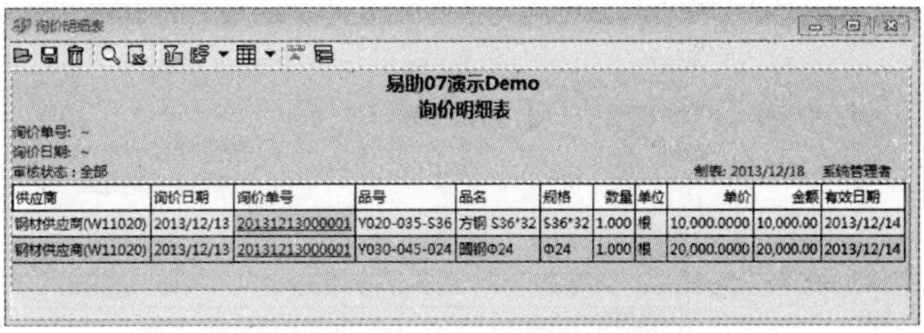

易助07演示Demo
询价明细表

询价单号: ~
询价日期: ~
审核状态：全部
制表: 2013/12/18　系统管理者

供应商	询价日期	询价单号	品号	品名	规格	数量	单位	单价	金额	有效日期
钢材供应商(W11020)	2013/12/13	20131213000001	Y020-035-S36	方钢 S36*32	S36*32	1.000	根	10,000.0000	10,000.00	2013/12/14
钢材供应商(W11020)	2013/12/13	20131213000001	Y030-045-024	圆钢Φ24	Φ24	1.000	根	20,000.0000	20,000.00	2013/12/14

图 5-59　询价明细表

5.4.3　采购明细表

5.4.3.1　报表说明

可根据单据号码，查询不同供应商的采购信息明细表。

5.4.3.2　采购明细表——按单据

采购明细表如图 5-60 所示。

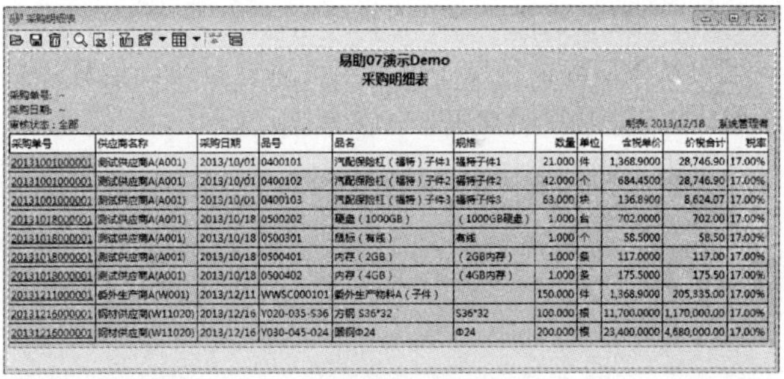

易助07演示Demo
采购明细表

采购单号: ~
采购日期: ~
审核状态：全部
制表: 2013/12/18　系统管理者

采购单号	供应商名称	采购日期	品号	品名	规格	数量	单位	含税单价	价税合计	税率
20131001000001	测试供应商A(A001)	2013/10/01	0400101	汽配保险杠（福特）子件1	福特子件1	21.000	件	1,368.9000	28,746.90	17.00%
20131001000001	测试供应商A(A001)	2013/10/01	0400102	汽配保险杠（福特）子件2	福特子件2	42.000	个	684.4500	28,746.90	17.00%
20131001000001	测试供应商A(A001)	2013/10/01	0400103	汽配保险杠（福特）子件3	福特子件3	63.000	块	136.8900	8,624.07	17.00%
20131018000001	测试供应商A(A001)	2013/10/18	0500202	硬盘（1000GB）	（1000GB硬盘）	1.000	台	702.0000	702.00	17.00%
20131018000001	测试供应商A(A001)	2013/10/18	0500301	鼠标（有线）	有线	1.000	个	58.5000	58.50	17.00%
20131018000001	测试供应商A(A001)	2013/10/18	0500401	内存（2GB）	（2GB内存）	1.000	条	117.0000	117.00	17.00%
20131018000001	测试供应商A(A001)	2013/10/18	0500402	内存（4GB）	（4GB内存）	1.000	条	175.5000	175.50	17.00%
20131211000001	委外生产商A(W001)	2013/12/11	WWSC000101	委外生产物料A（子件）		150.000	件	1,368.9000	205,335.00	17.00%
20131216000001	钢材供应商(W11020)	2013/12/16	Y020-035-S36	方钢 S36*32	S36*32	100.000	根	11,700.0000	1,170,000.00	17.00%
20131216000001	钢材供应商(W11020)	2013/12/16	Y030-045-024	圆钢Φ24	Φ24	200.000	根	23,400.0000	4,680,000.00	17.00%

图 5-60　采购明细表

5.4.4　进货明细表

5.4.4.1　报表说明

可根据单据号码，查询不同供应商的进货信息明细表。

5.4.4.2　进货明细表——按单据

进货明细表如图 5-61 所示。

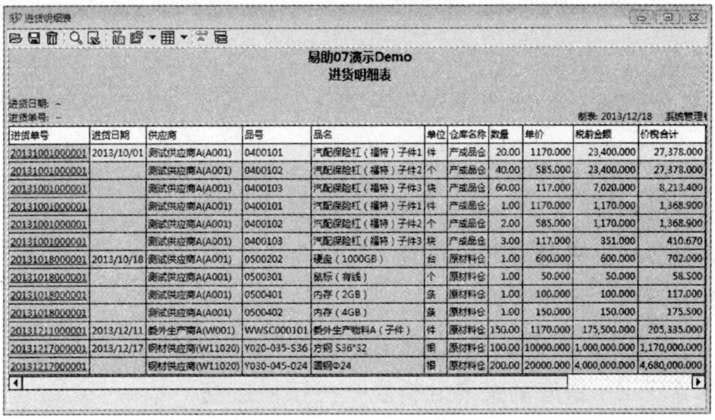

易助07演示Demo
进货明细表

进货日期: ~
进货单号: ~
制表: 2013/12/18　系统管理

进货单号	进货日期	供应商	品号	品名	单位	仓库名称	数量	单价	税前金额	价税合计
20131001000001	2013/10/01	测试供应商A(A001)	0400101	汽配保险杠（福特）子件1	件	产成品仓	20.00	1170.000	23,400.000	27,378.000
20131001000001		测试供应商A(A001)	0400102	汽配保险杠（福特）子件2	个	产成品仓	40.00	585.000	23,400.000	27,378.000
20131001000001		测试供应商A(A001)	0400103	汽配保险杠（福特）子件3	块	产成品仓	60.00	117.000	7,020.000	8,213.400
20131001000001		测试供应商A(A001)	0400101	汽配保险杠（福特）子件1	件	产成品仓	1.00	1170.000	1,170.000	1,368.900
20131001000001		测试供应商A(A001)	0400102	汽配保险杠（福特）子件2	个	产成品仓	2.00	585.000	1,170.000	1,368.900
20131001000001		测试供应商A(A001)	0400103	汽配保险杠（福特）子件3	块	产成品仓	3.00	117.000	351.000	410.670
20131018000001	2013/10/18	测试供应商A(A001)	0500202	硬盘（1000GB）	台	原材料仓	1.00	600.000	600.000	702.000
20131018000001		测试供应商A(A001)	0500301	鼠标（有线）	个	原材料仓	1.00	50.000	50.000	58.500
20131018000001		测试供应商A(A001)	0500401	内存（2GB）	条	原材料仓	1.00	100.000	100.000	117.000
20131018000001		测试供应商A(A001)	0500402	内存（4GB）	条	原材料仓	1.00	150.000	150.000	175.500
20131211000001	2013/12/11	委外生产商A(W001)	WWSC000101	委外生产物料A（子件）	件	原材料仓	150.00	1170.000	175,500.000	205,335.000
20131217000001	2013/12/17	钢材供应商(W11020)	Y020-035-S36	方钢 S36*32	根	原材料仓	100.00	10000.000	1,000,000.000	1,170,000.000
20131217000001		钢材供应商(W11020)	Y030-045-024	圆钢Φ24	根	原材料仓	200.00	20000.000	4,000,000.000	4,680,000.000

图 5-61　进货明细表

5.4.5　采购未进明细表

5.4.5.1　报表说明

可从供应商的角度查询未进货的采购单统计信息。

5.4.5.2　采购未进明细表——按供应商

采购未进明细表如图 5-62 所示。

采购未进明细表

易助07演示Demo

采购未进明细表

供应商: ~

采购日期: ~

供应商	供应商名称	预交货日期	采购单号	采购人名称	品号	品名	单位	采购数量	收料量	未交量
W11020	钢材供应商(W11020)	2013/12/13	20131216000001	李海伦	Y020-035-S36	方钢 S36*32	根	100.000	0.000	100.000
		2013/12/13	20131216000001	李海伦	Y030-045-024	圆钢Φ24	根	200.000	0.000	200.000

图 5-62　采购未进明细

5.4.6　进退货明细表

5.4.6.1　报表说明

可从供应商的角度查询整年度进退货统计信息。

5.4.6.2　进退货明细表——按单据

进退货明细表如图 5-63 所示。

进退货明细表

易助07演示Demo

进退货明细表

进货日期: ~

审核状态：全部　　制表: 2013/12/18　系统管理者

进退货日期	进退货	进退货单号	品号	品名	仓库名称	单位	数量	供应商全称	单价	税前金额	价税合计
2013/12/11	进货	20131211000001	WWSC000101	委外生产物料A（子件）	原材料仓	件	150.00	委外生产商A	1170.000	175,500.000	205,335.000
2013/12/17	进货	20131217000001	Y020-035-S36	方钢 S36*32	原材料仓	根	100.00	钢材供应商	10000.000	1,000,000.000	1,170,000.000
	进货	20131217000001	Y030-045-024	圆钢Φ24	原材料仓	根	200.00	钢材供应商	20000.000	4,000,000.000	4,680,000.000
2013/12/18	退货	20131218000001	Y020-035-S36	方钢 S36*32	原材料仓	根	-100.00	钢材供应商	10000.000	-1,000,000.000	-1,170,000.000
	退货	20131218000001	Y030-045-024	圆钢Φ24	原材料仓	根	-200.00	钢材供应商	20000.000	-4,000,000.000	-4,680,000.000
2013/10/01	进货	20131001000001	0400101	汽配保险杠（福特）子件1	产成品仓	件	20.00	测试供应商A	1170.000	23,400.000	27,378.000
	进货	20131001000001	0400102	汽配保险杠（福特）子件2	产成品仓	个	40.00	测试供应商A	585.000	23,400.000	27,378.000
	进货	20131001000001	0400103	汽配保险杠（福特）子件3	产成品仓	块	60.00	测试供应商A	117.000	7,020.000	8,213.400
	进货	20131001000001	0400101	汽配保险杠（福特）子件1	产成品仓	件	1.00	测试供应商A	1170.000	1,170.000	1,368.900
	进货	20131001000001	0400102	汽配保险杠（福特）子件2	产成品仓	个	2.00	测试供应商A	585.000	1,170.000	1,368.900
	进货	20131001000001	0400103	汽配保险杠（福特）子件3	产成品仓	块	3.00	测试供应商A	117.000	351.000	410.670
2013/10/18	进货	20131018000001	0500202	硬盘（1000GB）	原材料仓	台	1.00	测试供应商A	600.000	600.000	702.000
	进货	20131018000001	0500301	鼠标（有线）	原材料仓	个	1.00	测试供应商A	50.000	50.000	58.500
	进货	20131018000001	0500401	内存（2GB）	原材料仓	条	1.00	测试供应商A	100.000	100.000	117.000
	进货	20131018000001	0500402	内存（4GB）	原材料仓	条	1.00	测试供应商A	150.000	150.000	175.500

图 5-63　进退货明细表

5.4.7　供应商交易分析表

5.4.7.1　报表说明

可从供应商的角度查询整年度进退货统计信息。

5.4.7.2　供应商交易分析表——按供应商

供应商交易分析表如图 5-64 所示。

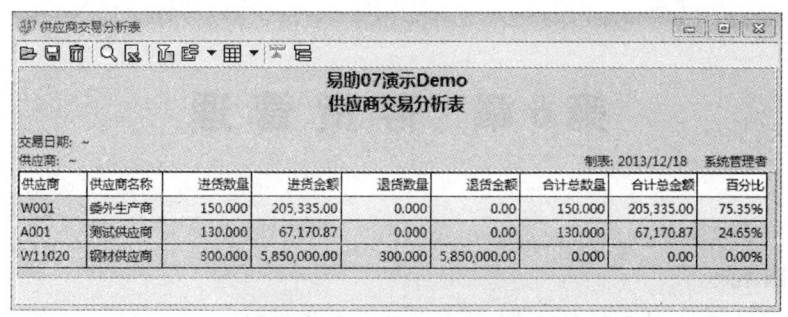

图 5-64 供应商交易分析表

5.4.8 采购单树状结构

5.4.8.1 报表说明

可以以采购单为入口,用树状结构来查询采购单的下游单据。

5.4.8.2 供应商交易分析表——按供应商

供应商交易分析表如图 5-65 所示。

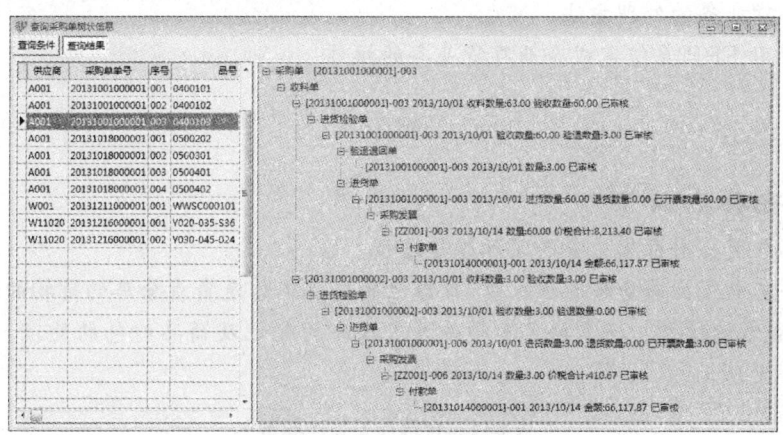

图 5-65 供应商交易分析表

5.5 企业采购业务工作任务分析与操作

5.5.1 采购业务实际操作(课后习题一)

业务背景:2012 年 7 月 1 日采购员李海伦,因公司需求,向供应商"钢材供应商"采购了圆钢 500 kg,单价为 8.00 元;方钢 300 kg,单价为 8.19 元。业务发生后,7 月 2 日与供应商签订采购合同,7 月 3 日,供应商给公司发货。7 月 10 日货到,进行到货处理!

5.5.2 请购业务实际操作(课后习题二)

业务背景:2012 年 7 月 15 日,因前期采购的钢材需求不足,生产车间提出请购申请,采购员根据提出的请购单,进行采购底稿的编制,经展算,需圆钢 120 kg,方钢 70 kg。7 月 17 日与供应商签订采购合同,供应商于当天发货,7 月 22 日货到,进行到货处理!

5.5.3 退货业务实际操作(课后习题三)

业务背景:2012 年 7 月 22 日,生产车间生产时发现 7 月 22 日到货的钢材存在质量问题,通知采购部门进行了退货处理,由于生产车间所需钢材已经足够,所以并未补充采购。

第6章 存货管理

课程目标
- 模拟浩志电气公司王明利用ERP完成日常存货管理
- 了解企业存货业务的实际处理过程
- 熟悉在ERP系统中完成存货处理的基本操作过程
- 熟练掌握ERP软件系统存货模块的操作
- 熟悉存货基础资料的设置和输入过程
- 能够分析存货处理流程
- 能够熟练完成存货系统初始化工作
- 掌握存货业务的处理方法
- 能够利用ERP系统完成企业存货业务的操作

任务名称和背景

掌握浩志电气公司存货业务的实际操作过程。

王明是浩志电气公司仓库管理人员,目前他的主要工作是负责仓库的货物的进出管理、盘点管理、库存成本的核算。还需要负责相关的出入库的登记及商品打包的处理。仓管员工工作职责如表6-1所示。

表6-1 仓管员工工作职责

姓 名	所属公司	职 务	工作职责
王明	浩志电气	仓管员	ERP项目核心模块参与者,相关业务负责人

6.1 存货业务基本流程

存货管理主流程图如图 6-1 所示。

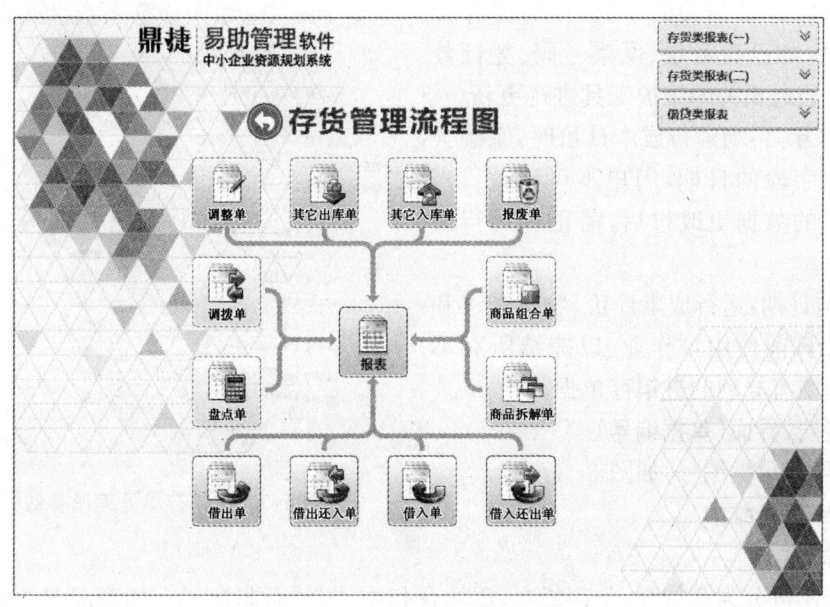

图 6-1　存货管理主流程图

6.2 基础资料

6.2.1 存货业务参数设置

6.2.1.1 概述

对本进销存系统所需的基本设置。例如，成本计价方式、库存量不足的警告与多项管理的选择以及各个单据的编码方式的设置。

6.2.1.2 参数界面(基本设置)

参数界面(基本设置)如图 6-2 所示。

存货字段说明

➡ 库存量不足：可选择商品库存量不足时的处理方式，共有以下三种："不警告""警告""不准出货"。

➡ 关账年月："关账"指所有的进销存账务均已审核无误，不会再有"更改"或"删除"的情形发生，此时为避免人员疏忽而进行数据输入或更改，应至关账作业作关账，而此关账年月则会由系统自行更新。

▷ 在系统上线之前，如果计划 1 月份上线，则应先将关账年月设置为上一年度的

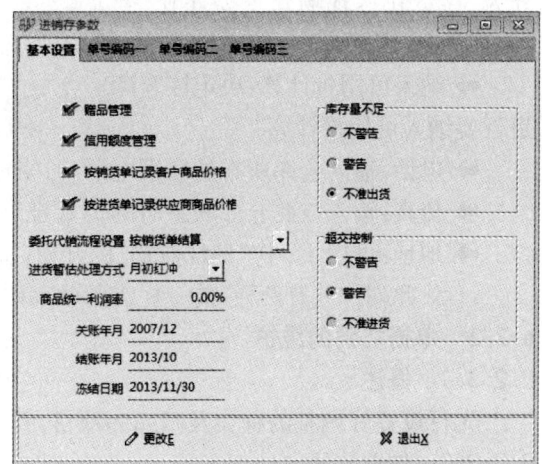

图 6-2　进销存基本参数设置界面

11月份,再输入12月份的未结束数据,输入完毕后运行指定关账作业,关账年月系统将自动更新至12月,此时即可开始上线,输入1月份单据数据。

▷ 关账动作仅限制人员不可再变动关账年月前与库存量相关的单据,但与库存量无关的信息(如已交数量、发票号码、凭证数据等),仍可通过相关的维护工具进行更新。

➡ 结账年月:当运行成本计价时,系统会自动更新此字段的日期,用户不可更改。当结账年月前的数据更改过后,需重新运行成本计价作业。

➡ 冻结日期:运行成本计价、物料需求和生产成本计算前使用该作业,以冻结所有不可在此日期前有异动的进销存单据。

6.2.1.3 参数界面(单据编号)

参数界面(单据编号)如图6-3所示。

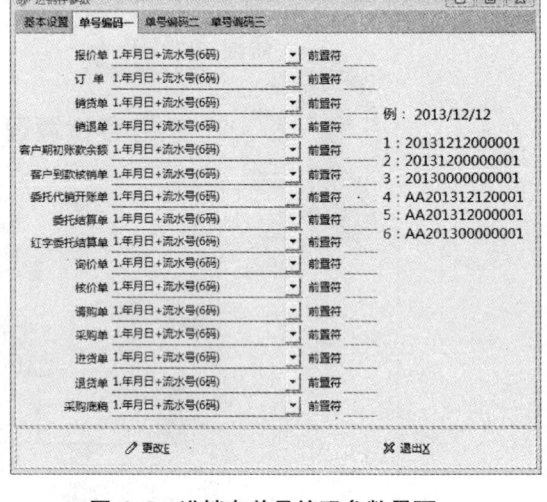

图6-3 进销存单号编码参数界面

6.2.2 仓库信息维护

6.2.2.1 概述

一般仓库可分为存货仓、非存货仓、现场仓和委外仓,而非存货仓的商品是不纳入商品需求计算的。

6.2.2.2 系统界面

系统界面如图6-4所示。

1. 字段说明

➡ 仓库编号:一经输入保存,即不能再进行更改。

➡ 仓库名称:输入仓库的名称。

➡ 仓库性质:按仓库性质的不同分为"存货仓""现场仓""委外仓"与"非存货仓"四种。

➡ 纳入可用量计算:决定该仓库是否要纳入可用量计算。

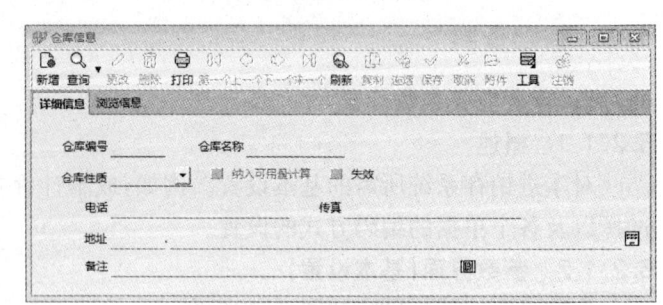

图6-4 仓库信息系统界面

➡ 电话:输入仓库所在的联系电话,可空白。

➡ 传真:输入与此仓库联系时的传真号码,可空白。

➡ 地址:可按F2作"地址数据"的开窗,辅助输入仓库地址。

▷ 此列一共有两栏,前一栏为邮政编码,另一栏为地址数据。

6.2.3 单据类别的维护

6.2.3.1 概述

先行设置好调整的种类及归属的项目,日后在调整单中可直接选定,非常方便。

6.2.3.2 作业界面

作业界面如图6-5所示。

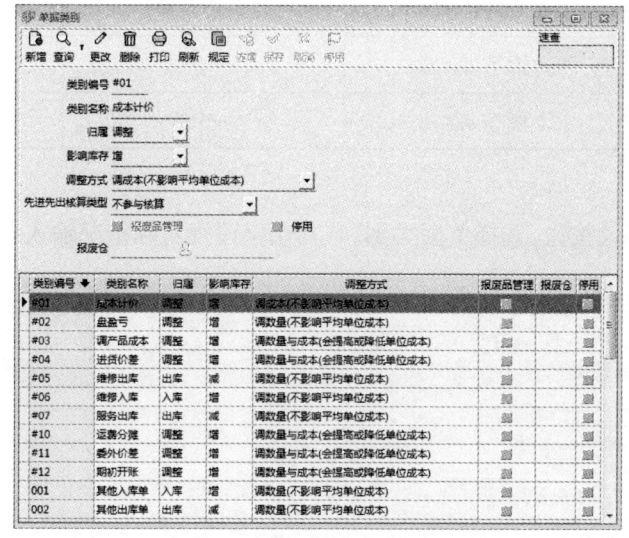

图 6-5 单据类别作业界面

6.3 存货业务操作过程

6.3.1 调整单

6.3.1.1 概述

将数量及成本调整成与实际值相符。除去手工调整之外,有两种状况系统会自动调整,一种为成本计价,另一种为盘点时所生成的盘盈亏调整。

6.3.1.2 作业界面

作业界面如图 6-6 所示。

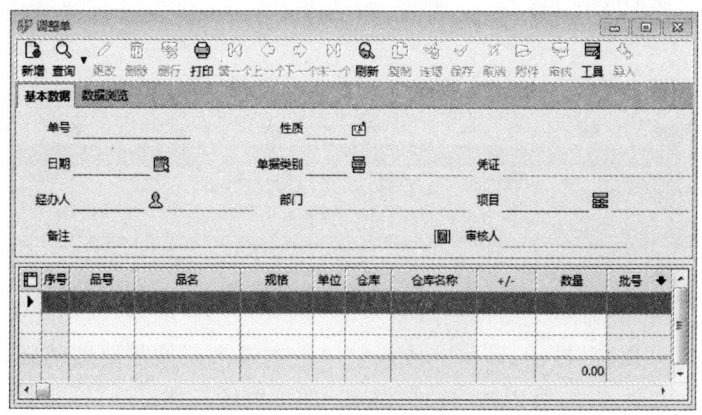

图 6-6 调整单作业界面

6.3.1.3 案例演练

例如,仓管人员王明,需要对如下原材料进行成本数量调整。

品号	品名	调整数量	调整仓库
Y020-035-S36	方钢 S36*32	－100	原材料仓
Y030-045-024	圆钢 φ24	＋100	原材料仓

操作步骤

【步骤1】 按下按钮,选择单据类别。(其余字段视实际情况输入),如图6-7所示。

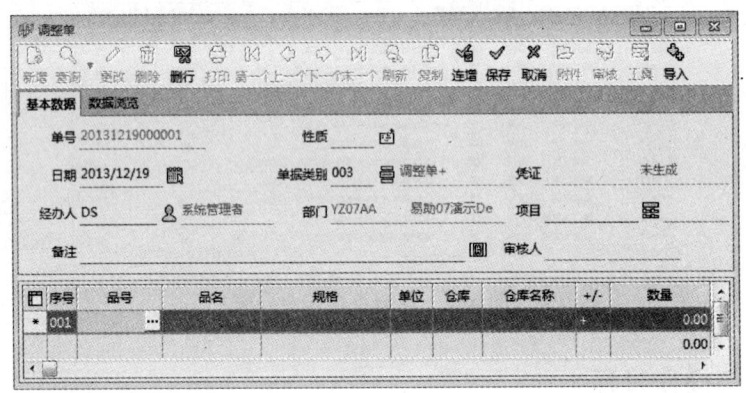

图6-7 调整单单据类别

【步骤2】 在单身输入需要调整的两笔商品数据,选择好对应仓库信息,如图6-8所示。

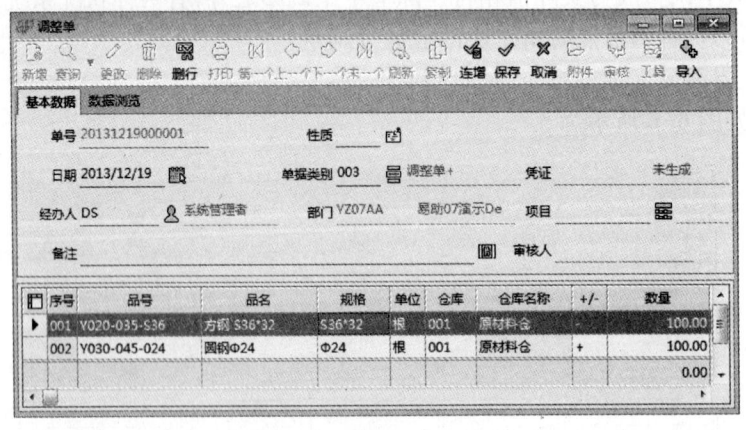

图6-8 调整单仓库信息

【步骤3】 按下"保存"按钮,即可完成调整单数据录入。如需要取消新增操作,直接单击"取消"按钮即可。如要连增,可以按"连增"按钮,即可继续新增。

6.3.2 调拨单

6.3.2.1 概述

用于转移仓库间的商品。例如,从甲仓库调拨至乙仓库。一般也称调拨单。

6.3.2.2 作业界面

作业界面如图6-9所示。

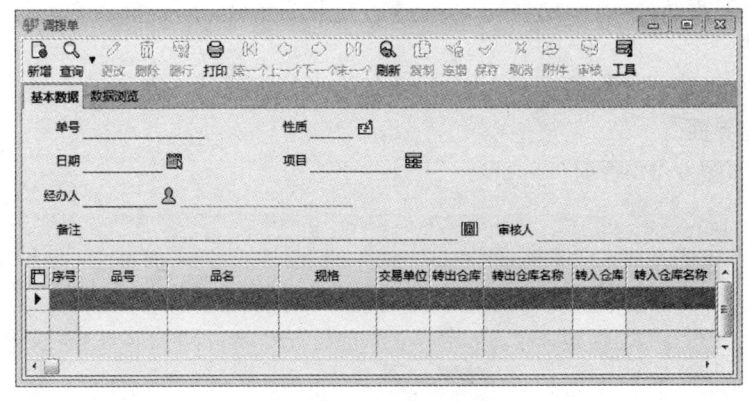

图 6-9　调拨单作业界面

6.3.2.3　案例演练

例如,仓管人员王明,需要将如下原料进行转库处理,你能帮她录入一张请购单吗?

品号	品名	数量	转出仓库	转入仓库
Y020-035-S36	方钢 S36*32	50	原材料仓	现场仓
Y030-045-024	圆钢 φ24	100	原材料仓	现场仓

操作步骤

【步骤1】　在调拨单作业单身输入需要调拨的两笔商品数据,并输入转入的仓库信息,如图 6-10 所示。

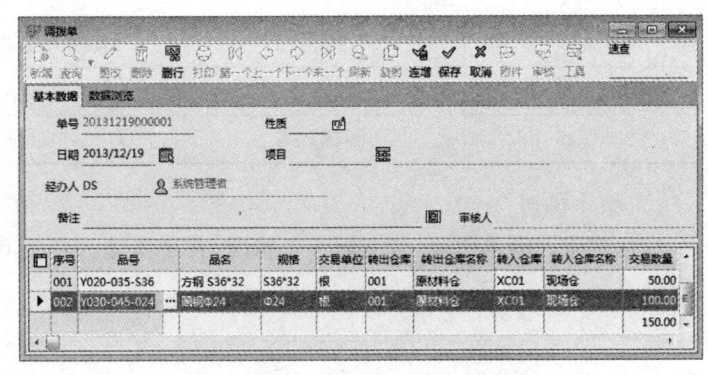

图 6-10　调拨单仓库信息输入

【步骤2】　按下"保存"按钮,即可完成调拨单数据录入。如需要取消新增操作,直接单击"取消"按钮即可。如要连增,可以按"连增"按钮,即可继续新增,如图 6-11 所示。

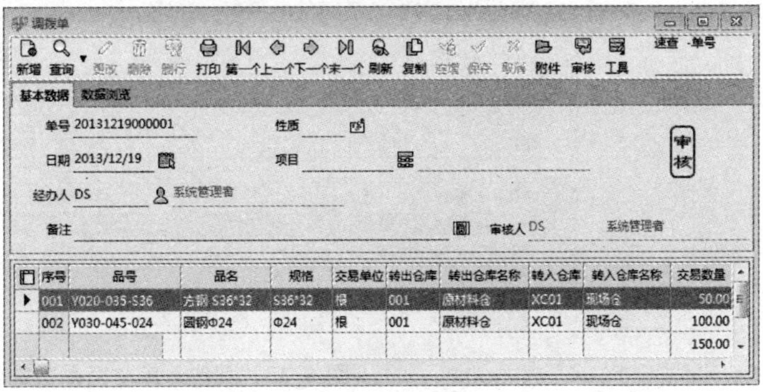

图 6-11　调拨单数据录入

6.3.3 其他入库单

6.3.3.1 概述

可用于期初开账或非一般采购入库，目的是为了处理商品入库。

6.3.3.2 作业界面

作业界面如图 6-12 所示。

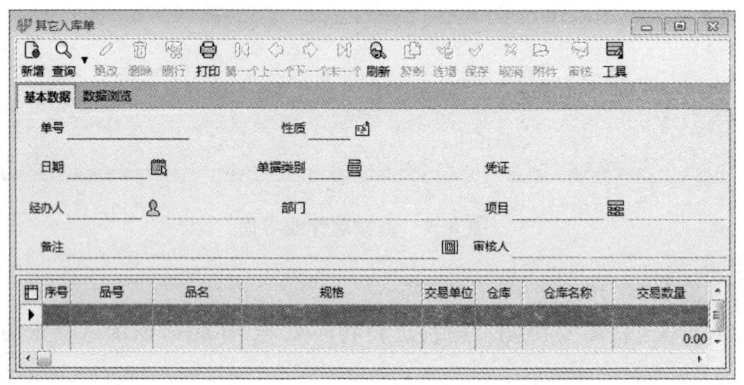

图 6-12 其他入库单作业界面

6.3.3.3 案例演练

例如，仓管人员王明，接收到通过其他方式（非正常采购进货方式）送到仓库的货物。

品号	品名	其他入库数量	收货仓库
Y020-035-S36	方钢 S36*32	100	原材料仓
Y030-045-024	圆钢 φ24	100	原材料仓

操作说明

在其他入库单作业，依实际业务情况，在单身输入两笔其他入库商品数据信息，如图 6-13 所示。

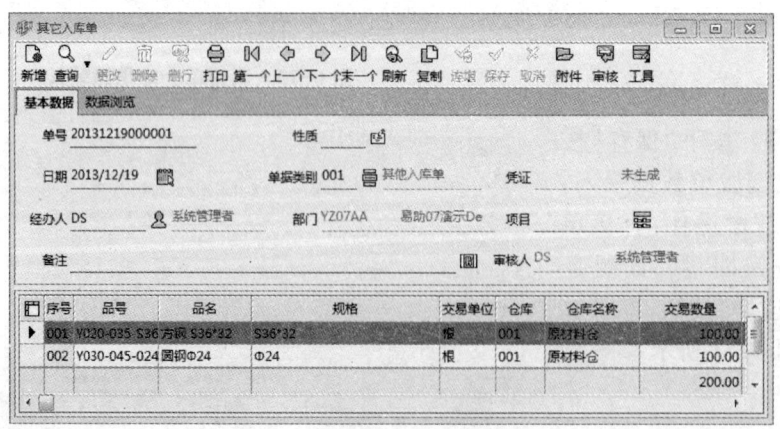

图 6-13 其他入库单商品数据信息

6.3.4 其他出库单

6.3.4.1 概述

可以用于非销货出库或领料出库，目的是为了处理商品出库。

6.3.4.2 作业界面

作业界面如图 6-14 所示。

图 6-14 其他出库单作业界面

6.3.4.3 案例演练

例如，仓管人员王明，需要通过其他方式（非正常销售出货方式）从仓库移出货物。

品号	品名	其他出库数量	出货仓库
Y020-035-S36	方钢 S36*32	100	原材料仓
Y030-045-024	圆钢 φ24	100	原材料仓

操作说明

在其他出库单作业，依实际业务情况，在单身输入两笔其他出库商品数据信息，如图 6-15 所示。

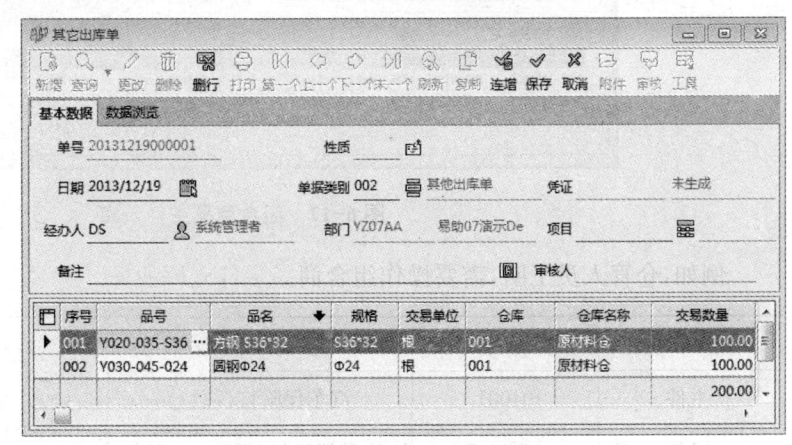

图 6-15 其他出库单商品数据信息

6.3.5 商品组合单

6.3.5.1 概述

提供实际组合商品的输入。保存后，主件品号库存数量会增加，子件库存数量会减少。

6.3.5.2 作业界面

作业界面如图6-16所示。

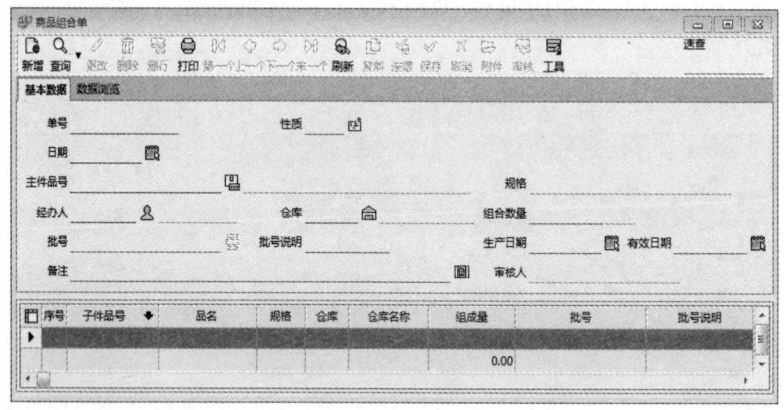

图6-16 商品组合单作业界面

6.3.5.3 案例演练

如图6-17所示。

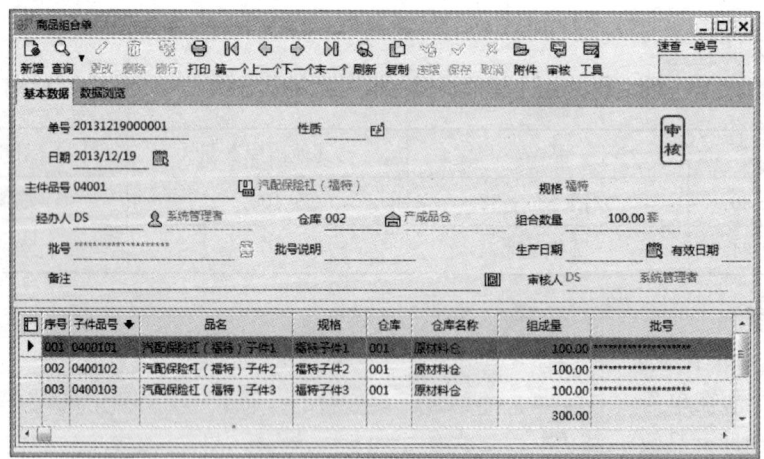

图6-17 组合商品主件入库

例如,仓管人员王明,需要操作组合商品主件入库业务。

商品性质	品号	品名	数量	出货仓库
主件	04001	汽车保险杠(福特)	+100	产成品仓
子件	0400101	汽车保险杠(福特)子件1	−100	原材料仓
子件	0400102	汽车保险杠(福特)子件2	−100	原材料仓
子件	0400103	汽车保险杠(福特)子件3	−100	原材料仓

6.3.6 商品拆解单

6.3.6.1 概述

提供拆解组合商品，还原成子件。保存后，主件品号库存数量会减少，子件库存数量会增加。

6.3.6.2 作业界面

作业界面如图 6-18 所示。

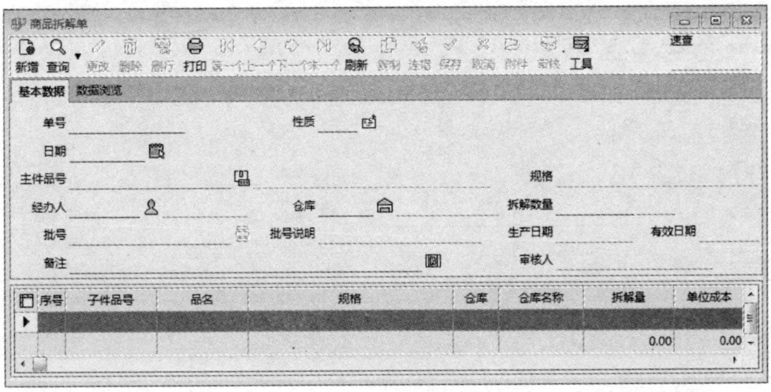

图 6-18 商品拆解单

6.3.6.3 案例演练

如图 6-19 所示。

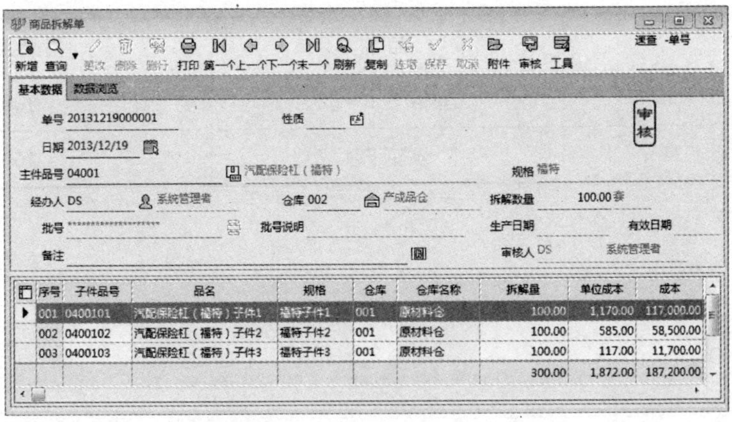

图 6-19 拆解组合商品子件入库

例如，仓管人员王明，需要操作拆解组合商品子件入库业务。

商品性质	品号	品名	数量	出货仓库
主件	04001	汽车保险杠（福特）	－100	产成品仓
子件	0400101	汽车保险杠（福特）子件 1	＋100	原材料仓
子件	0400102	汽车保险杠（福特）子件 2	＋100	原材料仓
子件	0400103	汽车保险杠（福特）子件 3	＋100	原材料仓

6.3.7 报废单

6.3.7.1 概述

可用于直接报废或转出报废的处理，目的是为了处理商品的报废。

6.3.7.2 作业界面

作业界面如图 6-20 所示。

图 6-20 报废单作业界面

6.3.7.3 案例演练(1)

例如，仓管人员王明，需要从对应仓库报废如下存货商品。

品号	品名	报废数量
Y020-035-S36	方钢 S36*32	100
Y030-045-024	圆钢 φ24	100

操作说明

如图 6-21 所示。

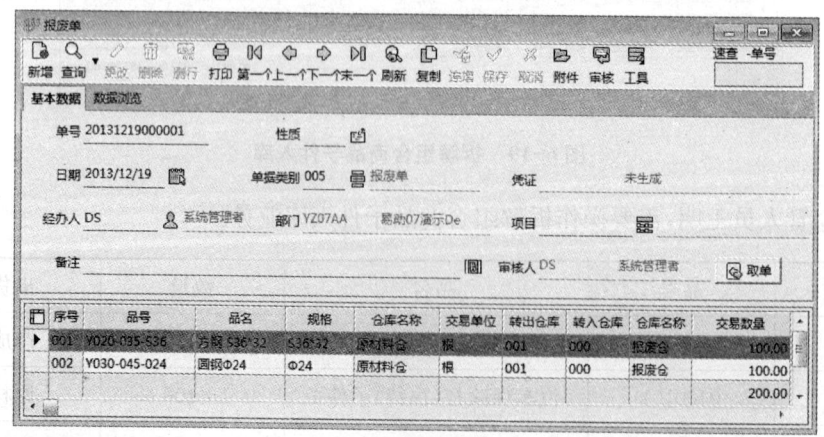

图 6-21 报废单数据录入

6.3.7.3 案例演练(2)

例如,仓管人员王明,通过取单方式从对应仓库报废如下存货商品。

品号	品名	报废数量
Y020-035-S36	方钢 S36＊32	100
Y030-045-024	圆钢 φ24	100

操作说明

如图 6-22 所示。

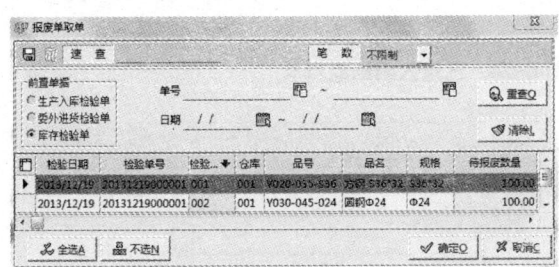 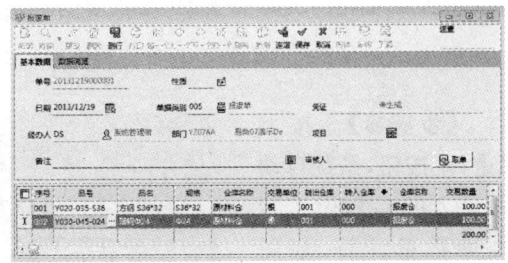

图 6-22　商品取单报废

6.3.8　盘点单

6.3.8.1　概述

可用于输入商品盘点的数据,并可直接将差异数量转至调整单。

6.3.8.2　作业界面

作业界面如图 6-23 所示。

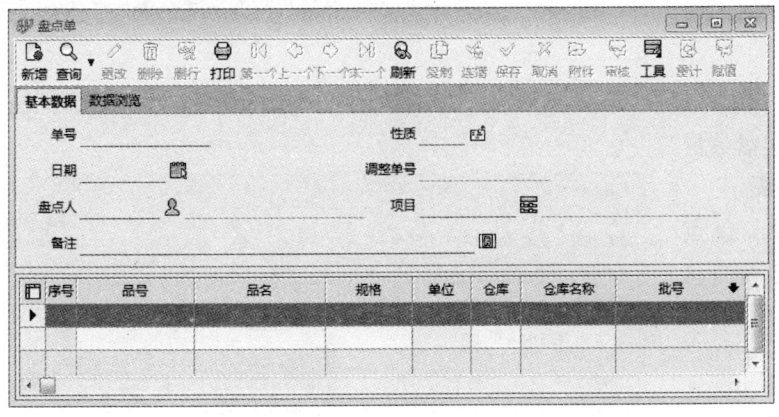

图 6-23　盘点单作业界面

6.3.8.3　功能钮说明

1) ——实际在库量重计。从"结账年月"起,开始推算商品在某一仓库的盘点日(即单据日期)当天的库存数量。

操作步骤

【步骤1】 选择已录入盘点明细的盘点单,如图6-24所示。

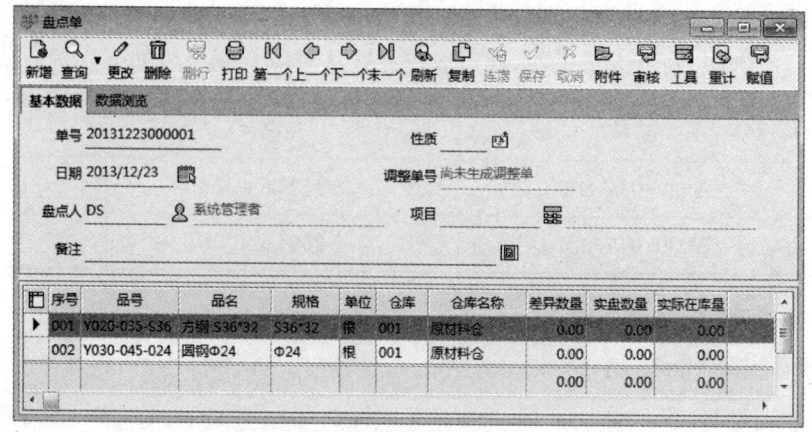

图6-24 已录入明细盘点单

【步骤2】 按下"重计"按钮,系统自动对录入的品号做实际在库数量计算,如图6-25所示。

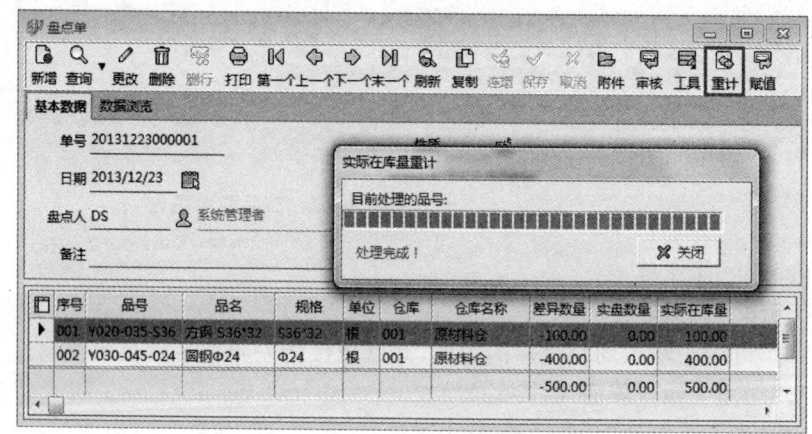

图6-25 盘点单实际在库数量计算

2) ——将"实际在库量"赋值给"实盘数量"。利用此功能可直接先将"实际在库量"的数量复制给"实盘数量"。

操作步骤

【步骤1】 盘点单"重计"后,系统自动计算得实际在库量,如图6-26所示。

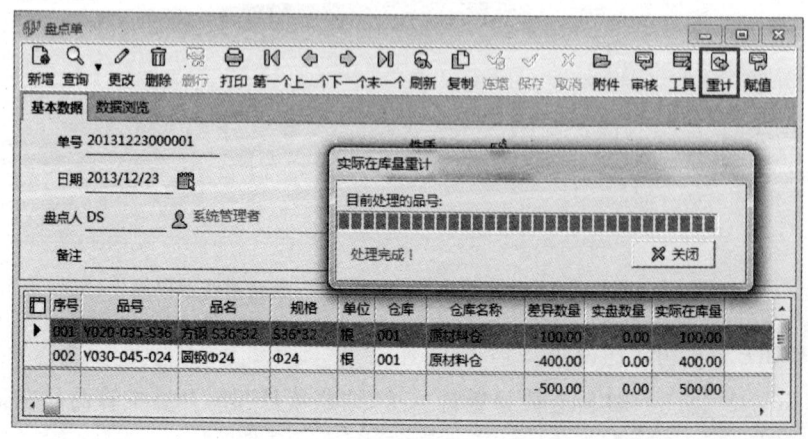

图6-26 盘点单实际在库量计算

【步骤2】按下"赋值"按钮,便可查看到"实盘数量"已被更新了,如图6-27所示。

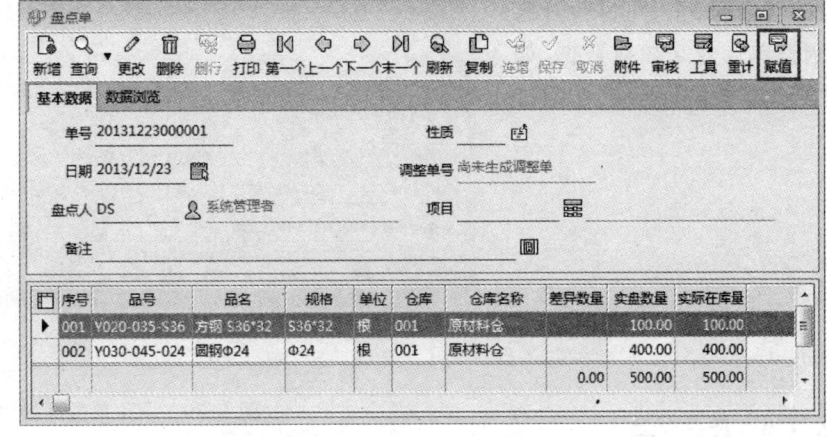

图6-27 盘点单实盘数量查询

3) ![赋值]——审核。盘盈亏转调整单,将商品的差异数量转至调整单做调整。

操作步骤

【步骤1】选择已完成录入明细的盘点单,如图6-28所示。

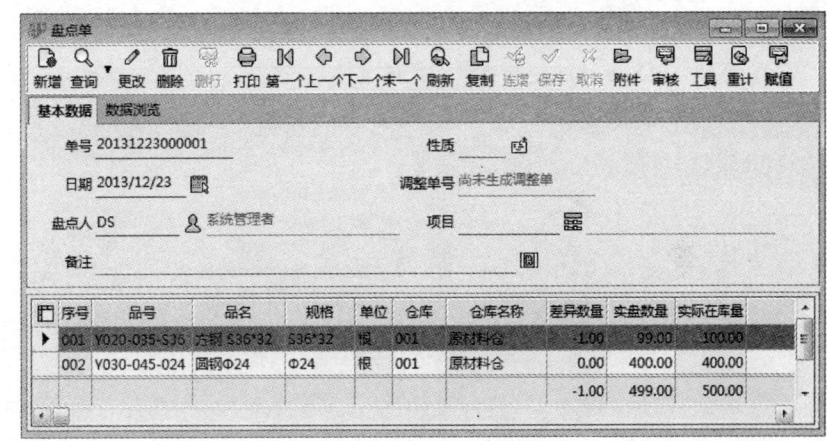

图6-28 已录入明细盘点单

【步骤2】按下"审核"按钮后,系统会自动再重计一次"实际在库量"。转单完成后,可在单头的"调整单号"字段中查询到转单的单号,如图6-29所示。

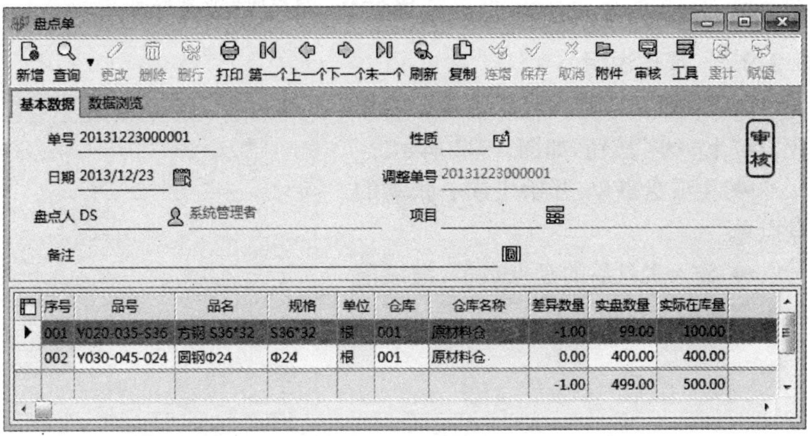

图6-29 盘点单转单单号查询

【步骤3】 可再行开启调整单作业来核对数据,如图6-30所示。

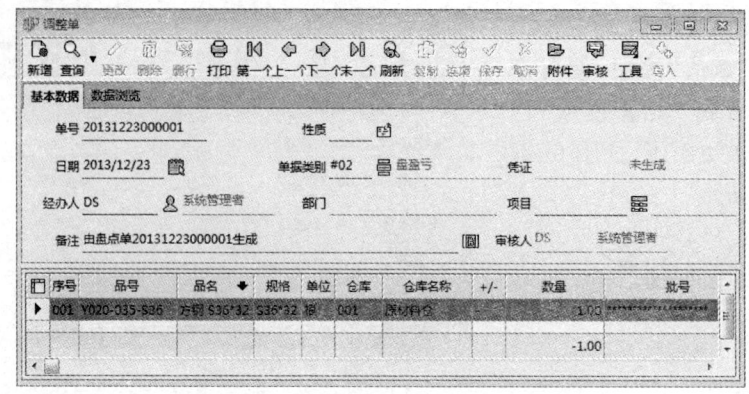

图6-30 调整单数据核对

6.3.9 盘点向导

6.3.9.1 概述

除了以上介绍的由人工自动生成盘点单,也可使用此向导式的功能,来协助盘点作业的完成。

6.3.9.2 作业界面

作业界面如图6-31所示。

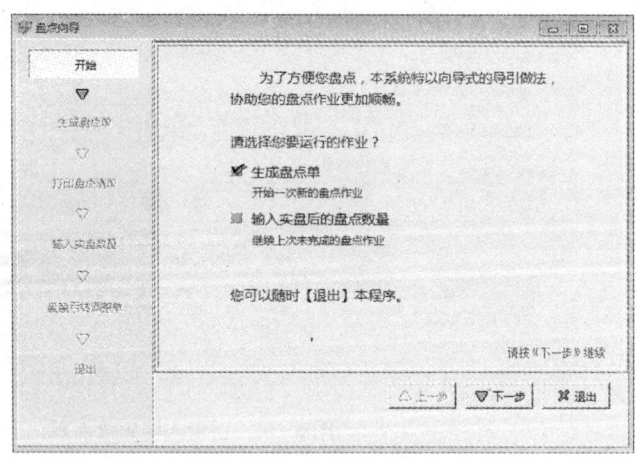

图6-31 盘点向导作业界面

6.3.9.3 操作说明

【步骤1】 开始—选择要运行的作业,点"下一步"按钮,如图6-32所示。

➡ 生成盘点单:开始生成一张新的盘点单。

➡ 输入实盘后的盘点数量:继续前次未完成的盘点单。

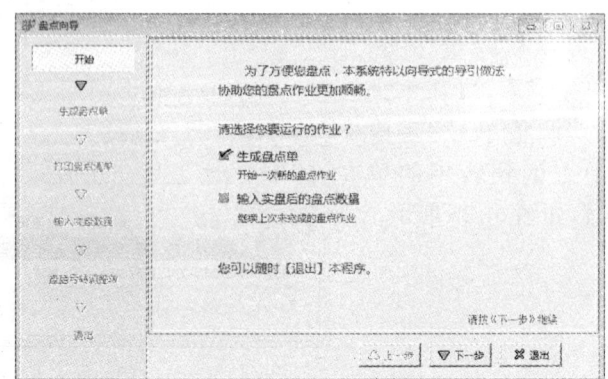

图6-32 盘点向导运行操作

【步骤 2】 生成盘点单——输入生成的盘点单上所需的字段条件值,如图 6-33 所示。

➡ 按仓库分单:有打钩,表示生成盘点单时,需按仓库的不同分单生成。

➡ 含实际在库量的商品:有打钩,则会将库存量为 0 的商品也显示在盘点单中。

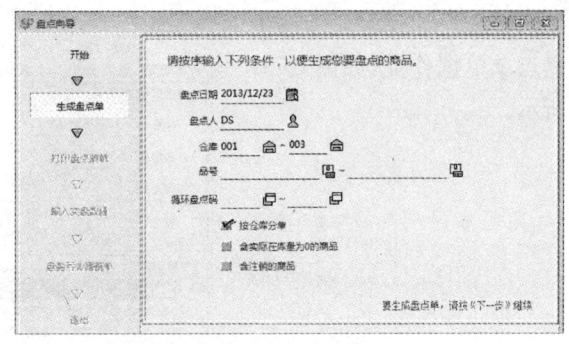

图 6-33 盘点向导生成盘点单

【步骤 3】 打印盘点清单——选择打印的盘点单,如图 6-34 所示。

➡ 按仓库分页:有打钩,表示打印盘点清单时,需按仓库的不同换页打印。

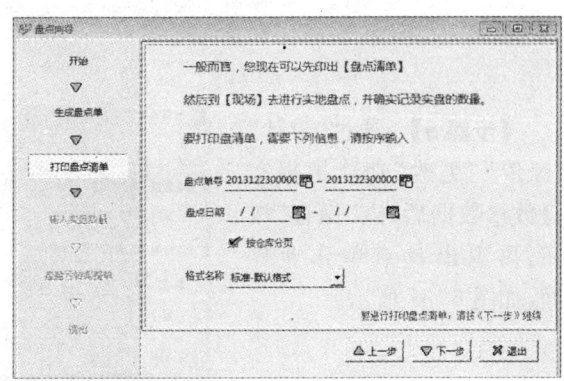

图 6-34 盘点向导打印盘点清单

依仓库维度打印盘点清单,如图 6-35 所示。

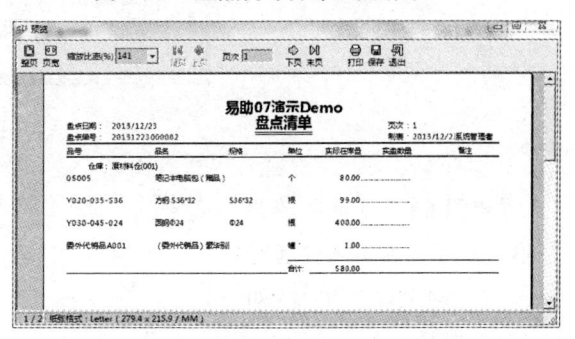

图 6-35 依仓库维度打印盘点清单

【步骤 4】 输入实盘数量——将在仓库中盘点到的商品数量输入盘点单。点"下一步"按钮,系统自动弹窗开启对应盘点单单据,如图 6-36 所示。

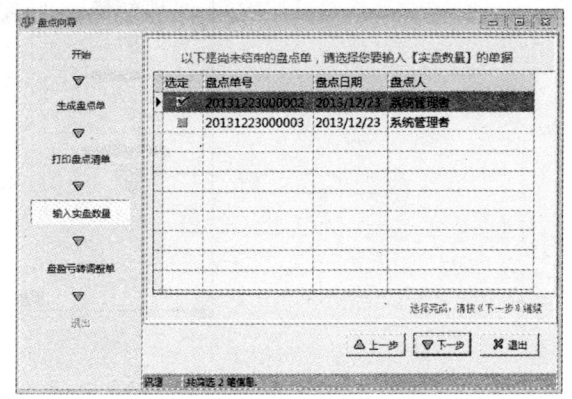

图 6-36 盘点向导输入实盘数量

系统自动弹窗显示选中盘点单单据作业,如图6-37所示。

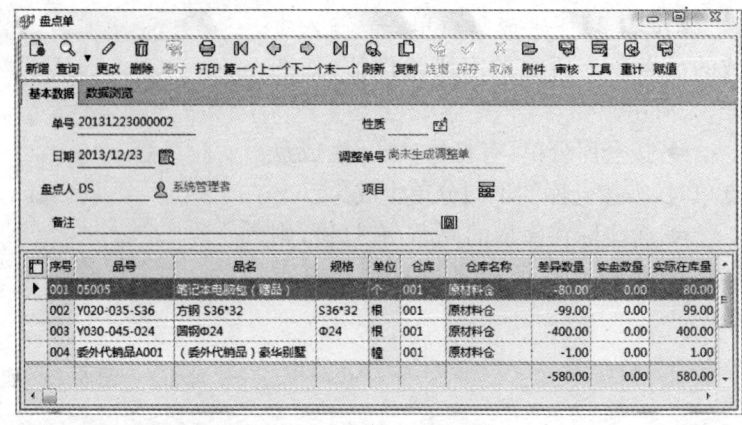

图6-37 盘点单单据作业

【步骤5】 通过"重计""赋值""更改"功能填报实盘数量数据后,点"保存"按钮,再退出盘点单作业界面,如图6-38所示。

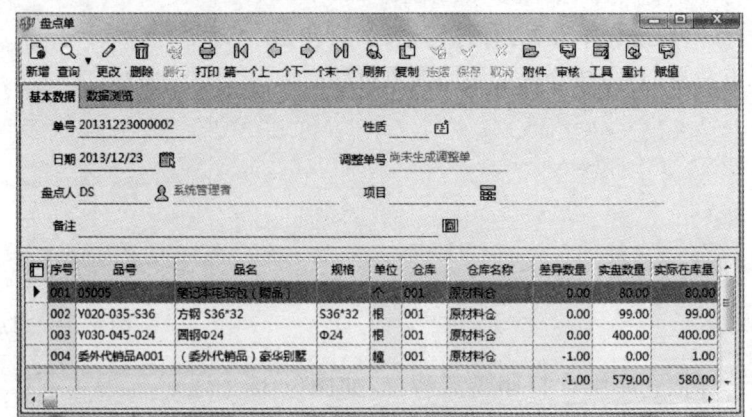

图6-38 实盘数量数据填报

【步骤6】 盘点单转调整单——在盘点单中,选定对应盘点调整盘点单号,如图6-39所示。

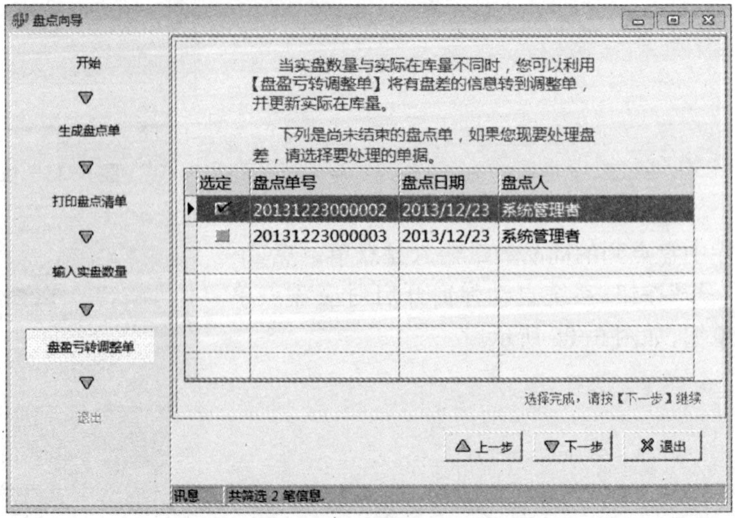

图6-39 盘点单转调整单

【步骤7】 选定已完成实际数录入的盘点单单据,若存在盘点数有差异,系统将自动生成调整单,同时更新商品的实际在库量。至此,完成盘点向导作业,可退出查询相应调整单最终调整明细情况,如图6-40所示。

盘点向导作业后系统自动生成调整单明细,如图6-41所示。

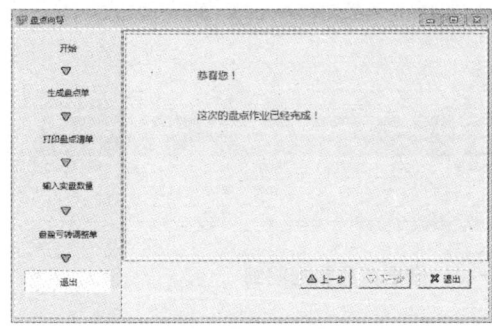 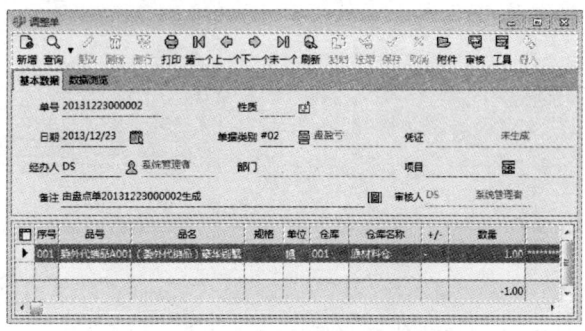

图6-40 盘点向导作业完成　　　　　图6-41 自动生成调整单明细

6.3.10 借出单

6.3.10.1 概述

与客户交易时,若客户需先试用商品后才决定是否购买时,可先在此作业输入,日后也可直接转销货单。

6.3.10.2 作业界面

作业界面如图6-42所示。

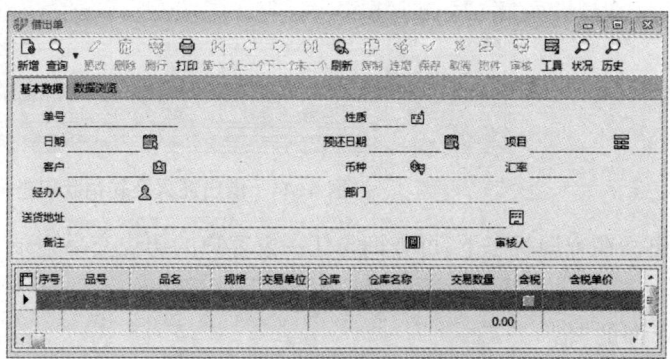

图6-42 借出单作业界面

6.3.10.3 案例演练

例如,仓管人员王明,借出以下物资给"淘宝商城"客户。

品号	品名	借出数量	借出仓库
Y020-035-S36	方钢 S36*32	+10	原材料仓
Y030-045-024	圆钢 φ24	+10	原材料仓

在借出单作业单身，输入借出商品数据明细，如图6-43所示。

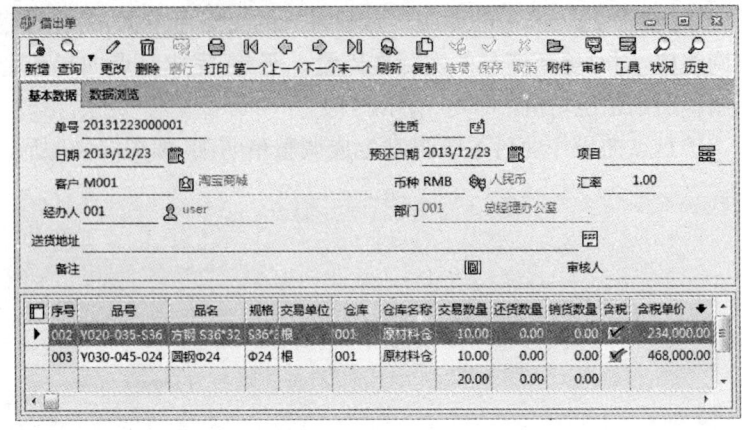

图6-43 借出商品数据明细

6.3.10.4 功能钮说明

1) ——状况。在查询状态下，可针对不同的"借出单"来查询其还货及销货状况。

操作说明

点选要目标查询的"借出单"，点按钮，如图6-44所示。

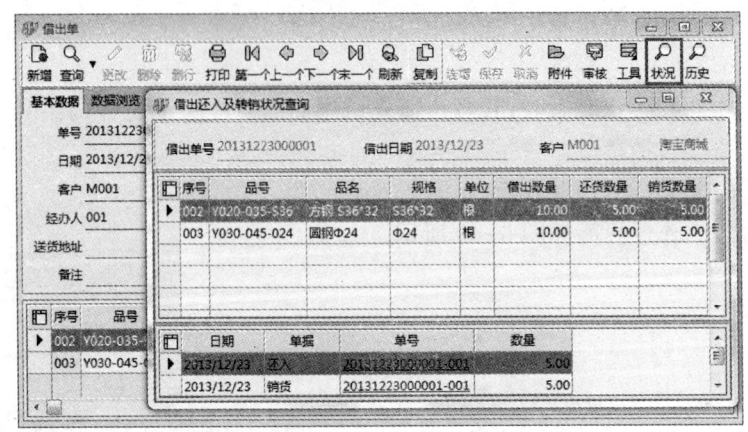

图6-44 借出还入及转销状况查询

2) ——历史。在查询状态下，可查询与任一家客户的历史交易记录。

操作说明

点选要目标查询的"借出单"，点按钮，如图6-45所示。

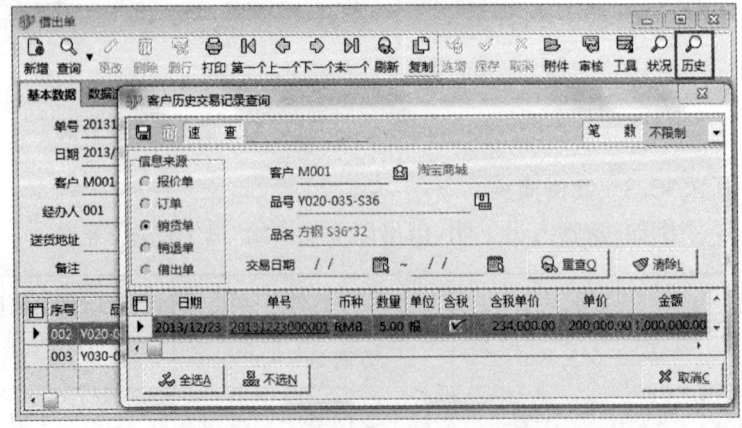

图6-45 客户历史交易记录查询

6.3.11 借出还入单

6.3.11.1 概述

当客户将借出的商品归还时,可在此作业录入,也可与借出单联用。

6.3.11.2 作业界面

作业界面如图 6-46 所示。

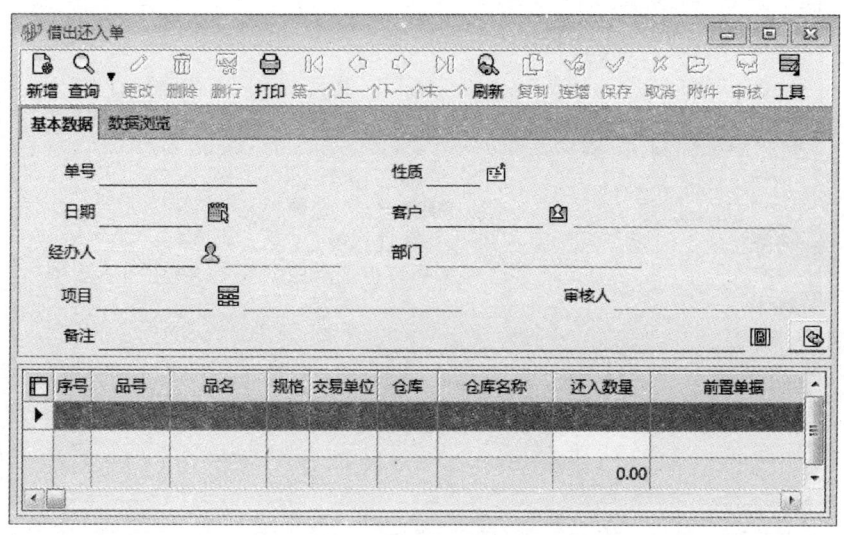

图 6-46 借出还入单作业界面

6.3.11.3 取单操作说明

联用客户借出商品时所录入的"借出单",以利日后对商品的追踪。

> 操作说明

在借出还入单作业借出单源数据,带出至借出还入单中,如图 6-47 所示。

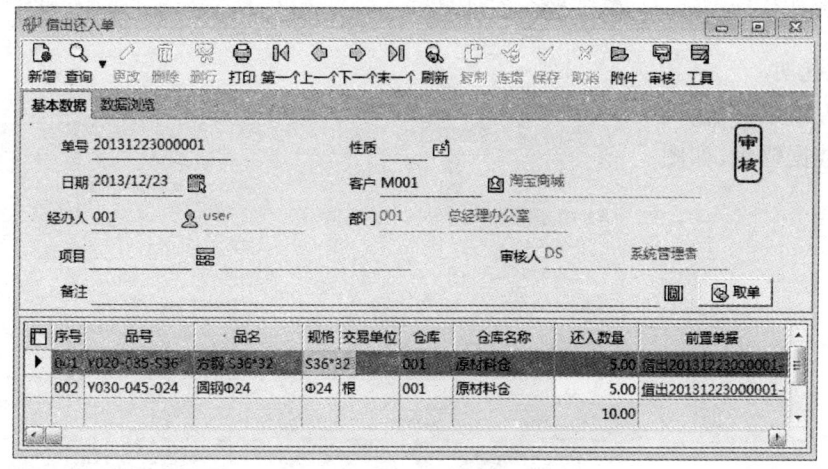

图 6-47 单源数据借出

6.3.12 借入单
6.3.12.1 概述
对于不易销货预估的商品,由于风险较大,可先以供应商借入商品的方式处理,日后也可将商品转为进货。
6.3.12.2 作业界面
作业界面如图 6-48 所示。

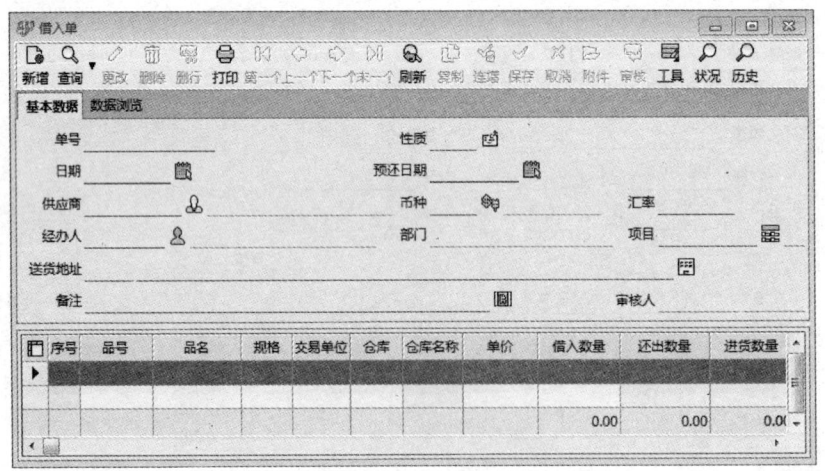

图 6-48 借入单作业界面

6.3.12.3 案例演练
例如,仓管人员王明,向供应商"钢材供应商"借入如下货物。

品号	品名	借入数量	借入仓库
Y020-035-S36	方钢 S36*32	+10	原材料仓
Y030-045-024	圆钢 φ24	+10	原材料仓

操作说明

在借入单单身,输入借入商品数据明细,如图 6-49所示。

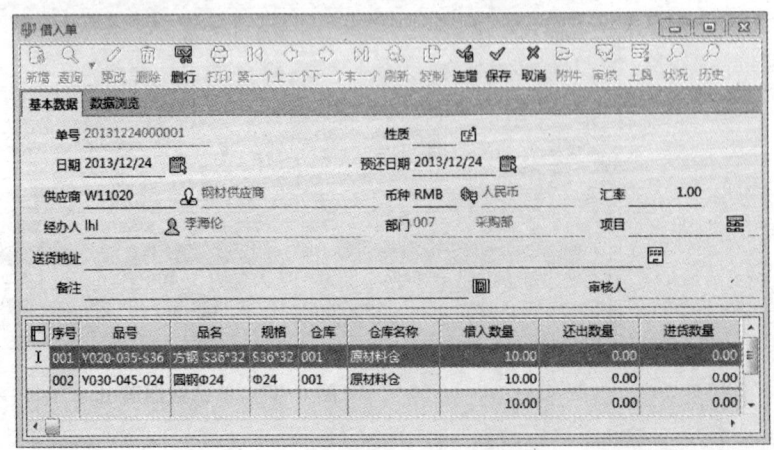

图 6-49 借入单商品数据明细输入

6.3.12.4 功能钮说明

1) ——状况。在查询状态下,可查询不同的"借入单"的还货及进货状况。

操作说明

点选要目标查询的"借入单",点 按钮,如图 6-50 所示。

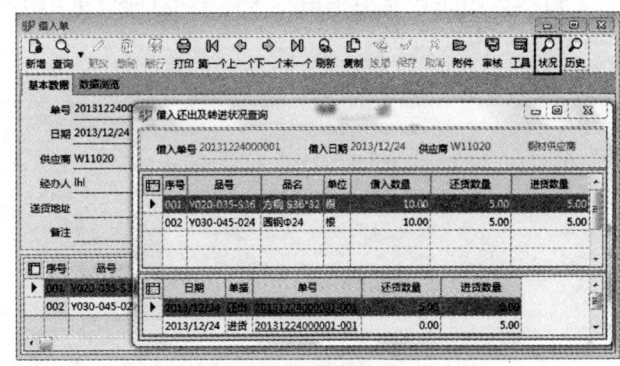

图 6-50 借入还出及转进状况查询

2) ——历史。在查询状态下,可查询与任一供应商的历史交易记录。

操作说明

点选要目标查询的"借入单",点 按钮。借出单对应的借出客户历史交易信息,即可在开窗单身清楚显示出来,如图 6-51 所示。

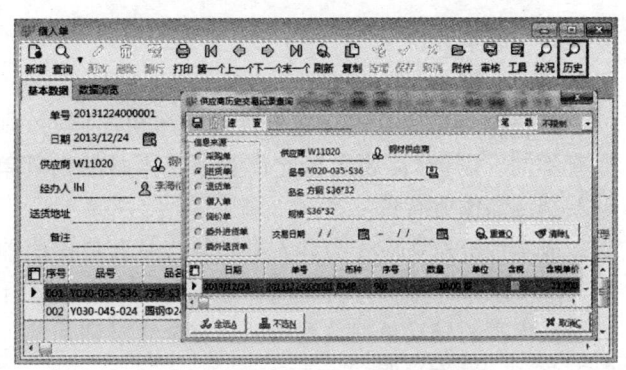

图 6-51 供应商历史交易记录查询

6.3.13 借入还出单

6.3.13.1 概述

当归还供应商借入商品时,可在此作业录入,也可与借入单联用。

6.3.13.2 作业界面

作业界面如图 6-52 所示。

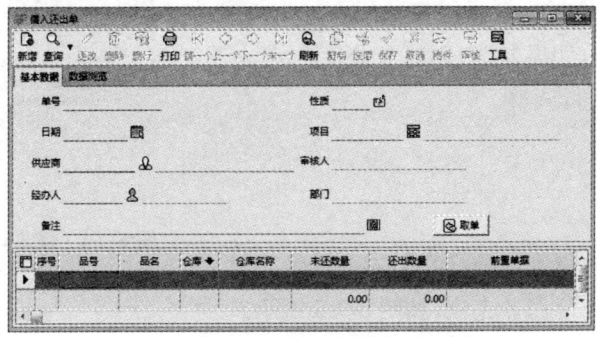

图 6-52 借入还出单作业界面

6.3.13.3 取单操作说明

联用客户借入商品时所录入的"借入单",以利日后对商品的追踪。

借入还出单作业取单借入单源数据,即可带出至借入还出单中,如图6-53所示。

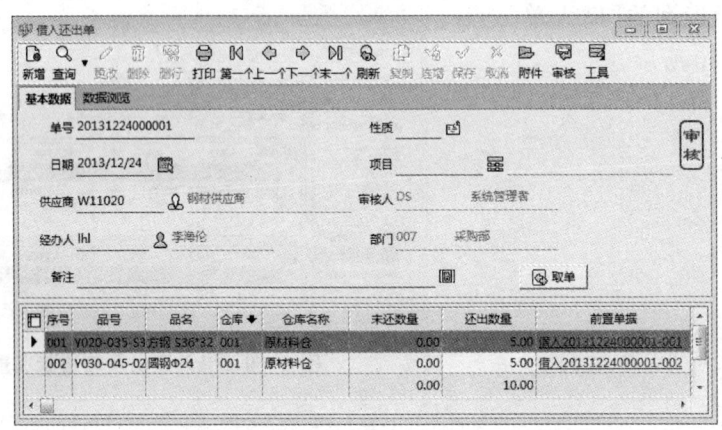

图 6-53 借入还出单借入单源数据

6.3.14 成本计价

6.3.14.1 概述

每一件商品当月有多笔进货而且单价不同时,则期间内不同时间点的销货单单位成本亦有不同。因此,需要运行此作业来使当月的销货单单位成本维持一致。

6.3.14.2 作业背景

成本计价作业应于会计人员结算当月存货价值前运行一次,如此生成的收发存汇总表与出入库流水账的金额才会正确。建议每月15号运行一次,主要原因是要确保针对于上月的进、销、库类的异动单据数据均已经完全登录到系统。

6.3.14.3 操作说明

【步骤1】 检查进销存参数中的相关设置是否正确,选择成本计价方式,如图6-54所示。

➡ 进货价差调整:如果勾选,则会针对有进货价差的品号进行调整。

➡ 调整尾差成本:如果勾选,则会针对有尾差的品号进行调整。

➡ 调整分库成本:如果勾选,则对有分库差额的品号,仓库会进行调整。

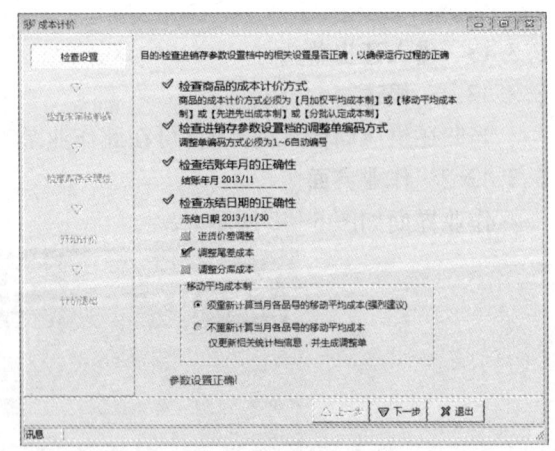

图 6-54 成本计价方式

【步骤2】 开始作成本计价,如图6-55所示。

【步骤3】 成本计价作业完成,如图6-56所示。

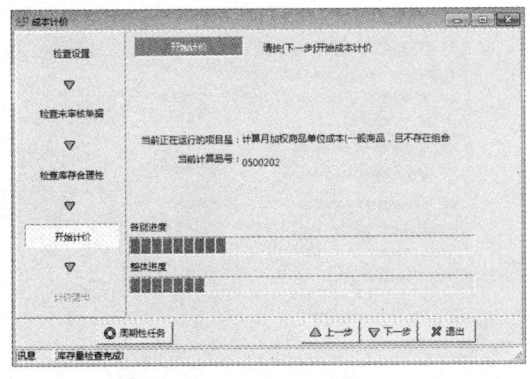

图 6-55 开始成本计价

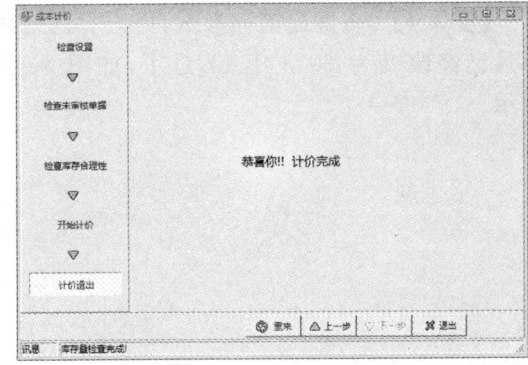

图 6-56 成本计价完成

6.3.15 期末结账

6.3.15.1 概述

将该月所有与库存有关的单据如进货单、销货单、调整单等做结账,则单据数据便不可再做任何变动,以避免人员的不慎更改与删除。此时结账年月自动加1,同时也可做反结账。

6.3.15.2 操作说明

【步骤1】 开启存货管理期末结账作业,点 按钮,如图 6-57 所示。

【步骤2】 若存在数据异常,结账作业会再次提供库存数量成本数据校验,如图 6-58 所示。

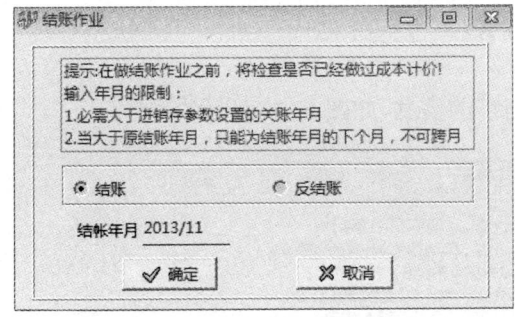

图 6-57 结账作业开启

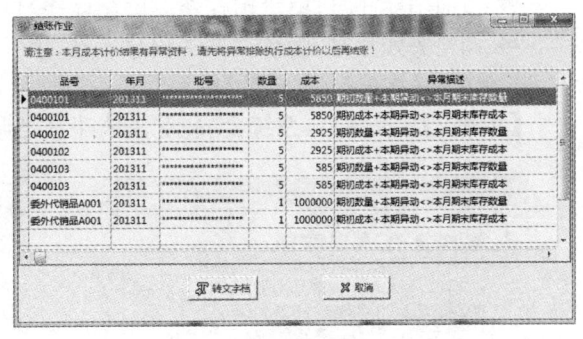

图 6-58 库存数量成本数据校验

【步骤3】 期末结账成功,如图 6-59 所示。

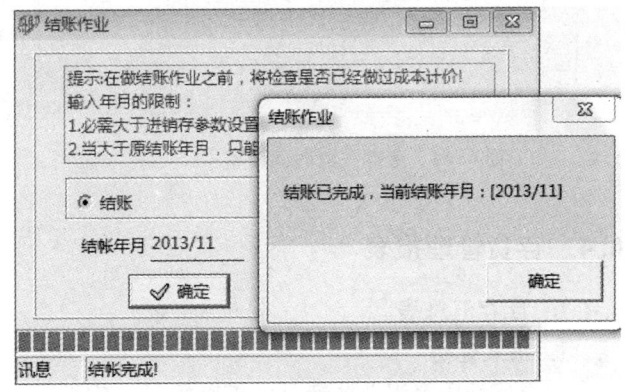

图 6-59 结账作业完成

【步骤4】 查询进销存参数,可以看到结账年月已经改变为 2013 年 11 月了,如图 6-60 所示。

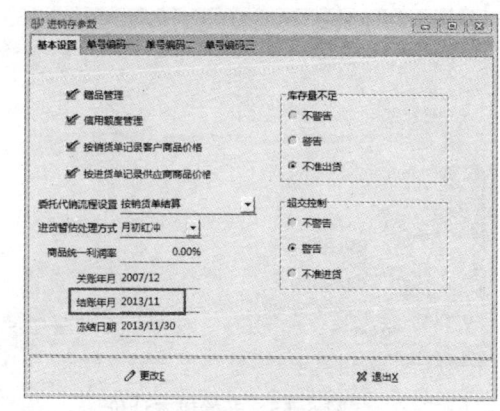

图 6-60 进销存参数查询

6.3.16 库存指定关账

6.3.16.1 概述

将所有与库存有关的单据如进货单、销货单、调整单等做关账,则单据数据便不可再做任何变动,以避免人员的不慎更改与删除。

6.3.16.2 操作说明

【步骤1】 开启库存指定关账作业,调整关账年月,点 确定Q 按钮,如图 6-61 所示。
➡ 当前关账年月:取进销存参数的关账年月,不可更改。
➡ 当前结账年月:取进销存参数的结账年月,不可更改。
➡ 调整关账年月:为欲关账的信息年月,手工输入,不可空白。
※ 调整的关账年月不可晚于结账年月。

【步骤2】 完成后,系统会显示"关账年月已调整"的信息,如图 6-62 所示。

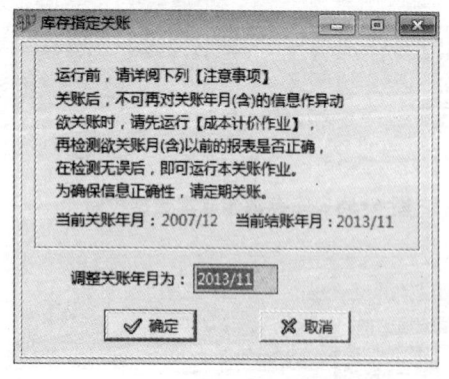

图 6-61 库存关账时间调整

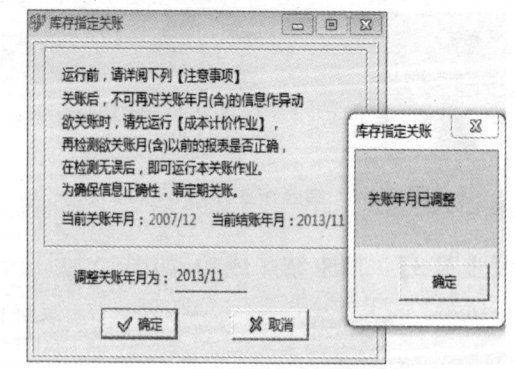

图 6-62 关账年月调整完成

6.4 存货管理报表

6.4.1 库存汇总表

1. 报表说明

按仓库性质来汇总各商品的汇总数量及成本。

2. 报表界面

报表界面如图 6-63 所示。

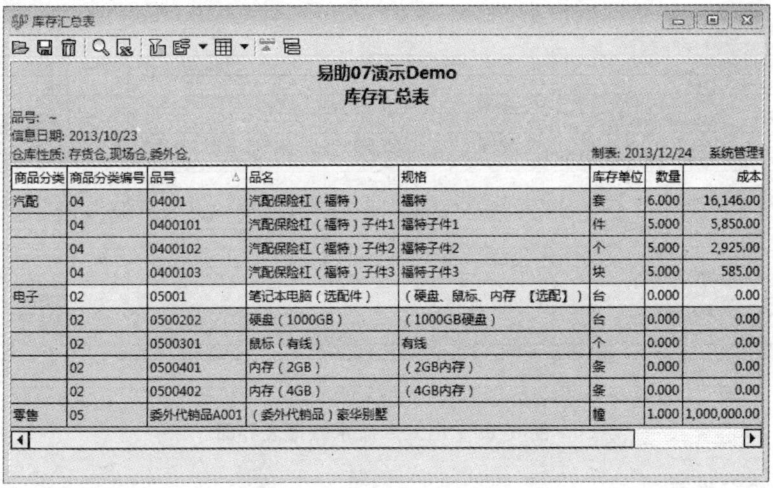

图 6-63　库存汇总表作业界面

6.4.2　出入库明细表

1. 报表说明

显示商品的期初数量与本期异动数量。

2. 报表界面

报表界面如图 6-64 所示。

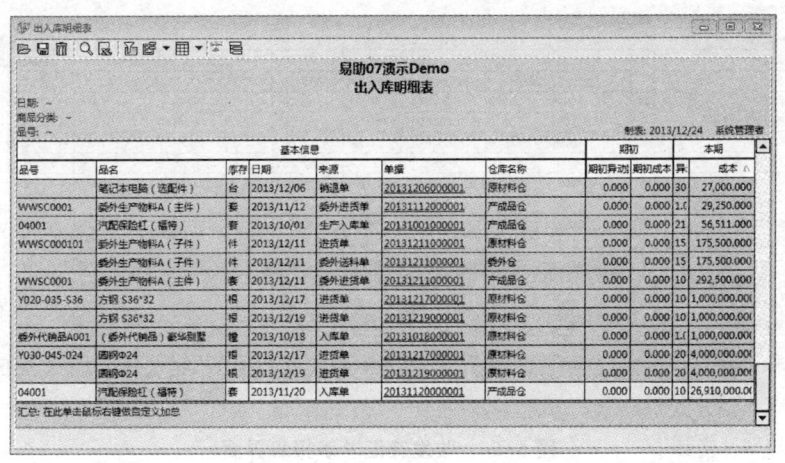

图 6-64　出入库明细表作业界面

6.4.3　出入流水账

1. 报表说明

用于显示商品的存货变动明细汇总。

2. 报表界面

报表界面如图 6-65 所示。

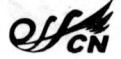

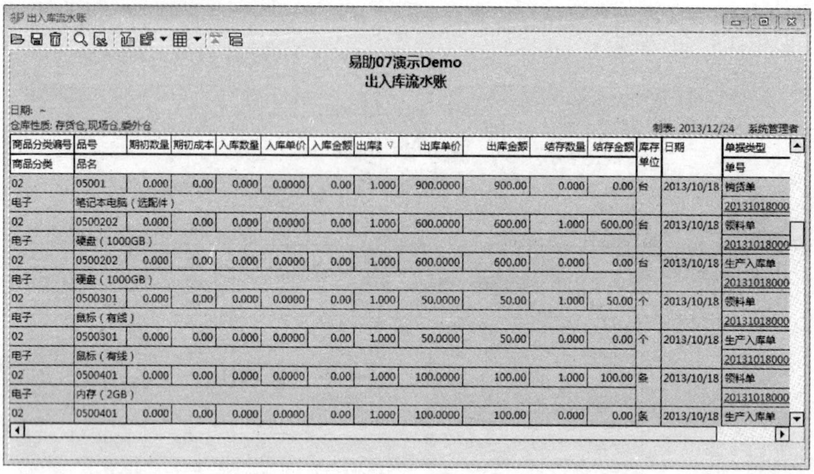

商品分类编号	品号	期初数量	期初成本	入库数量	入库单价	入库金额	出库量	出库单价	出库金额	结存数量	结存金额	库存单位	日期	单据类型
商品分类	品名													单号
02	05001	0.000	0.00	0.000	0.0000	0.00	1.000	900.0000	900.00	0.000	0.00	台	2013/10/18	销货单
电子	笔记本电脑（选配件）													20131018000
02	0500202	0.000	0.00	0.000	0.0000	0.00	1.000	600.0000	600.00	1.000	600.00	台	2013/10/18	领料单
电子	硬盘（1000GB）													20131018000
02	0500202	0.000	0.00	0.000	0.0000	0.00	1.000	600.0000	600.00	0.000	0.00	台	2013/10/18	生产入库单
电子	硬盘（1000GB）													20131018000
02	0500301	0.000	0.00	0.000	0.0000	0.00	1.000	50.0000	50.00	1.000	50.00	个	2013/10/18	领料单
电子	鼠标（有线）													20131018000
02	0500301	0.000	0.00	0.000	0.0000	0.00	1.000	50.0000	50.00	0.000	0.00	个	2013/10/18	生产入库单
电子	鼠标（有线）													20131018000
02	0500401	0.000	0.00	0.000	0.0000	0.00	1.000	100.0000	100.00	1.000	100.00	条	2013/10/18	领料单
电子	内存（2GB）													20131018000
02	0500401	0.000	0.00	0.000	0.0000	0.00	1.000	100.0000	100.00	0.000	0.00	条	2013/10/18	生产入库单

图 6-65　出入库流水账报表界面

6.4.4　收发存汇总表

1. 报表说明

将商品在一段期间内入、出库的统计信息汇总成表。

2. 报表界面

报表界面如图 6-66 所示。

品号	单位	期初数量	本期进货数量	本期入库数量	本期销货数量	本期耗料数量	本期调拨数量（入）	本期调拨数量（出）	期末数量
品名		期初成本	本期进货成本	本期入库成本	本期销货成本	本期耗料成本	本期调拨成本（入）	本期调拨成本（出）	期末成本
04001	套	0.000	0.000	10,026.000	20.000	0.000	0.000	0.000	10,006.000
汽配保险杠（福特）		0.00	0.00	26,979,966.0	53,820.00	0.00	0.00	0.00	26,926,146.
0400101	件	0.000	21.000	5.000	0.000	21.000	0.000	0.000	5.000
汽配保险杠（福特）子件1		0.00	24,570.00	5,850.00	0.00	24,570.00	0.00	0.00	5,850.00
0400102	个	0.000	42.000	5.000	0.000	42.000	0.000	0.000	5.000
汽配保险杠（福特）子件2		0.00	24,570.00	2,925.00	0.00	24,570.00	0.00	0.00	2,925.00
0400103	块	0.000	63.000	5.000	0.000	63.000	0.000	0.000	5.000
汽配保险杠（福特）子件3		0.00	7,371.00	585.00	0.00	7,371.00	0.00	0.00	585.00
05001	台	0.000	0.000	31.000	31.000	0.000	0.000	0.000	0.000
笔记本电脑（选配件）		0.00	0.00	27,900.00	27,900.00	0.00	0.00	0.00	0.00
0500202	台	0.000	1.000	0.000	0.000	1.000	0.000	0.000	0.000
硬盘（1000GB）		0.00	600.00	0.00	0.00	600.00	0.00	0.00	0.00
0500301	个	0.000	1.000	0.000	0.000	1.000	0.000	0.000	0.000
鼠标（有线）		0.00	50.00	0.00	0.00	50.00	0.00	0.00	0.00

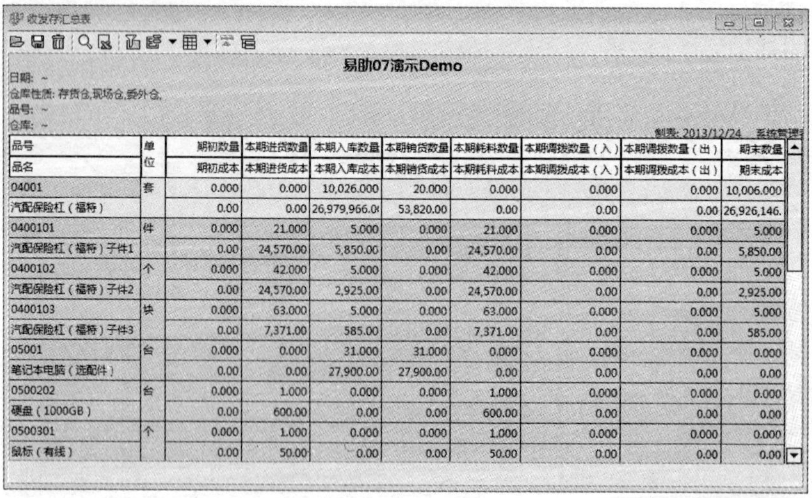

图 6-66　收发存汇总表报表界面

6.4.5　库存呆滞分析表

1. 报表说明

将商品的最近销货日或变动日与系统日的差异天数作对比,并将呆滞的商品汇总出来。

2. 报表界面

报表界面如图 6-67 所示。

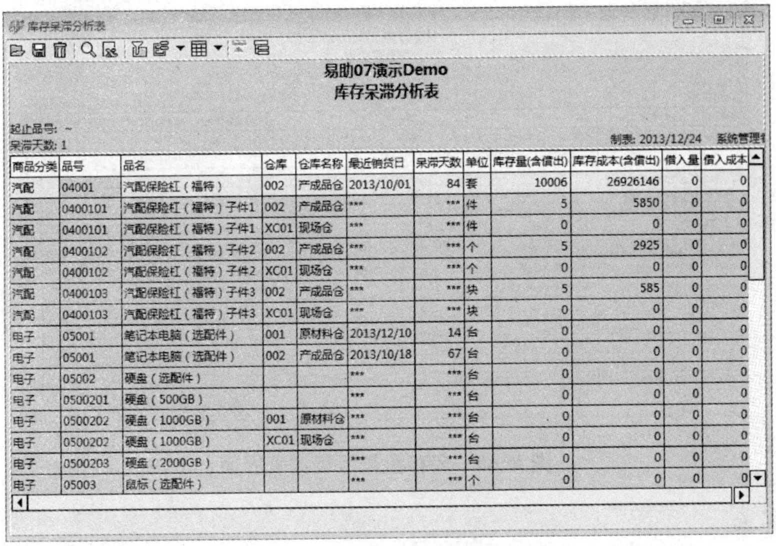

库存呆滞分析表

易助07演示Demo
库存呆滞分析表

起止品号: ~
呆滞天数: 1
制表: 2013/12/24 系统管理者

商品分类	品号	品名	仓库	仓库名称	最近销货日	呆滞天数	单位	库存量(含借出)	库存成本(含借出)	借入量	借入成本
汽配	04001	汽配保险杠（福特）	002	产成品仓	2013/10/01	84	套	10006	26926146	0	0
汽配	0400101	汽配保险杠（福特）子件1	002	产成品仓	***	***	件	5	5850	0	0
汽配	0400101	汽配保险杠（福特）子件1	XC01	现场仓	***	***	件	0	0	0	0
汽配	0400102	汽配保险杠（福特）子件2	002	产成品仓	***	***	个	5	2925	0	0
汽配	0400102	汽配保险杠（福特）子件2	XC01	现场仓	***	***	个	0	0	0	0
汽配	0400103	汽配保险杠（福特）子件3	002	产成品仓	***	***	块	5	585	0	0
汽配	0400103	汽配保险杠（福特）子件3	XC01	现场仓	***	***	块	0	0	0	0
电子	05001	笔记本电脑（选配件）	001	原材料仓	2013/12/10	14	台	0	0	0	0
电子	05001	笔记本电脑（选配件）	002	产成品仓	2013/10/18	67	台	0	0	0	0
电子	05002	硬盘（选配件）			***	***	台	0	0	0	0
电子	0500201	硬盘（500GB）			***	***	台	0	0	0	0
电子	0500202	硬盘（1000GB）	001	原材料仓	***	***	台	0	0	0	0
电子	0500202	硬盘（1000GB）	XC01	现场仓	***	***	台	0	0	0	0
电子	0500203	硬盘（2000GB）			***	***	台	0	0	0	0
电子	05003	鼠标（选配件）			***	***	个	0	0	0	0

图 6-67 库存呆滞分析表报表界面

6.4.6 商品补货建议明细表

1. 报表说明

可以根据品号及其分类查询可用量不足的商品的明细信息。

2. 报表界面

报表界面如图 6-68 所示。

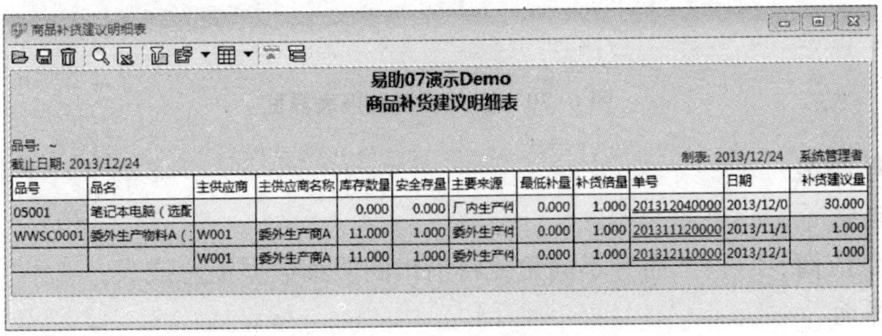

商品补货建议明细表

易助07演示Demo
商品补货建议明细表

品号: ~
截止日期: 2013/12/24
制表: 2013/12/24 系统管理者

品号	品名	主供应商	主供应商名称	库存数量	安全存量	主要来源	最低补量	补货倍量	单号	日期	补货建议量
05001	笔记本电脑（选配			0.000	0.000	厂内生产件	0.000	1.000	201312040000	2013/12/0	30.000
WWSC0001	委外生产物料A（	W001	委外生产商A	11.000	1.000	委外生产件	0.000	1.000	201311120000	2013/11/1	1.000
		W001	委外生产商A	11.000	1.000	委外生产件	0.000	1.000	201312110000	2013/12/1	1.000

图 6-68 商品补货建议明细表报表界面

6.4.7 库存盘盈亏表

1. 报表说明

在盘点单将实际盘点数量输入后，即可在此报表查看商品盘盈或盘亏的情况。

2. 报表界面

报表界面如图 6-69 所示。

6.4.8 借入明细表

1. 报表说明

从单据、供应商、项目、产品等不同角度将借入的明细数据汇总成表。

库存盘盈亏表

易助07演示Demo
库存盘盈亏表

盘点日期: ~
盘点单号: ~
制表: 2013/12/24 系统管理者

盘点日期	盘点单号	品号	品名	规格	仓库编号	单位	实盘数量	实际在库量	差异数量
2013/12/24	20131224000001	04001	汽配保险杠（福特）	福特	002	套	10,006.000	10,006.000	0.000
2013/12/24	20131224000001	0400101	汽配保险杠（福特）子件1	福特子件1	001	件	0.000	0.000	0.000
2013/12/24	20131224000001	0400102	汽配保险杠（福特）子件2	福特子件2	001	个	0.000	0.000	0.000
2013/12/24	20131224000001	0400103	汽配保险杠（福特）子件3	福特子件3	001	块	0.000	0.000	0.000
2013/12/24	20131224000001	05001	笔记本电脑（选配件）	（硬盘、鼠标、内存 【选配】）	001	台	0.000	0.000	0.000
2013/12/24	20131224000001	0500201	硬盘（500GB）	（500GB硬盘）	001	台	0.000	0.000	0.000
2013/12/24	20131224000001	0500202	硬盘（1000GB）	（1000GB硬盘）	001	台	0.000	0.000	0.000
2013/12/24	20131224000001	0500203	硬盘（2000GB）	（2000GB硬盘）	001	台	0.000	0.000	0.000
2013/12/24	20131224000001	0500301	鼠标（有线）	有线	001	个	0.000	0.000	0.000
2013/12/24	20131224000001	0500302	鼠标（无线光电）	无线光电	001	个	0.000	0.000	0.000
2013/12/24	20131224000001	0500401	内存（2GB）	（2GB内存）	001	条	0.000	0.000	0.000
2013/12/24	20131224000001	0500402	内存（4GB）	（4GB内存）	001	条	0.000	0.000	0.000
2013/12/24	20131224000001	0500403	内存（8GB）	（8GB内存）	001	条	0.000	0.000	0.000
2013/12/24	20131224000001	05005	笔记本电脑包（赠品）		001	个	80.000	80.000	0.000

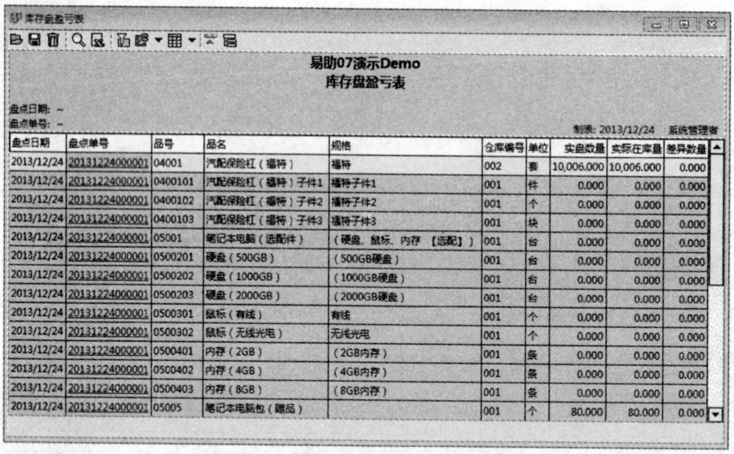

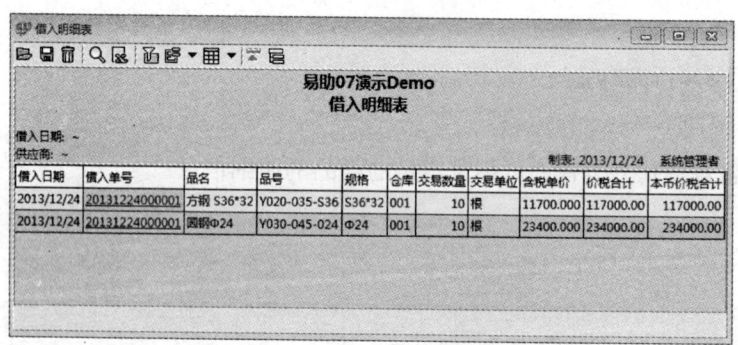

图 6-69 库存盘盈亏表报表界面

2. 报表界面

报表界面如图 6-70 所示。

借入明细表

易助07演示Demo
借入明细表

借入日期: ~
供应商: ~
制表: 2013/12/24 系统管理者

借入日期	借入单号	品名	品号	规格	仓库	交易数量	交易单位	含税单价	价税合计	本币价税合计
2013/12/24	20131224000001	方钢 S36*32	Y020-035-S36	S36*32	001	10	根	11700.000	117000.00	117000.00
2013/12/24	20131224000001	圆钢Φ24	Y030-045-024	Φ24	001	10	根	23400.000	234000.00	234000.00

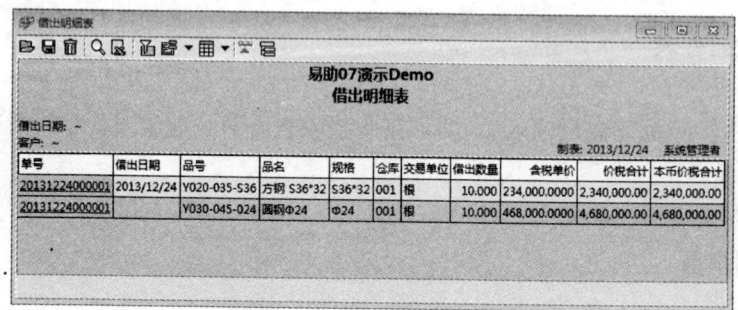

图 6-70 借入明细表报表界面

6.4.9 借出明细表

1. 报表说明

从单据、供应商、项目、产品等不同角度将借出的明细数据汇总成表。

2. 报表界面

报表界面如图 6-71 所示。

借出明细表

易助07演示Demo
借出明细表

借出日期: ~
客户: ~
制表: 2013/12/24 系统管理者

单号	借出日期	品号	品名	规格	仓库	交易单位	借出数量	含税单价	价税合计	本币价税合计
20131224000001	2013/12/24	Y020-035-S36	方钢 S36*32	S36*32	001	根	10.000	234,000.0000	2,340,000.00	2,340,000.00
20131224000001		Y030-045-024	圆钢Φ24	Φ24	001	根	10.000	468,000.0000	4,680,000.00	4,680,000.00

图 6-71 借出明细表报表界面

6.5 企业存货业务工作任务分析与操作

6.5.1 调拨业务实际操作(课后习题一)

业务背景:2013年11月1日,仓管人员王明接到通知,向生产部门调拨(方钢280 kg,圆钢400 kg)到现场仓库,以便生产部门生产工作的需要。

6.5.2 其他出入库实际操作(课后习题二)

业务背景:2013年11月1日,仓管人员王明接到通知,伙伴供应商"钢材供应商"将圆钢900 kg,转赠公司,王明以其他入库的方式,收取这批货物。2013年11月31日,又将转赠的钢材转出300 kg回赠与"钢材供应商"新建厂房。

6.5.3 借出/借入业务实际操作(课后习题三)

业务背景:2013年11月1日,客户"天长公司"向公司借圆钢1 000 kg,承诺10天内返还。由于圆钢借出,导致自己生产不足,由于几天后"天长公司"会返还圆钢,因此,向供应商"钢材供应商"以借入的方式,借入圆钢300 kg。2013年11月10日,"天长公司"如期归还所借。2013年11月20日,公司归还向供应商借入的圆钢300 kg。

6.5.4 月底盘点,结账实际操作(课后习题三)

业务背景:2013年11月30日,使用盘点向导对仓库的库存进行盘点,盘点后,根据审核生成的盘点单实地盘点库存。库存核对完成后,进行成本计价操作,确定现存库存的实际成本,全部完成后,进行结账与关账,11月数据保持无误!

第 7 章 物料需求管理

课程目标

- 模拟浩志电气公司计划员胡畅利用 ERP 完成物料需求计算
- 了解企业实际进行计划制订的经办过程
- 熟悉在 ERP 系统中完成计划的基本操作过程
- 掌握计划制订及操作过程的处理方法
- 能够利用 ERP 系统完成企业物料需求计算的全过程

任务名称和背景

掌握浩志电气公司物料需求计划制订的实际操作过程。

胡畅是浩志电气公司生产部门的一名计划员,目前他的工作是负责计划制订、调度和控制工作,每天接到业务的订单,他需要去制订一系列的计划,包括原物料的采购计划和半成品或成品的生产计划。由于公司的销售业务很好,经常出现刚刚完成计划制订,又有新的订单加入的情况,导致经常要重复劳动,花很大精力制订好的计划又得重新制订,为此,胡畅很伤脑筋,期望新上线的 ERP 系统解决他日常工作中的诸多困扰。计划岗员工工作职责如表 7-1 所示。

表 7-1 计划岗员工工作职责

姓 名	所属公司	职 务	工作职责
胡畅	浩志电气	计划员	ERP 项目核心模块参与者,相关业务负责人

7.1 物料需求管理基本流程

物料需求管理主流程图如图 7-1 所示。

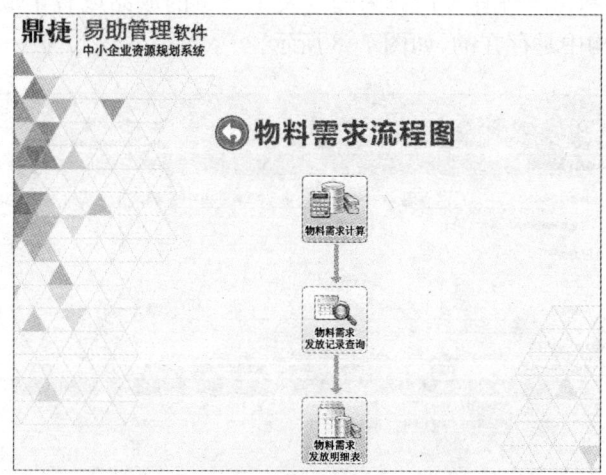

图 7-1　物料需求管理主流程图

物料需求计算是一个计算型的模块，它与采购、生产、库存、销售这些物流方面的模块有着密切的关系。它会根据订单订购量或者生产计划单的生产量，综合考虑采购的在途量、生产的在制量、销售的已定未出量、库存的实际在库量、商品的安全存量情况等多方面的信息管理系统，计算得出并下发各相关子件的采购单、工单、委外单。各相关部门就可以安排采购、生产及委外了。

7.2 基础资料

7.2.1 商品信息中的相关设置

运行物料需求计算的前提之一就是商品信息中参与计算的商品一定要将按需求补货项勾选；另外，计算时要考虑安全存量的商品，一定要将准确的安全存量填入相应的商品信息中，如图 7-2 所示。

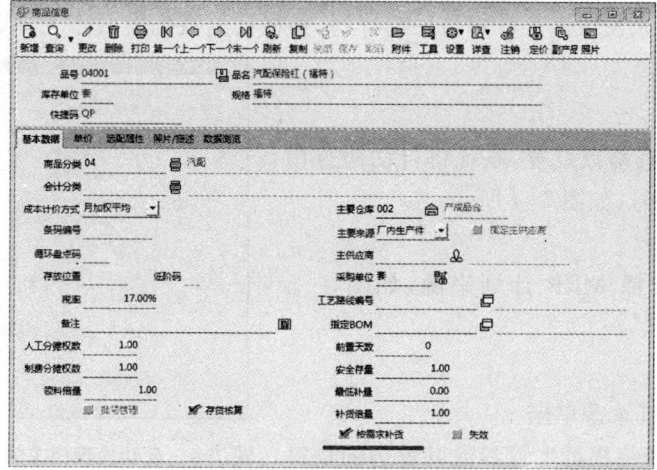

图 7-2　商品信息设置图

此外，涉及的最低补量、补货倍量、前置天数等信息也要在此时维护完整，以便物料需求计算时自动考虑这些量值，以准确计算出采购数量及采购或生产计划日期的自动安排。

7.2.2 物料清单产品结构(BOM)的维护

确保需要通过物料需求计算来计算采购量及生产量的成品或者半成品在 ERP 系统中的 BOM 结构即产品结构中是存在的，如图 7-3 所示。

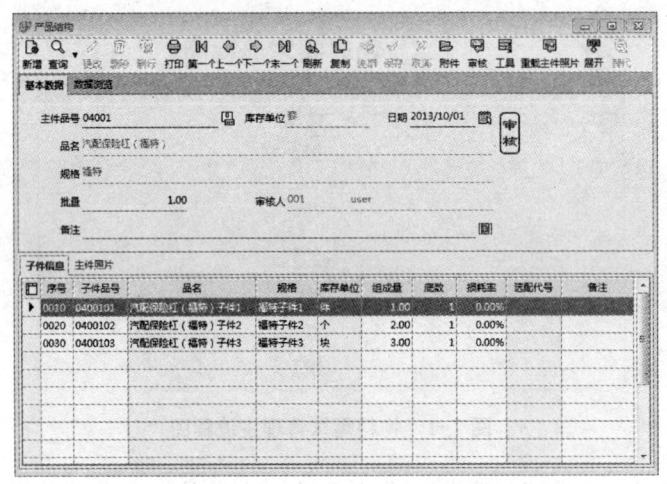

图 7-3 产品结构(BOM)图

7.2.3 相关单据的编码方式的维护

工单、委外单、采购底稿、采购单的编码方式必须保证设置成自动编码方式。

7.2.4 实施前的各项初始录入工作

使用物料需求计算来自动计算的商品，保证它及与它相关的半成品、原料的商品信息的按需求补货是勾选的及安全存量是完善的，并将它的 BOM 结构维护完整。

7.3 物料需求的操作过程

7.3.1 物料需求计算

1. 作业目的

可使用此作业来发放生产计划与采购计划，并将计划数据发放至工单、委外单、采购底稿与采购单中。

2. 操作说明

【步骤1】 检查参数设置，系统将自动检查相关的单据并自动编号，如图 7-4 所示。

按 ▽下一步 继续。

【步骤2】 选择 MRP 计划来源，如图 7-5 所示。

按 ▽下一步 继续。

【步骤3】 选择来源单据

计划编号：系统将根据生管参数设置中的物料

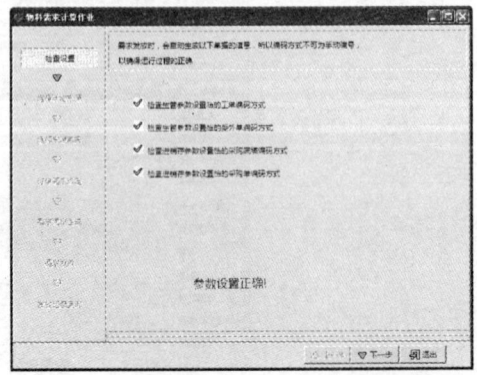

图 7-4 自动检查相关的单据为自动编号图

需求计划的编码方式来显示,不可更改。

计划人员:系统将缺省为登录系统的人员,也可按 F2 作用户数据的开窗选定,并将计划人员的部门自动带出。

部门:由计划人员自动带出,不可更改。

1) 展算公式

需求量:根据生产的实计需求量来展算。

需求量－实际在库量:将生产所需的数量减去当前仓库的数量后来展算。

需求量－(实际在库量－安全存量):即前一项的公式再加上安全存量数来展算。

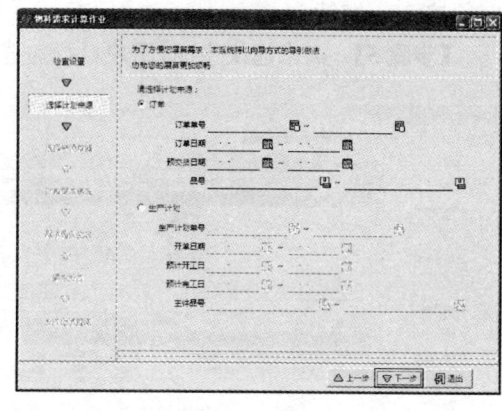

图 7-5　选择 MRP 计划来源图

需求量－(实际在库－安全存量＋预计入库－预计出库量):即前一项的公式再加上预计入库数量,减去预计出库数量来展算。

2) 生产计划合并

同品号、预计完工日合并发放:相同品号,预计完工日的多笔计划来源做合并。

同品号合并发放:相同品号的多笔计划来源做合并。

单独发放:每一笔计划来源单独处理。

3) 采购计划合并

同品号、预交货日合并发放:相同品号,预交货日的多笔采购单做合并发放。

同品号合并发放:相同品号的多笔采购单做合并发放处理。

单独发放:每一笔采购单单独发放。

开工,完工日小于系统日期,更改与系统日期相同。如果算出的预计完工日小于系统日,且该选项被勾选,则预计完工日等于系统日,如图 7-6 所示。

按 ▽下一步 继续。

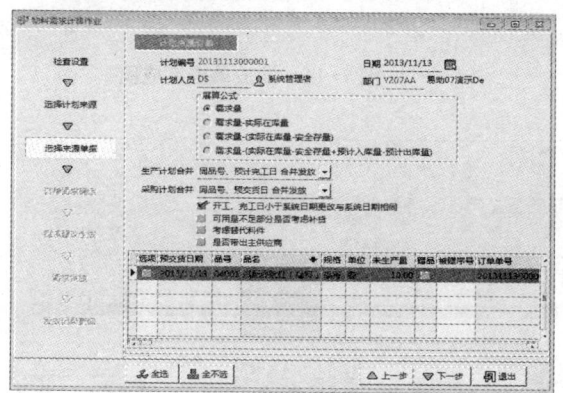

图 7-6　合并生产计划、采购计划图

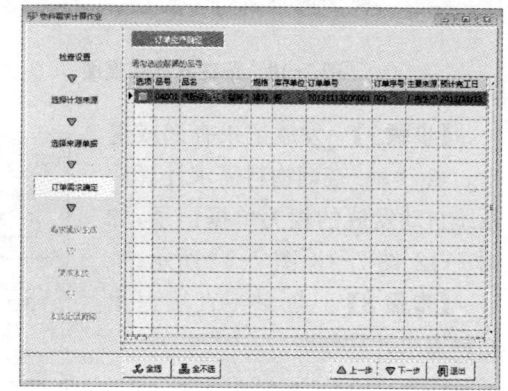

图 7-7　订单需求确定图

【步骤 4】　订单需求确定。(当计划来源是订单时,才需做此步骤)

此步骤主要审核所选定的订单中,需要展算的品号有哪些,因此,需由用户自行勾选。

如果生产计划合并选择的是同品号、预计完工日合并发放,那么相同品号、预交货日的订单将合并成一张订单需求显示,如图 7-7 所示。

按 ▽下一步 继续。

【步骤5】 需求建议生成,用户自行勾选系统建议生成的计划内容,如图7-8、图7-9所示。

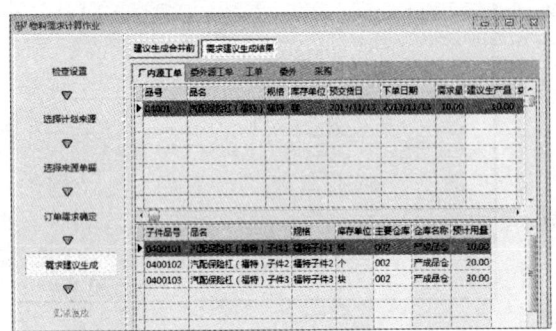

图7-8 建议生成的厂内生产需求图　　　　图7-9 建议生成的采购需求图

按 ▽下一步 继续。

【步骤6】 需求发放,系统将正式开始将所选定的数据发放至相应单据中去,如图7-10、图7-11所示。

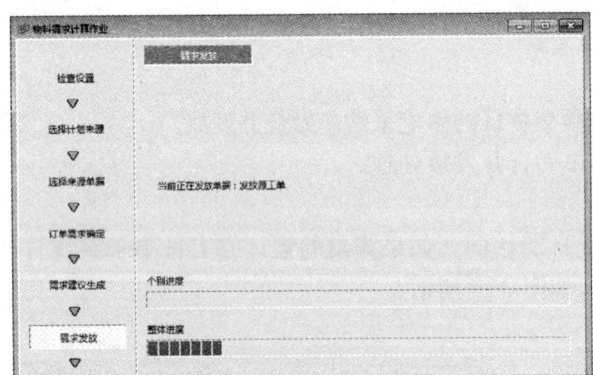 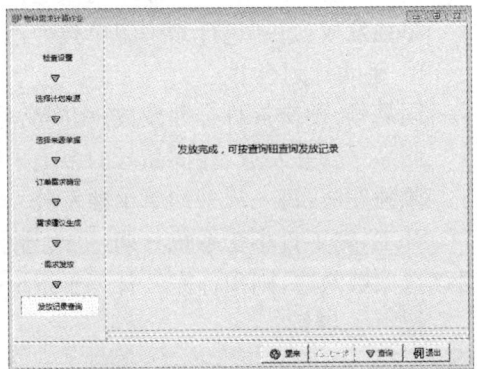

图7-10 正在发放单据图　　　　图7-11 发放单据完成图

【步骤7】 发放记录查询或退出。点 ▽查询 查询物料需求计算后系统自动发放的相关单据记录,如图7-12、图7-13、图7-14所示。

【步骤8】 点 ▷退出 直接退出物料需求计算作业。

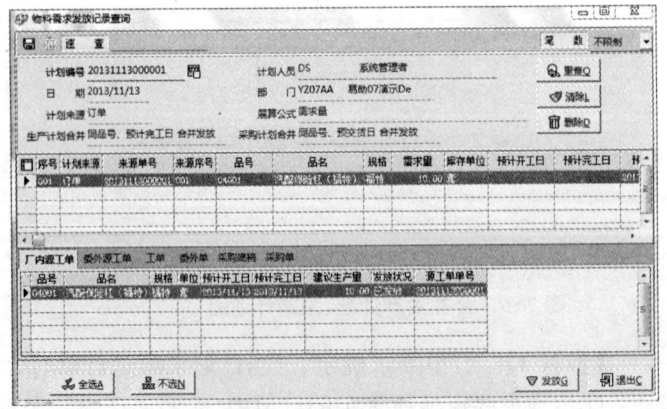

图7-12 发放记录查询图

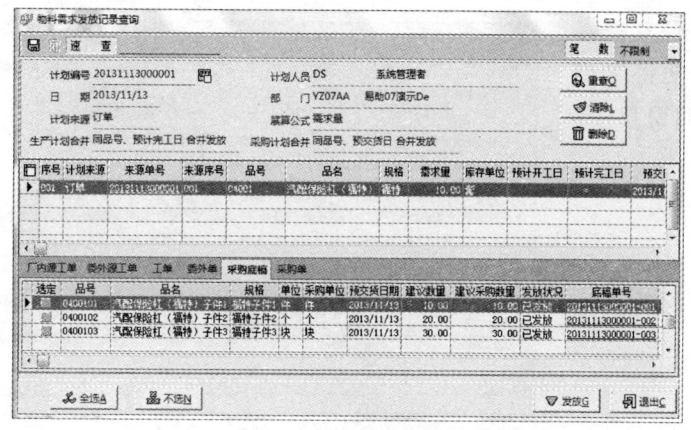

图 7-13 发放记录查询图

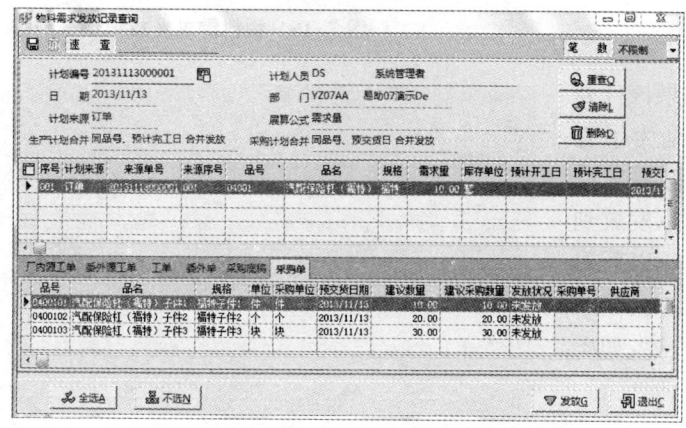

图 7-14 发放记录查询图

7.3.2 物料需求发放记录查询

1. 作业目的

此作业用来查询物料需求的发放记录,以利日后对单据的追踪。

2. 选项画面

【步骤1】 输入要查询的计划编号,可按 F2 开窗选定,其他字段的数据将一并带出,如图 7-15 所示。

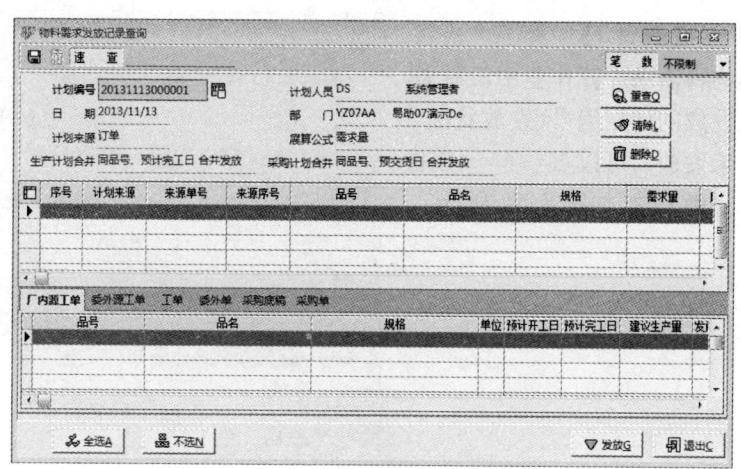

图 7-15 物料需求发放记录查询图

【步骤2】 按下 🔍重查Q，查询的计划数据便将生成于图7-16所示的窗口中，如图7-16所示。

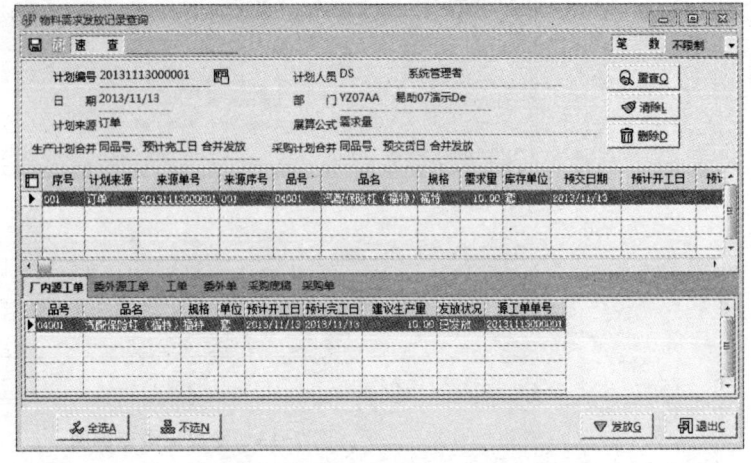

图7-16　物料需求发放记录查询图

【步骤3】 如果该计划编号的内容仅仅是为了查看某些订单的物料需求计算结果，并没有实际发放到相应单据，且不希望以后看到，那么可以选择 🗑删除D 按钮来删除该计划的内容，如图7-17所示。

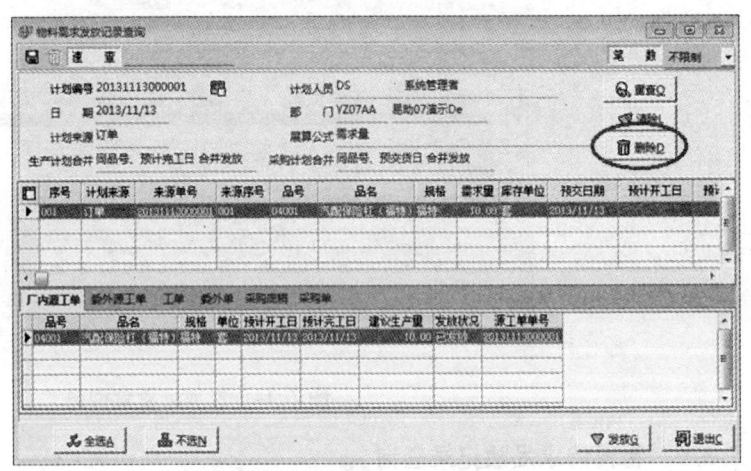

图7-17　物料需求发放记录查询图

【步骤4】 对于一些在物料需求计算作业中没有做发放的计划编号（发放状况：未发放），可以点 ▽发放G 按钮来做发放，如图7-18所示。

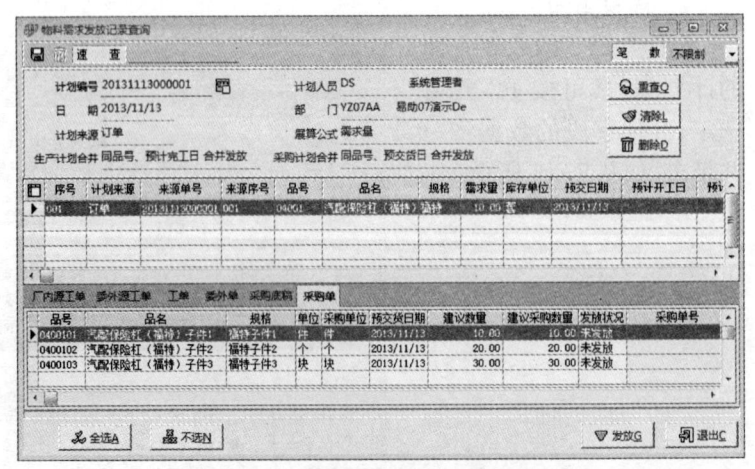

图7-18　未发放的单据继续发放图

【步骤5】 因为商品信息作业中,商品品号信息未维护默认供应商,因此,无法直接发放生成采购单单据,只能通过手工从采购底稿抛转采购单的业务形式进行,如图7-19所示。

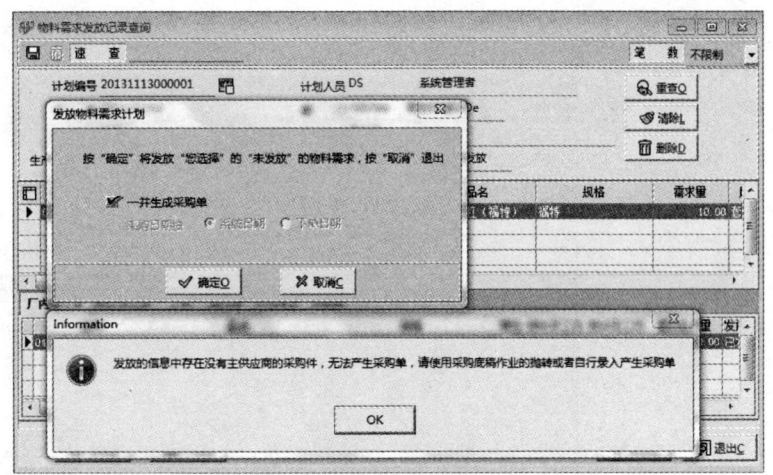

图 7-19 采购底稿抛转图

【步骤6】 查询到以上步骤销售订单经过物料需求计算(MRP)自动生成的采购单底稿,维护好单身分录行缺省的供应商信息,如图7-20所示。

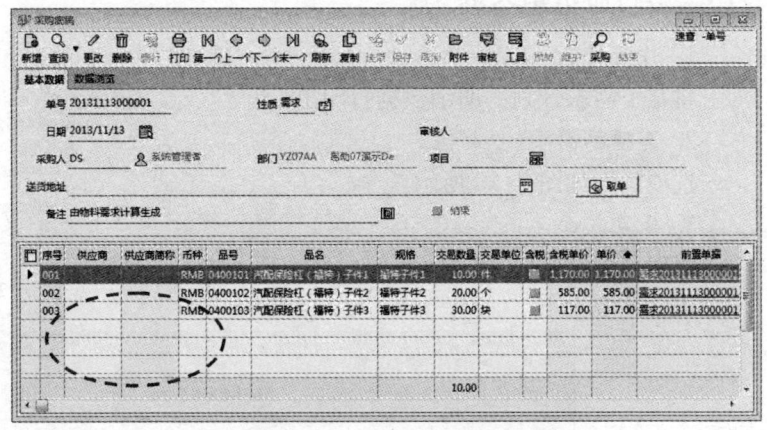

图 7-20 物料需求计算发放的采购底稿图

【步骤7】 进行采购单底稿自动抛转生成采购单,如图7-21所示。

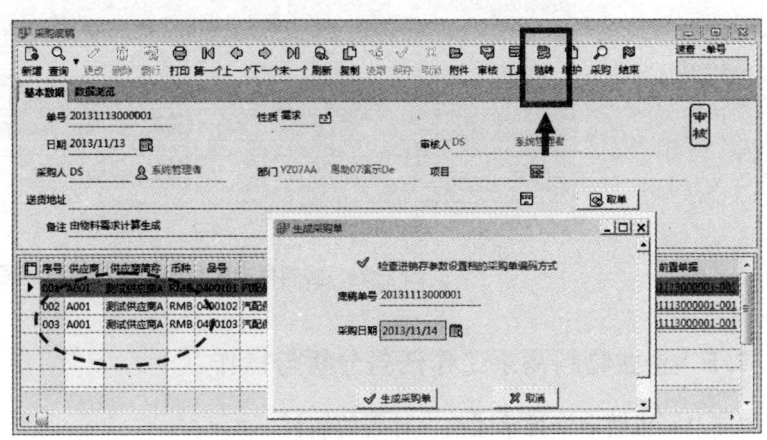

图 7-21 采购底稿自动抛砖生成采购单图

【步骤8】 审核采购底稿抛转生成的采购单,如图 7-22 所示。

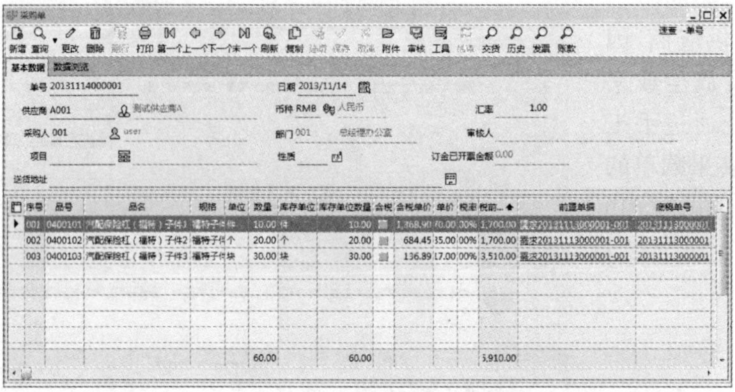

图 7-22 审核采购底稿抛转生成的采购单图

7.4 物料需求相关报表

1. 作业目的

将某个需求计划的明细数据打印出。

2. 选项画面

选项画面如图 7-23 所示。

3. 报表画面

报表界面如图 7-24 所示。

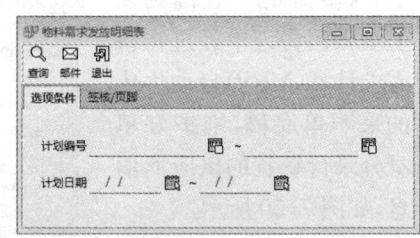

图 7-23 查询需求计划的选项画面图

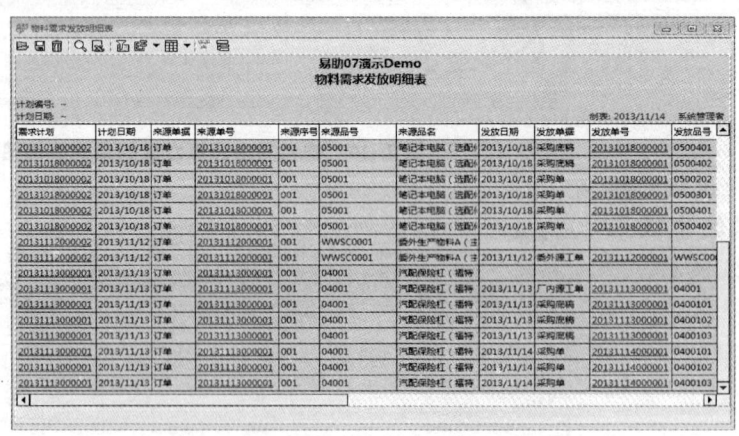

图 7-24 物料需求发放明细表报表界面图

7.5 企业物料需求工作任务分析与操作

7.5.1 以销定产接单式生产计划的制订

操作步骤

【步骤1】 在销售系统中将客户的销售订单录入,如图 7-25 所示。

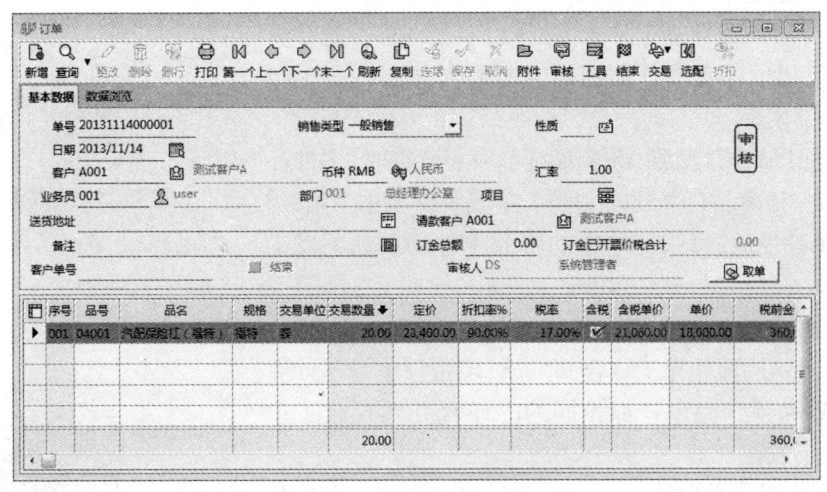

图 7-25　销售订单图图

【步骤 2】　进入物料需求计算，选择上面的这张订单，如图 7-26 所示。

【步骤 3】　点下一步，根据实际需求选择一种计算公式来计算销售订单的物料需求，如图 7-27 所示。

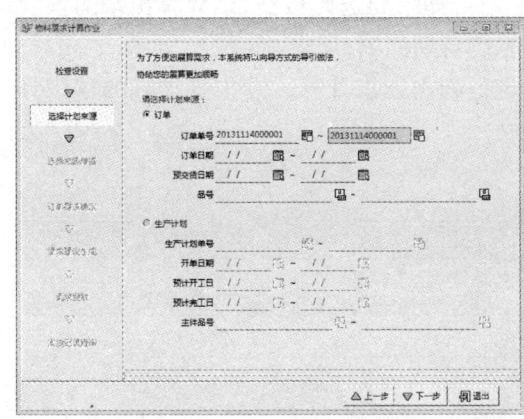 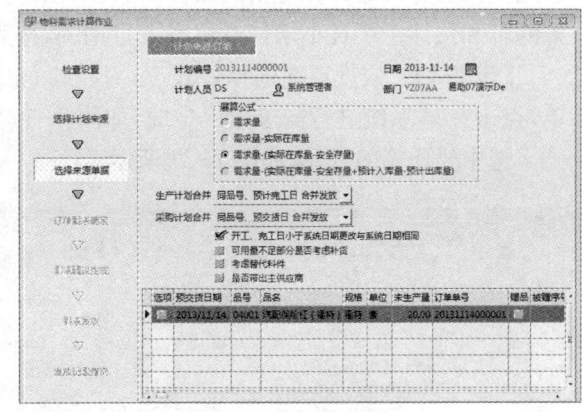

图 7-26　选择销售订单图　　　　　　　图 7-27　选择计算公式图

对于销售订单式生产来说：

（1）需求量：就是订单中的产品的种类和数量。

（2）实际在库量：指现在库中还存在的数量。

（3）安全存量：即在商品信息中设置的产品的安全存量。

（4）预计入库量：即该产品在此张订单计算的采购周期和生产周期内将会入库的数量（包括采购在途量、生产在制量）。

（5）预计出库量：即该产品在此张订单计算的采购周期和生产周期内将会出库的数量（包括订单未出量、预计领料量）。

(6) 生产计划合并：是下发工单的方式，其中包括三种，如图 7-28 所示。

⇨ 同品号、预计完工日合并发放：多张订单一起计算时，主件品号和预计完工日都相同的时候合并到一张工单或委外单中下发。

⇨ 同品号合并发放：将多张订单一起计算时，主件品号相同即同一种商品合并到同一张工单或委外单中下发。

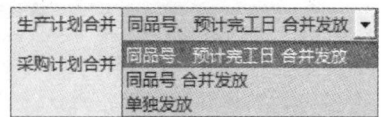

图 7-28　合并方式图

⇨ 单独发放：每张订单中的不同主件均单独下发工单或委外单。

(7) 采购计划合并：下发采购底稿的方式，也包括三种，如图 7-29 所示。

⇨ 同品号、预计完工日合并发放：多张订单一起计算时，主件品号和预计完工日都相同的时候合并到一张工单或委外单中下发。

⇨ 同品号合并发放：订单将多张一起计算时，主件品号相同即同一种商品合并到同一张工单或委外单中下发。

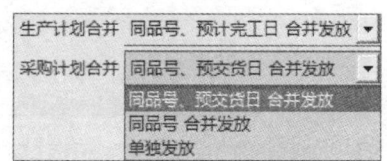

图 7-29　采购底稿合并方式图

⇨ 单独发放：每张订单中的不同主件均单独下发工单或委外单。

(8) 开工、完工日小于系统日期，更改与系统日期相同。物料需求计算会以（订单中的交货日减 1 天）为最终的生产完成日，再考虑到期初设置的原材料的采购前置天数、半成品和成品的生产前置天数计算得出的预计采购日、预计开工日，如果勾选此按钮，则计算出来的预计采购日和预计生产日小于计算机系统日期的，按照系统日期回填；反之，亦然。

【步骤 4】　假设现在选择公式三，对销售订单进行物料需求计算。选中要计算的这张订单，点击 下一步 系统进行需求建议生成，如图 7-30 所示。

选中要计算的订单，如图 7-31 所示。

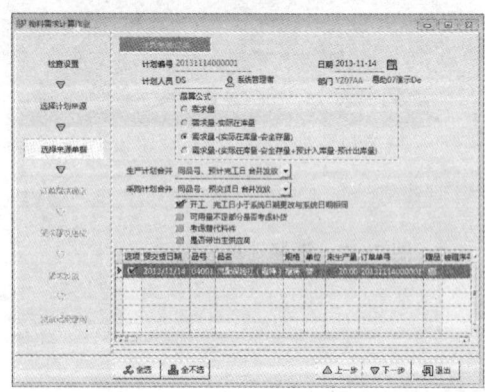

图 7-30　选择计算公式三图

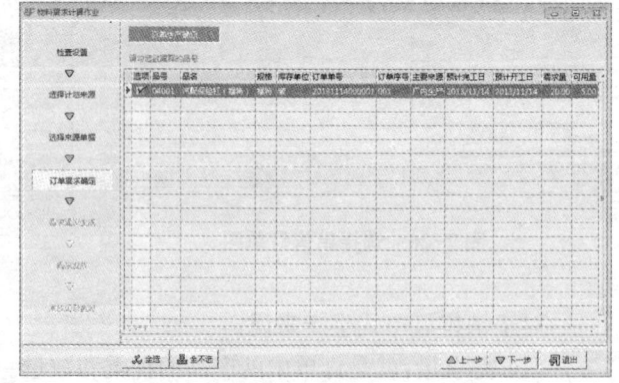

图 7-31　选中要计算的订单图

【步骤 5】　系统通过计算下发厂内源工单（订单中订购成品的工单）、委外源工单、工单（组成订购成品的半成品的工单）、委外单、采购单，共五种单据，如图 7-32 所示。

【步骤 6】　分别依次在需求建议生成作业中的这五种单据页签中选择需要发放的信息，其中采购页中可以选择采购底稿直接抛转生成采购单，如图 7-33 所示。

第 7 章 物料需求管理

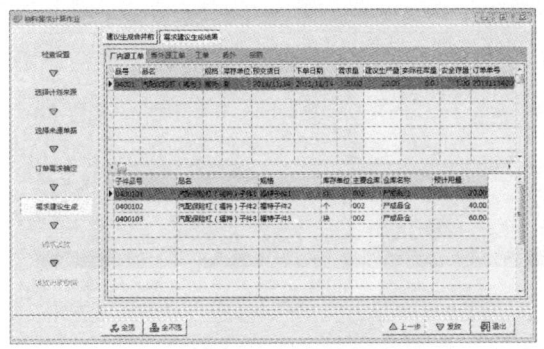

图 7-32 需求建议生成结果图

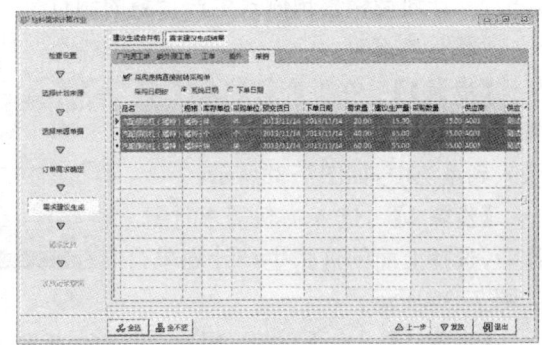

图 7-33 采购底稿直接抛转生成采购单图

（其中采购抛转日期可以选择按照系统的日期或下单日期）

【步骤 7】 选择好后就可以点击 发放G 按钮进行单据的发放了，如图 7-34 所示。

【步骤 8】 发放完成，可以点击 重来 继续进行计算，也可以点击 查询 直接进入此项物料需求发放记录查询界面查看发放状况，如图 7-35 所示。

图 7-34 发放完成图

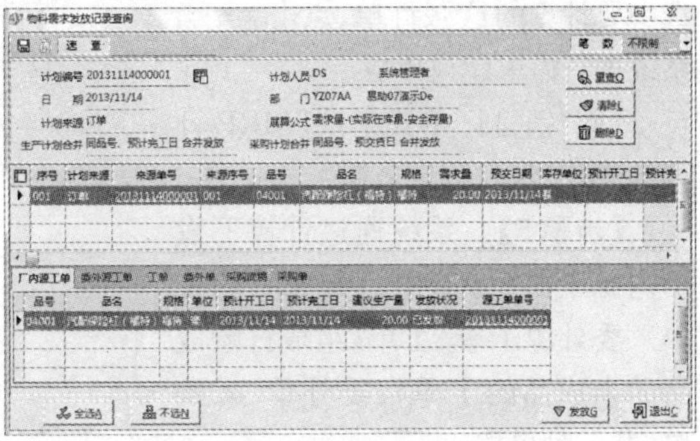

图 7-35 厂内源工单图

采购底稿如图 7-36 所示。
采购单如图 7-37 所示。

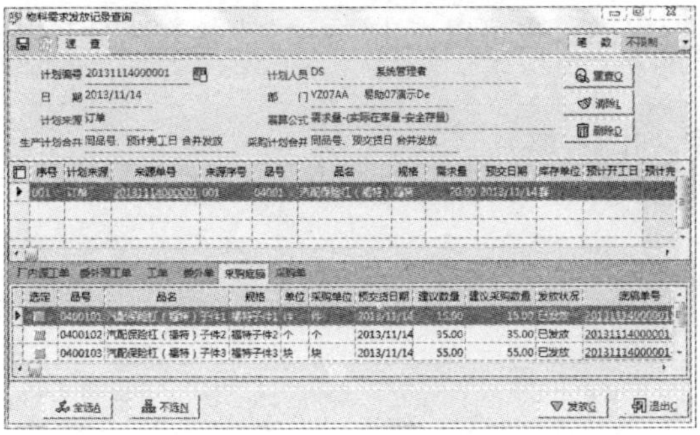

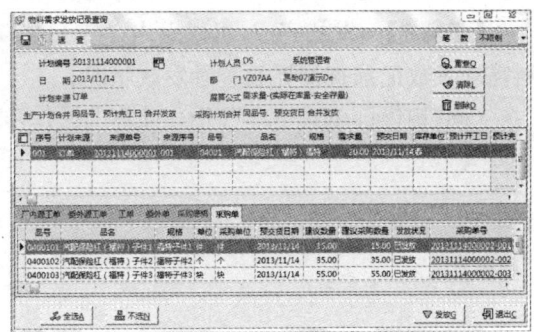

图 7-36 采购底稿图

图 7-37 采购单图

7.5.2 计划型销售预测式生产计划的制订

操作步骤

【步骤1】 在生产管理系统中将生产计划安排通过生产计划作业录入到系统中,如图7-38所示。

【步骤2】 进入物料需求计算作业,选择上面的这张生产计划单,如图7-39所示。

【步骤3】 点下一步,根据实际需求选择一种计算公式来计算销售订单的物料需求。

(同"销售订单式生产"MRP计算的操作步骤,列图省略)

【步骤4】 假设现在选择公式三,对销售订单进行物料需求计算。选中要计算的这张订单,点击 下一步 ,系统进行需求建议生成。

(同"销售订单式生产"MRP计算的操作步骤,列图省略)

【步骤5】 系统通过计算下发厂内源工单(订单中订购成品的工单)、委外源工单、工单(组成订购成品的半成品的工单)、委外单、采购单,共五种单据。

(同"销售订单式生产"MRP计算的操作步骤,列图省略)

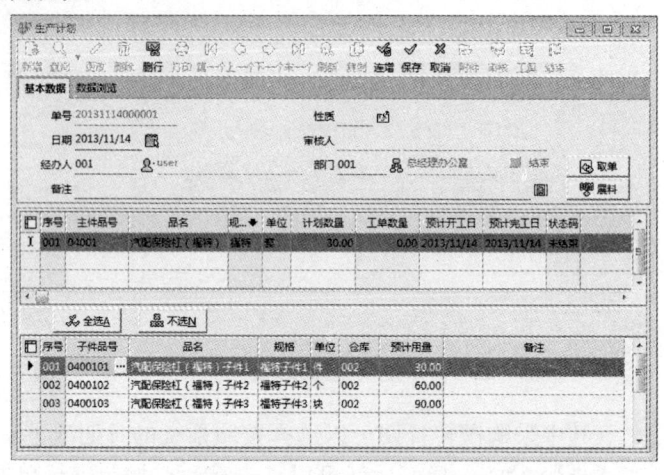

图 7-38 生产计划图

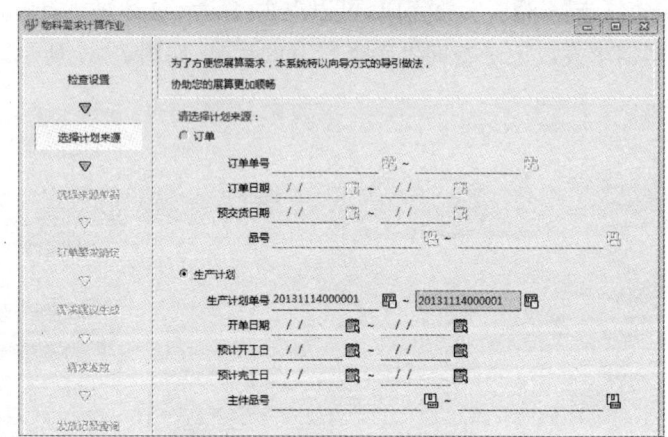

图 7-39 选择生产计划图

【步骤6】 选择好后就可以点击 发放G 按钮进行单据的发放了。

(同"销售订单式生产"MRP计算的操作步骤,列图省略)

【步骤7】 发放完成,可以点击 重来 继续进行计算,也可以点击 查询 直接进入此项物料需求发放记录查询界面查看发放状况。

(同"销售订单式生产"MRP计算的操作步骤,列图省略)

第8章 生产流程管理

课程目标

- 模拟浩志电气公司生产经理王博利用ERP完成生产过程
- 了解企业实际生产的经办过程
- 熟悉在ERP系统中完成生产业务流程的基本操作过程
- 熟练掌握ERP软件系统生产模块的操作
- 熟悉生产管理基础资料的设置和输入过程
- 能够分析生产管理流程
- 能够熟练完成生产系统初始化工作
- 掌握生产流程的处理方法
- 能够利用ERP系统完成企业生产流程的操作

任务名称和背景

掌握浩志电气公司生产流程的实际操作过程。

王博是浩志电气公司生产部门的生产班长,目前他的工作是负责生产管理。每天接到业务的订单,他需要确定仓库是否有货,没有存货就需要安排生产,在下达生产命令之前还要一一确认每个产品的原材料是否足够,如果不够还要再电话或者邮件通知采购部门负责人进行采购,等到所有材料到齐开始安排生产后,每天还要到车间检查工人在生产过程中有没有浪费,要督促工人生产以便能及时完成生产任务。生产员工工作职责如表8-1所示。

表8-1 生产员工工作职责

姓名	所属公司	职务	工作职责
王博	浩志电气	生产班长	ERP项目核心模块参与者,相关业务负责人

8.1 生产管理基本流程

8.1.1 生产管理主流程图

生产管理主流程图如图 8-1 所示。

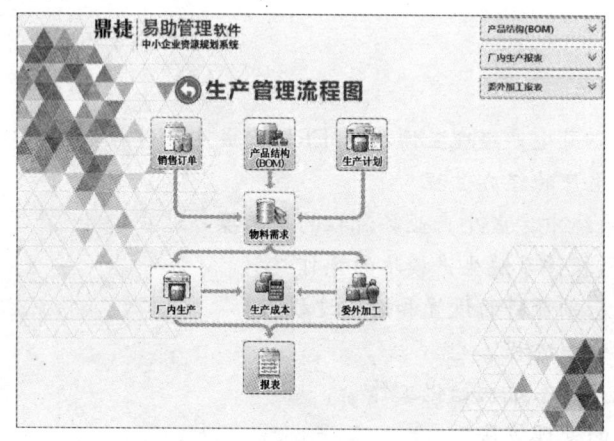

图 8-1 生产管理主流程图

8.1.2 厂内生产流程图

厂内生产流程如图 8-2 所示。

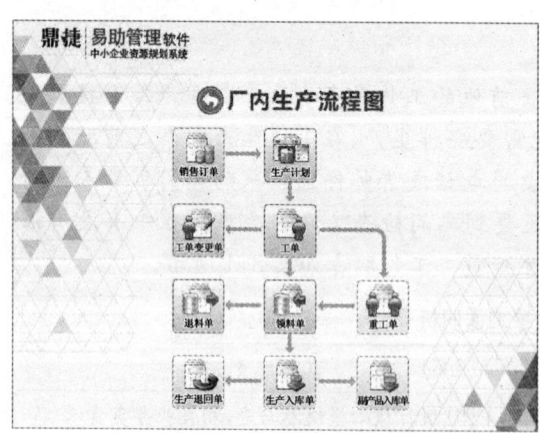

图 8-2 厂内生产流程图

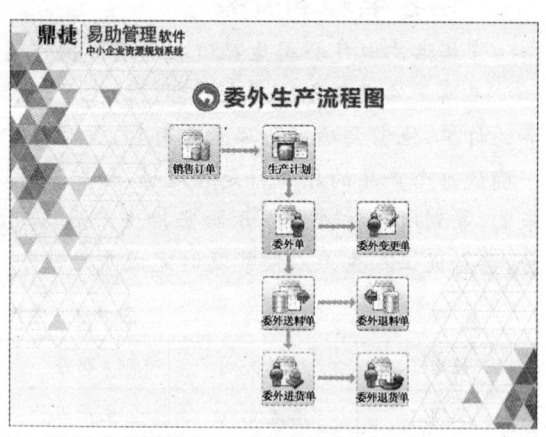

图 8-3 委外生产流程图

8.1.3 委外生产流程图

委外生产流程图如图 8-3 所示。

8.2 基础资料

8.2.1 基本参数设置

8.2.1.1 概述

在刚开始使用生管系统时,要优先设置的一项作业,主要是设置各张单据的编码方式。在设置前,请先审核有无其他用户在运行其他作业,务必将其他作业关闭后,才开始作设置,以确保数据的正确性。

8.2.1.2 参数界面(基本设置)

参数界面(基本设置)如图 8-4 所示。

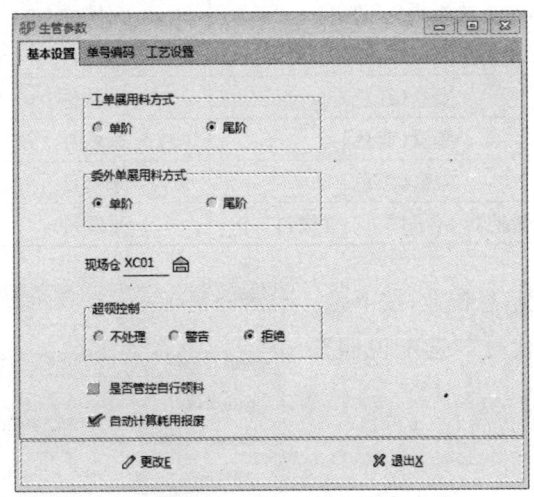

图 8-4 生管参数界面图

8.3 产品结构

8.3.1 基本选配信息

8.3.1.1 作业目的

将同一类型的选配商品信息组合在一起,在标准的 BOM 结构里可以设定选配代号,然后在打订单的时候可以根据客户的需求选定适合的选配件。

8.3.1.2 作业界面

作业界面如图 8-5 所示。

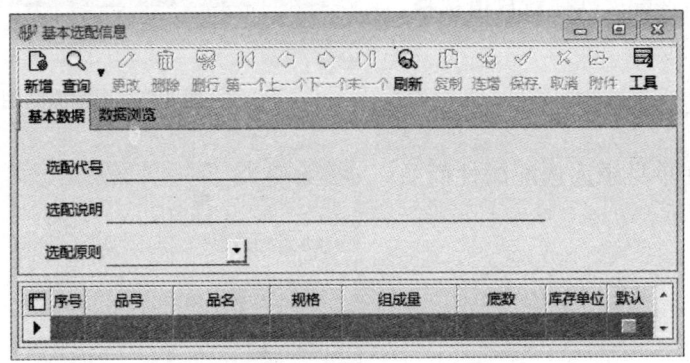

图 8-5 基本选配信息作业界面图

8.3.1.3 操作步骤

【步骤1】 商品信息作业,基础信息准备。

品　　号	品　　名	主要来源	默认仓库
06001	（DG牌）打印机	厂内生产件	产成品仓
0600101	送纸器（子件1）	采购件	原材料仓
0600102	送纸步电机（子件2）	采购件	原材料仓
0600103	拾纸棍（子件3）	采购件	原材料仓
0600104	墨盒（子件4—选配属性）	选配件	原材料仓
060010401	墨盒（红色）	采购件	原材料仓
060010402	墨盒（蓝色）	采购件	原材料仓
060010403	墨盒（黑色）	采购件	原材料仓
0600105	送纸器α（子件1　替代料）	采购件	原材料仓

【步骤2】 基本选配信息作业，按下 新增 按钮，在单头录入"选配代号""选配说明"数据信息，如图8-6所示。

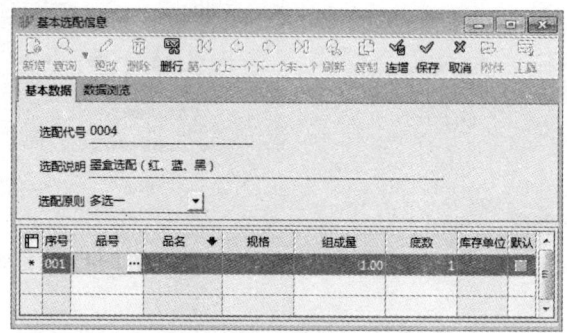

图8-6　基本数据图

【步骤3】 选择"选配原则"项，如图8-7所示。

➡ 多选一：就选配属性必须选择其一或不选。

➡ 必选（一定要选）：就选配属性必须选择其一，不可不选。

➡ 任意选：就选配属性任意自由选择，可单选、多选或不选。

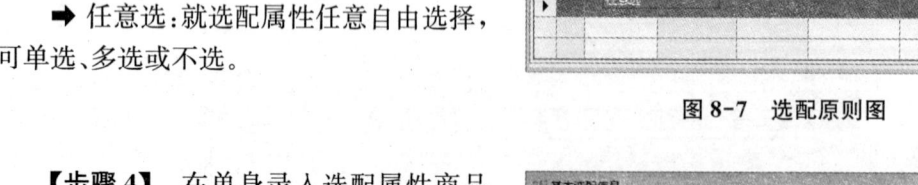

图8-7　选配原则图

【步骤4】 在单身录入选配属性商品明细，如图8-8所示。

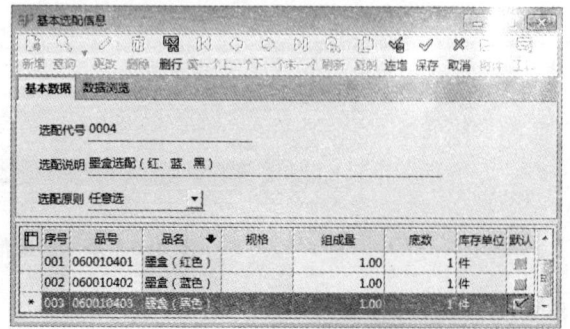

图8-8　商品明细录入图

8.3.2 产品结构(BOM 设置)

8.3.2.1 作业目的

当新增厂内/委外生产商品时或在上线前,在商品信息中预先设定对应商品属性后,即可在产品结构作业录入 BOM 信息。

8.3.2.2 作业界面

作业界面如图 8-9 所示。

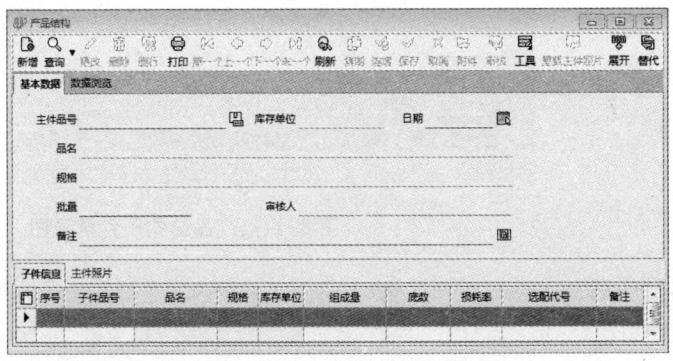

图 8-9 产品结构作业界面图

8.3.2.3 操作说明

例如,生产班长王博,需要将如下产品组成结构信息,录入到系统。

品　　号	品　　名	主要来源	默认仓库
06001	(DG 牌)打印机	厂内生产件	产成品仓
0600101	送纸器(子件 1)	采购件	原材料仓
0600102	送纸步电机(子件 2)	采购件	原材料仓
0600103	拾纸棍(子件 3)	采购件	原材料仓
0600104	墨盒(子件 4—选配属性)	选配件	原材料仓
060010401	墨盒(红色)	采购件	原材料仓
060010402	墨盒(蓝色)	采购件	原材料仓
060010403	墨盒(黑色)	采购件	原材料仓
0600105	送纸器 α(子件 1　替代料)	采购件	原材料仓

【步骤1】 产品结构作业,按下 按钮,选择主件品号,如图 8-10 所示。

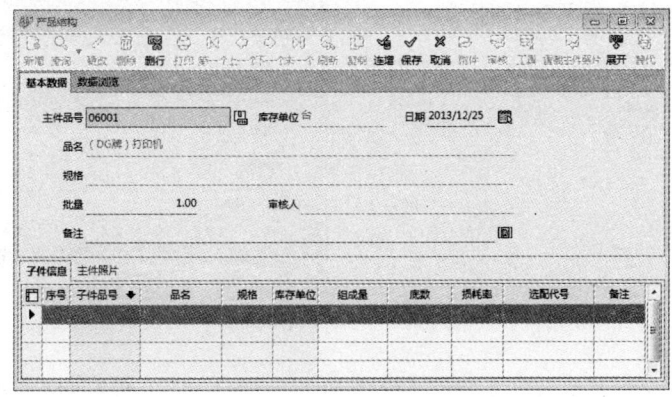

图 8-10 产品结构新增图

【步骤 2】 在单身,维护产品结构,子件品号信息,如图 8-11 所示。

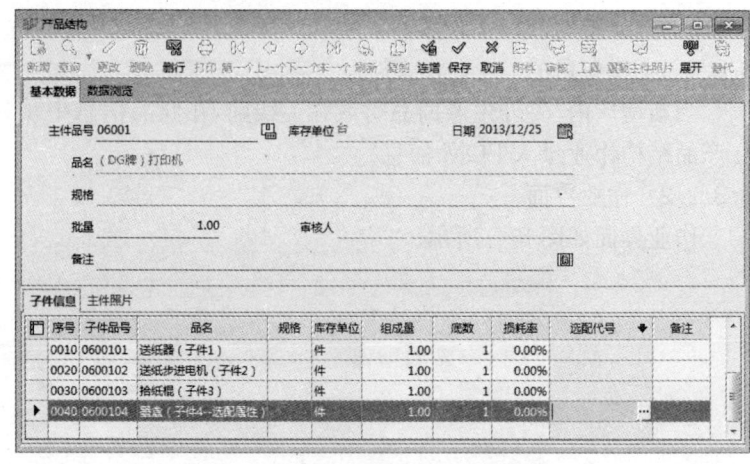

图 8-11 产品结构子件信息图

【步骤 3】 选配子件,维护选配代号字段,如图 8-12 所示。

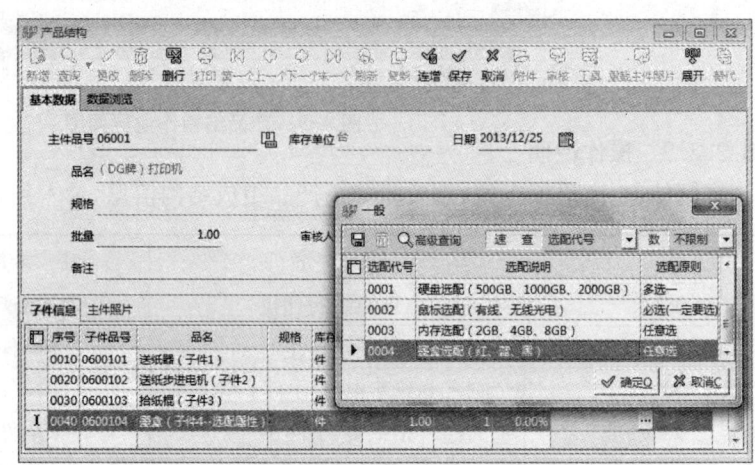

图 8-12 选配代号维护图

【步骤 4】 至此,完成产品 BOM 结构基础数据设定,如图 8-13 所示。

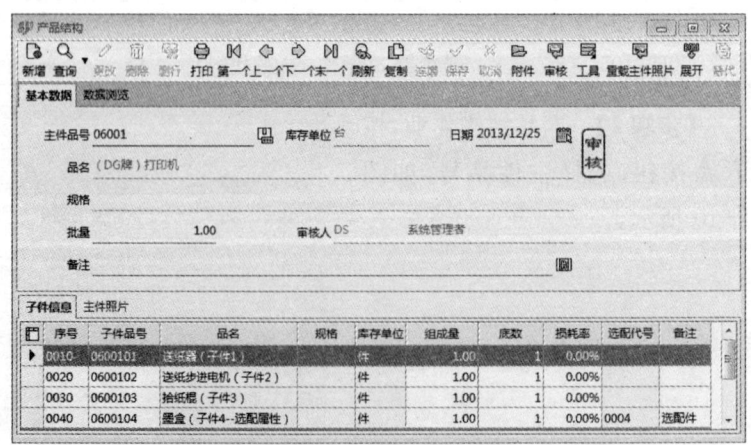

图 8-13 产品结构设定效果图

8.3.3 取替代料件

8.3.3.1 作业目的

在设置完成产品 BOM 结构后,可设置商品的可替代料件,在物料需求中如果原品号料件不够,可以根据替代料件顺序替代原子件品号。

8.3.3.2 作业界面

作业界面如图 8-14 所示。

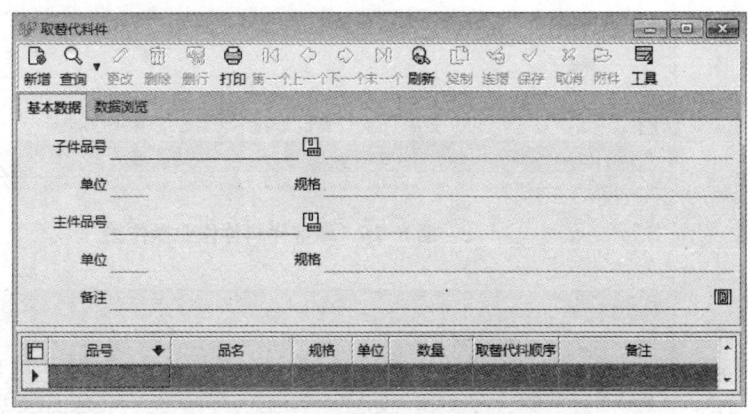

图 8-14 取替代料件作业界面图

8.3.3.3 操作说明

例如,拟设计子件取替代料关系,需要将如下商品信息,录入到系统。

品　　号	品　　名	主要来源	默认仓库
06001	(DG 牌)打印机	厂内生产件	产成品仓
0600101	送纸器(子件 1)	采购件	原材料仓
0600105	送纸器 α(子件 1 替代料)	采购件	原材料仓

【步骤 1】 已准备示例(产品结构)BOM 数据,如图 8-15 所示。

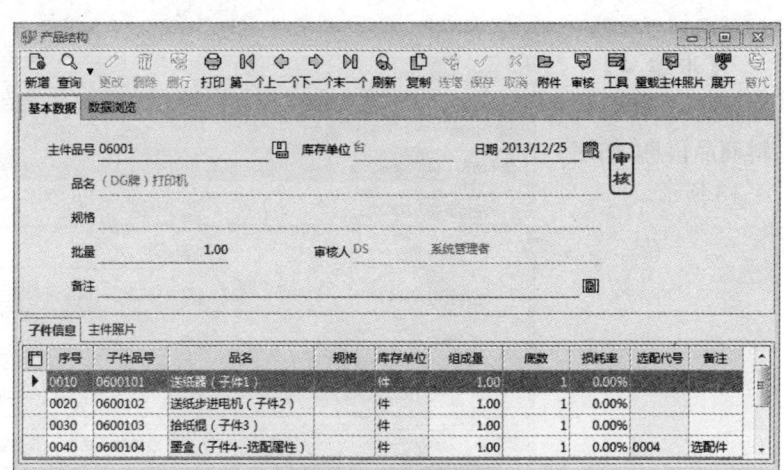

图 8-15 产品结构示例图

【步骤 2】
取替代料件作业，按下  按钮，选择子件品号（被替代料），如图 8-16 所示。

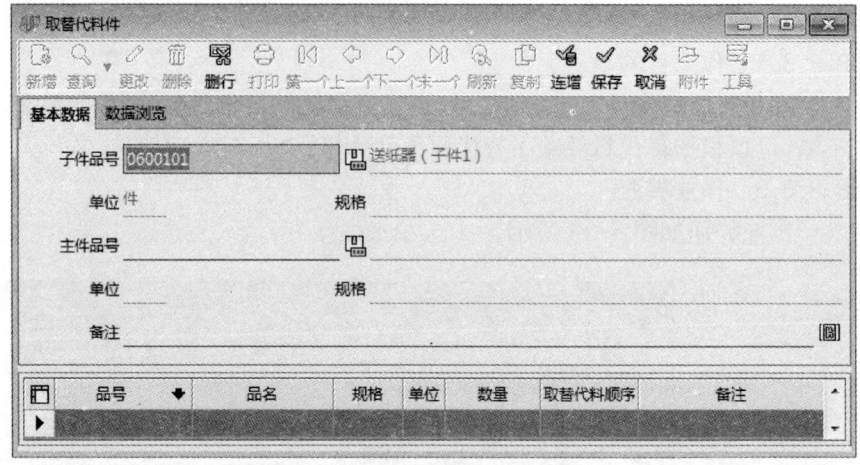

图 8-16 取替代料件作业操作图

【步骤 3】
选择主件品号（依 BOM 结构对应主件），如图 8-17 所示。

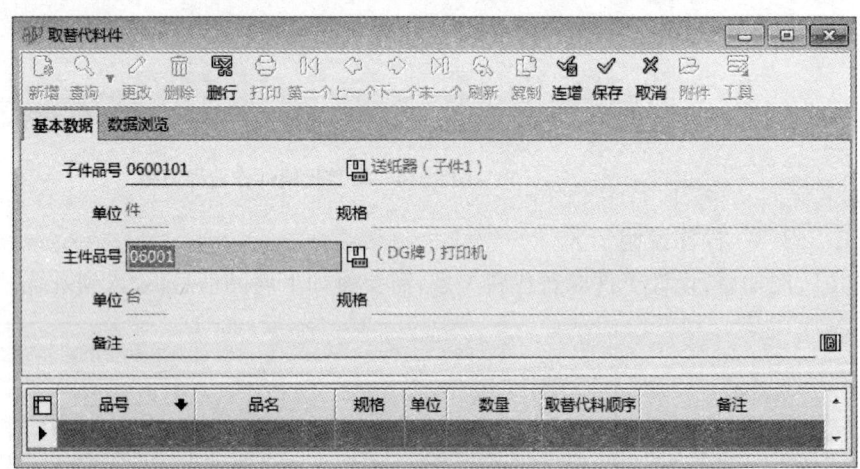

图 8-17 取替代料件作业操作图

【步骤 4】
在单身，选择替代料商品信息，如图 8-18 所示。

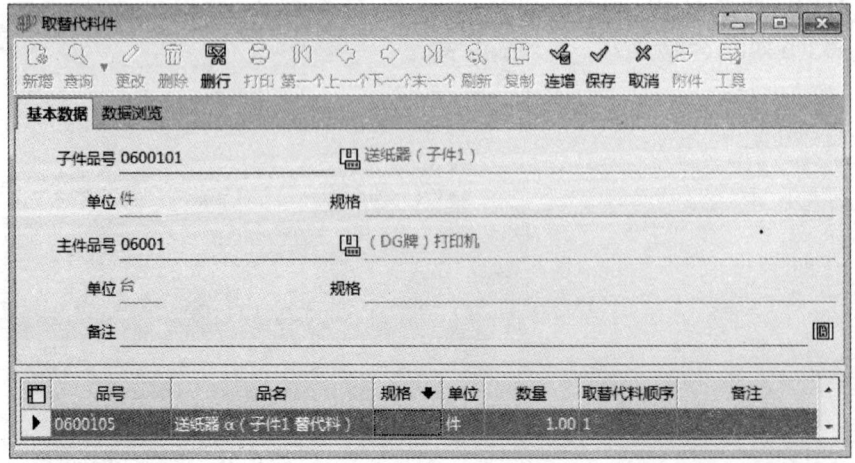

图 8-18 取替代料件作业操作图

【步骤5】 作业"保存"后,即完成取替代料基础设定操作步骤,如图8-19所示。

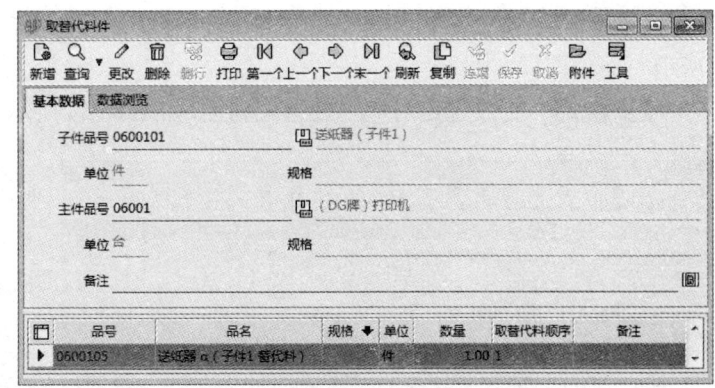

图8-19 取替代料件作业操作图

【步骤6】 再查询"产品结构"作业,即可见替代料信息,如图8-20所示。

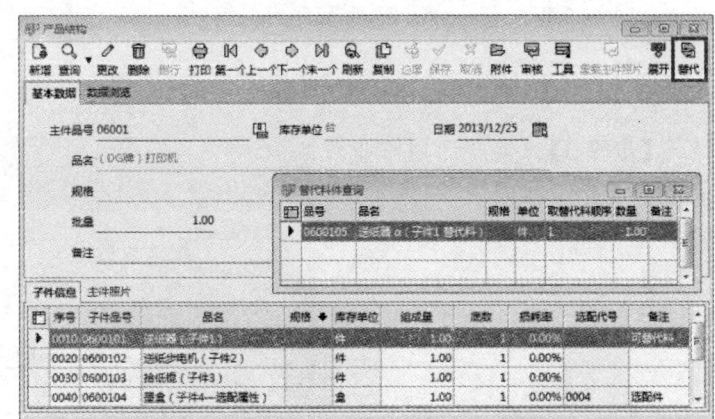

图8-20 取替代料件作业操作图

8.4 厂内生产管理操作过程

8.4.1 生产计划

8.4.1.1 概述

设置要生产产品的品号,以及需要的材料等,然后通过物料需求计划生成工单、委外单、采购底稿和采购单。也可通过取订单生成生产计划。

8.4.1.2 作业界面

作业界面如图8-21所示。

8.4.1.2 取单、展料操作说明

可直接将"订单"的数据转到生产计划001单,并将所需的料件信息生成在002单中,不需再手动输入。

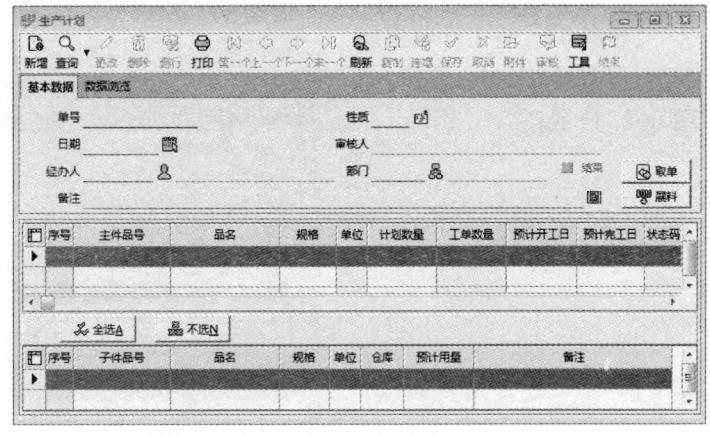

图8-21 生产计划作业界面图

【步骤1】 前置源数据准备。新建销售订单,点"选配"钮,设子件选配属性,如图8-22所示。

【步骤2】 更改选定对应子件选配属性,如图8-23所示。

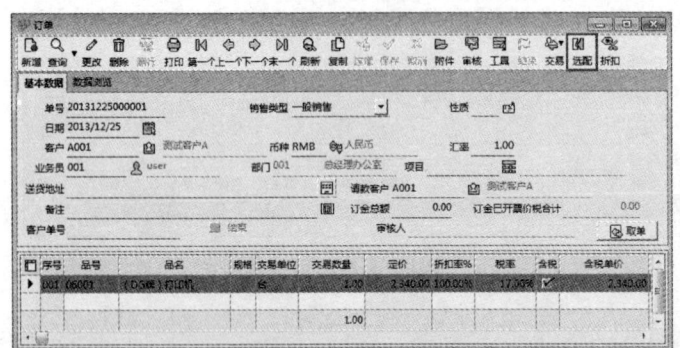
图8-22 源订单示例图

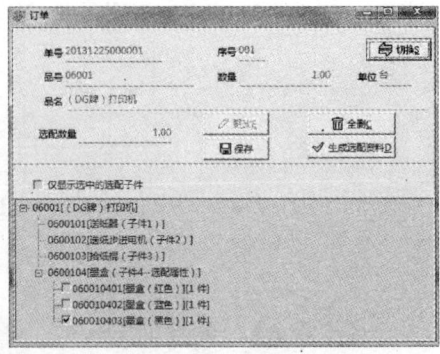
图8-23 订单选配信息示例图

【步骤3】 生产计划作业取单订单操作,如图8-24所示。

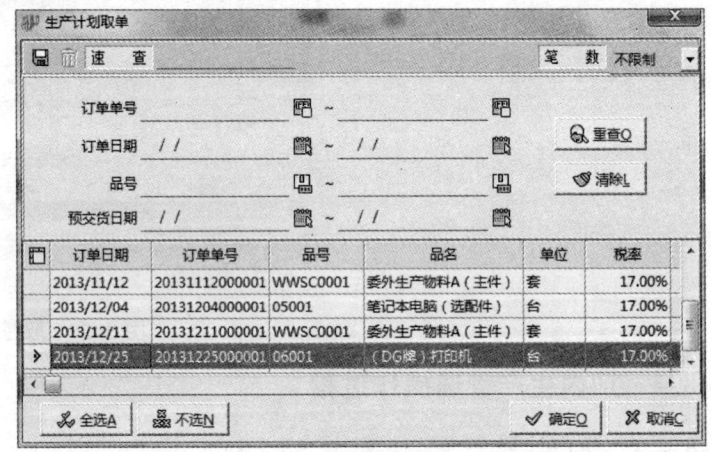
图8-24 生产计划取单操作图

【步骤4】 将主件数据加载后,可直接按 展料 按钮,如图8-25所示。

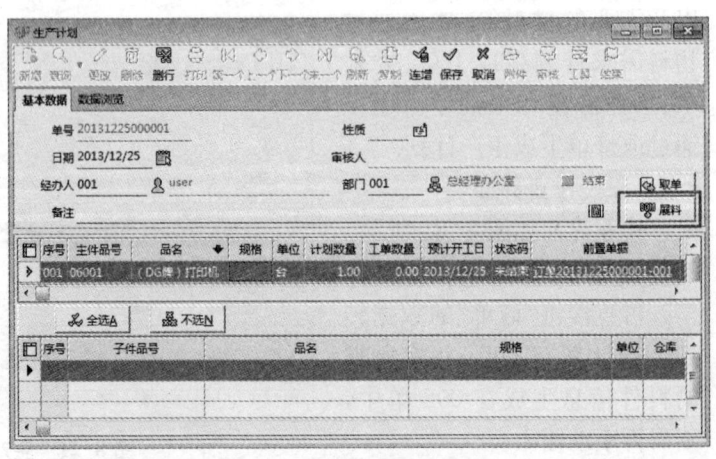
图8-25 生产计划取单操作图

【步骤5】 将生产主件所需的子件数据生成在单身（二）中，如果该主件品号有指定 BOM，则会按照指定 BOM 来进行展料，如图 8-26 所示。

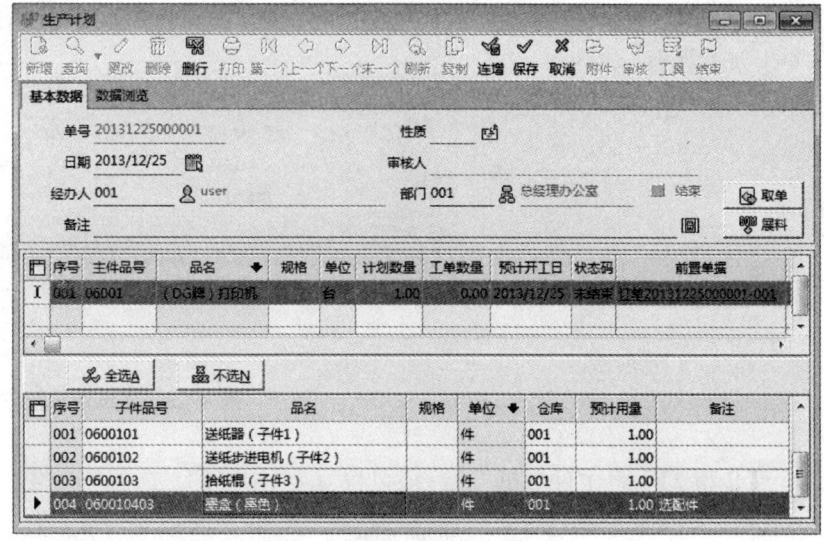

图 8-26 生产计划取单操作图

【步骤6】 单据保存审核操作后，完成生产计划制单操作。

8.4.2 工单

8.4.2.1 作业目的

任何需生产的商品均需通过本作业输入后才能开始各项业务流程，本作业是生产管理过程中最重要的作业之一。

8.4.2.2 作业界面

作业界面如图 8-27 所示。

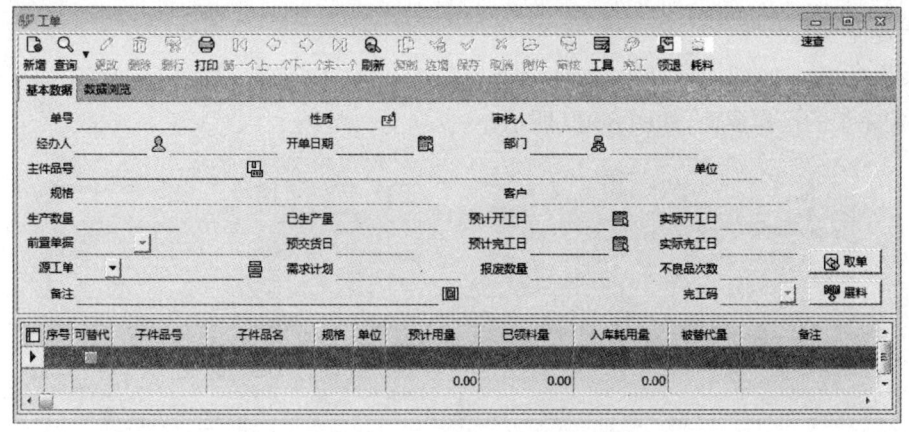

图 8-27 源工单作业界面图

8.3.2.3 取单、展料操作说明

可直接将"订单"或"生产计划"的数据转到工单，并将所需的料件信息生成在单身中，不需再手动输入。

【步骤1】 工单取单生产计划单操作，如图8-28所示。

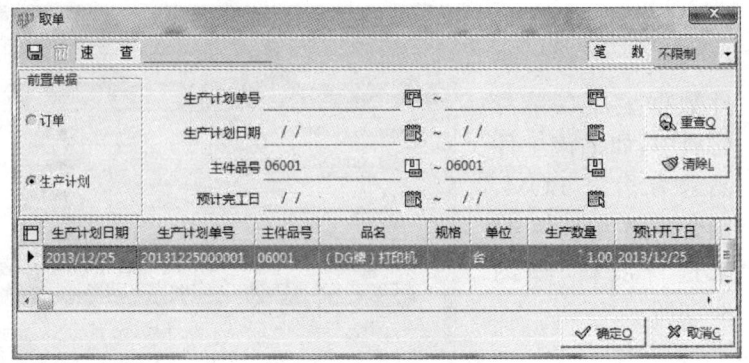

图8-28 工单取单操作图

【步骤2】 将主件数据加载后，若前置单据为"生产计划"，工单单身会直接带出生产计划上的子件信息，不再用 展料 展子件，如图8-29所示。

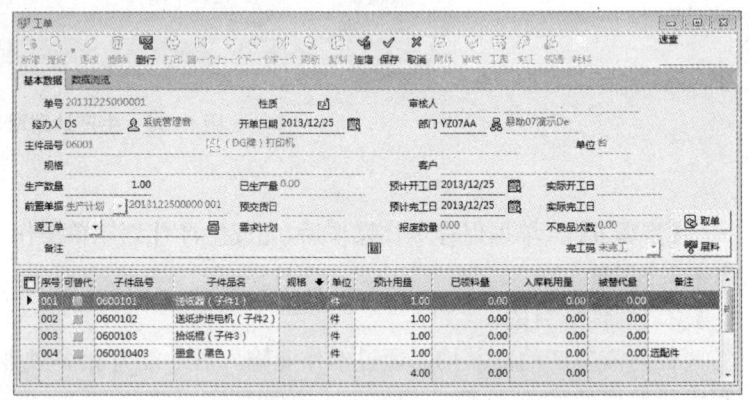

图8-29 工单取单操作图

8.4.2.4 功能按钮说明

1) 完工——指定完工。当工单因故不能继续生产而必需停工时，可使用此功能钮来将此张单据"指定完工"。

操作说明

指定完工的操作界面，如图8-30所示。

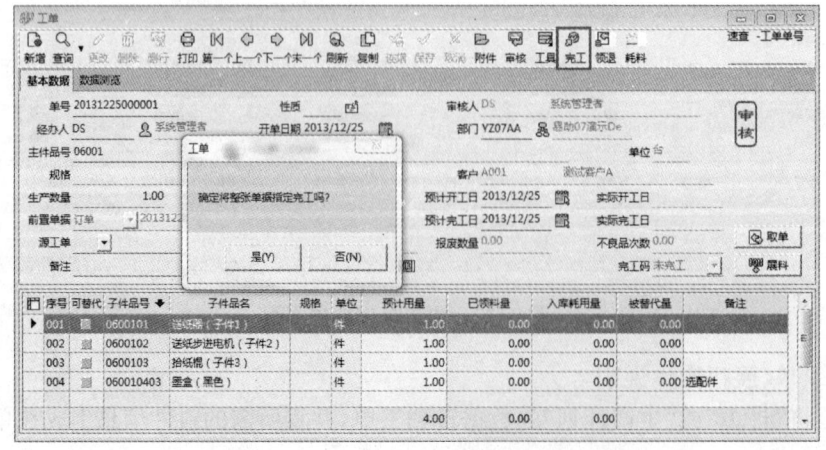

图8-30 工单指定完工操作图

2) ——领退料状况查询。

操作说明

点"领退"按钮,即可查询对应工单的领退料状况,如图8-31所示。

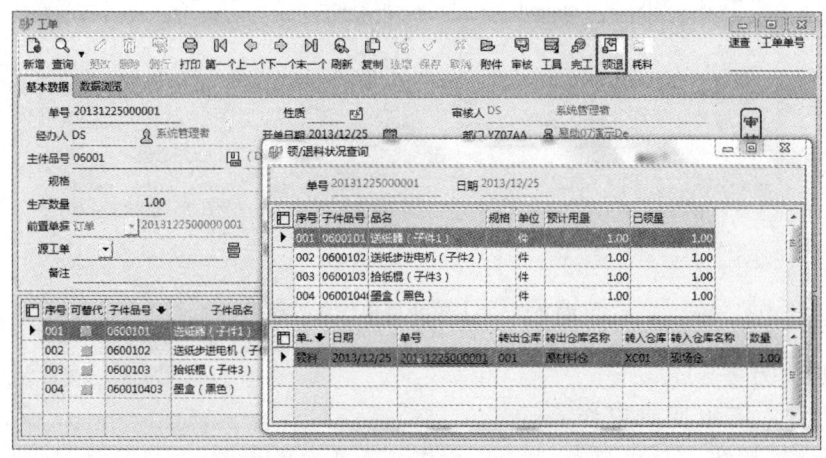

图 8-31　工单领退料状况查询图

3) ——耗料状况查询。

操作说明

点"耗料"按钮,即可查询此工单的耗料状况,如图8-32所示。

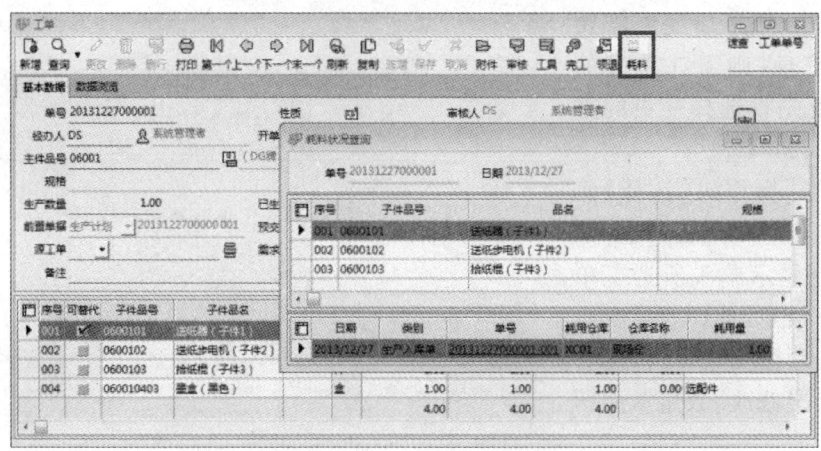

图 8-32　工单耗料状况查询图

8.4.3　工单变更单

8.4.3.1　作业目的

当因为某些原因,导致工单变动后,可通过此张单据,更改工单的信息。同时留下记录,以便了解原因。

8.4.3.2　作业界面

作业界面如图8-33所示。

ERP 应用实训教程

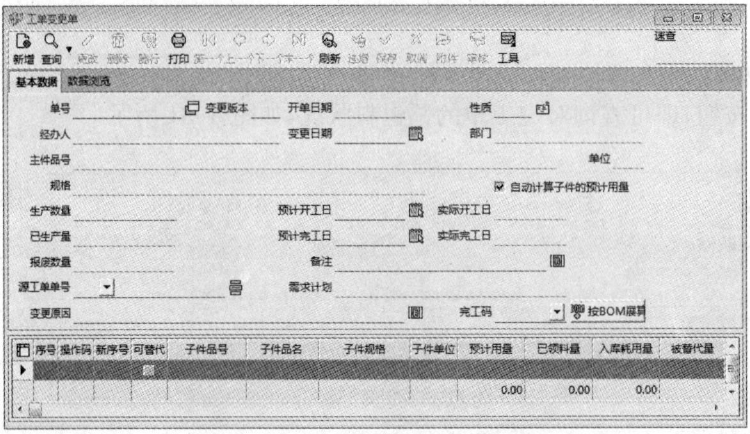

图 8-33　工单变更单作业界面图

8.4.3.3　操作方法

【步骤 1】　工单变更单作业，单头"新增"按钮，在[单号]处开窗，选择需要变更的工单，选中后，带出所选工单的单头信息，然后按实际情况变更单头所需变更信息。如果工单变更只需变更源工单单头信息，则此时即可保存了。如工单变更需要变更单身信息，则需在单身的[操作码]处先行选择变更的类型，系统默认为"修改"。

　　➡ 当[操作码]选择"修改"时，可在[新序号]处开窗，此时开窗中会显示单头所选工单的所有单身信息，选择所需变更的单身信息至变更单单身，此时可依实际状况修改[数量]，如图 8-34 所示。

　　➡ 当[操作码]选择"删除"时，整笔记录均不可变更，如图 8-35 所示。

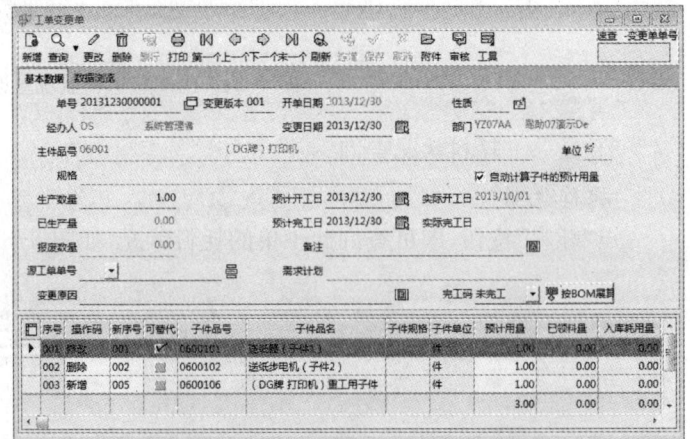
图 8-34　工单变更单操作图

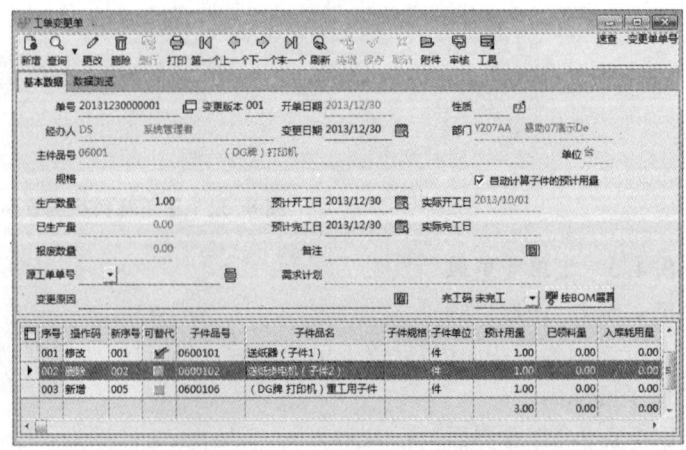
图 8-35　工单变更单操作图

➪ 当[操作码]选择"新增"时,[新序号]不可编辑,系统会自动计算得出(抓取所选源委外单单身最大序号加1),按工单的一般操作,录入需要新增的品号信息,操作方法同工单的操作,如图8-36所示。

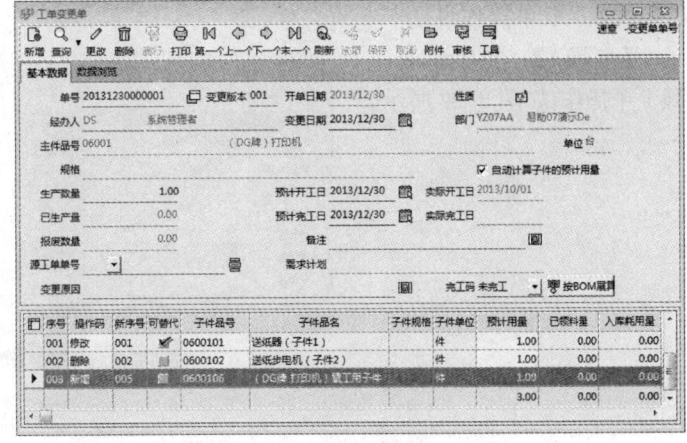

图8-36 工单变更单操作图

【步骤2】 再查询源工单,单身数据已更新,如图8-37所示。

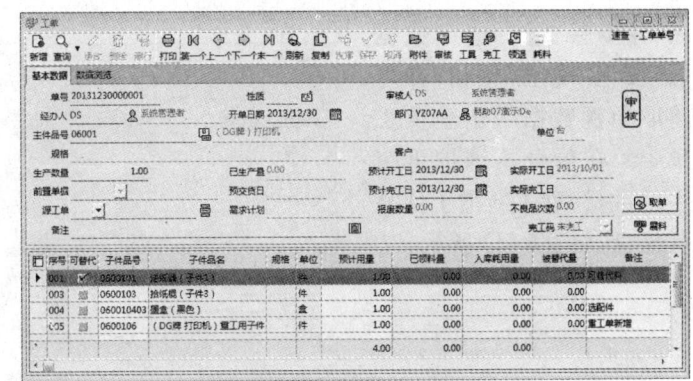

图8-37 工单变更单操作图

8.4.4 重工单

8.4.4.1 作业目的

当出现已经完成生产流程、已生产结束的产品还需要做重新进行二次加工的产成品,可通过本作业进行,本作业是生产管理过程中最重要的作业之一。

8.4.4.2 作业界面

作业界面如图8-38所示。

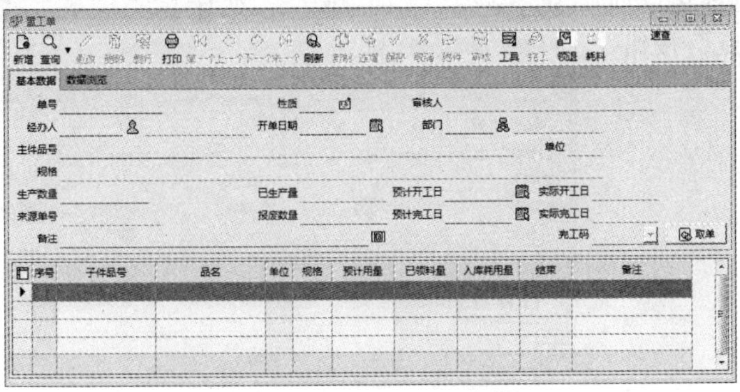

图8-38 重工单作业界面图

8.4.4.3 取单操作说明

【步骤1】 重工单取单源工单操作,如图8-39所示。

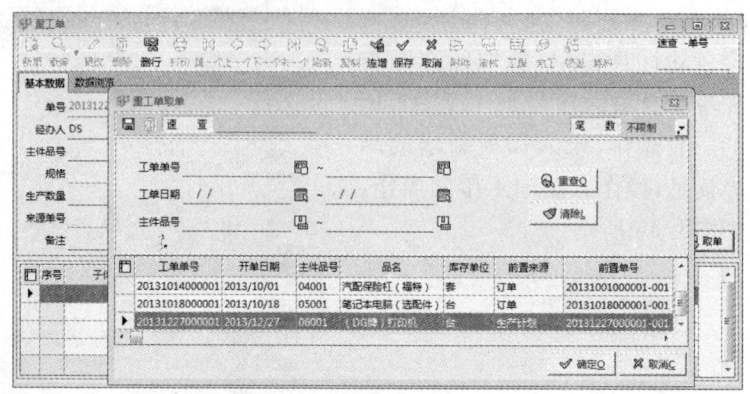

图8-39 重工单取单操作图

【步骤2】 选定数据后,按下"确定"按钮,即可将取单源数据带出至重工单中。在单身再维护重工主件数量、重工新增子件品号信息,如图8-40所示。

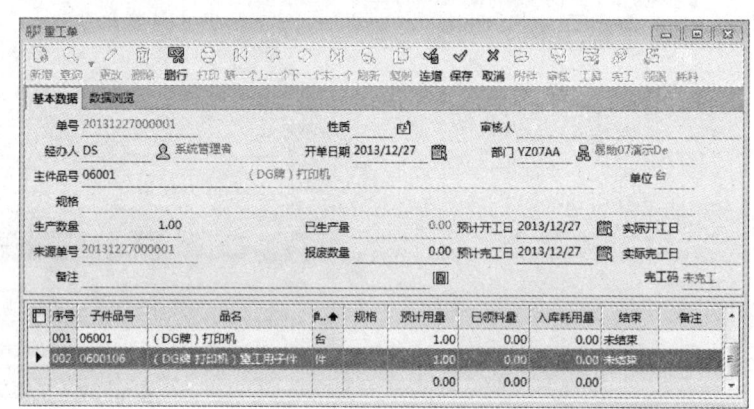

图8-40 重工单取单操作图

8.3.4.3 功能钮说明

1) ——指定完工。当重工单因故不继续生产而必需停工时,可使用此功能钮进行重工单"指定完工"操作。

操作步骤

【步骤1】 点选要目标查询的"重工单",点 按钮,如图8-41所示。

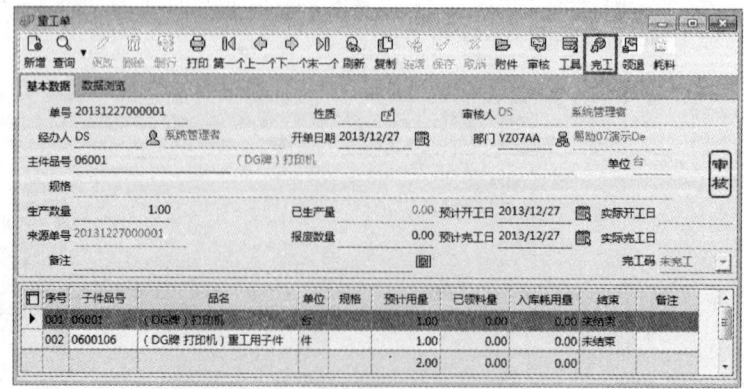

图8-41 重工单指定完工操作图

【步骤2】 系统会再次弹指定完工提示窗口,如图8-42所示。

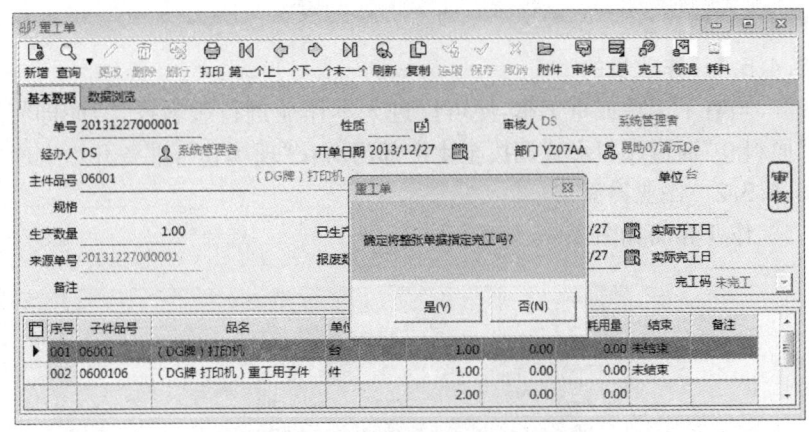

图8-42 重工单指定完工操作图

2) ——领退料状况查询。

操作步骤

点 按钮,即可查询此重工单的领退料状况,如图8-43所示。

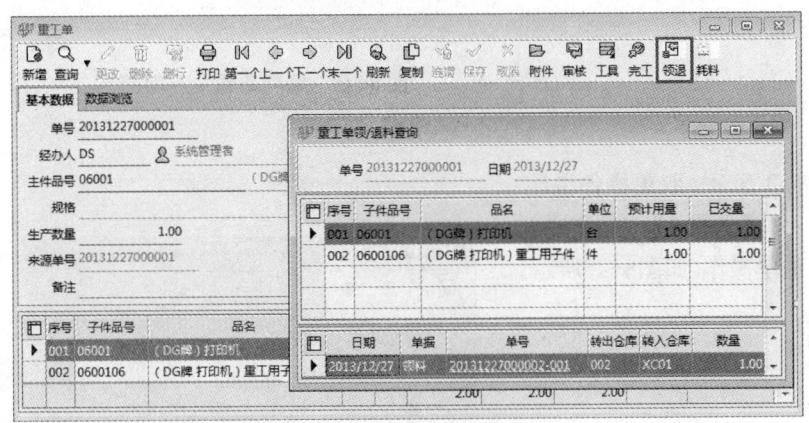

图8-43 重工单领退料查询图

3) ——耗用料状况查询。

操作步骤

点 按钮,即可查询此重工单的耗料明细,如图8-44所示。

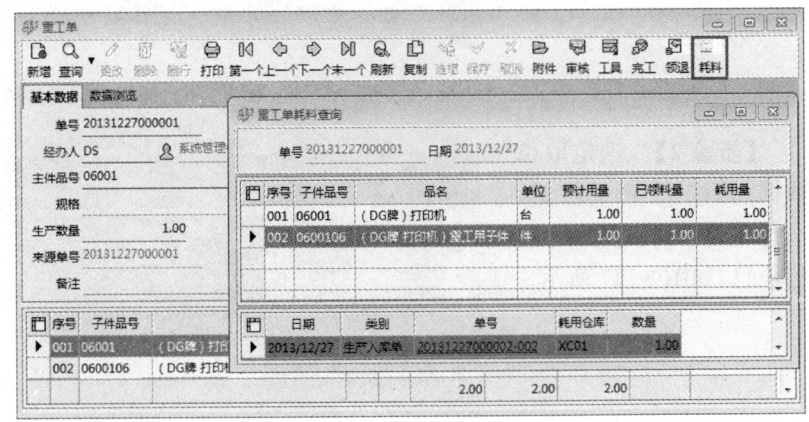

图8-44 重工单耗料查询图

8.4.5 领料单
8.4.5.1 作业目的
当有了工单或重工单，便可以进入本作业进行领料操作，亦即将原料由仓存部门所在的"原料仓"通过领料形式调拨至生产部门所在"现场仓"，准备开始生产。
8.4.5.2 作业界面
作业界面如图8-45所示。

图8-45 领料单作业界面图

8.3.5.3 取单操作说明
【步骤1】 领料单取工单操作，如图8-46所示。

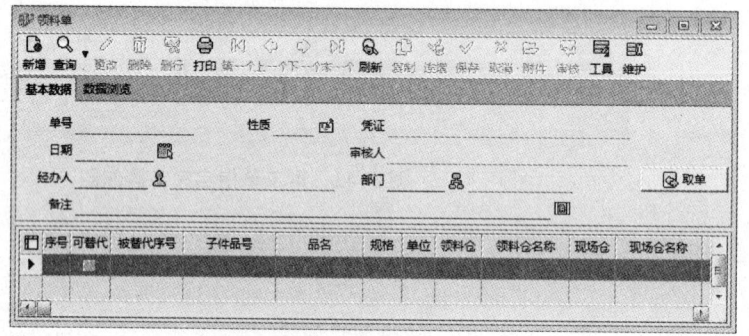

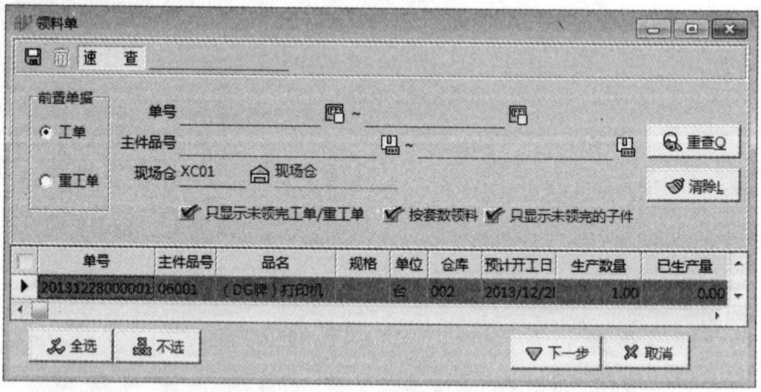

图8-46 领料单取单操作图

【步骤2】 选定取单数据后，按下 ▽下一步 按键，选择取单展料子件的领料信息，如图8-47所示。

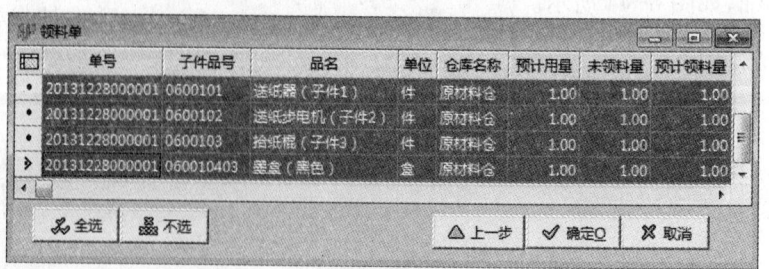

图8-47 领料单取单操作图

【步骤3】 选定数据后，按下 确定 按键。即可将取单源数据带出至领料单中，如图8-48所示。

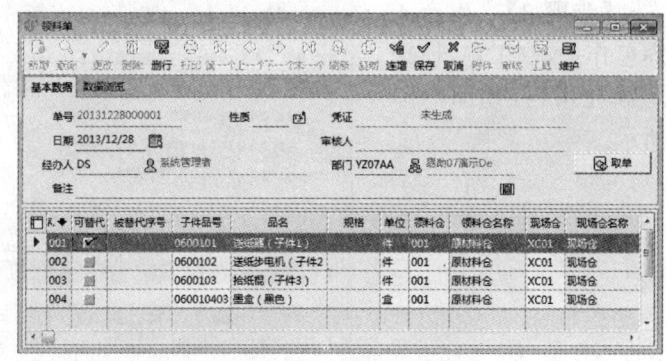

图8-48 领料单取单操作图

【步骤4】 按下 保存 审核 按钮，即完成领料单数据录入。

8.4.6 超耗领料单
8.4.6.1 作业目的
如果工单上面显示入库耗用量数量大于领料数量，则可以进行超耗领料。
8.4.6.2 作业界面
作业界面如图8-49所示。

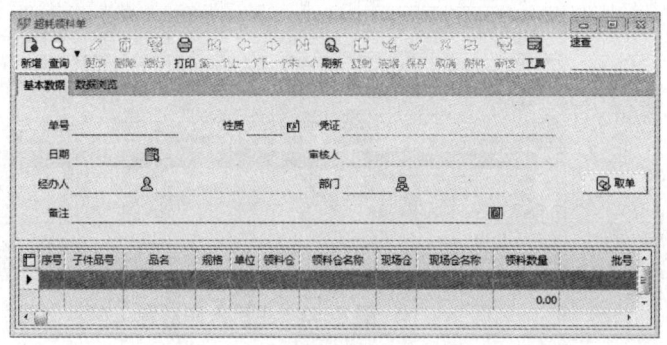

图8-49 超耗领料单作业界面图

8.4.6.3 取单操作说明
【步骤1】 查询源制工单（尚未生产入库），如图8-50所示。

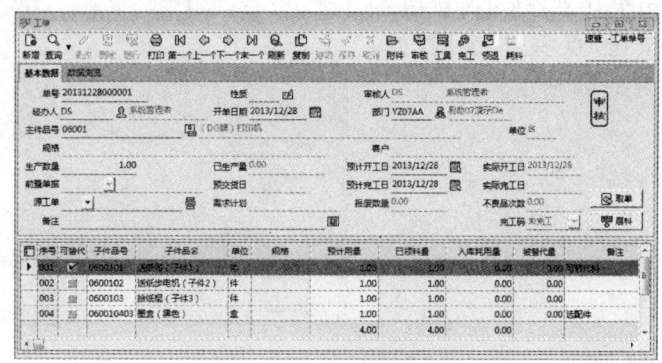

图8-50 源工单示例图

【步骤 2】 生产入库单作业，取工单，模拟超额耗用料，如图 8-51 所示。

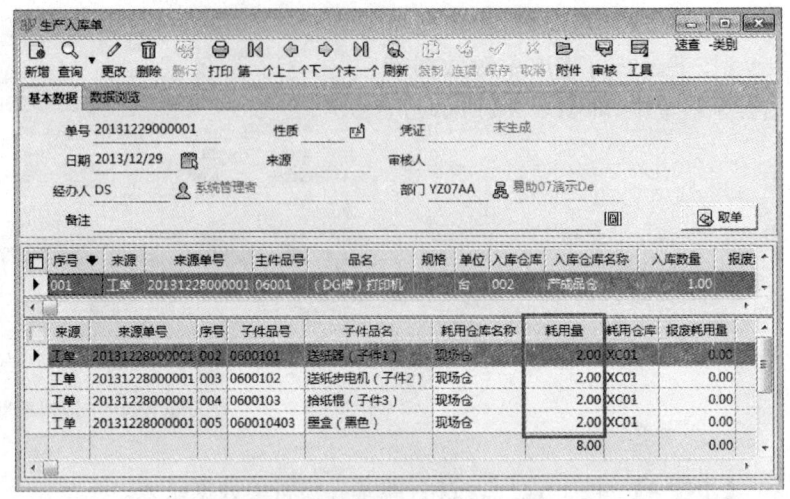

图 8-51 源生产入库单示例图

【步骤 3】 再查询源工单，单身"入库耗用量"字段数据已更新，如图 8-52 所示。

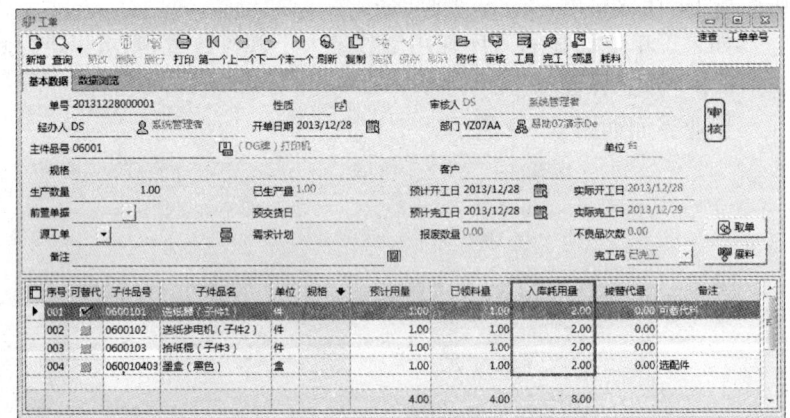

图 8-52 生产入库后源工单示例图

【步骤 4】 超耗领料单作业，按下"新增"按钮，点 按键，如图 8-53 所示。

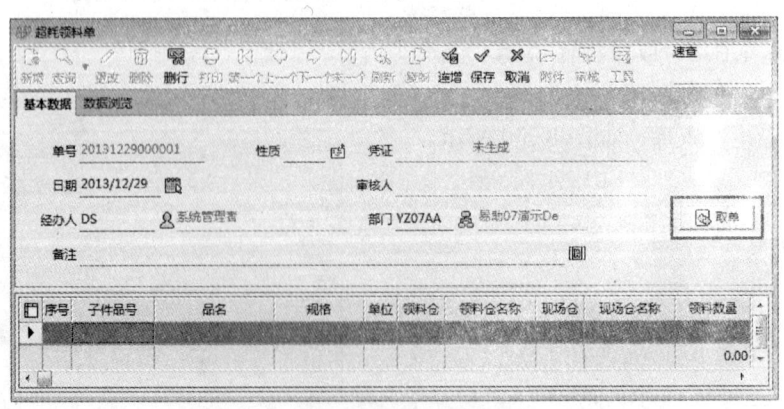

图 8-53 超耗领料操作图

【步骤5】 可针对取单前置单据再做条件筛选,输入完按下 重查Q 按钮,符合的数据便会显示在图8-54所示的窗口中。多笔选定时,只需按下 Ctrl 键,再用鼠标点选所需要的商品即可。(可发现每笔被点选的信息都有一黑色圆点),如图8-54所示。

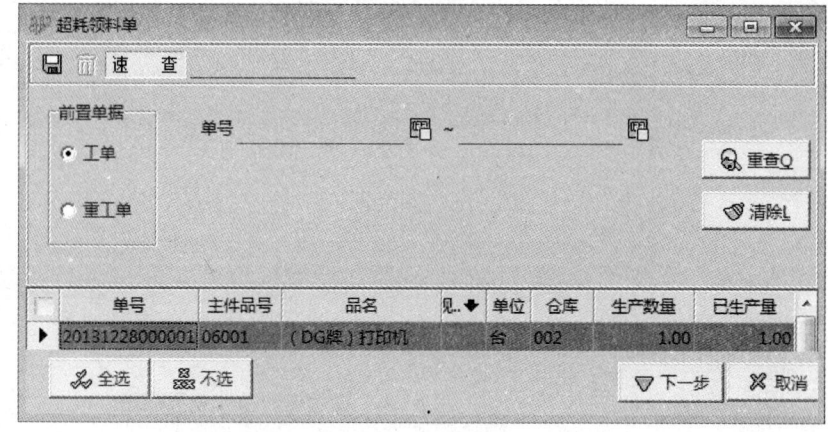

图8-54 超耗领料操作图

※ 耗用量＞已领料量的(重量)工单才会被筛选出来。

【步骤6】 选定取单数据后,按下 下一步 按键,选择取单展料子件的超额耗用量信息。

【步骤7】 选定数据后,按下 确定 ,即可将取单源数据带出至超耗领料单中,如图8-55所示。

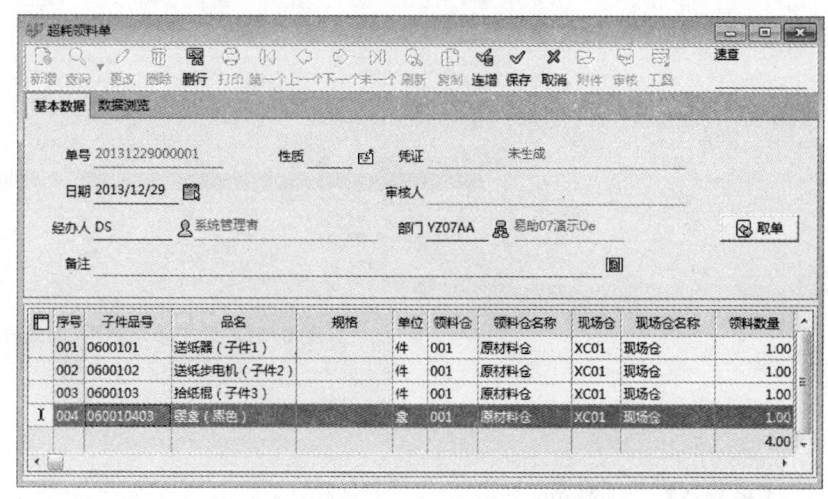

图8-55 超耗领料操作图

【步骤8】 按下 保存 审核 按钮,即完成超耗领料单数据录入。

8.4.7 退料单(取单)

8.4.7.1 作业目的

当在工单生产入库之前,发现有错领料件时,可通过此作业将错领料件由现场仓调拨回原料仓。

8.4.7.2 作业界面

作业界面如图8-56所示。

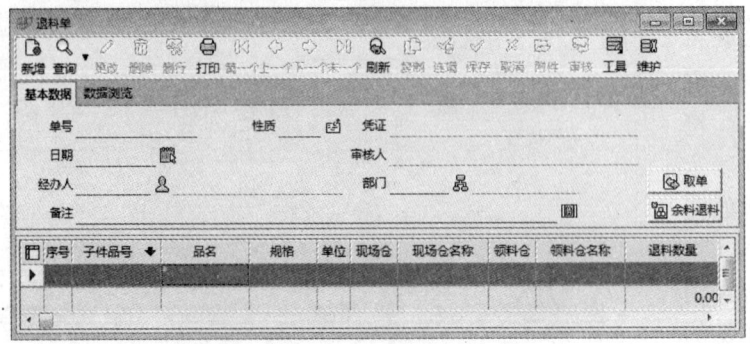

图 8-56 错领退料单作业界面图

8.4.7.3 取单操作说明

【步骤1】 查询源制工单（尚未生产入库），如图 8-57 所示。

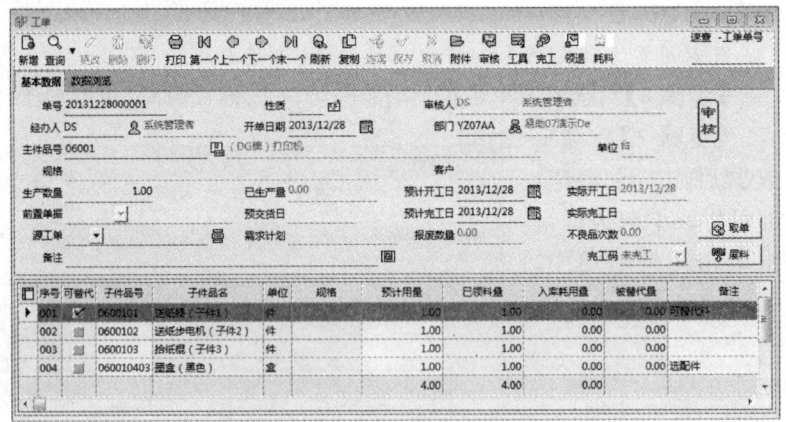

图 8-57 源工单示例图（尚未领料）

【步骤2】 领料单作业，取工单，模拟错领料件，如图 8-58 所示。

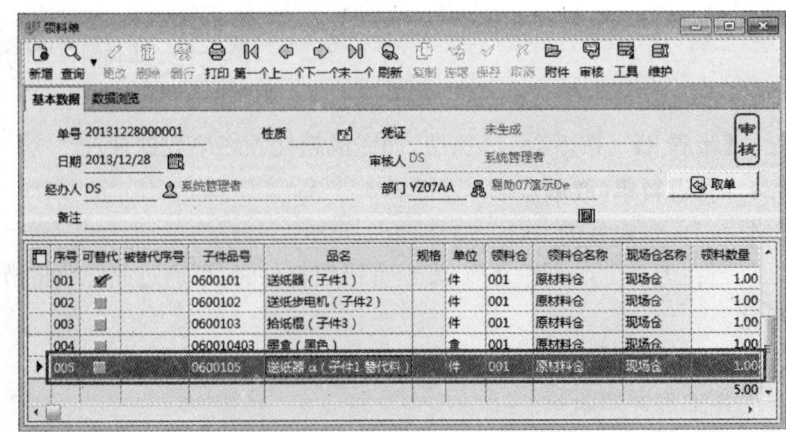

图 8-58 源领料单示例图（错领料）

【步骤3】再查询源工单，单身展料数据已更新，如图8-59所示。

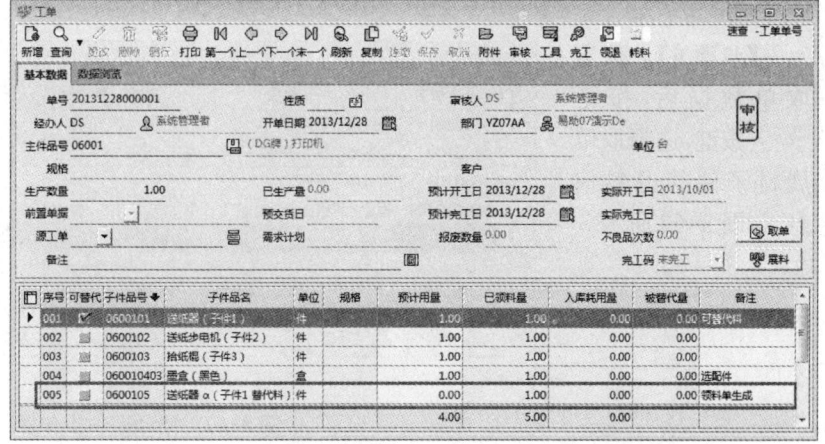

图 8-59　错领料后源工单示例图（模拟工单错领料）

【步骤4】退料单作业，按下"新增"按钮，点 取单 按键，如图8-60所示。

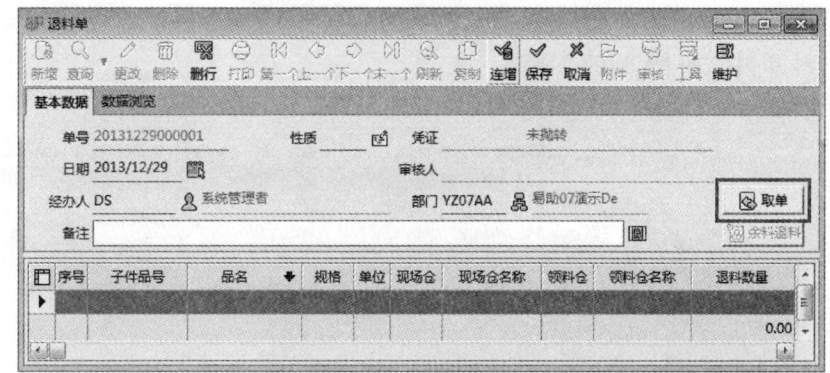

图 8-60　错领退料操作图

【步骤5】可针对取单前置单据再做条件筛选，输入完按下 重查Q 按钮，符合的数据便会显示在图8-61所示的窗口中。多笔选定时，只需按下 Ctrl 键，再用鼠标点选所需要的商品即可。（可发现每笔被点选的信息都有一黑色圆点），如图8-61所示。

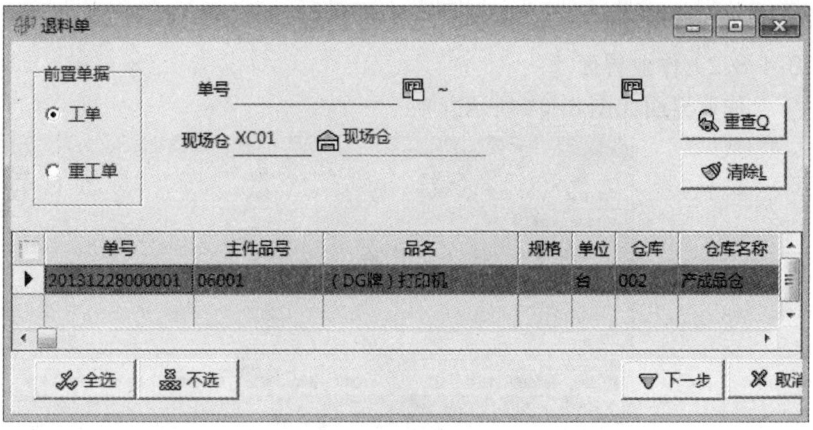

图 8-61　错领退料操作图

※ 现场仓:输入需要退料的现场仓。

【步骤6】 选定取单数据后,按下 ▽下一步 按键,选择取单展料子件的退料信息,如图8-62所示。

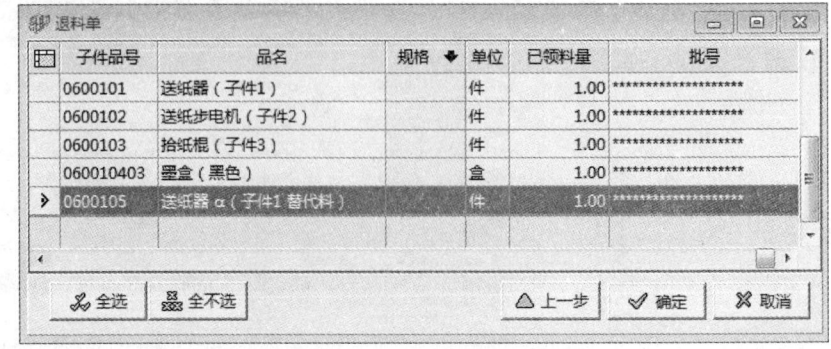

图8-62 错领退料操作图

【步骤7】 选定数据后,按下 ✓确定 按键,即可将取单源退料数据带出至退料单中,如图8-63所示。

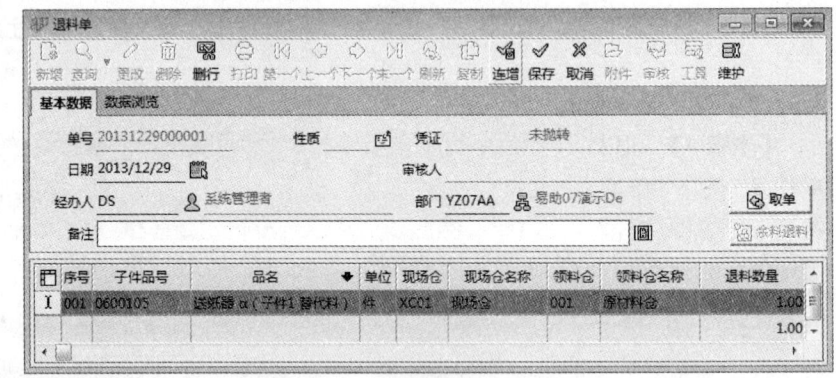

图8-63 错领退料操作图

【步骤8】 按下 保存 审核 按钮,即完成退料单数据录入。

8.4.8 退料单(余额退料)

8.4.8.1 作业目的

当生产主件完成入库后,发现有未用完的已领料料件时,可通过此作业将剩余料件由现场仓调拨回原料仓。

8.4.8.2 作业界面

作业界面如图8-64所示。

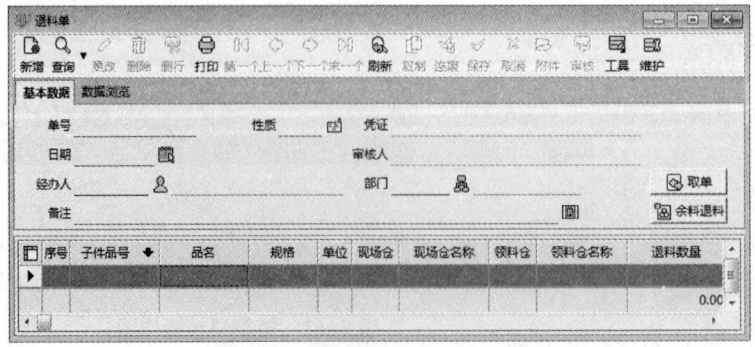

图8-64 余料退料单作业界面图

8.4.8.3 取单操作说明

【**步骤1**】 查询源制工单(尚未生产入库),如图8-65所示。

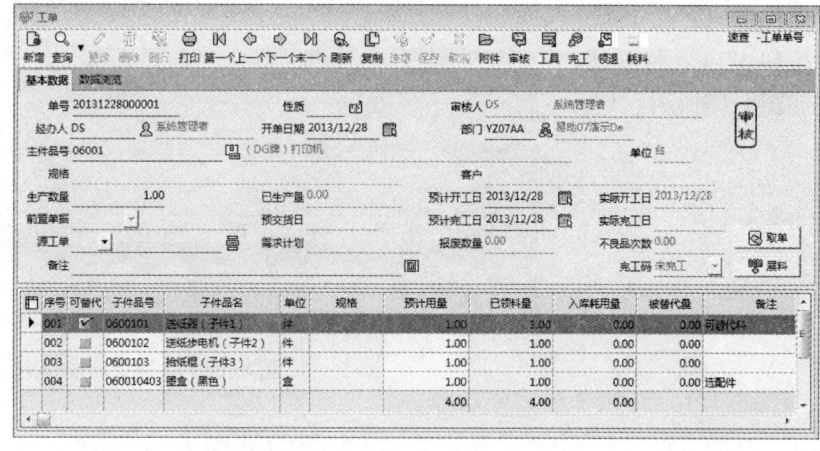

图8-65 源工单示例图(尚未生产入库)

【**步骤2**】 生产入库单作业,取工单,模拟未完全耗用料,如图8-66所示。

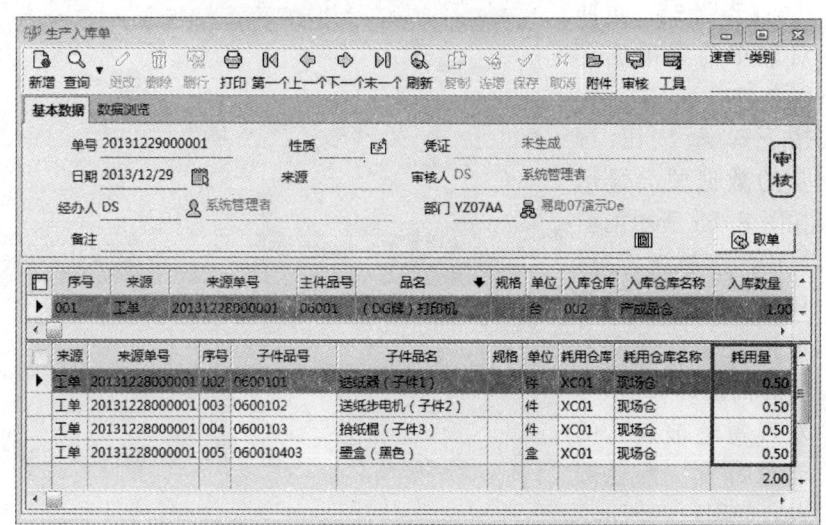

图8-66 源生产入库单示例图(少耗用量)

【**步骤3**】 再查询源工单,单身"入库耗用量"字段数据已更新,如图8-67所示。

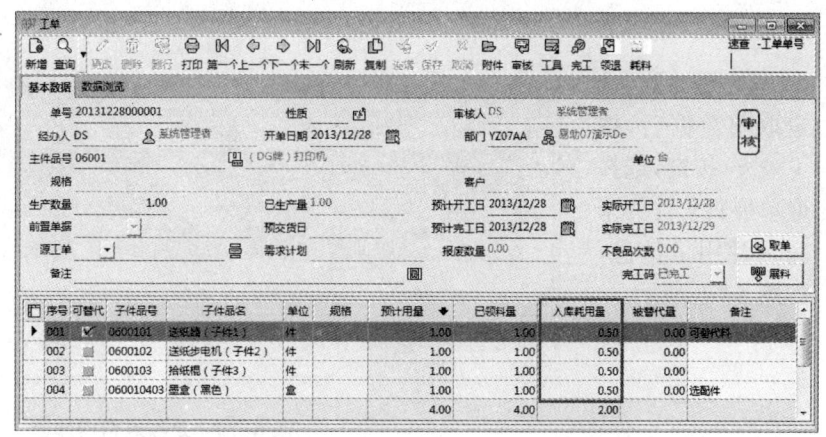

图8-67 生产入库后源工单示例图(少耗用量)

【步骤4】 退料单作业,按下"新增"按钮,点 余料退料 按键,如图8-68所示。

图 8-68　余额退料操作图

【步骤5】 可针对取单前置单据再做条件筛选,输入完按下 重查Q 按钮,符合的数据便会显示在图8-69所示的窗口中。多笔选定时,只需按下键盘 Ctrl 键,再用鼠标点选所需要的商品即可。(可发现每笔被点选的信息都有一黑色圆点),如图8-69所示。

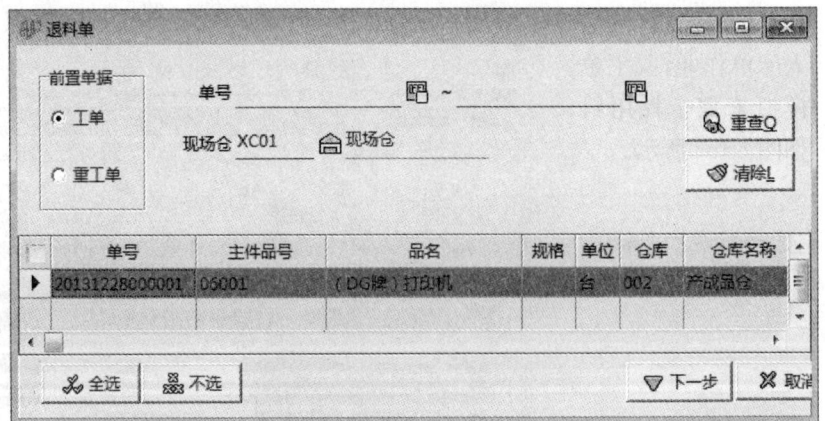

图 8-69　余额退料操作图

※ 耗用量＜已领料量的(重量)时工单才会被筛选出来。

【步骤6】 选定取单数据后,按下 下一步 按键,选择取单展料子件的未完全耗用量信息,如图8-70所示。

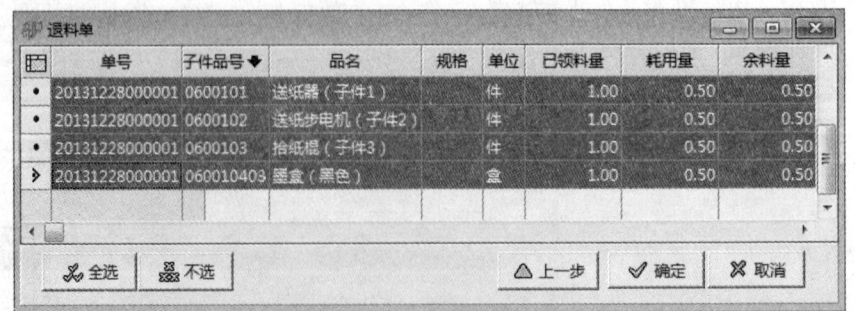

图 8-70　余额退料操作图

【步骤7】 选定数据后,按下 ✓确定Q 按键。即可将取单源数据带出至退料单中,如图8-71所示。

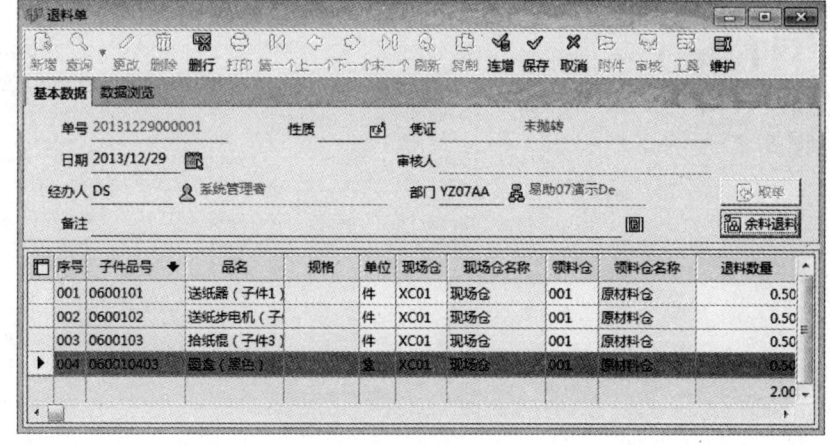

图 8-71 余额退料操作图

【步骤8】 按下 保存 审核 按钮,即完成退料单数据录入。

8.4.9 生产入库单
8.4.9.1 作业目的
当工单生产完毕准备产成品入库时,可在此作业中输入,同时查询耗用现场仓中的原物料的子件库存量。
8.4.9.2 作业界面
作业界面如图 8-72 所示。

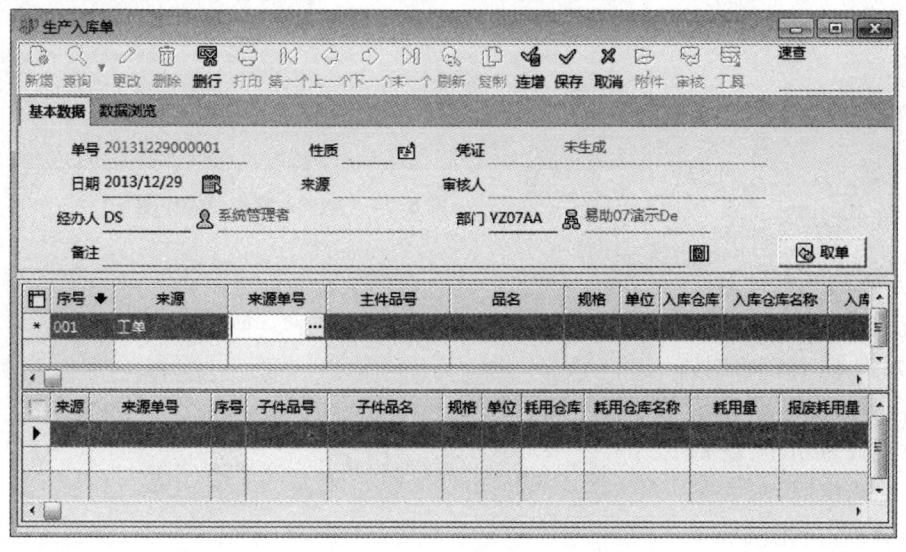

图 8-72 生产入库单作业界面图

8.4.9.3 取单操作说明

【步骤1】 查询源制工单(尚未生产入库),如图 8-73 所示。

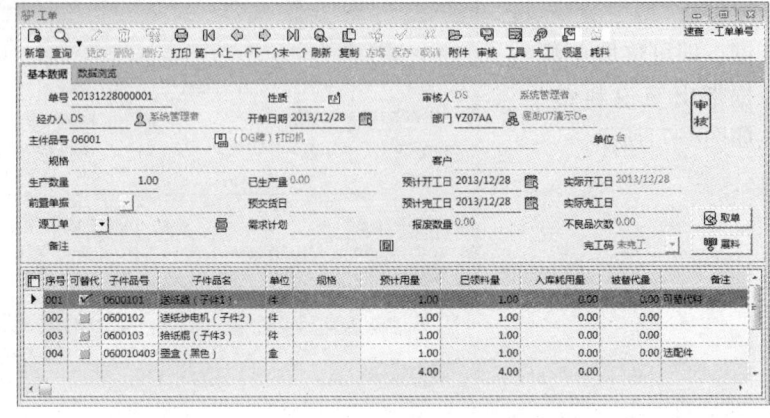

图 8-73 源工单示例图(尚未生产入库)

【步骤2】 生产入库单作业,按下"新增"按钮,点 取单 按键,如图 8-74 所示。

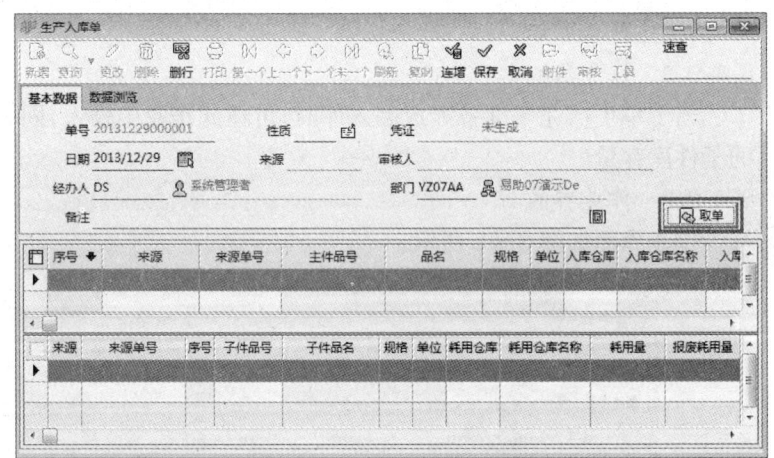

图 8-74 生产入库作业操作图

【步骤3】 可针对取单前置单据再做条件筛选,输入完按下 重查 按钮,符合的数据便会显示在图 8-75 所示的窗口中。多笔选定时,只需按下键盘 Ctrl 键,再用鼠标点选所需要的商品即可。(可发现每笔被点选的信息都有一黑色圆点),如图 8-75 所示。

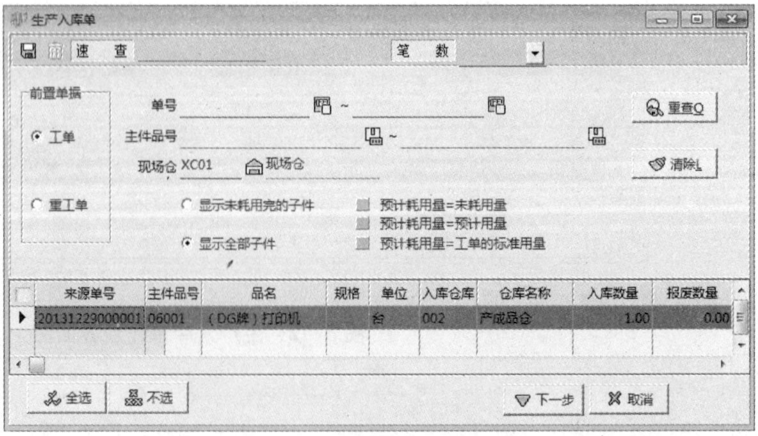

图 8-75 生产入库作业操作图

【步骤 4】 选定取单数据后,按下 下一步 按键,选择取单展料子件预计耗用量信息,如图 8-76 所示。

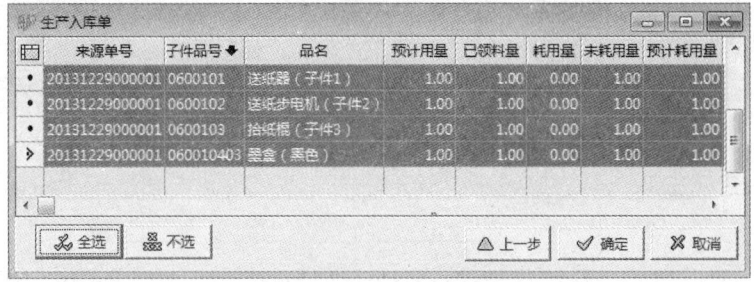

图 8-76　生产入库作业操作图

【步骤 5】 选定数据后,按下 确定 按键。即可将取单源数据带出至生产入库单中,如图 8-77 所示。

【步骤 6】 按下 保存 、审核 按钮,即完成生产入库单数据录入。

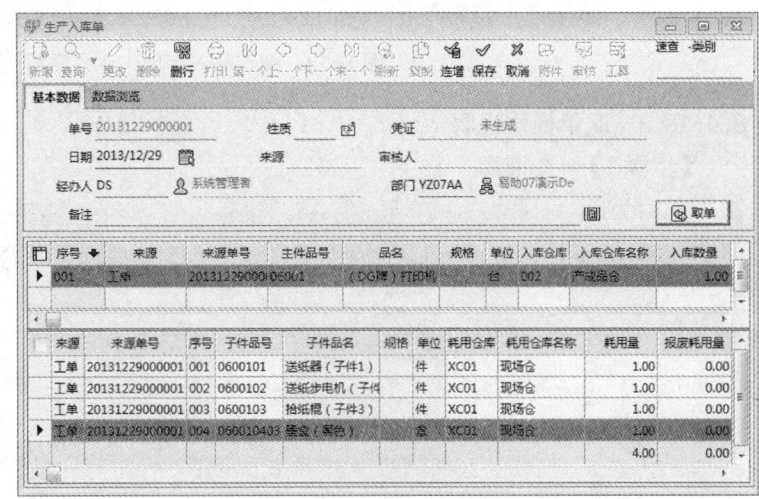

图 8-77　生产入库作业操作图

【步骤 7】 再查询源制工单,"完工码""入库耗用量"字段数据均已更新,如图 8-78 所示。

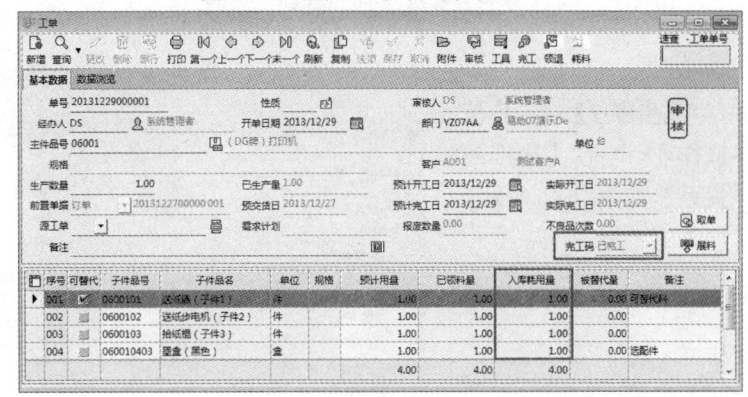

图 8-78　生产入库作业操作图

8.4.10　副产品入库单

8.4.10.1　作业目的

当主件生产入库后,一些副产品重新收回时,可在此作业中录入。

8.4.10.2　作业界面

作业界面如图 8-79 所示。

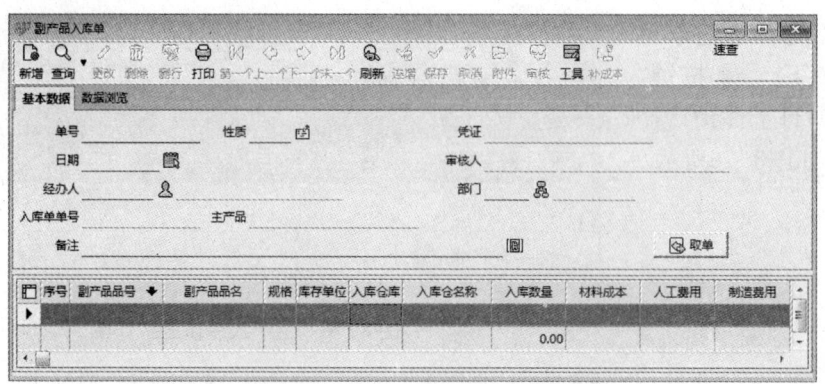

图 8-79　副产品入库单作业界面图

8.4.10.3 取单操作说明

【步骤1】 查询源制工单（已生产入库），如图 8-80 所示。

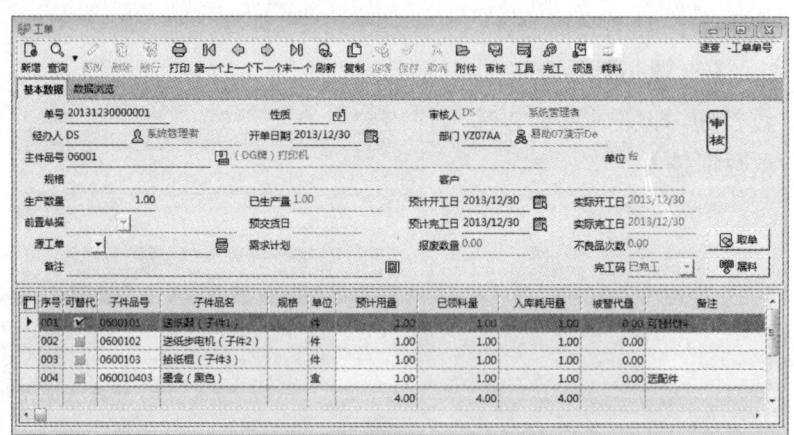

图 8-80　源工单示例图（已完工）

【步骤2】 商品信息作业，设置"主副产品关系"，如图 8-81 所示。

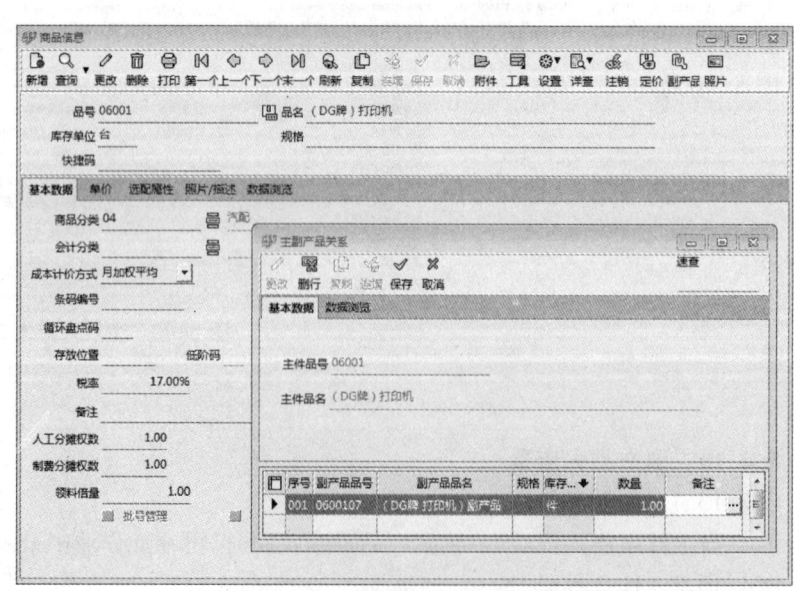

图 8-81　主副产品关系图

【步骤3】副产品入库单作业，按下"新增"按钮，点 取单 按键，如图8-82所示。

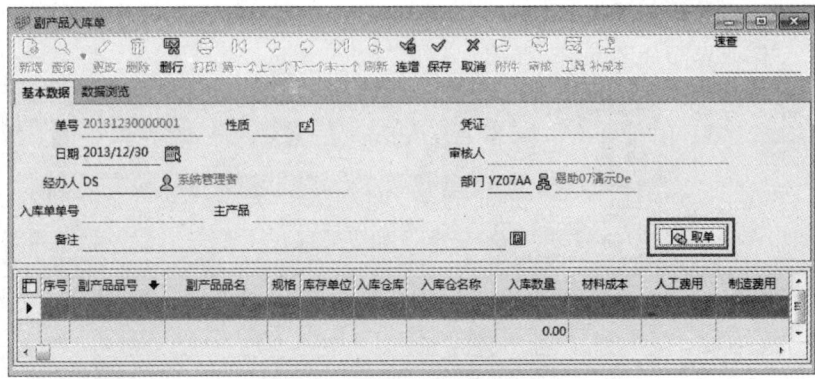

图8-82　副产品入库操作图

【步骤4】可针对取单前置单据再做条件筛选，输入完按下 重查 按钮，符合的数据便会显示在图8-83所示的窗口中。多笔选定时，只需按下 Ctrl 键，再用鼠标点选所需要的商品即可。（可发现每笔被点选的信息都有一黑色圆点），如图8-83所示。

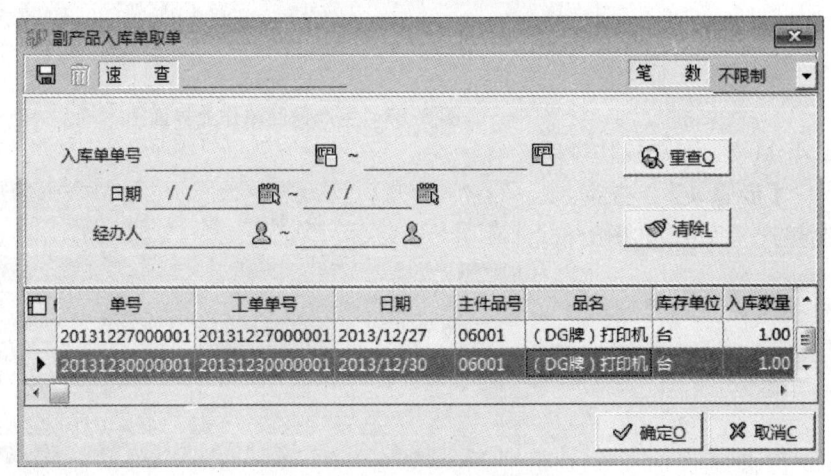

图8-83　副产品入库操作图

【步骤5】选定数据后，按下 确定 按键。即可将取单源数据自动带出至副产品入库单中，如图8-84如示。

【步骤6】最后按实际生产经营成本情况，再作"材料成本""人工费用""制造费用"字段数值调整，确定无误后点 保存 审核 即可完成副产品入库单的数据录入。

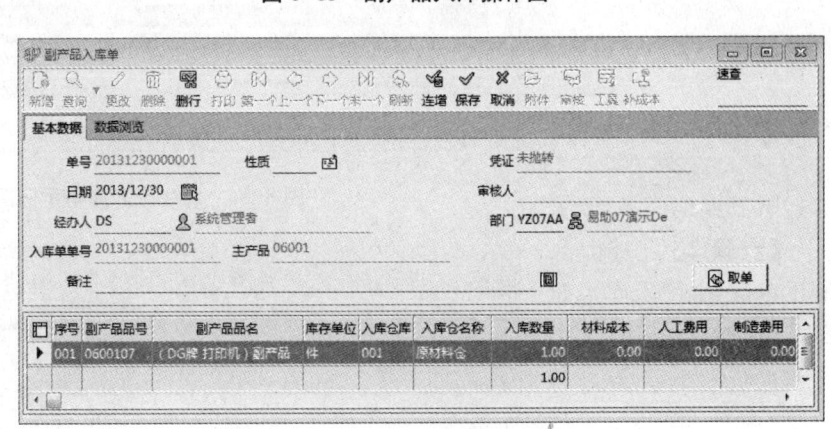

图8-84　副产品入库操作图

8.4.11　生产退回单

8.4.11.1　作业目的

当发现生产加工好的已完成生产入库的工单商品，有瑕疵时，便在此作业将产成品退回到现场仓操作。

8.4.11.2 作业界面

作业界面如图 8-85 所示。

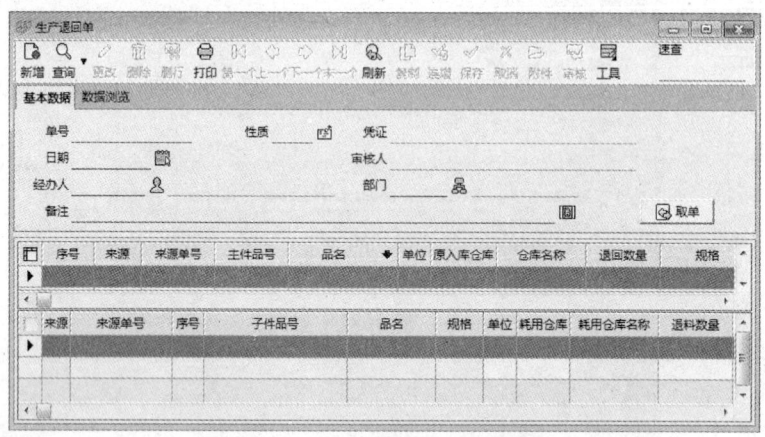

图 8-85　生产退回单作业界面图

8.4.11.3 取单操作说明

【步骤 1】 查询源制生产入库单，如图 8-86 所示。

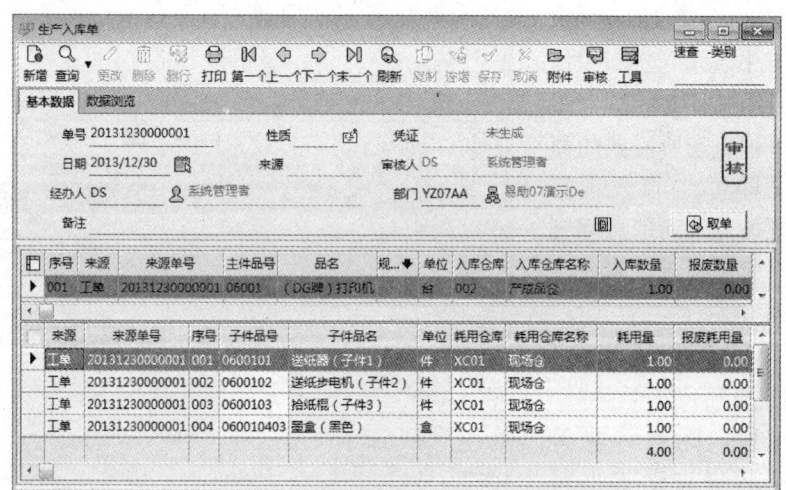

图 8-86　源生产入库单示例图

【步骤 2】 查询源制工单(已生产入库)，如图 8-87 所示。

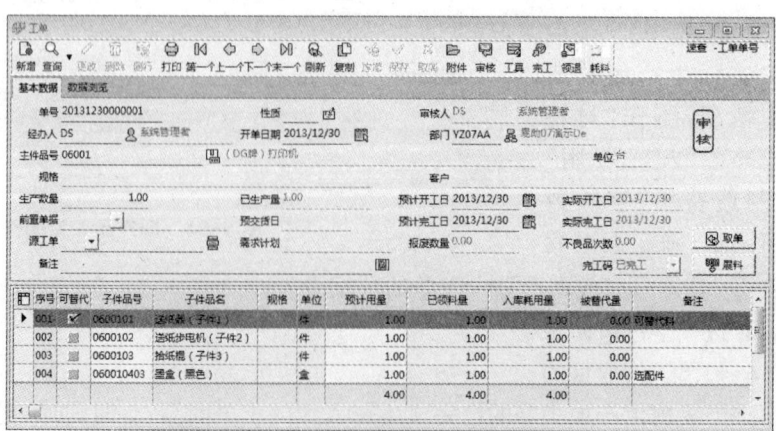

图 8-87　生产入库后源工单单示例图

【步骤3】 生产退回单作业，按下"新增"按钮，点 取单 按键，如图8-88所示。

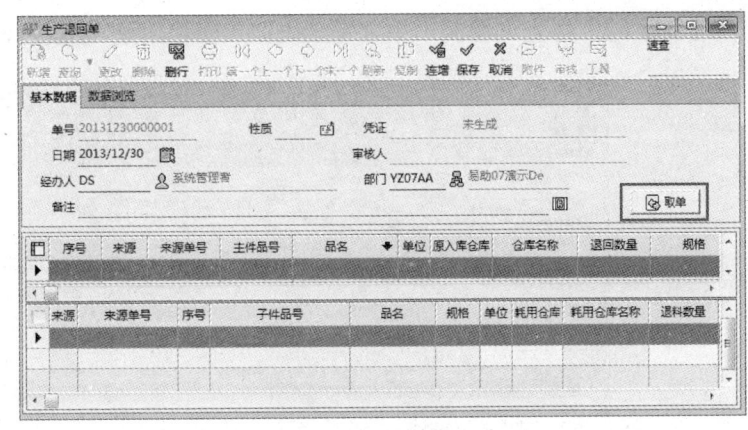

图8-88 生产退回操作图

【步骤4】 可针对取单前置单据再做条件筛选，输入完按下 重查Q 按钮，符合的数据便会显示在图8-89所示的窗口中。多笔选定时，只需按下 Ctrl 键，再用鼠标点选所需要的商品即可。（可发现每笔被点选的信息都有一黑色圆点），如图8-89所示。

【步骤5】 选定取单数据后，按下 下一步 按键，选择取单展料子件退料数量信息。

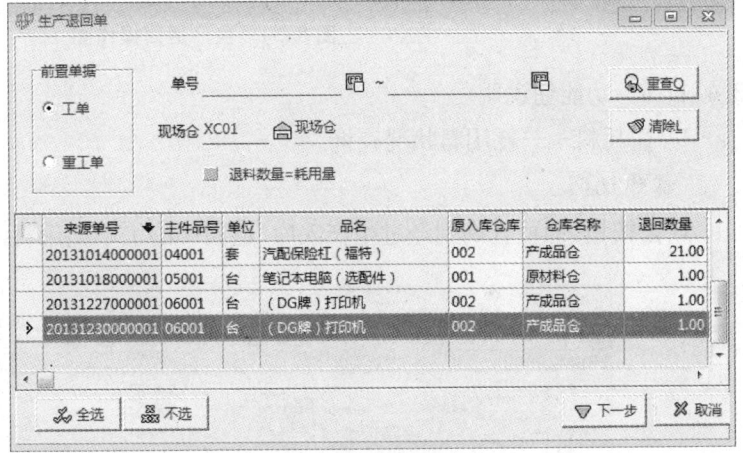

图8-89 生产退回操作图

【步骤6】 选定数据后，按下 确定 按键，即可将取单源数据带出至生产退回单中，如图8-90所示。

【步骤7】 按下 保存 审核 按钮，即完成生产退料单数据录入。

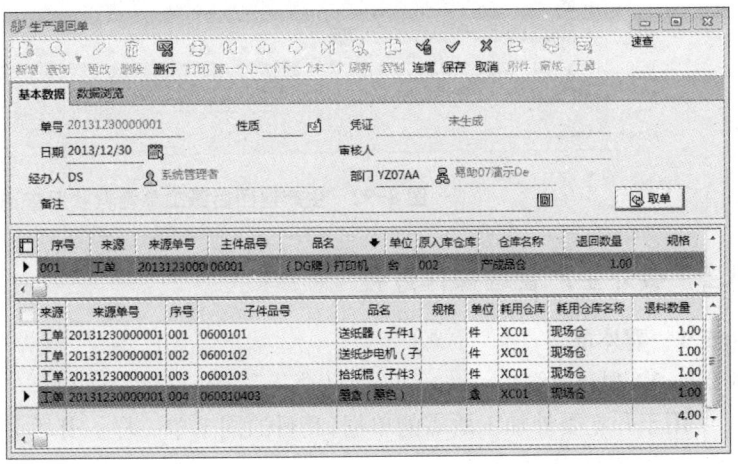

图8-90 生产退回操作图

【步骤8】 再查询源制工单,"完工码""入库耗用量"字段数据均已更新,如图 8-91 所示。

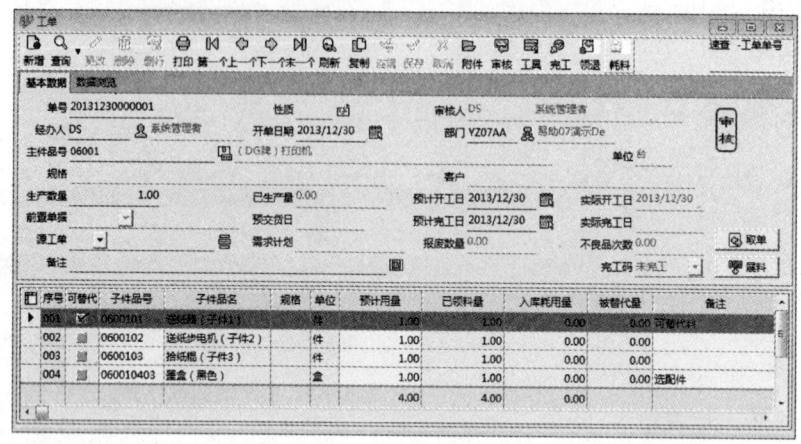

图 8-91 生产退回操作图

8.4.11.4 功能钮说明

1) 耗料——耗用料状况查询。

操作说明

点 耗料 按钮,即可查询到经过生产入库/退回单的工单耗用料明细,如图 8-92 所示。

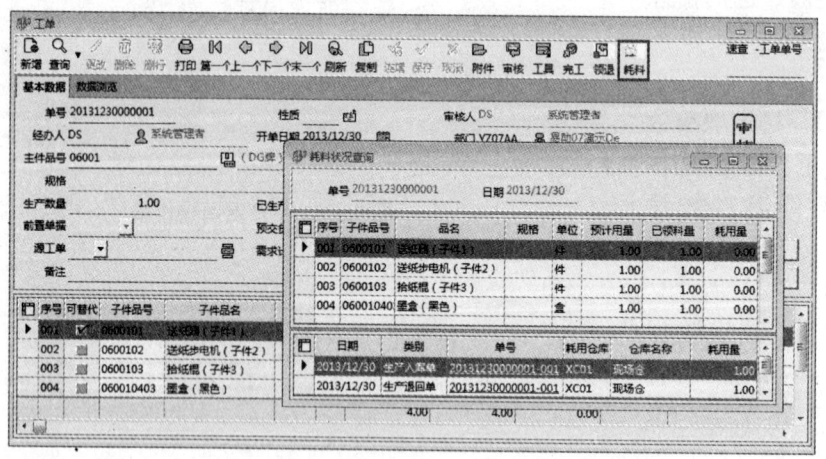

图 8-92 生产退回后源工单耗料状况查询图

8.5 委外生产管理操作过程

8.5.1 委外单

8.5.1.1 概述

用于开立委外加工所需的单据,其目的同工单一样。开委外单是委外加工的第一道程序。

8.5.1.2 作业界面

作业界面如图 8-93 如示。

第 8 章 生产流程管理

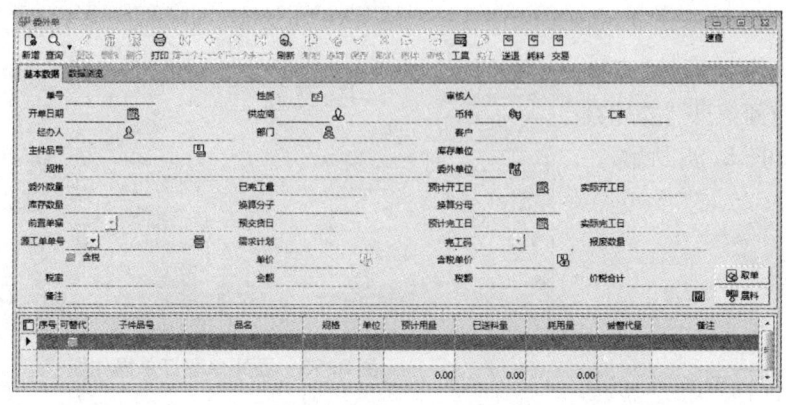

图 8-93 委外单作业界面图

8.5.1.3 取单、展料操作说明

可直接将"订单"或"生产计划"或"源工单（厂内/委外）"的数据转到委外单，并将所需的料件生成于单身中，不需再手动输入。

【**步骤 1**】 前置源数据准备。新建订单或生产计划单，如图 8-94 所示。

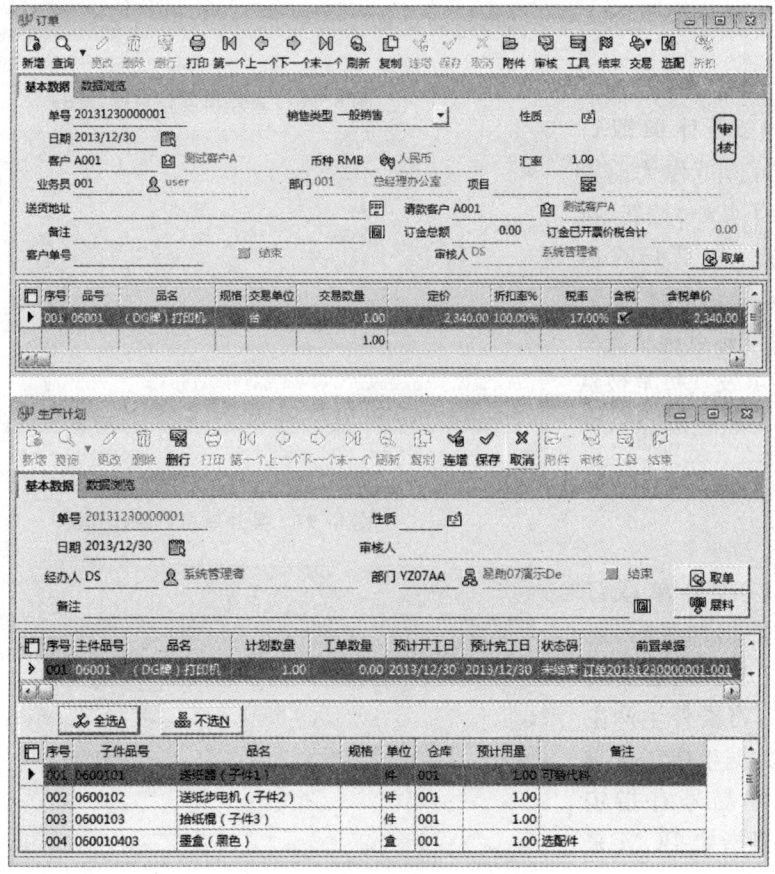

图 8-94 源订单或生产计划单示例图

【步骤 2】 委外单作业,按下 按钮,单头选择维护"主件品号""委外供应商信息""委外数量"字段信息,如图 8-95 所示。

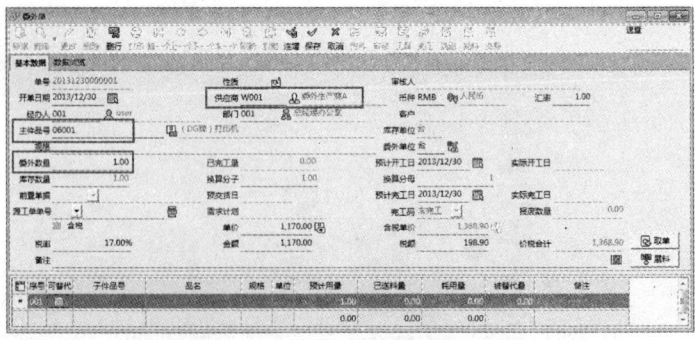

图 8-95 委外单取订单操作图

● 委外单取订单

【步骤 3.1(委外单取订单)】 在委外单作业单身,单击 按钮,如图 8-96 所示。

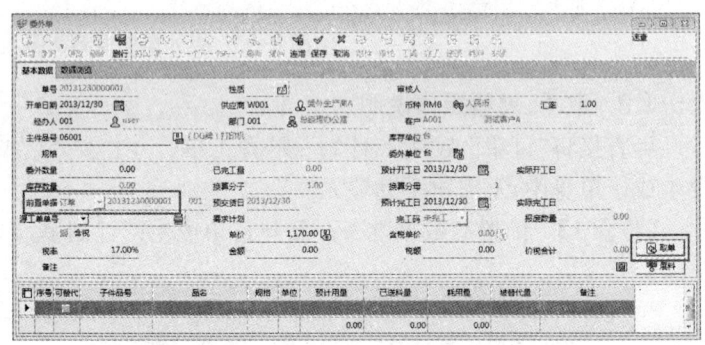

图 8-96 委外单取订单操作图

【步骤 4.1(委外单取订单)】 可选择"订单"作为前置单据,输入完按下 按钮,符合的数据便会显示在图 8-97 所示的窗口中。多笔选定时,只需按下 Ctrl 键,再用鼠标点选所需要的订单即可。(可发现每笔被点选的信息都有一黑色圆点),如图 8-97 所示。

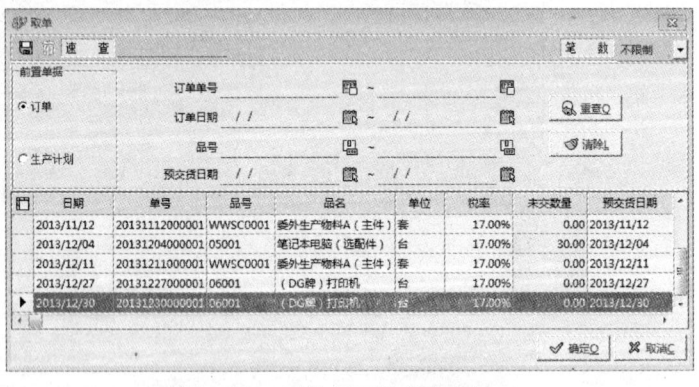

图 8-97 委外单取订单操作图

【步骤 5.1(委外单取订单)】 将取单数据加载后,若前置单据为"订单",则还需要按下 按钮,将委外生产主件所需的子件数据生成为单身中,如果该主件品号有指定 BOM,则会按照指定 BOM 来展料,如图 8-98 所示。

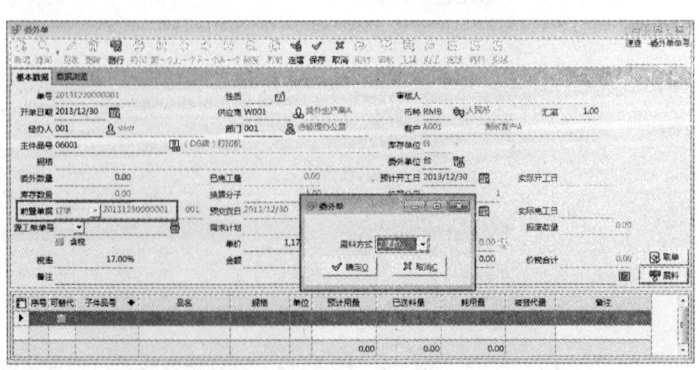

图 8-98 委外单取订单操作图

【步骤 6.1（委外单取订单）】
按下 保存 审核 按钮，即完成委外单取单数据录入，如图8-99所示。

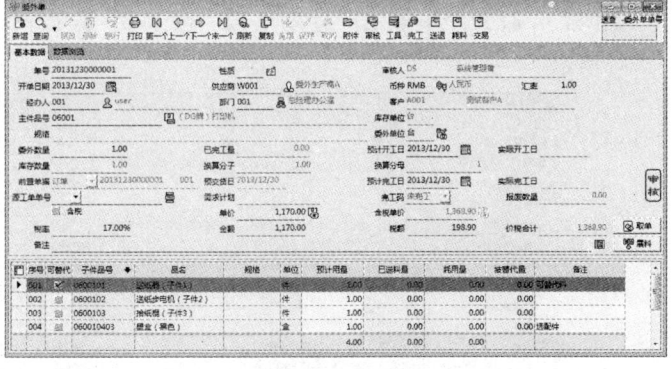

图 8-99　委外单取订操作图

● 委外单取生产计划单

【步骤 3.2（委外单取生产计划单）】 在委外单作业单身，单击 取单 按钮，如图 8-100 所示。

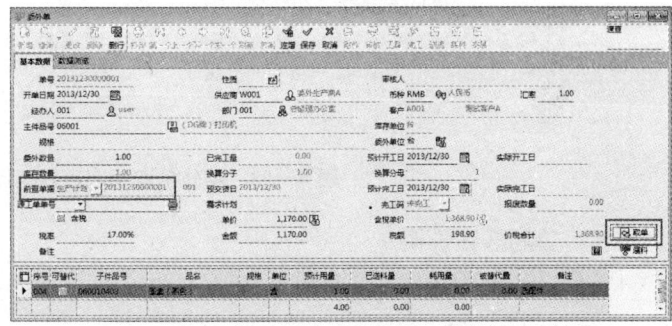

图 8-100　委外单取生产计划单操作图

【步骤 4.2（委外单取生产计划单）】 可选择"生产计划"作为前置单据，输入完按下 查询 按钮，符合的数据便会显示在图8-101所示的窗口中。多笔选定时，只需按下 Ctrl 键，再用鼠标点选所需要的生产计划单即可。（可发现每笔被点选的信息都有一黑色圆点），如图8-101所示。

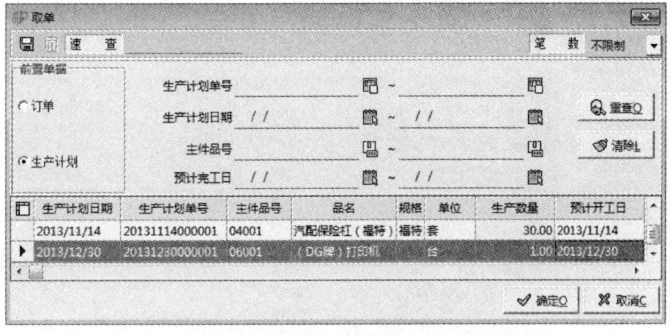

图 8-101　委外单取生产计划单操作图

【步骤 5.2（委外单取生产计划单）】 将取单数据加载后，若前置单据为"生产计划"，委外单单身会直接带出生产计划上的子件信息，不再用 展料 子件，如图8-102所示。

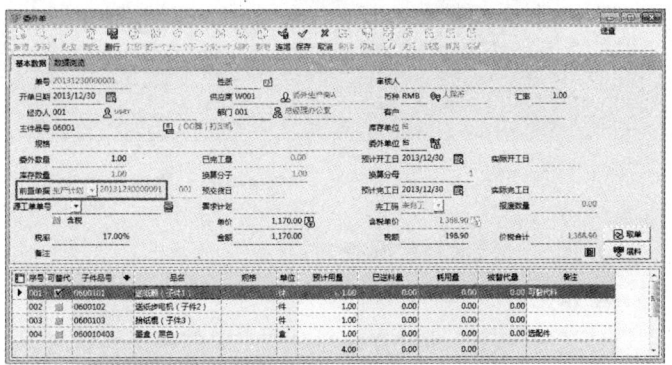

图 8-102　委外单取生产计划单操作图

【步骤6.2(委外单取生产计划单)】 按下 保存 审核 按钮，即完成委外单取单数据录入，如图8-103所示。

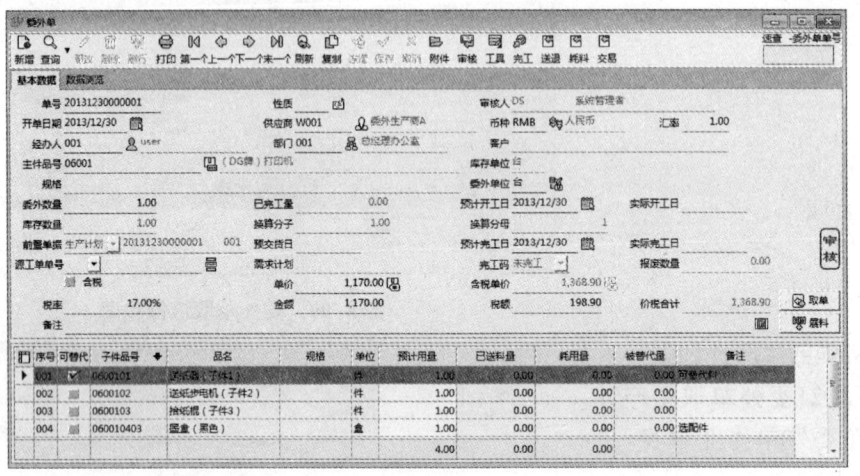

图8-103 委外单取生产计划单操作图

8.4.1.4 功能按钮说明

1) 完工——指定完工。当委外单因故不能继续生产而必需停工时，可使用此功能钮来将此张单据"指定完工"。

操作说明

按下"完工"按钮，系统会弹窗提示指定完工确认信息，如图8-104所示。

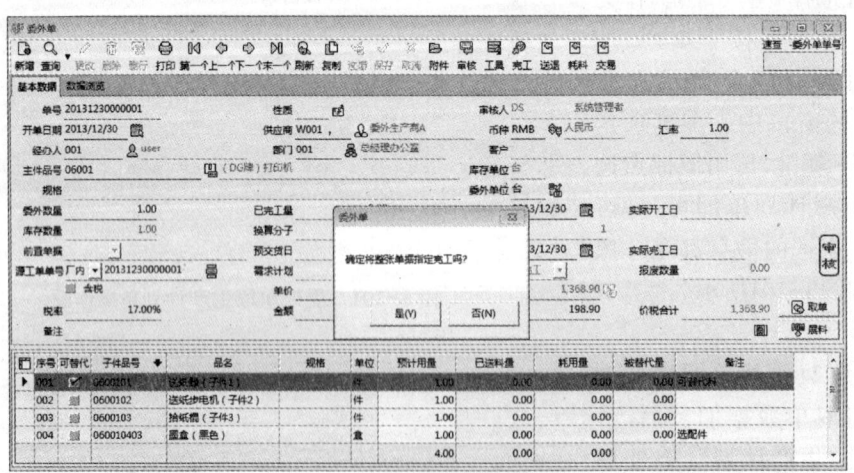

图8-104 委外单指定完工图

2) 送退——领退料状况查询。

操作说明

点"送退"按钮，即可查询到对应工单的领退料状况，如图8-105所示。

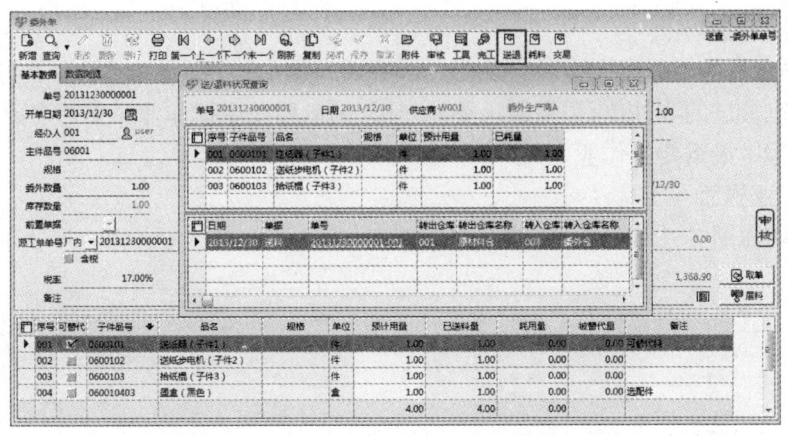

图 8-105　委外单进/退料状况查询图

3) ——耗料状况查询。

操作说明

点"耗料"按钮,即可查询到此委外单的耗料状况,如图 8-106 所示。

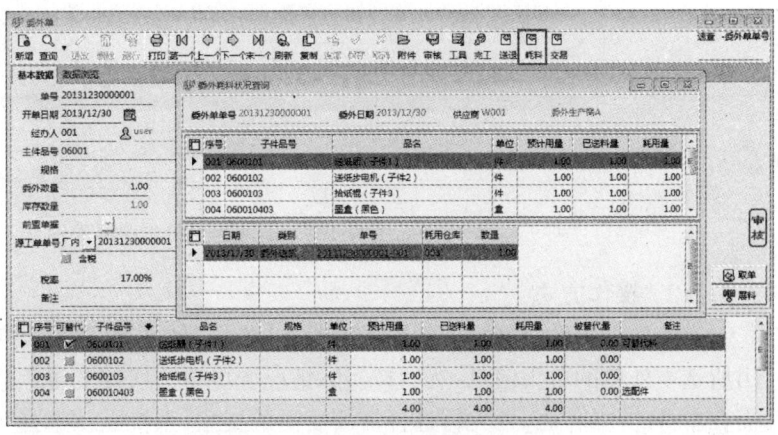

图 8-106　委外单耗料状况查询图

4) ——历史交易明细查询。

操作说明

点"交易"按钮,即可查询到此委外单的历史相关单据交易明细,如图 8-107 所示。

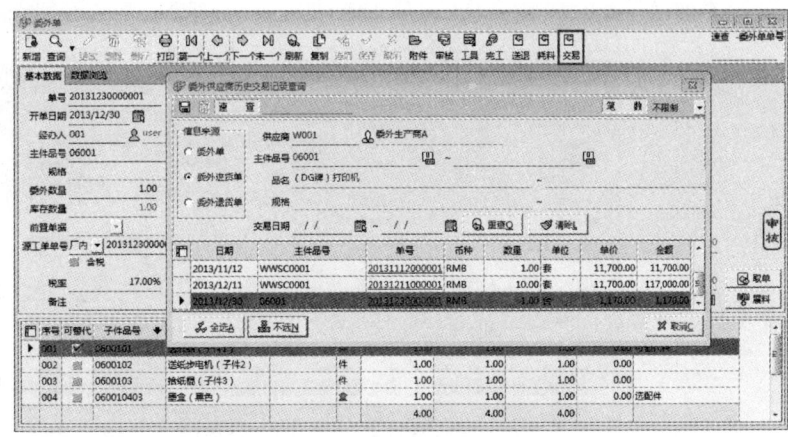

图 8-107　委外单交易状况查询图

8.5.2 委外变更单
8.5.2.1 作业目的
当之前审核过的委外单，需要做出委外变更，则运用此单据作业。委外变更单作业是委外生产管理过程中最重要的作业之一。
8.4.2.2 作业界面
作业界面如图8-108所示。

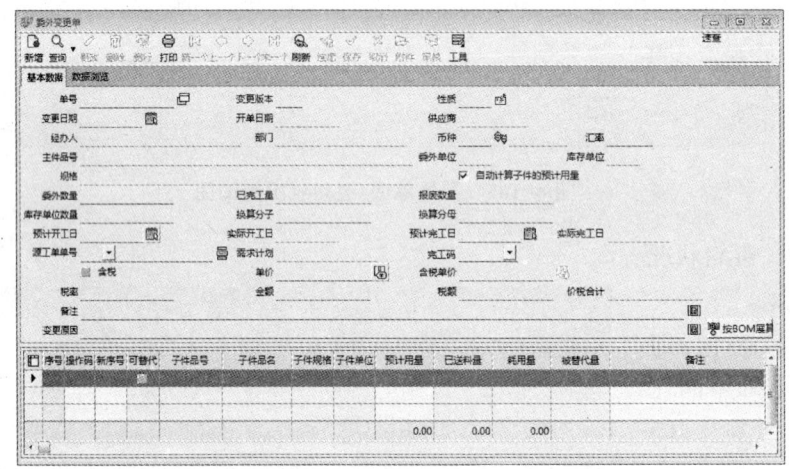

图8-108 委外变更单作业界面图

8.4.1.3 操作方法
委外变更单作业，单头"新增"按钮，在[单号]处开窗，选择需要变更的委外单，选中后，带出所选委外单的单头信息，然后按实际情况变更单头所需变更信息。如需要变更单身信息，则需在单身的[操作码]处先行选择需要变更的类型，系统默认选择"修改"。

➪ 当[操作码]选择"修改"时，可在[新序号]处开窗，此时开窗中会显示单头所选委外的所有单身信息，选择所需变更的单身信息至变更单单身，此时可依实际状况修改[数量]，如图8-109所示。

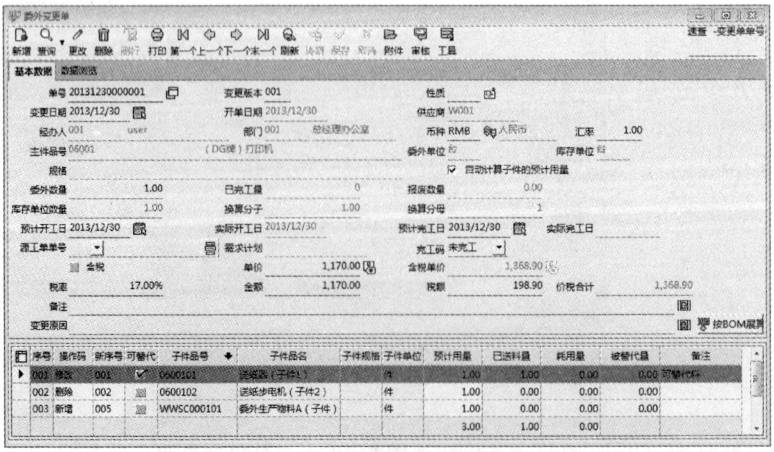

图8-109 委外变更单操作图——修改

⇨ 当［操作码］选择"删除"时，整笔记录均不可变更，如图8-110所示。

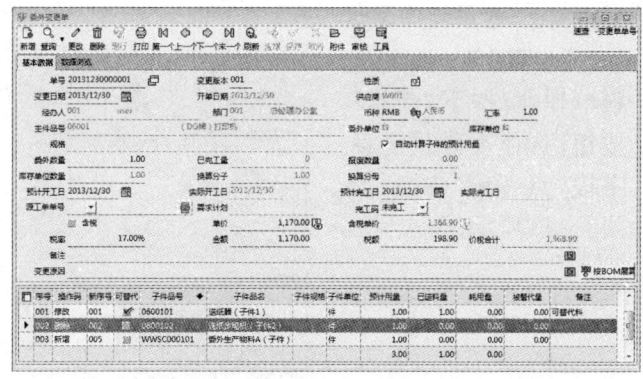

图 8-110　委外变更单操作图——删除

⇨ 当［操作码］选择"新增"时，［新序号］不可编辑，系统会自动计算得出（抓取所选源委外单单身最大序号加1），按工单的一般操作，录入需要新增的品号信息，操作方法同工单的操作，如图8-111所示。

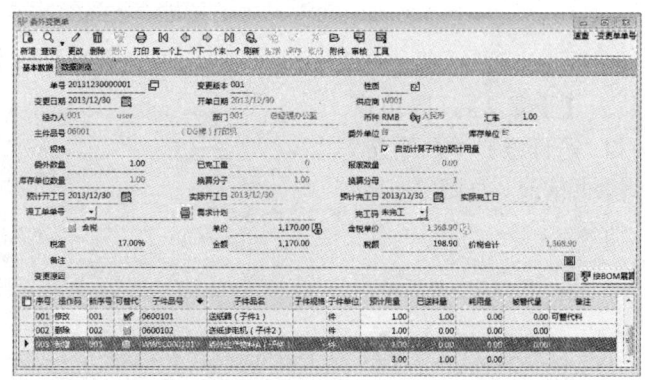

图 8-111　委外变更单操作图——新增

8.5.3　委外送料单

8.5.3.1　作业目的

当委外单制单审核后，便可以进入本作业进行委外送料的操作，亦即将原料由仓库部门的"原料仓"调拨至"委外仓"，进行委外加工作业。

8.5.3.2　作业界面

作业界面如图8-112所示。

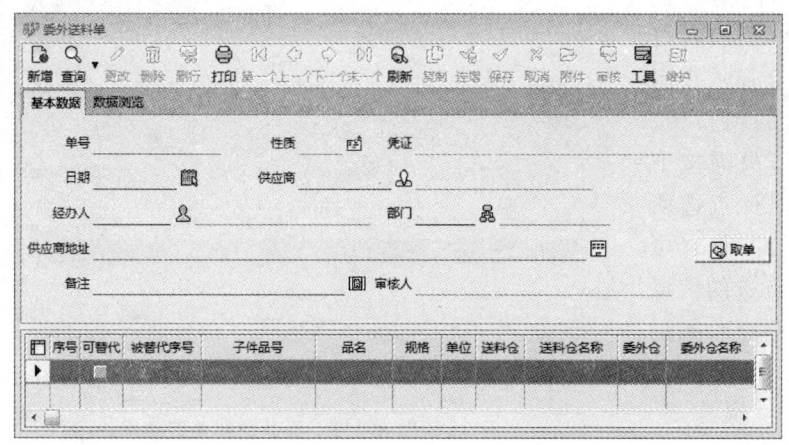

图 8-112　委外送料单作业界面图

8.5.3.3 取单操作说明

【步骤1】 委外送料单作业，按下"新增"按钮，选择委外供应商字段，点 取单 按钮，如图8-113所示。

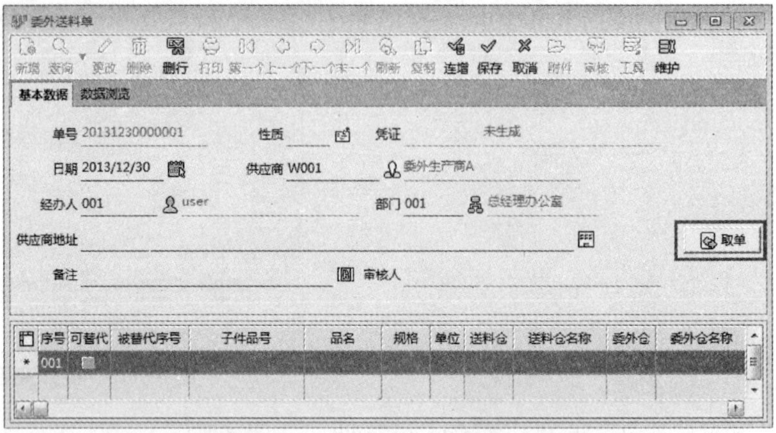

图 8-113　委外送料单取单操作图

【步骤2】 取单窗口，先行维护"委外仓"过滤信息，如图8-114所示。

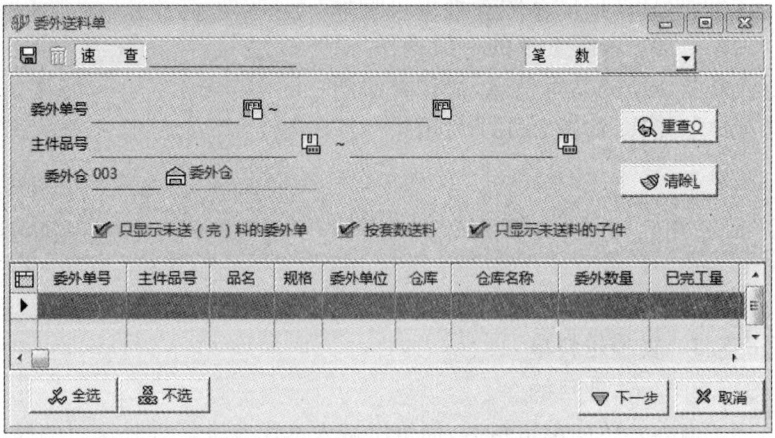

图 8-114　委外送料单取单操作图

【步骤3】 可针对取单再做条件筛选，输入后按下 重查 按钮，符合的数据便会显示在图8-115所示的窗口中。多笔选定时，只需按下 Ctrl 键，再用鼠标点选所需要的商品即可。（可发现每笔被点选的信息都有一黑色圆点），如图8-115所示。

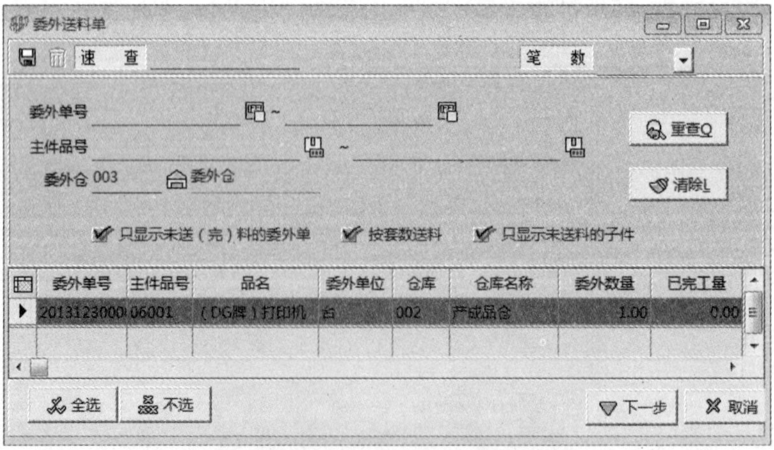

图 8-115　委外送料单取单操作图

➡ 只显示未送（完）料的子件：有勾选，即表示将所选定的委外单里尚未送完料的子件显示在图 8-116 所示的窗口中。

➡ 按送料套数送料：有勾选，即表示按照源委外单的主件数量进行送料。

➡ 只显示未送料的子件：有勾选，即表示只将所选定的委外单里尚未送料的子件显示在图 8-116 所示的窗口中。

【步骤 4】 选定取单数据后，按下 下一步 按键，选择取单展料子件的领料信息，如图 8-116 所示。

【步骤 5】 选定数据后，按下 确定O 按键，即可将取单源数据带出至委外送料单中，如图 8-117 所示。

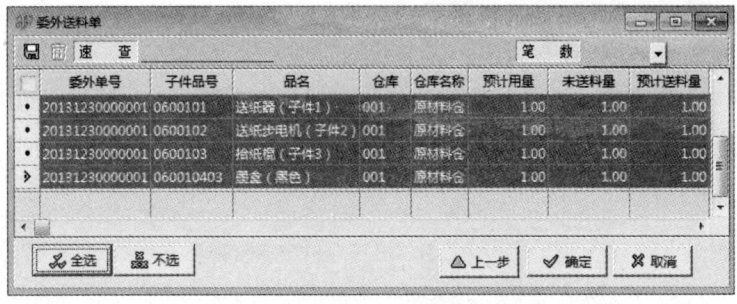

图 8-116　委外送料单取单操作图

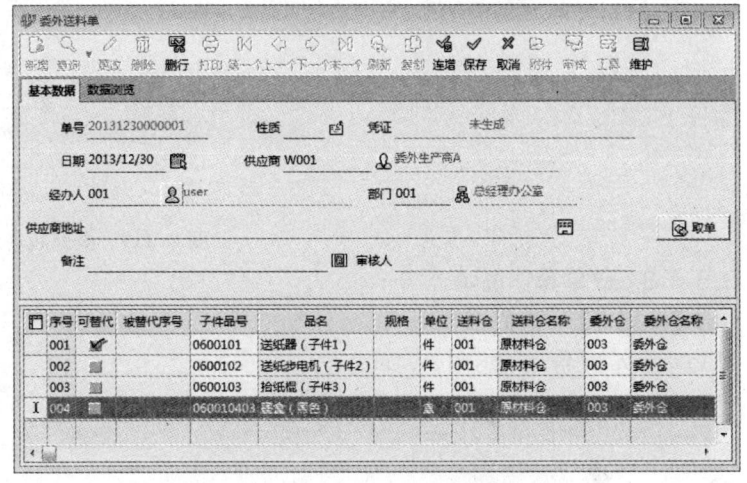

图 8-117　委外送料单取单操作图

8.5.3.4　功能钮说明

1) 维护——维护或查看委外单信息。委外送料单作业，在新增或更改状态下，点击"维护"，会显示本委外送料单对应的委外单信息，这里可以新增委外单信息或按"Ctrl＋Delete"删除委外单信息。

➪ 若在浏览状态下，点击"维护"，只可以查看，如图 8-118 所示。

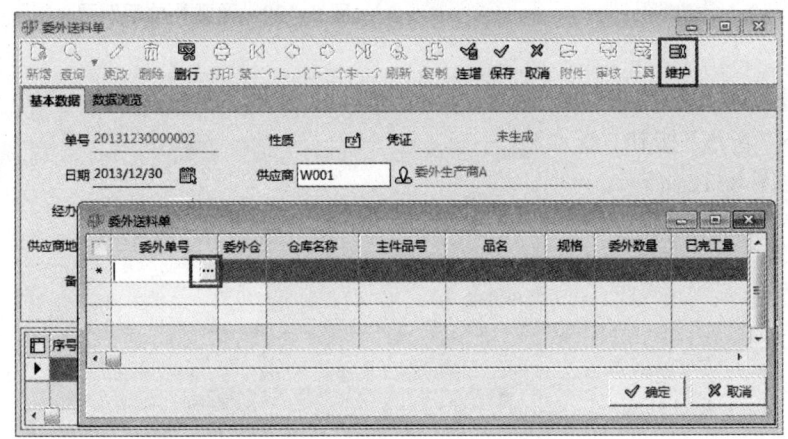

图 8-118　委外送料单维护按钮操作图

8.5.4 委外超耗送料单

8.5.4.1 作业目的

当委外单上的耗用量数量大于已送料量数量时，便可以进入本作业进行补料的操作。

8.5.4.2 作业界面

作业界面如图8-119所示。

图 8-119 委外超耗送料单作业界面图

8.5.4.3 取单操作说明

【步骤1】 查询源制委外单（已委外进货）、（耗用量 > 已送料量），如图 8-120 所示。

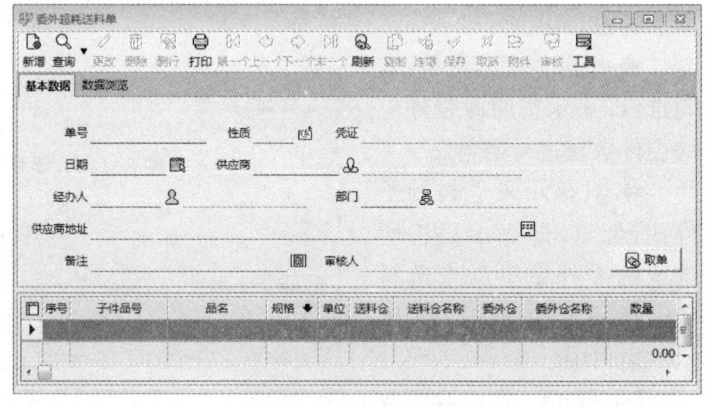

图 8-120 源委外单示例图

【步骤2】 委外超耗送料单作业，按下"新增"按钮，点 取单 按键，如图 8-121 所示。

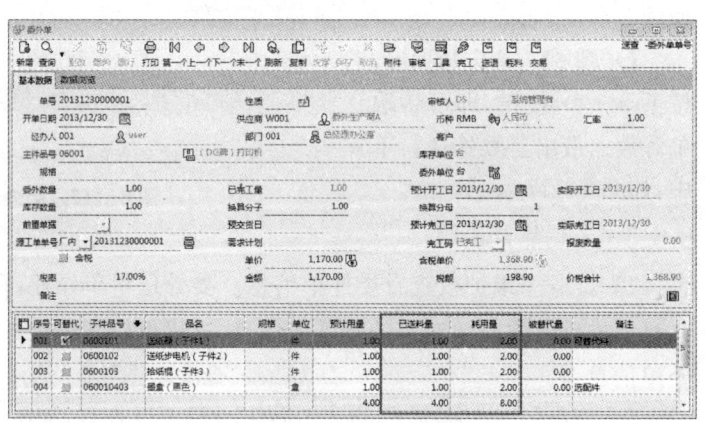

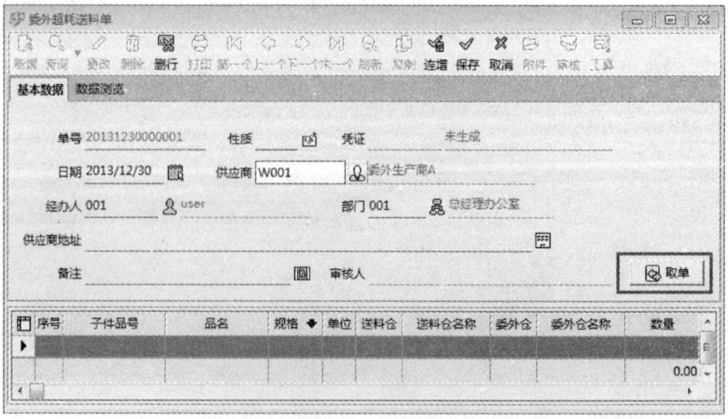

图 8-121 委外超耗送料单取单操作图

第 8 章　生产流程管理

【步骤 3】 取单窗口，先行维护"委外仓"过滤信息，如图 8-122 所示。

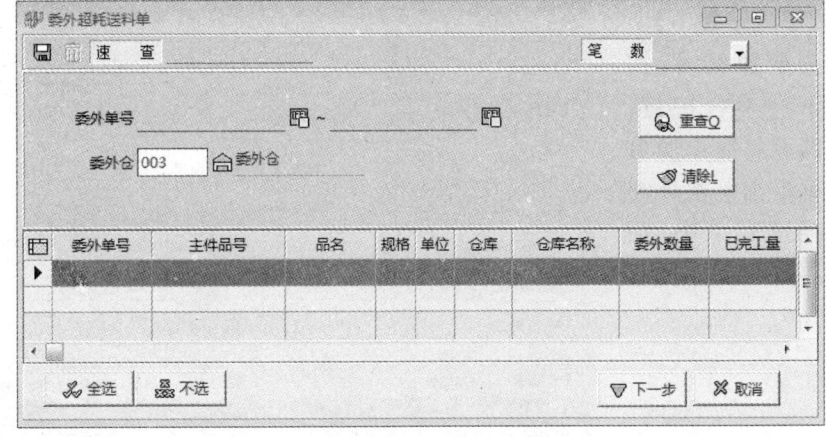

图 8-122　委外超耗送料单取单操作图

【步骤 4】 可针对取单前置单据再做条件筛选，输入完按下 重查 按钮，符合的数据便会显示在图 8-123 所示的窗口中。多笔选定时，只需按下 Ctrl 键，再用鼠标点选所需要的商品即可。（可发现每笔被点选的信息都有一黑色圆点），如图 8-123 所示。

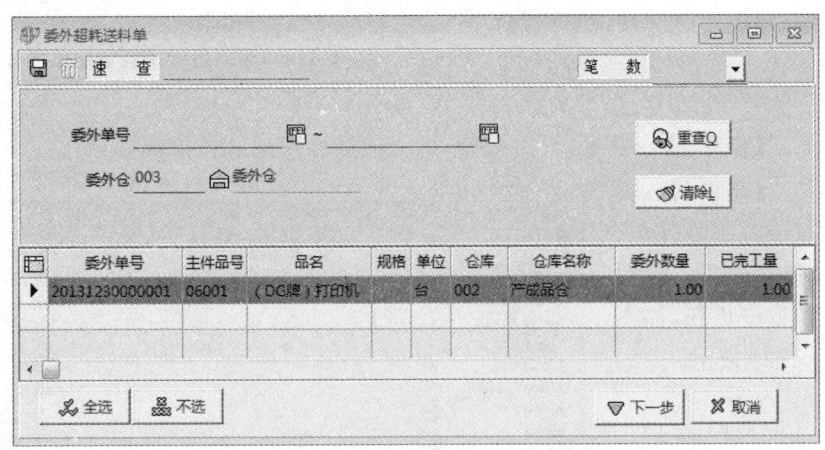

图 8-123　委外超耗送料单取单操作图

【步骤 5】 选定取单数据后，按下 下一步 按键，选择取单展料子件欠料数量信息，如图 8-124 所示。

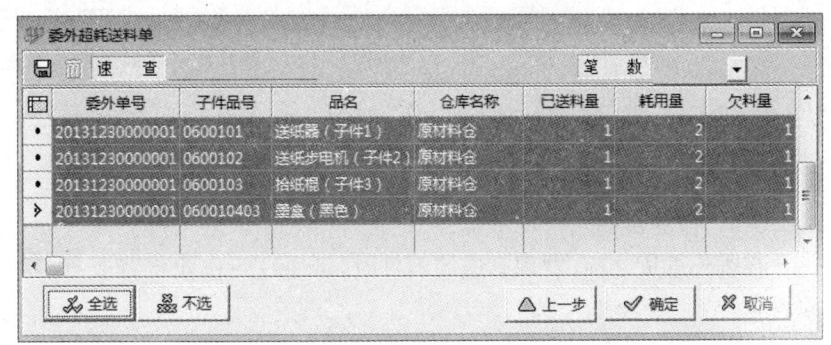

图 8-124　委外超耗送料单取单操作图

185

【步骤6】选定数据后，按下 ✓确定 按键，即可将取单源数据带出至委外超耗送料单中，如图8-125所示。

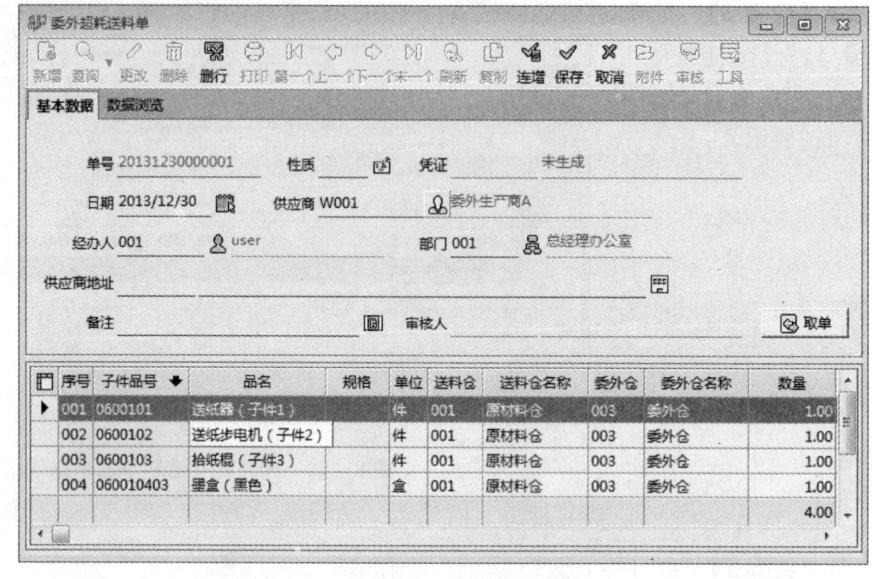

图8-125　委外超耗送料单取单操作图

【步骤7】按下 ✓保存 按钮，即完成委外超耗送料单数据录入。

【步骤8】再查询源制委外单，"已送料量"字段数据已更新，如图8-126所示。

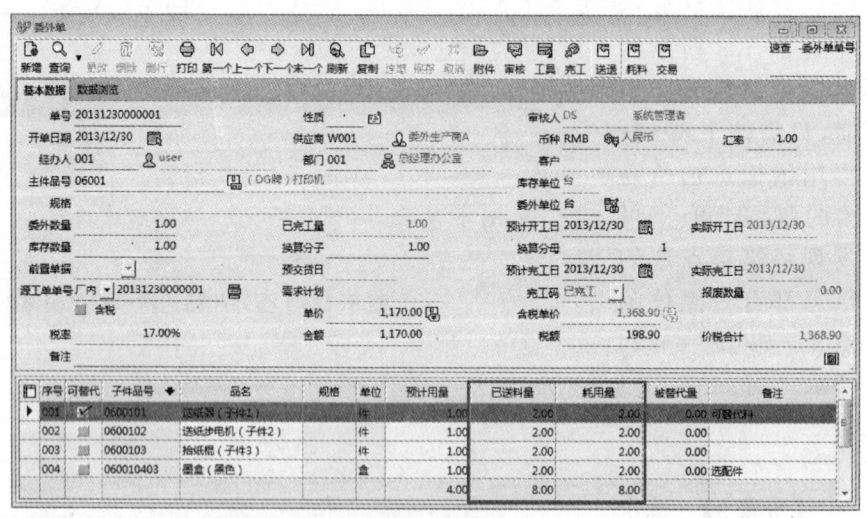

图8-126　委外超耗送料单取单操作图

8.5.5　委外退料单（取单）

8.5.5.1　作业目的

在委外进货之前，发现有送错料件时，可通过此作业将错委外、错送料件由委外仓调拨回原料仓。

8.5.5.2　作业界面

作业界面如图8-127所示。

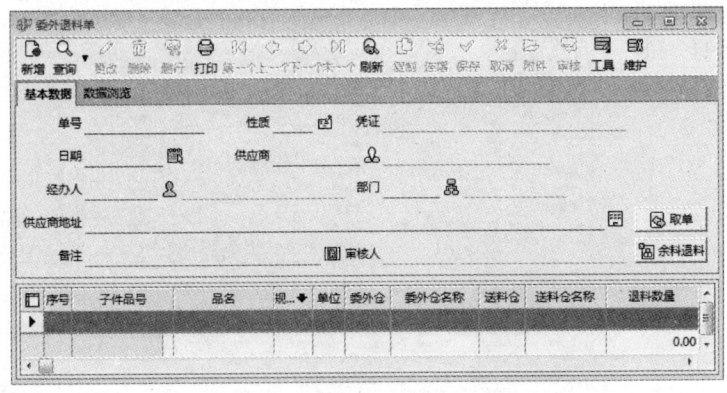

图 8-127 委外退料单作业界面图

8.5.5.3 取单操作说明

【**步骤1**】 查询源制委外单(尚未委外进货),如图 8-128 所示。

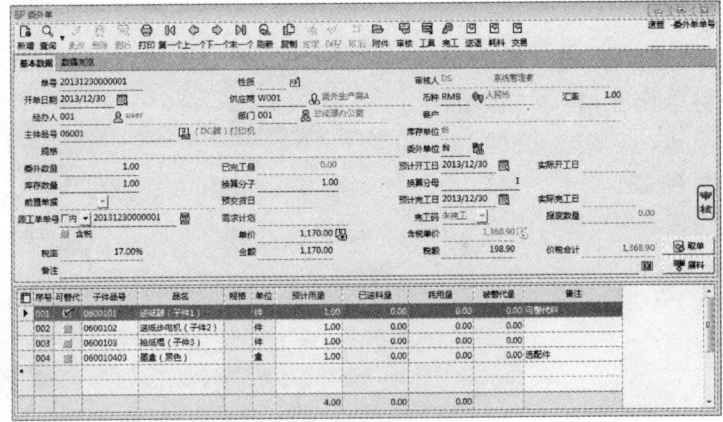

图 8-128 源委外单示例图

【**步骤2**】 送料单作业,取委外单,模拟委外错送料件,如图 8-129 所示。

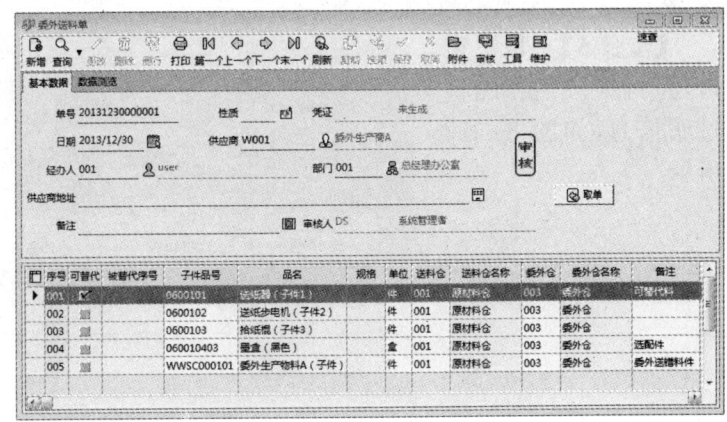

图 8-129 源委外送料单示例图(错送料)

【步骤3】 再查询源制委外单，单身展料数据已更新，如图8-130所示。

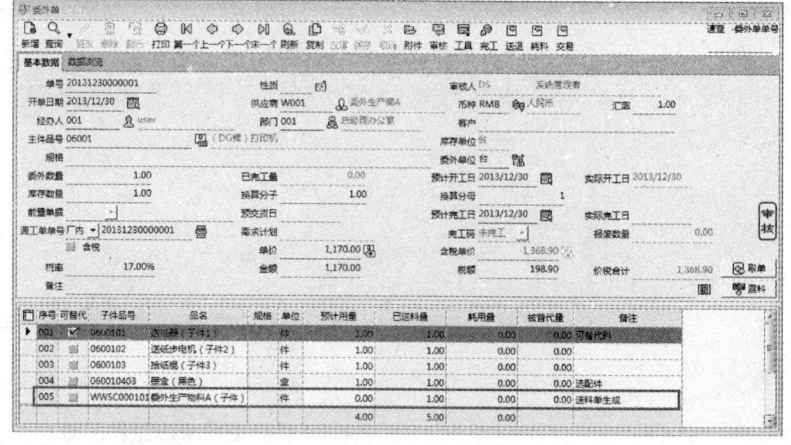

图8-130 错委外送料后委外单示例图(错送料)

【步骤4】 委外退料单作业，按下"新增"按钮，点 取单 按键，如图8-131所示。

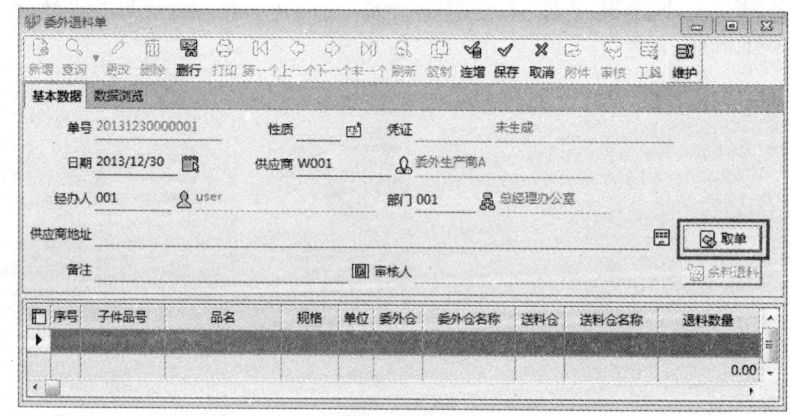

图8-131 委外退料单取单操作图

【步骤5】 取单窗口，先行维护"委外仓"过滤信息，如图8-132所示。

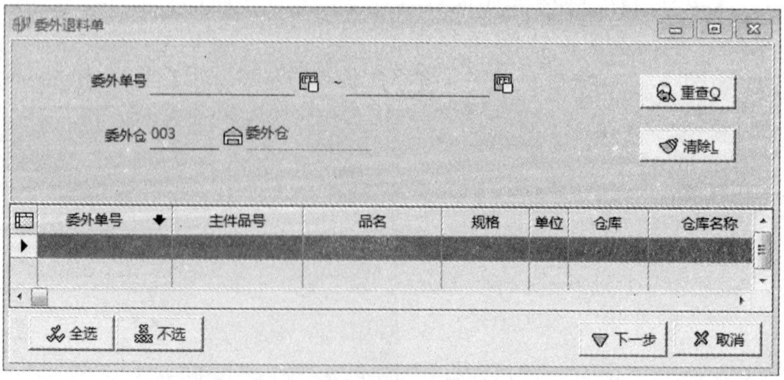

图8-132 委外退料单取单操作图

【步骤6】可针对取单前置单据再做条件筛选，输入完按下 重查Q 按钮，符合的数据便会显示在图8-133所示的窗口中。多笔选定时，只需按下 Ctrl 键，再用鼠标点选所需要的商品即可。（可发现每笔被点选的信息都有一黑色圆点），如图8-133所示。

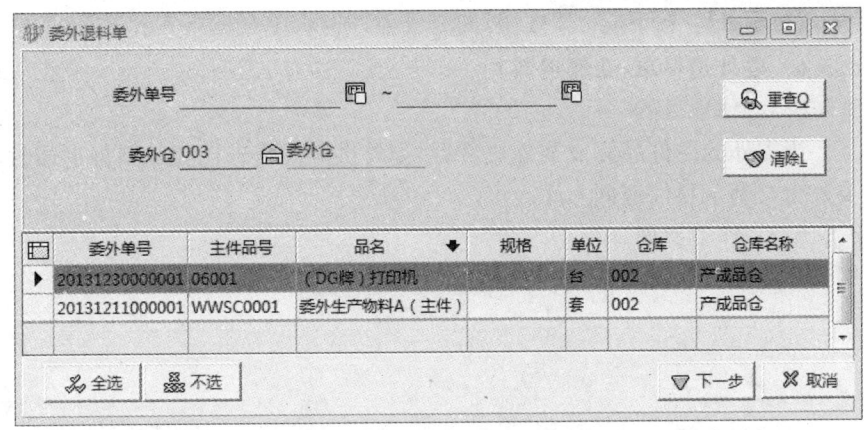

图8-133　委外退料单取单操作图

※ 委外仓：输入需要送还料的委外仓。

【步骤7】选定取单数据后，按下 下一步 按键，选择取单展料子件的委外退料信息，如图8-134所示。

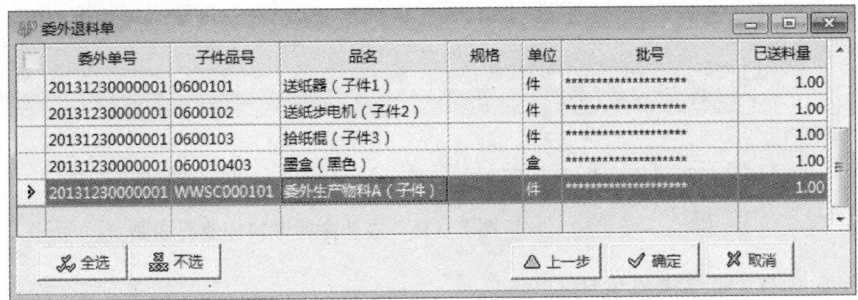

图8-134　委外退料单取单操作图

【步骤8】选定数据后，按下 确定Q 按键，即可将取单源退料数据带出至委外退料单中，如图8-135所示。

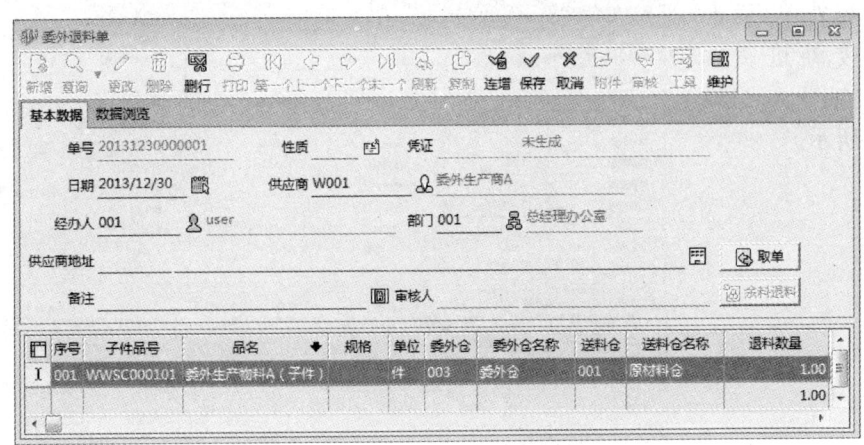

图8-135　委外退料单取单操作图

【步骤9】 按下 保存 审核 按钮，即完成委外退料单数据录入。

8.5.6 委外退料单（余额退料）
8.5.6.1 作业目的
当委外的主件品完成委外进货后，委外供应商将未用完的料件退回时，便可利用此作业将委外生产剩余料件退回入库。

8.5.6.2 作业界面
作业界面如图 8-136 所示。

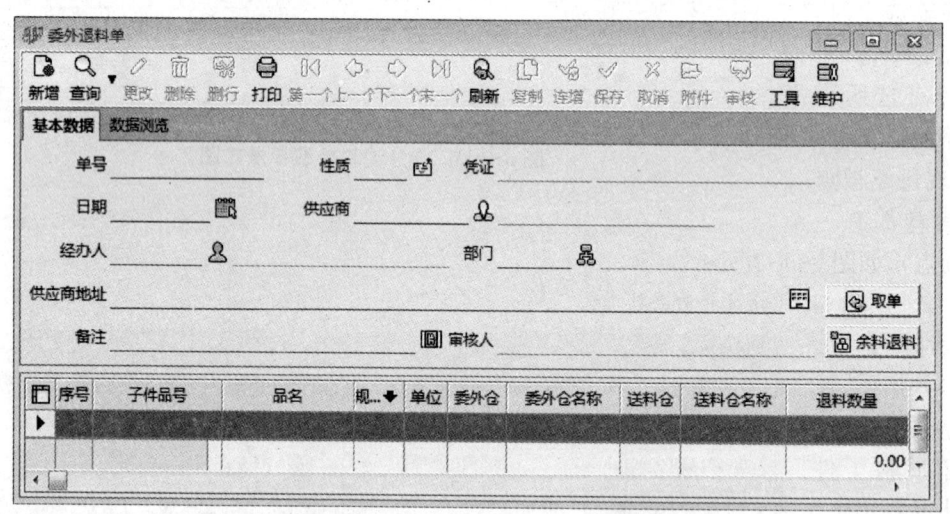

图 8-136 委外余料退料作业界面图

8.5.6.3 取单操作说明
【步骤1】
查询源制委外单（尚未委外进货），如图 8-137 所示。

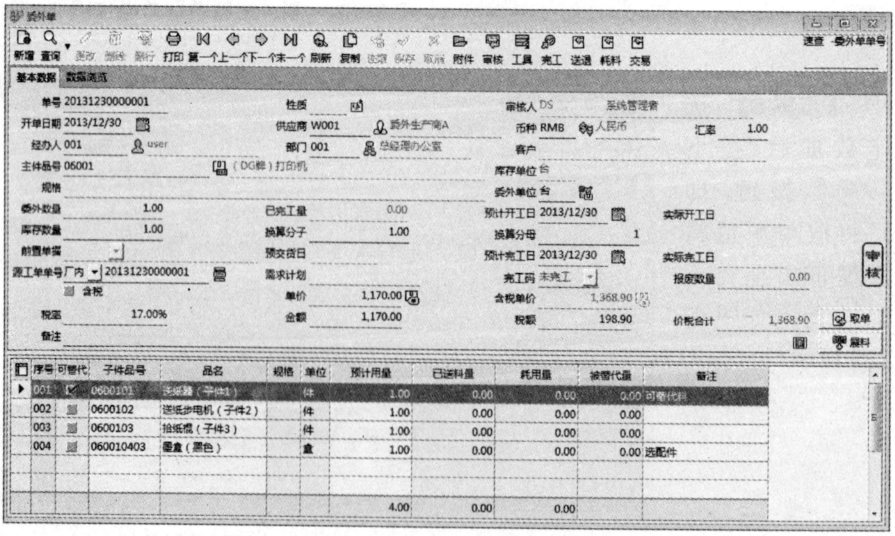

图 8-137 源委外单示例图

【步骤2】 委外进货单作业,取委外单,模拟未完全耗用料,如图8-138所示。

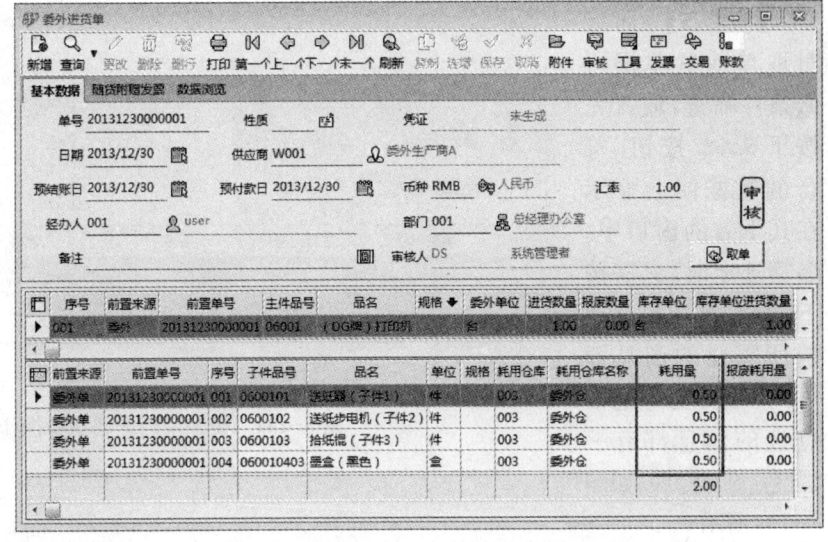

图8-138 源委外进货单示例图(少耗用量)

【步骤3】 再查询源制委外单,单身"耗用量"字段数据已更新,如图8-139所示。

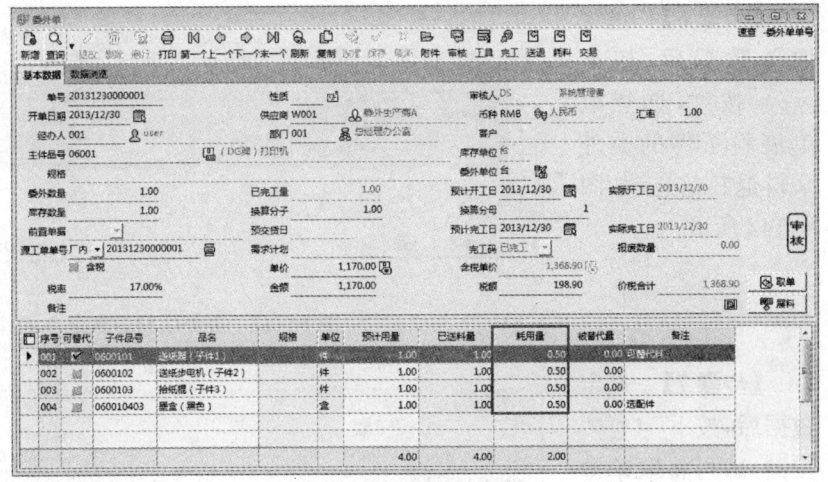

图8-139 委外进货单后委外单示例图(少耗用量)

【步骤4】 取单窗口,先行维护"委外仓""完工码"过滤信息,如图8-140如示。

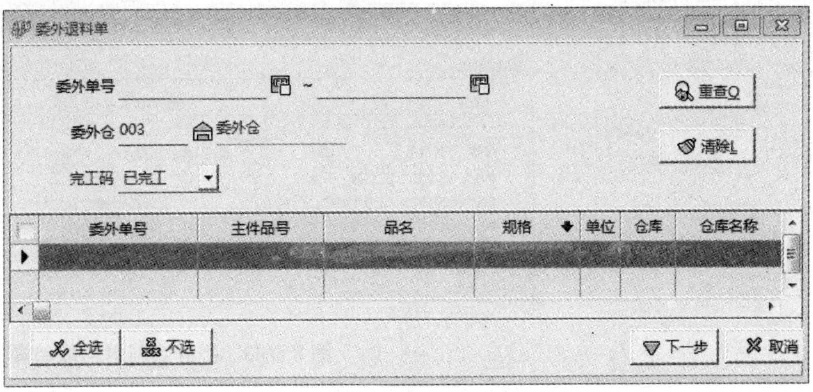

图8-140 委外余料退料取单操作图

【步骤5】 可针对取单前置单据再做条件筛选,输入完按下 重查 按钮,符合的数据便会显示在其下方的窗口中。多笔选定时,只需按下 Ctrl 键,再用鼠标点选所需要的商品即可。(可发现每笔被点选的信息都有一黑色圆点),如图 8-141 所示。

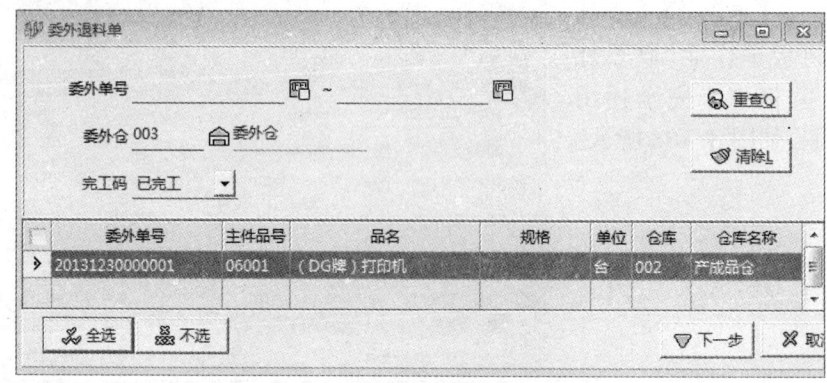

图 8-141　委外余料退料取单操作图

※ 委外仓:输入需要送还料的委外仓。

※ 完工码:选择源委外单"已完工""未完工""指定完工""全部"属性。

【步骤6】 选定取单数据后,按下 下一步 按键,选择取单展料子件的委外余料退料信息,如图 8-142 所示。

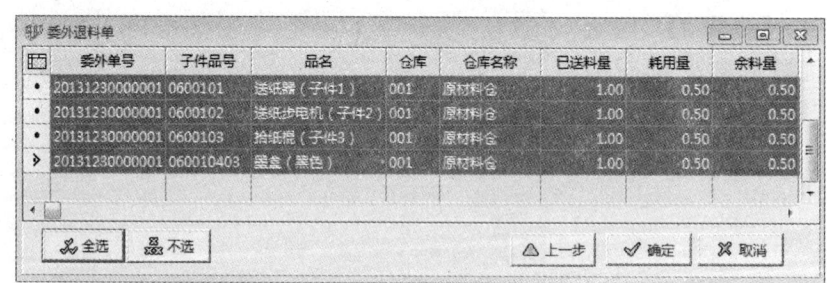

图 8-142　委外余料退料取单操作图

【步骤7】 选定数据后,按下 确定 按键,即可将取单源余料退料数据带出至委外退料单中,如图 8-143 所示。

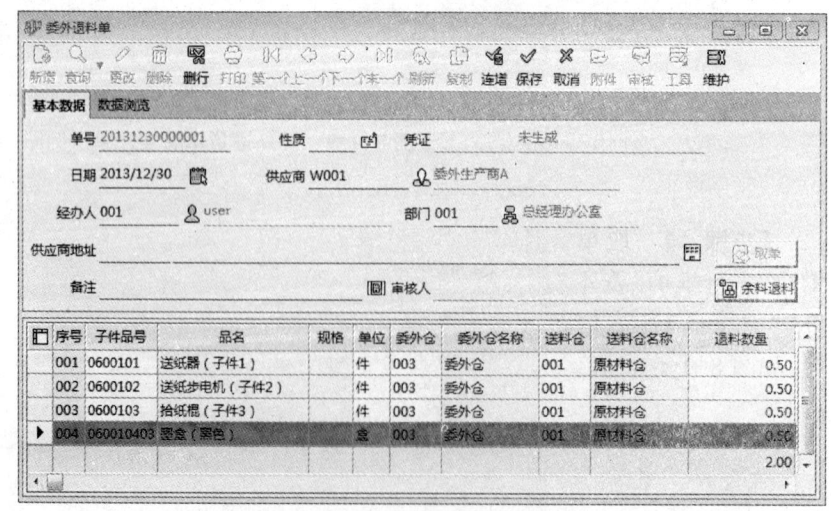

图 8-143　委外余料退料取单操作图

【步骤8】 按下 保存 审核 按钮,即完成委外退料单数据录入。

8.5.7 委外进货单

8.5.7.1 作业目的

当供应商完成委外加工的产品时,可在此作业中输入,以便完成数量入库与应付账单的生成。

8.5.7.2 作业界面

作业界面如图 8-144 所示。

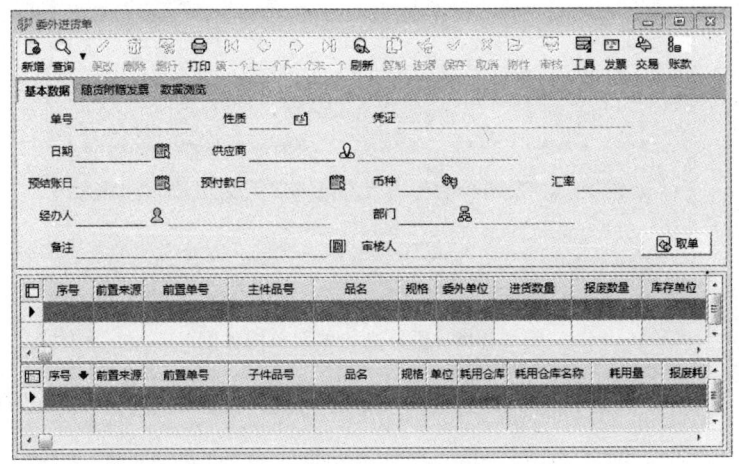

图 8-144 委外进货单作业界面图

8.5.7.3 取单操作说明

【步骤1】 在委外进货单取单委外单窗口,先行维护"耗用仓库"过滤信息,如图 8-145 所示。

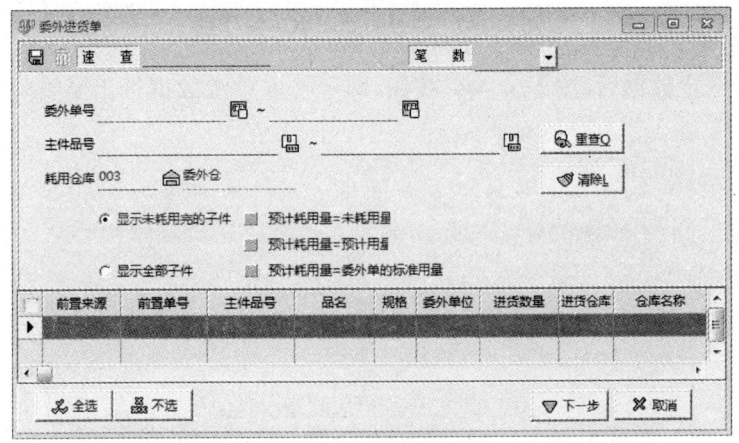

图 8-145 委外进货单取单操作图

▷ 预计耗用量=未耗用量:勾选时,系统自动将预计耗用量赋值未耗用量。
▷ 预计耗用量=预计用量:勾选时,系统自动将预计耗用量赋值预计用量。
▷ 预计耗用量=委外单的标准用量:勾选时,系统自动将预计耗用量赋值标准用量。

【步骤2】 可针对取单再做条件筛选,输入完按下 重查 按钮,符合的数据便会显示在图 8-146所示的窗口中。多笔选定时,只需按下 Ctrl 键,再用鼠标点选所需要的商品即可。(可发现每笔被点选的信息都有一黑色圆点),如图 8-146 所示。

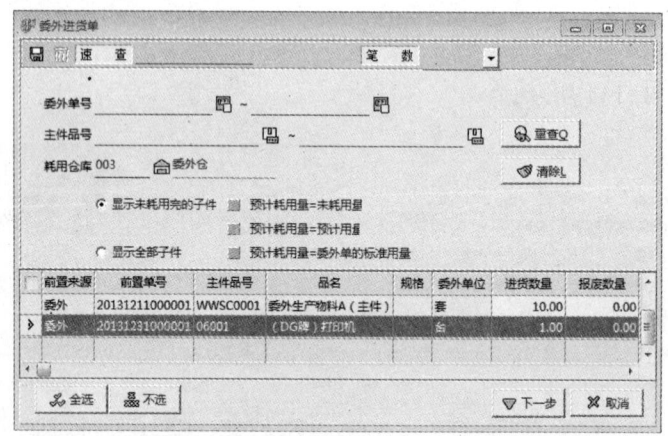

图 8-146　委外进货单取单操作图

【步骤3】 选定取单数据后,按下 下一步 按键,选择取单展料子件的已送料信息,如图 8-147所示。

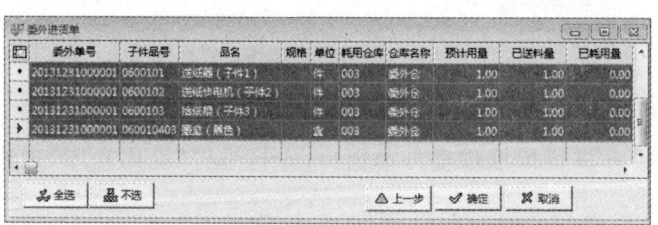

图 8-147　委外进货单取单操作图

【步骤4】 选定数据后,按下 确定 按钮,即可将取单源数据带出至委外进货单中,如图 8-148所示。

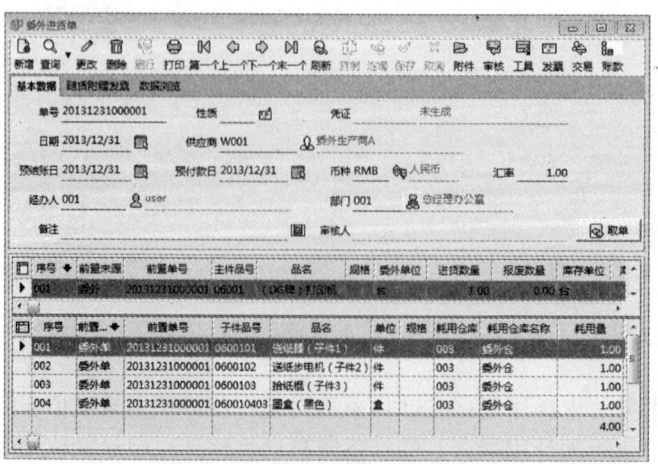

图 8-148　委外进货单取单操作图

【步骤5】 按下 ✓ 审核 按钮,即完成委外进货单数据录入。

8.5.7.4 功能按钮说明

1) 发票——在查询状态下,可查询委外进货单的采购发票信息,如图8-149所示。

图8-149 委外进货单开票状况查询图

2) 交易——在查询状态下,可查询委外进货单历史交易记录信息,如图8-150所示。

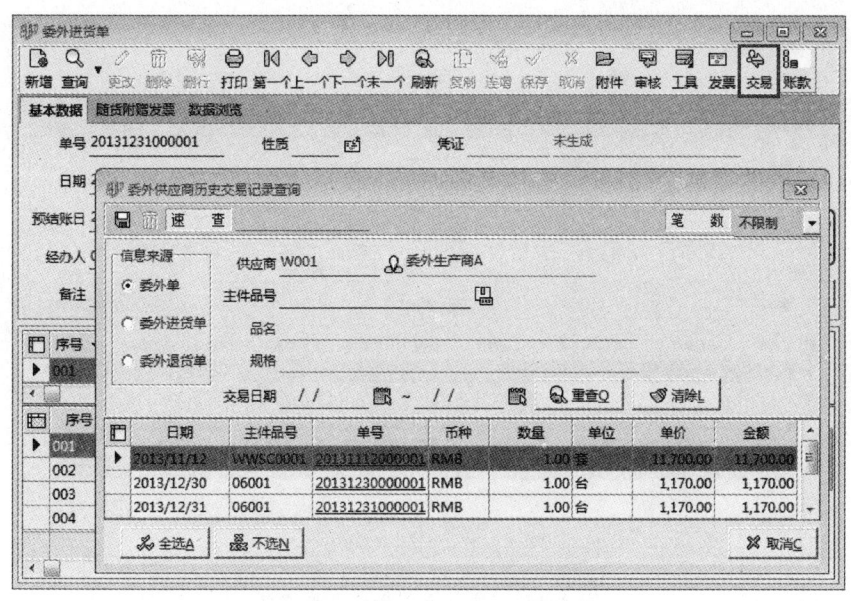

图8-150 委外进货单历史交易查询图

3) 账款——在查询状态下,可查询委外进货单应付账款交易信息,如图8-151所示。

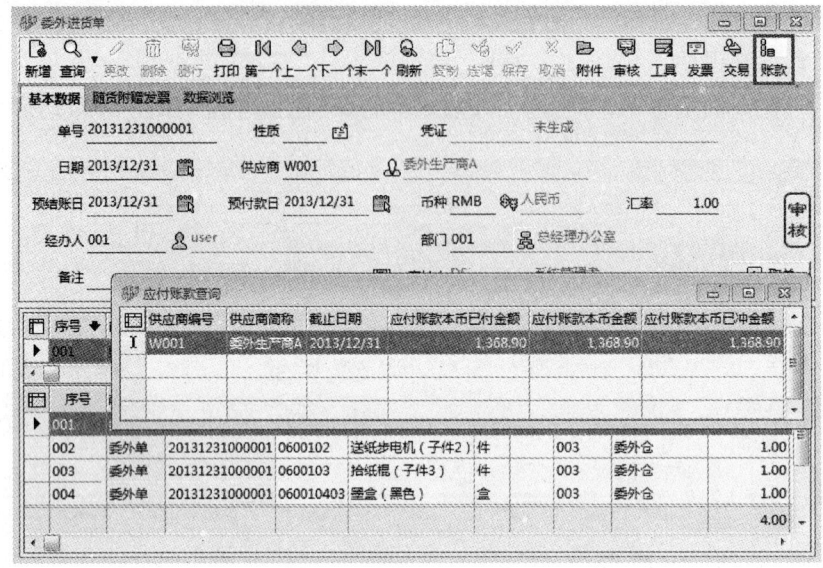

图 8-151　委外进货单应付账款查询图

8.5.8　委外退货单

8.5.8.1　作业目的

当委外供应商加工的商品委外进货入库后发现有瑕疵时，可在此作业将委外产成品退回给供应商。

8.5.8.2　作业界面

作业界面如图 8-152 所示。

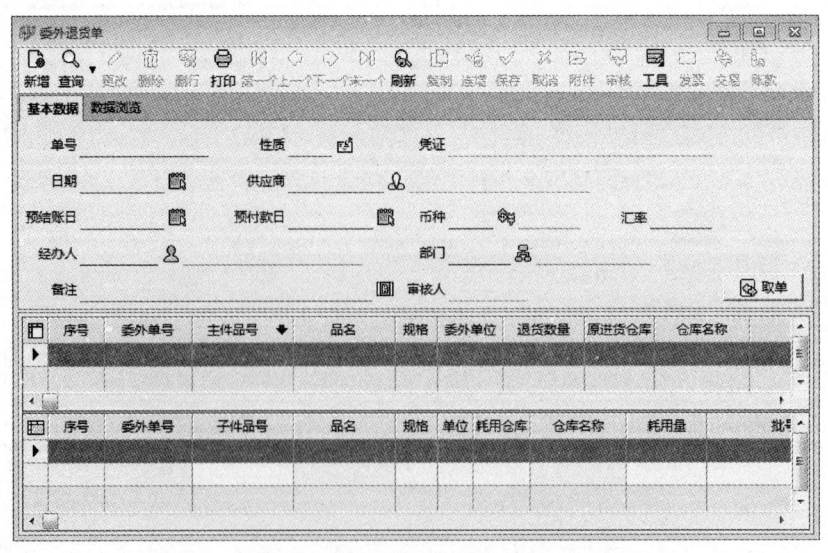

图 8-152　委外退货单作业界面图

8.5.8.3　取单操作说明

【步骤1】　查询源制委外单(已委外进货)，如图 8-153 所示。

第 8 章 生产流程管理

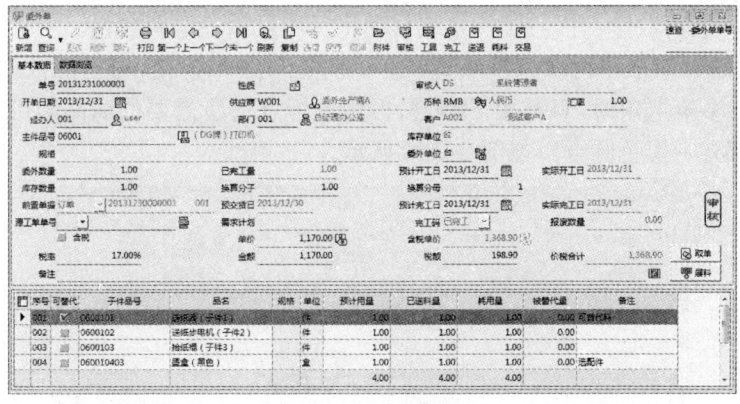

图 8-153 源委外单示例图

【步骤 2】 委外退货单单头,按下"新增"按钮,点 取单 按钮,如图 8-154 所示。

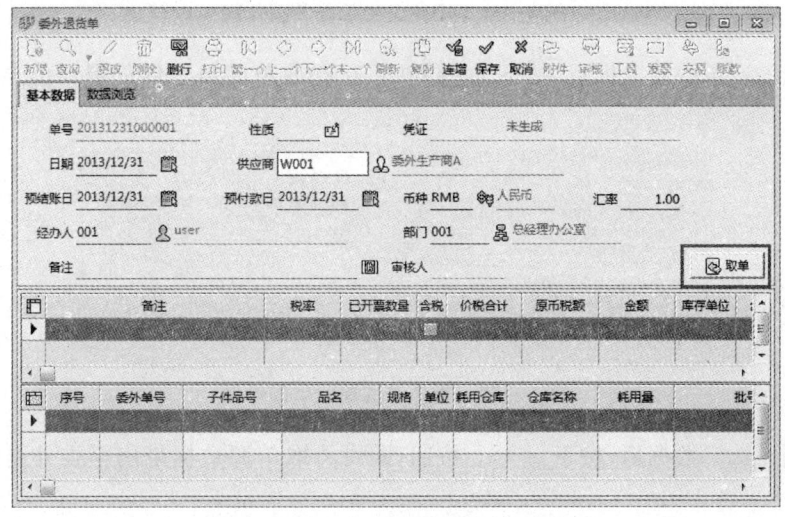

图 8-154 委外退货单取单操作图

【步骤 3】 在取单窗口先行维护"耗用仓库"过滤信息,如图 8-155 所示。

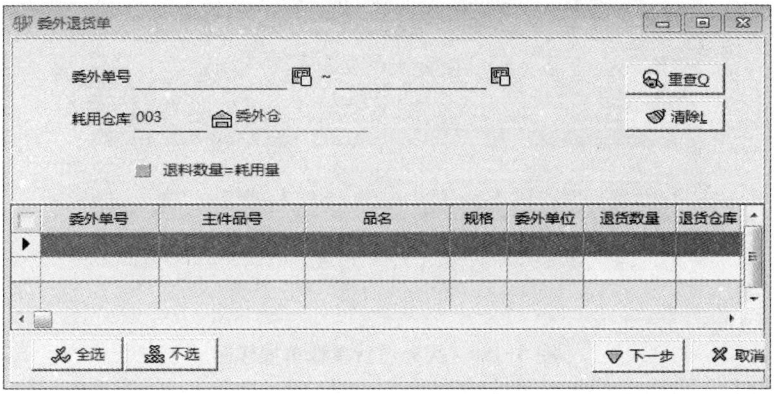

图 8-155 委外退货单取单操作图

➡ 耗用量＝退料数量：有勾选时，系统自动将耗用量赋值退料数量。

【步骤4】 可针对取单再做条件筛选，输入完按下 重查Q 按钮，符合的数据便会显示在其下方的窗口中。多笔选定时，只需按下 Ctrl 键，再用鼠标点选所需要的商品即可。（可发现每笔被点选的信息都有一黑色圆点），如图8-156所示。

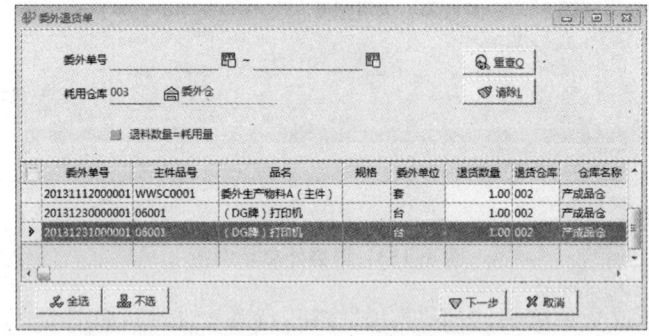

图 8-156　委外退货单取单操作图

【步骤5】 选定取单数据后，按下 下一步 按键，选择取单展料子件的退料信息，如图8-157所示。

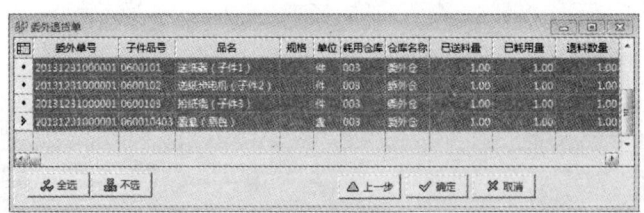

图 8-157　委外退货单取单操作图

【步骤6】 选定数据后，按下 确定Q 按钮，即可将取单源数据带出至委外退货单中，如图8-158所示。

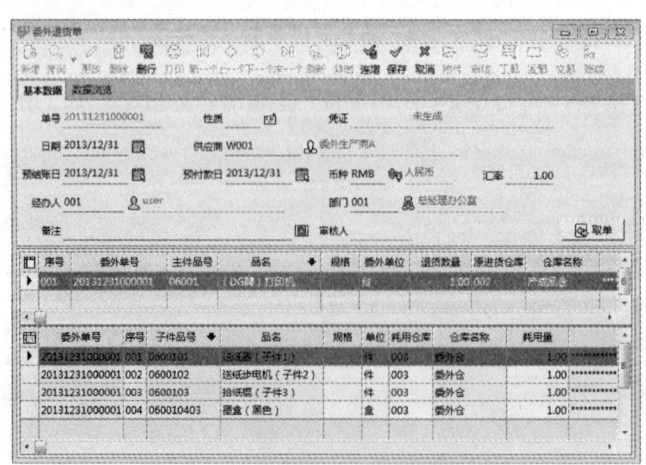

图 8-158　委外退货单取单操作图

【步骤7】 按下 保存 审核 按钮，即完成委外退货单数据录入。

8.5.8.5 功能按钮说明

1) ——委外结算开票。在查询状态下,可查询委外退货单红字采购发票信息。

操作说明

按下 按钮,即可查询到此委外进货单的采购发票信息,如图 8-159 所示。

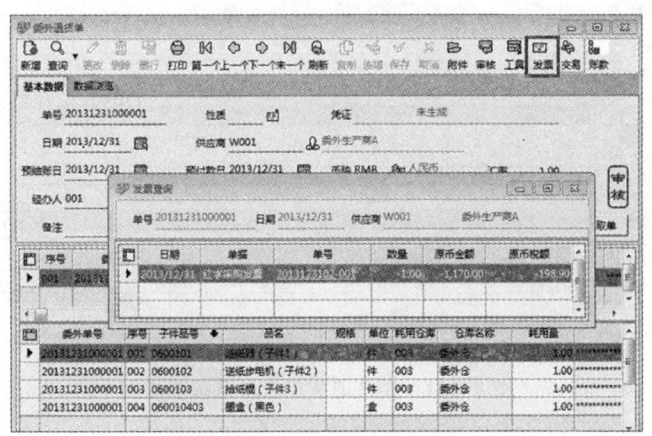

图 8-159　委外退货单开票记录查询图

2) ——委外供应商历史交易记录查询。在查询状态下,可查询到委外退货单对应的供应商历史交易记录。

操作说明

按下 按钮,系统将自动显示所选委外退货单同供应商同主件品号的历史交易记录,如图 8-160 所示。

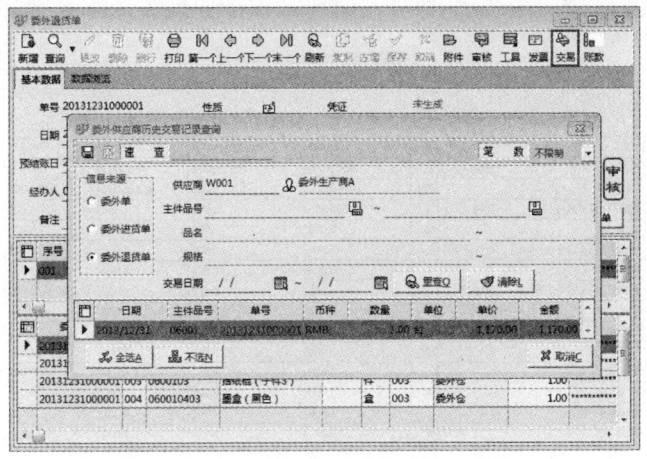

图 8-160　委外退货单开票记录查询图

3) ——应付账款记录查询。在查询状态下,可供查询委外退货单应付账款交易信息。

操作步骤

按下 按钮,系统将自动显示所选委外退货单对应供应商应付账款信息,如图 8-161 所示。

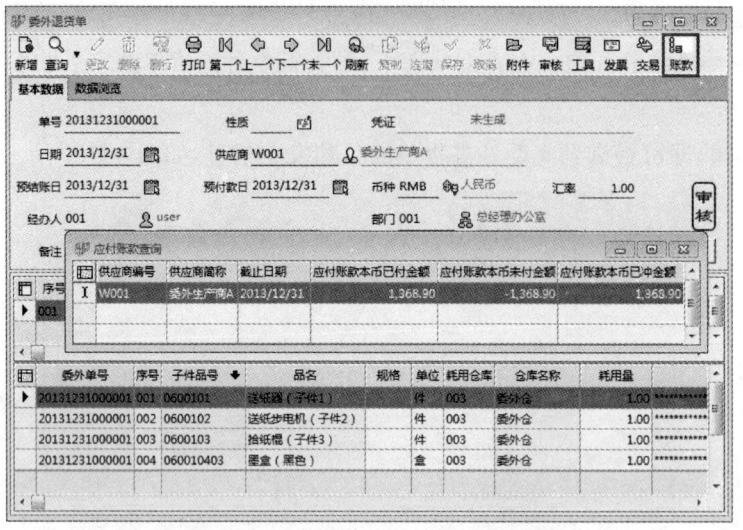

图 8-161 委外退货单应付账款查询图

8.6 生产管理报表

8.6.1 材料需求检视表

1. 报表说明

查看需求主件品号及其单阶或尾阶品号的预计入库/预计出库量等情况。

2. 报表界面

报表界面如图 8-162 所示。

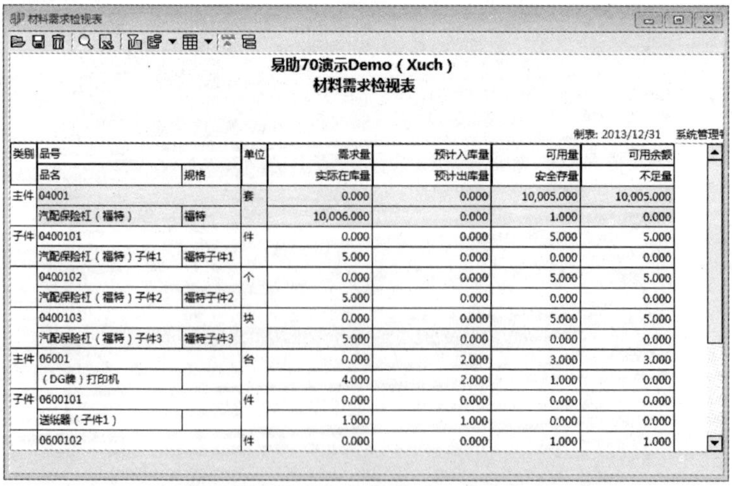

图 8-162 材料需求检视表界面图

8.6.2 生产日报表—按工单

1. 报表说明

以工单为查询角度,来了解每日生产进度的状况。

2. 报表界面

报表界面如图 8-163 所示。

图 8-163　生产日报表——按工单查询界面图

8.6.3　超期未完工跟催表—按工单

1. 报表说明

以工单为查询角度，根据预计完工日期来查看超期未完工的工单。

2. 报表界面

报表界面如图 8-164 如示。

图 8-164　超期未完工跟催表——按工单查询界面图

8.6.4　超期未完工跟催表——按供应商

1. 报表说明

以供应商为查询角度，根据预计完工日期来查看超期未完工的工单。

2. 报表界面

报表界面如图 8-165 如示。

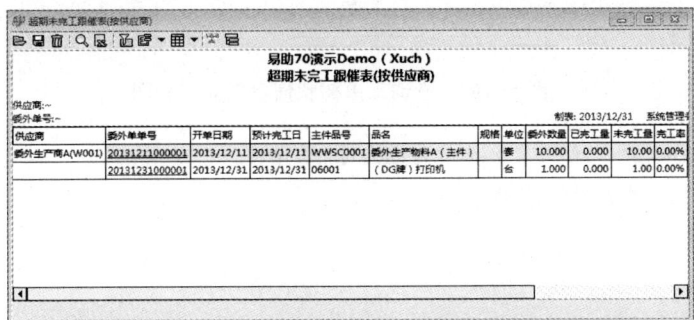

图 8-165　超期未完工跟催表——按供应商查询界面图

8.6.5 余料表——按工单/按委外

1. 报表说明

以实际完工日来查询厂内工单/委外单已进货且有余料的单据信息。

2. 报表界面

报表界面如图 8-166 所示。

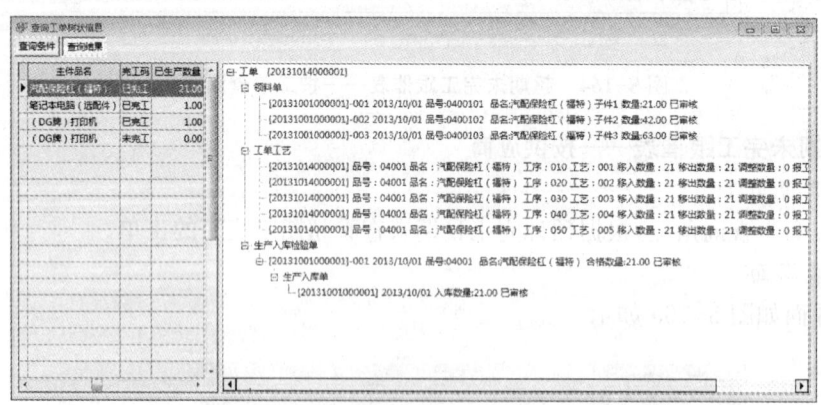

图 8-166 余料表——按工单/按委外查询界面图

8.6.6 查询工单树状信息

1. 报表说明

以工单做入口,用树状结构来查询工单的下游单据。

2. 报表界面

报表界面如图 8-167 所示。

图 8-167 查询工单树状信息报表界面图

※提示:点击树状图中的任一单号,都可超链接到相应单据。

8.6.7 查询生产计划单树状信息

1. 报表说明

以委外单做入口,用树状结构来查询委外单的下游单据。

2. 报表界面

报表界面如图 8-168 所示。

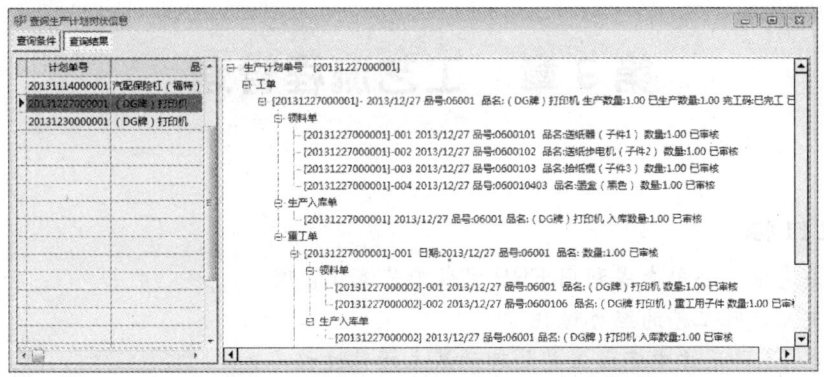

图 8-168 查询生产计划单树状信息报表界面图

※提示：点击树状图中的任一单号，都可超链接到相应单据。

8.6.8 查询委外单树状信息

1. 报表说明

以委外单做入口，用树状结构来查询委外单的下游单据。

2. 报表界面

报表界面如图 8-169 所示。

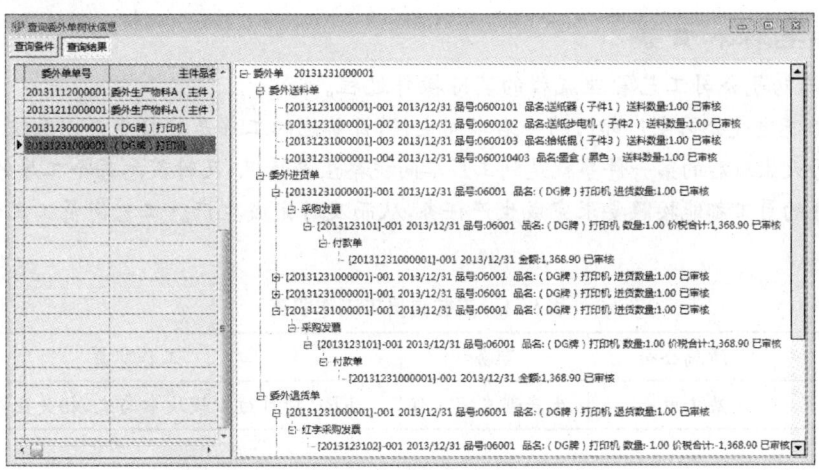

图 8-169 查询委外单树状信息报表界面图

※提示：点击树状图中的任一单号，都可超链接到相应单据。

第9章 工艺流程管理

课程目标
- 模拟浩志电气公司李成利用 ERP 完成工艺流程管理
- 了解企业实际工艺的经办过程
- 熟悉在 ERP 系统中完成工艺管理的基本操作过程
- 熟练掌握 ERP 软件系统工艺管理模块的操作
- 熟悉工艺管理基础资料的设置和输入过程
- 能够分析工艺管理流程
- 能够熟练完成工艺管理初始化工作
- 掌握工艺流程的处理方法
- 能够利用 ERP 系统完成企业工艺管理的操作

任务名称和背景

掌握浩志电气公司工艺管理流程的实际操作过程。

李成是浩志电气公司生产部门的一名车间主任,目前他的工作是监督生产以及统计工人的报工情况。他每天上班后的第一件事就是到工厂车间视察生产情况,及时获悉每个工序的生产进度,确保每个工序的员工都能按照要求完成生产任务,从而及时完成生产。工艺岗员工工作职责如表9-1所示。

表9-1 工艺岗员工工作职责

姓名	所属公司	职务	工作职责
李成	浩志电气	生产部车间主任	ERP 项目核心模块参与者,相关业务负责人

9.1 工艺管理基本流程

工作流程图如图 9-1 所示。

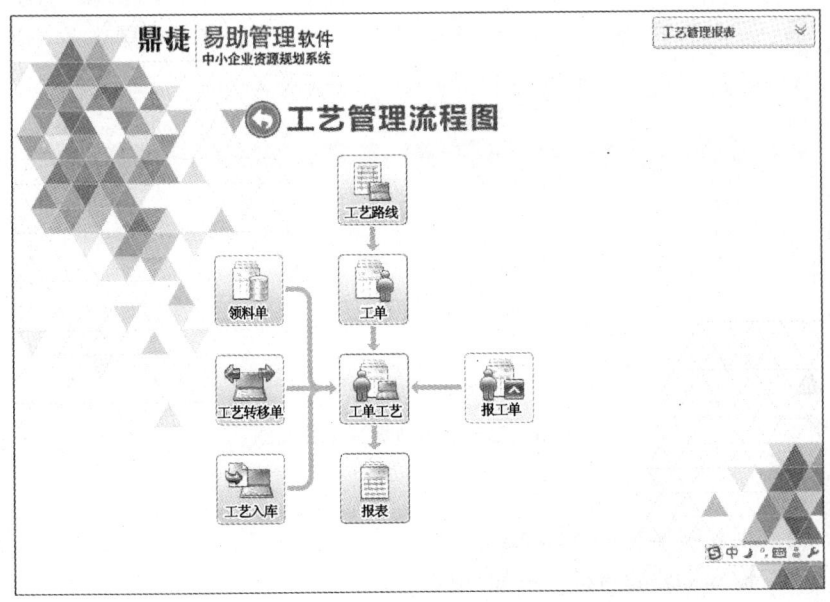

图 9-1 工作流程图

9.2 基础资料

9.2.1 工艺信息

1. 作业目的

记录企业生产过程中的各种工艺的相关信息。

2. 工艺信息界面

工艺信息界面如图 9-2 所示。

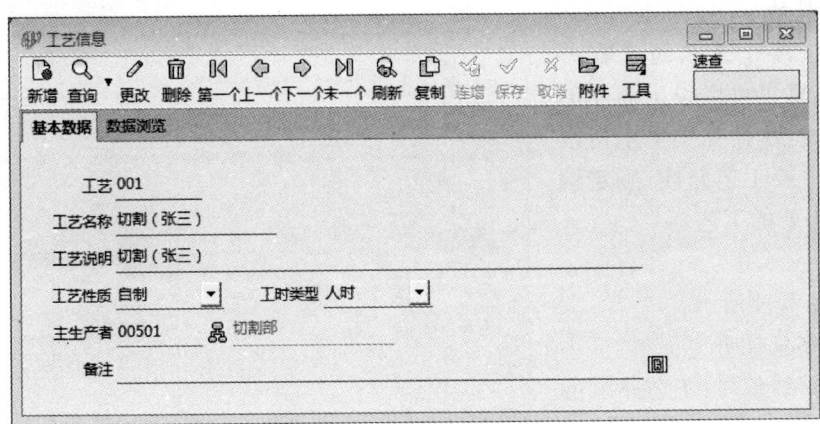

图 9-2 工艺信息界面图

3. 工艺信息数据浏览界面

工艺信息数据浏览界面如图 9-3 所示。

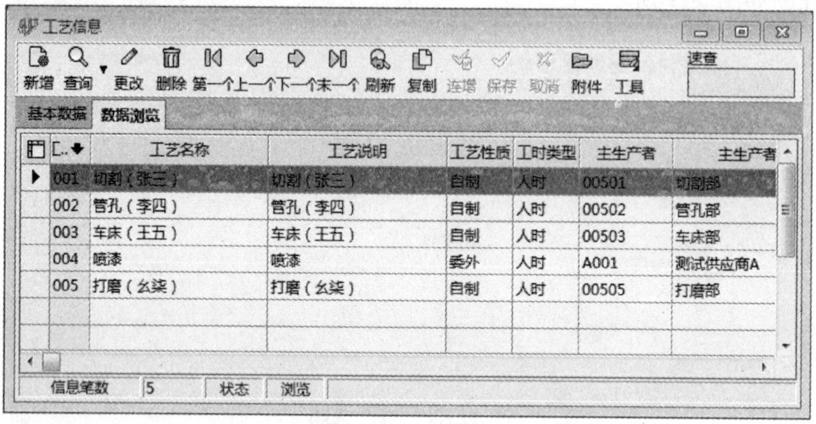

图 9-3 工艺信息数据浏览界面图

4. 字段说明

➡ 工艺：输入工艺的编号，不可空白。

➡ 工艺名称：输入工艺的名称。例如，电镀。

➡ 工艺说明：输入工艺过程的详细说明，例如，用什么工具进行电镀。

➡ 工艺性质：工艺进行的方式，分"自制"和"委外"两种。

➡ 工时类型：该工艺进行工时计算的方式，分"人时""机时"两种。

➡ 主生产者：主生产者编号。当工艺性质为"自制"时，可按 F2 作性质为工作中心的"部门信息"的查询窗口；若工艺性质为"委外"时，可按 F2 作"供应商信息"的查询窗口，并自动带出主生产者的名称，可空白。

➡ 主生产者名称：由主生产者自动带出，不可更改。

➡ 备注：备注字段。按 F2 作"词组数据"的查询窗口，可空白。

9.2.2 工艺路线

1. 作业目的

将生产中多个工艺组合在一起，在商品信息里可以设定商品的主要工艺路线，从而在工单中可以根据商品的主要工艺路线，确定该工单生产所需要的工艺。

2. 界面

界面如图 9-4 所示。

3. 单头字段说明

➡ 工艺路线编号：工艺路线的代号，不可空白，按 F2 作"商品基本数据"的开窗选定。

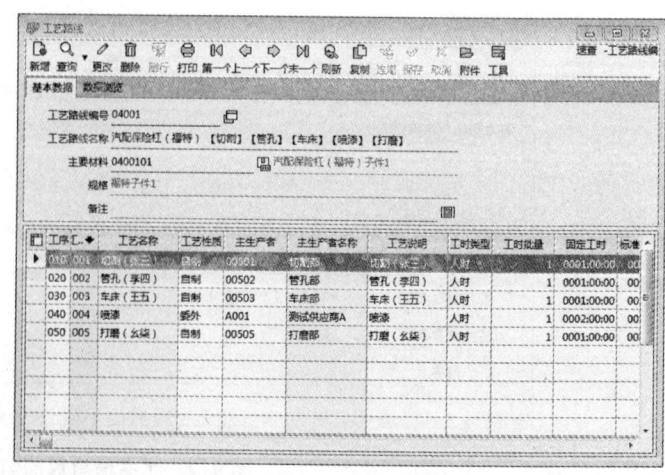

图 9-4 工艺路线图界面

➡ 工艺路线名称:工艺路线的名称及说明,可空白。

➡ 主要材料:在该组工艺路线的产品制作过程中,是以哪个材料作为生产加工的主要材料,可按 F2 作"商品基本数据"的开窗选定。

➡ 备注:备注字段,可按 F2 作"常用语"的查询窗口,可空白。

4. 单身字段说明

➡ 工序:系统自动以＋10 号排序,用户可自行更改与插号,不可空白。

➡ 工艺:工艺信息。也可按 F2 作"工艺信息"的开窗,不可空白。

➡ 工艺名称:由所取的工艺编号自动带出工艺的名称,不可更改。

➡ 工艺说明:由所取的工艺编号自动带出,也可按 F2 作"词组数据"的开窗,可空白。

➡ 工艺性质:分"自制"和"委外"两种,默认为"自制"。

➡ 主生产者:主要生产者编号。也可按 F2 的开窗:若工艺性质为"自制",则开窗信息类型为工作中心的部门信息;若工艺性质为"委外",则开窗信息为供应商信息。主生产者名称会自动由系统根据主生产者带出。

➡ 主生产者名称:由所取的主生产者自动带出,若主生产者修改,也可根据主生产者带出,不可更改。

➡ 含税:表示单价是否含税。如果勾选,则含税单价可输入,不含税单价不可输入。

➡ 税率:委外交易的税率。由所取的主生产者自动带出,可更改。

➡ 无税单价:为此项商品的不含税单价,由所取的工艺路线自动带出,可更改,不可空白。

▷ 输入后系统将自动计算出

$$无税单价＝含税单价/(1＋税率)$$

➡ 含税单价:为此项商品的含税单价,由所取的工艺路线自动带出,可更改,不可空白。

▷ 输入后系统将自动计算出

$$含税单价＝无税单价×(1＋税率)$$

➡ 工时类型:分"人时"和"委外"两种,由所取的工艺路线自动带出,可更改。

➡ 工时批量:参与工时计算的最小计量数。

➡ 固定工时:无论产品的多少,固定需要消耗的工时,可更改。

➡ 标准变动工时:每生产一个标准化数量的产品需要花费的时间,可更改。

➡ 备注:备注字段,可按 F2 作"词组数据"的查询窗口,可空白。

9.2.3 基本参数设置

1. 作业目的

在刚开始使用工艺管理系统时,优先要设置的一项作业,主要设置各张单据的编码方式。在设置前,请先审核有无其他用户在运行其他作业,务必将其他作业关闭后,才开始作设置,以确保数据的正确性。

2. 界面

界面如图 9-5 所示。

〈工艺设置〉

➡ 启用工艺管理:勾选后启用工艺管理。

➡ 工时计算类型:可选人时和机时。

➡ 移出数量不能大于移入：勾选，即管控工艺移转单每道工序的移出数量不能大于移入数量。

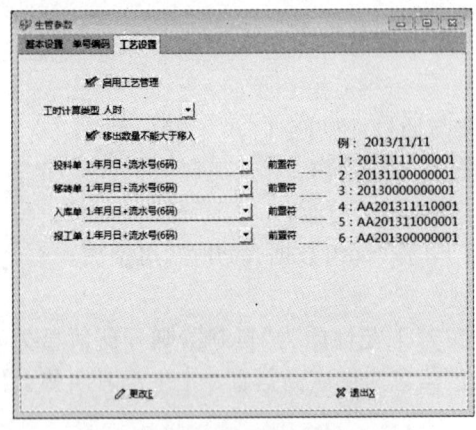

图9-5 基本参数设置界面图

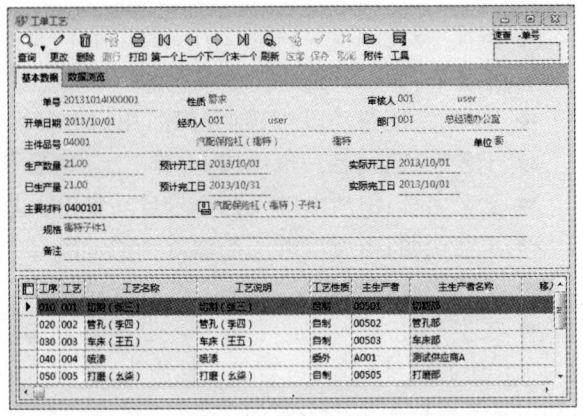

图9-6 工单工艺图

9.3 工艺管理操作过程

9.3.1 工单工艺

1. 作业目的

启用工艺管理，该作业用于设置工单主件产品的主要工艺信息，并可被工艺相关单据回写，反映每道工艺的移转、在制、报工情况，如图9-6所示。

2. 单头字段说明

➡ 单号：工单单号，不可修改。

➡ 主要材料：本张工单体现工艺移转过程的关键材料，为领料单审核自动生成工艺投料单而使用。

➡ 其他栏位：工单上的相关单头信息，不可修改。

3. 单身字段说明

➡ 工序：系统自动以＋10号排序，用户可自行更改与插号，不可空白。

➡ 工艺：由选择的工艺路线自动带出，也可按F2作"工艺信息"的开窗，不可空白。

➡ 工艺名称：由所取的工艺编号自动带出，不可更改。

➡ 工艺说明：由所取的工艺路线自动带出，也可按F2作"词组数据"的开窗，可空白。

➡ 工艺性质：分"自制"和"委外"两种，由所取的工艺路线自动带出，也可自己修改，不可空白。

➡ 主生产者：由所取的工艺路线自动带出，也可按F2的开窗：若工艺性质为"自制"，则开窗信息类型为工作中心的部门信息；若工艺性质为"委外"，则开窗信息为供应商信息。主生产者名称会自动由系统根据主生产者带出。

➡ 主生产者名称：由所取的工艺路线自动带出，若主生产者修改，也可根据主生产者带出，不可更改。

➡ 移入数量：由领料单根据主要材料的领用数量推算主件商品的投入数量回写；或者根据移转单的转入数量回写，不可更改。

- 移出数量：由移转单的转出数量回写，不可更改。
- 报废数量：由移转单或工艺入库单的报废数量回写，不可更改。
- 在 制 量：由该工艺的移入数量减移出数量获得，不可更改。
- 报工数量：由报工单的报工数量回写，不可更改
- 含税：表示单价是否含税。如果勾选，则含税单价可输入，不含税单价不可输入。
- 税率：由所取的工艺路线自动带出，可更改。
- 无税单价：为此项商品的不含税单价，由所取的工艺路线自动带出，可更改，不可空白。
  ▷ 输入后系统将自动计算出

$$无税单价＝含税单价/(1＋税率)$$

- 含税单价：为此项商品的含税单价，由所取的工艺路线自动带出，可更改，不可空白。
  ▷ 输入后系统将自动计算出

$$含税单价＝无税单价×(1＋税率)$$

- 工时类型：分"人时"和"委外"两种，由所取的工艺路线自动带出，可更改。
- 标准工时：由所取的工艺路线自动带出，可更改。
- 实际工时：由报工单的报工工时回写，不可更改。
- 备注：备注字段，可按 F2 作"词组数据"的查询窗口，可空白。

4．特殊说明

修改状态下，进入单身，系统判断单身是否有信息，若无信息则运行工艺展开画面，如图 9-7 所示。

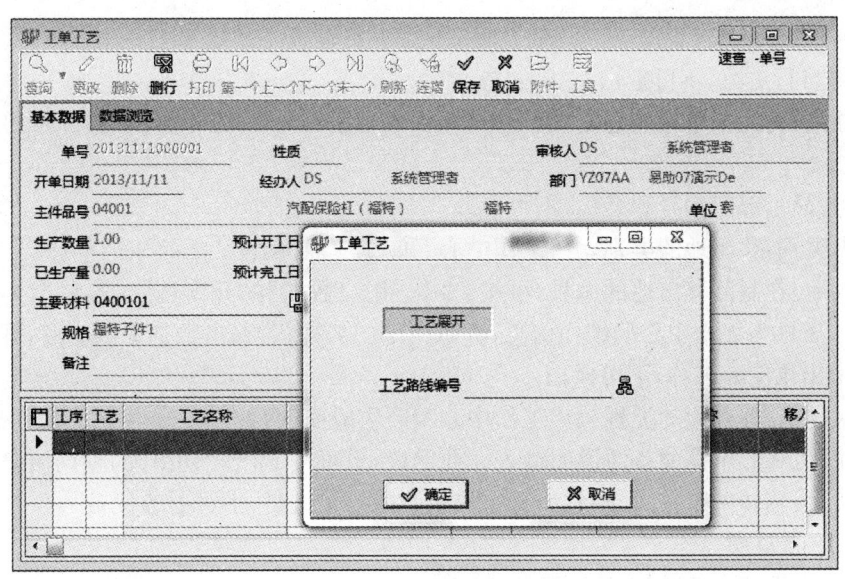

图 9-7　工艺展开画面图

- 工艺路线编号：可按 F2 作"工艺路线"的开窗，不可空白。
- 按下 ✓确定Q 按钮，系统将自动把该工艺路线的信息展开到工单工艺的单身上。

9.3.2 工艺移转单

1. 作业目的

完成在工作中心/委外供应商之间的在制品数量移转。

2. 界面

界面如图 9-8 所示。

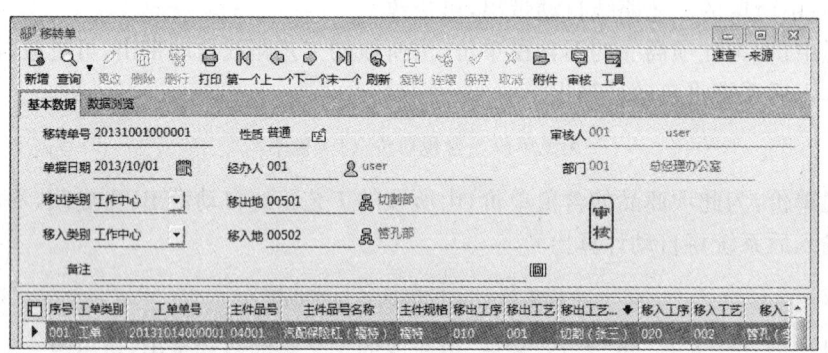

图 9-8 工艺已转单界面图

3. 单头字段说明

➡ 单号:在生管参数的单据编码中,若设置为"手动编号",则必须自行输入;若为"自动编号",则由系统自动生成,不可空白。

➡ 性质:将此单据的主要性质输入,以节省日后查单的时间,也可按 F2 作"单据性质"的开窗,可空白。

➡ 单据日期:可按 F2 作"日期"的开窗,不需手工输入。系统会自动显示当天的系统日期,用户可再自行更改,不可空白。

➡ 经办人:为此张单据的经办人员,可按 F2 作"用户数据"的开窗选定,并带出经办人的部门,可空白。

➡ 部门:显示部门编号和名称,不可更改。

➡ 移出类别:移出地的类别,分"工作中心"和"供应商"两种。

➡ 移入地:在制品移出地的编号,可按 F2 作"用户数据"的开窗选定,若移出类别为工作中心,开窗取属性为工作中心的部门信息,并带出部门名称;若移出类别为供应商,开窗取供应商信息,并带出供应商名称,不可空白。

➡ 移入类别:移入地的类别,分"工作中心"和"供应商"两种。

➡ 备注:可将此单据的备注说明输入在此字段,也可按 F2 作"词组"的查询窗口,可空白。

➡ 审核人:移转单审核时,缺省为有审核权限的登录人员,不可更改。

4. 单身字段说明

➡ 序号:由系统自动赋值,不可更改。

➡ 工单类别:开窗可选,分工单和重工单,默认为工单。

➡ 工单单号:可按 F2 开窗,不可空白。当工单类别选择"工单"时,按 F2 作"工单➡工艺信息"的开窗,带回工单单号、主件品号、主件品名、工序、工艺、工艺名称、移转数量。移转数量 = 工艺移入数量 - 工艺移出数量;当工单类别选择"重工单"时,按 F2 作"重工单工艺信息"

的开窗,带回重工单单号、主件品号、主件品名、工序、工艺、工艺名称。移转数量 = 工艺移入数量 – 工艺移出数量。

➡ 主件品号:有选择的工单工艺自动带出,不可更改。
➡ 主件品名:有选择的工单工艺自动带出,不可更改。
➡ 移出工序:可按 F2 作"工单工艺信息"的开窗,不可空白。带回工序、工艺、工艺名称、移转数量。移转数量 = 工艺移入数量 – 工艺移出数量。
➡ 移出工艺:由选择的工单工艺自动带出,不可更改。
➡ 移出工艺名称:由选择的工单工艺自动带出,不可更改。
➡ 移入工序:需要移转进入的下一道工序代号,不可空白。
➡ 移入工艺:移入的工艺的代号,不可修改。
➡ 移入工艺名称:移入的工艺的名称,由移入工艺带出。
➡ 移转数量:移转的数量,可更改。
➡ 报废数量:移转过程中报废的数量,手动维护,可更改。
➡ 备注:备注字段,可按 F2 作"词组数据"的查询窗口,可空白。

5. 功能钮说明

1) ——打印。可将所录入的移转单张或整批印出,如图 9-9 所示。

工艺转移单如图 9-10 所示。

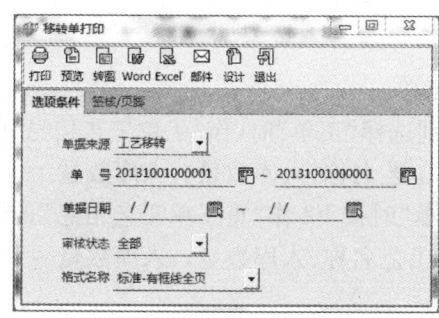

图 9-9 打印预览图

图 9-10 工艺转移单图

9.3.3 工艺入库单

1. 作业目的

把各项工艺均完成的产品数量转拨到仓库中。

2. 基本信息界面

基本信息界面如图 9-11 所示。

3. 单头字段说明

➡ 单号:在生管参数的单据编码中,若设置为"手动编号",则必须自行输入;若为"自动编号",则由系统

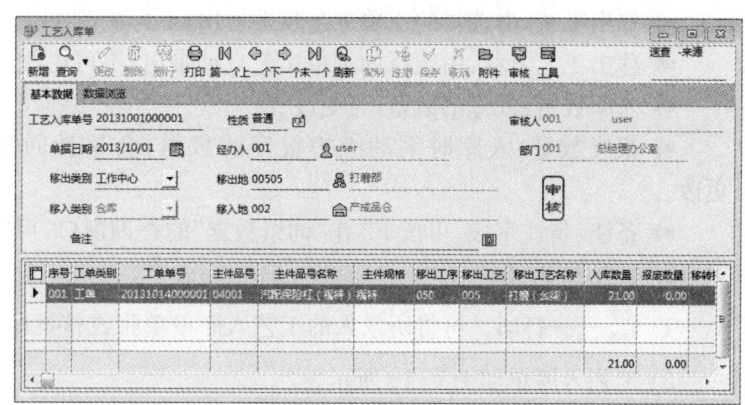

图 9-11 工艺入库图

自动生成,不可空白。

➡ 性质:将此单据的主要性质输入,以节省日后查单的时间,也可按 F2 作"单据性质"的开窗,可空白。

➡ 单据日期:可按 F2 作"日期"的开窗,不需手工输入。系统会自动显示当天的系统日期,用户可再自行更改,不可空白。

➡ 经办人:为此张单据的经办人员,可按 F2 作"用户数据"的开窗选定,并带出经办人的部门,可空白。

➡ 部门:显示部门编号和名称,不可更改。

➡ 移出类别:移出地的类别,分"工作中心"和"供应商"两种。

➡ 移出地:在制品移出地的编号,可按 F2 作"用户数据"的开窗选定,若移出类别为工作中心,开窗取属性为工作中心的部门信息,并带出部门名称;若移出类别为供应商,开窗取供应商信息,并带出供应商名称,不可空白。

➡ 移入类别:移入地的类别,只有仓库一种,不可更改。

➡ 移入地:在制品移入仓库的编号,可按 F2 作"仓库信息"的开窗选定,不可空白。

➡ 备注:可将此单据的备注说明输入在此字段,也可按 F2 作"词组"的查询窗口,可空白。

➡ 审核人:移转单审核时,缺省为有审核权限的登录人员,不可更改。

4. 单身字段说明

➡ 序号:由系统自动赋值,不可更改。

➡ 工单类别:开窗可选,分工单和重工单,默认为工单。

➡ 工单单号:可按 F2 开窗,不可空白。当工单类别选择"工单"时,作"工单工艺信息"的开窗,带回工单单号、主件品号、主件品名、工序、工艺、工艺名称、入库数量。入库数量 = 工艺移入数量 - 工艺移出数量;当工单类别选择"重工单"时按 F2 作"重工单工艺信息"的开窗,带回重工单单号、主件品号、主件品名、工序、工艺、工艺名称、入库数量。入库数量 = 工艺移入数量 - 工艺移出数量。

➡ 主件品号:由选择的工单工艺自动带出,不可更改。

➡ 移出工序:可按 F2 作"工单工艺信息"的开窗,不可空白。带回工序、工艺、工艺名称、移转数量。移转数量 = 工艺移入数量 - 工艺移出数量。

➡ 移出工艺:由选择的工单工艺自动带出,不可更改。

➡ 移出工艺名称:由选择的工单工艺自动带出,不可更改。

➡ 入库数量:入库的数量,可更改。

➡ 报废数量:入库时手动维护报废的数量,会累计回写工单中成品的报废数量,可更改。

➡ 备注:备注字段,可按 F2 作"词组数据"的查询窗口,可空白。

5. 功能钮说明

1) ——打印。可将所录入的工艺入库单单张或整批印出,如图 9-12 所示。

2) 工艺入库单如图 9-13 所示。

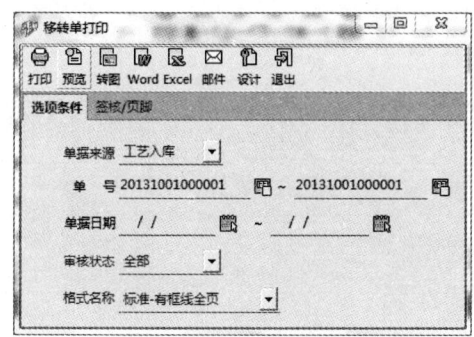

图 9-12　打印预览图

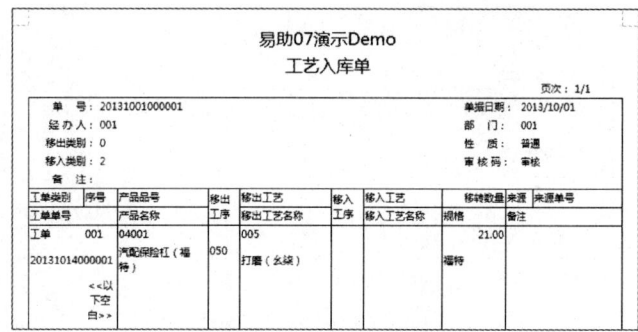

图 9-13　工艺入库单图

9.4　工艺管理相关报表

9.4.1　工单工艺明细表

1. 作业目的

查询工单的工艺流转的移转数量、报工数量和时间等。

2. 选项界面

选项界面如图 9-14 所示。

3. 报表界面

报表界面如图 9-15 所示。

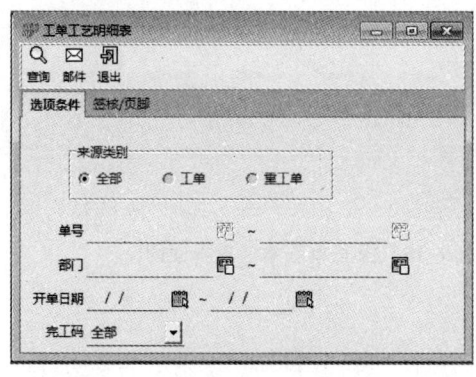

图 9-14　工单工艺明细表选项界面图　　　　图 9-15　报表界面图

9.4.2　移转明细表

1. 作业目的

查询产品工艺投料、移转、入库的物流流向和移转数量。

2. 选项界面

选项界面如图 9-16 所示。

3. 报表界面

报表界面如图 9-17 所示。

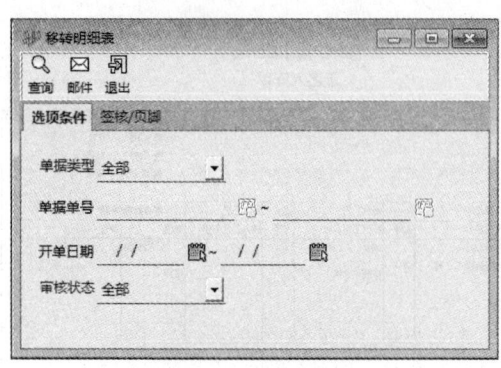

图 9-16　选项界面图

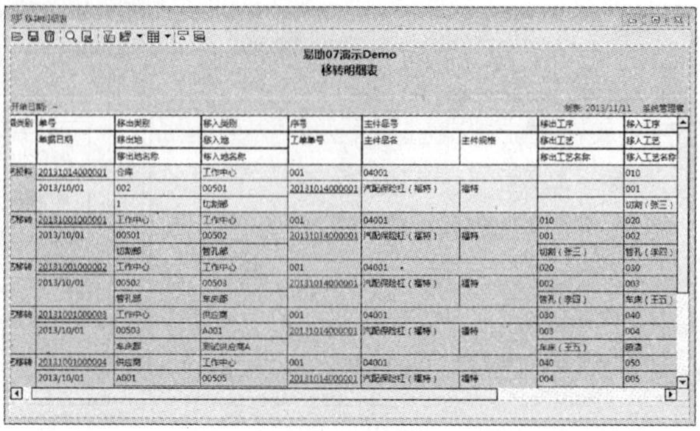

图 9-17　报表界面图

9.5　企业工艺管理工作任务分析与操作

9.5.1　工作任务一：报工单

企业在生产过程中，需要记录、统计生产者在其生产工序上的生产数量，之后把员工工作的产能、时效，以报工单的形式加以汇集，用于成本的计算分摊，生成的计件工资还可以参与工资发放。

1. 基本信息界面

基本信息界面如图 9-18 所示。

2. 单头字段说明

➡ 序号：由系统自动赋值，不可更改。

➡ 单号：在生管参数的单据编码中，若设置为"手动编号"，则必须自行输入；若设置为"自动编号"，则由系统自动生成，不可空白。

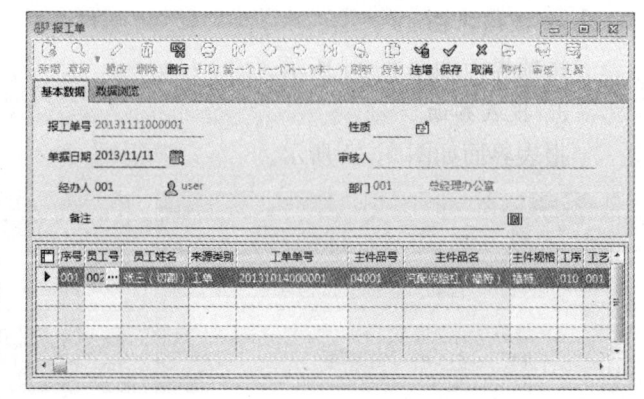

图 9-18　报工单基本信息界面图

➡ 性质：将此单据的主要性质输入，以节省日后查单的时间，也可按 F2 作"单据性质"的开窗，可空白。

➡ 单据日期：可按 F2 作"日期"的开窗，不需手工输入，系统会自动显示当天的系统日期，用户可再自行更改，不可空白。

➡ 经办人：为此张单据的经办人员，可按 F2 作"用户数据"的开窗选定，并带出经办人的部门，可空白。

➡ 部门：显示部门编号和名称，不可更改。

➡ 备注：可将此单据的备注说明输入在此字段，也可按 F2 作"词组"的查询窗口，可空白。

➡ 审核人：移转单审核时，缺省为有审核权限的登录人员，不可更改。

3. 单身字段说明

➡ 序号：由系统自动赋值，不可更改。

➡ 员工号：员工编号。可按 F2 作"员工信息"的开窗，自动带出员工名称，不可空白。

➡ 工单类别：开窗可选，分工单和重工单，默认为工单。

➡ 工单单号：可按 F2 开窗，不可空白。当工单类别选择"工单"时，可按 F2 作"工单工艺信息"的开窗，带回工单单号、主件品号、主件品名、工序、工艺、工艺名称、报工数量。报工数量 ＝ 工艺移入数量 － 工艺报工数量；当工单类别选择"重工单"时，可按 F2 作"重工单工艺信息"的开窗，带回重工单单号、主件品号、主件品名、工序、工艺、工艺名称、报工数量。报工数量 ＝ 工艺移入数量 － 工艺报工数量。

➡ 主件品号：由选择的工单工艺自动带出，不可更改。

➡ 主件品名：由选择的工单工艺自动带出，不可更改。

➡ 工序：可按 F2 作"工单工艺信息"的开窗，不可空白。带回工序、工艺、工艺名称、报工数量。报工数量 ＝ 工艺移入数量 － 工艺报工数量。

➡ 工艺：由选择的工单工艺自动带出，不可更改。

➡ 工艺名称：由选择的工艺自动带出，不可更改。

➡ 报工数量：报工的数量，可更改。

➡ 扣款数量：扣款的数量，可更改。

➡ 工时类型：分"人时"和"委外"两种，由所取的工单工艺自动带出，不可更改。

➡ 使用工时：实际使用的工时，可更改。

➡ 备注：备注字段，可按 F2 作"词组"的查询窗口，可空白。

第 10 章 应收应付管理

课程目标

➢ 模拟浩志电气公司出纳员王莉利用 ERP 完成往来账管理过程
➢ 了解企业实际应收应付业务的处理过程
➢ 结合实际需要,在 ERP 系统完成应收应付的开账
➢ 按照浩志公司要求,每月定期出具应收应付对账单
➢ 完成财务部出纳业务在 ERP 系统中的模拟操作。

任务名称和背景

掌握浩志电气公司应收应付业务管理的操作过程。

黄万斌是浩志电气公司财务部门的出纳主管,目前他的工作是负责该公司出纳工作,黄万斌负责公司三家工厂的日常支出和应收应付对账工作。在手工操作的状态下,月底是最繁忙的时候,由于客户与供应商非常多,不同的往来对象账期和结账方式都不一样,业务繁多,黄万斌几乎天天加班。黄万斌要把三家工厂的应收应付账款的跟催做好,并及时地向公司高层领导反馈资金变动状态,为一定期间对往来单位的考核提供数据支撑。

黄万斌迫切希望通过公司即将实施的 ERP 系统改变他现在的工作状态,把他从繁忙的手工劳动中解放出来。出纳人员工作职责如表 10-1 所示。

表 10-1 出纳人员工作职责

姓名	所属公司	职务	工作职责
王莉	浩志电气	财务部出纳	ERP 项目核心模块参与者,相关业务负责人
黄万斌	浩志电气	财务部出纳主管	ERP 项目核心模块参与者,相关业务负责人

10.1 应收应付业务基本流程

10.1.1 工作流程

应收应付业务工作流程图如图 10-1 所示。

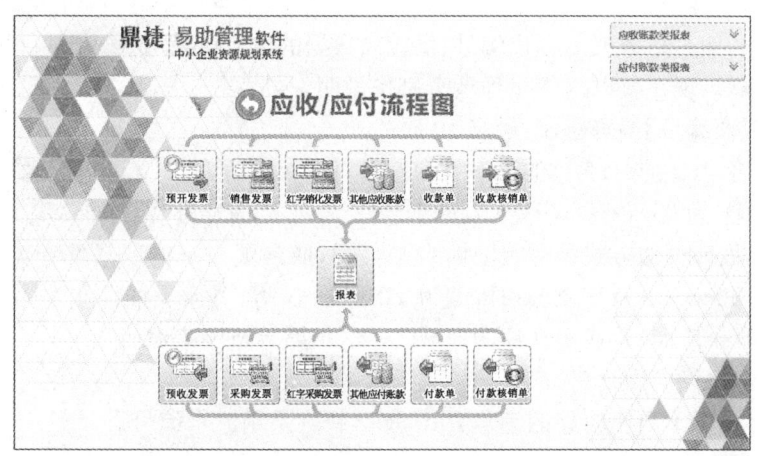

图 10-1 应收应付业务工作流程图

10.1.2 关于本系统

在企业运营过程中,销货后即生成应收账款,应收账款作为一个企业的流动资产,其金额多少及变现的速度,直接影响企业运营资金的周转能力,因此,应收账款的管理是财务管理的一个重要课题,而其主要工作则在于录入正确完整的应收账款记录,适时地催账和对允许客户赊销的信用额度进行控制;

在企业运营过程中,仓库收料验收后,会计人员便根据验收凭证及供应商所附的发票,计算应付货款,经主管核准后,以现金或票据支付,整个流程中,会计人员必须核对单据、登记账簿、计算账款,当货款笔数多时,此项工作不但耗时且极易出错;应收/应付管理系统,通过销售发票、红字销售发票、采购发票、红字采购发票等记录账款,通过收款单、付款单等核销账款,该系统与销售管理系统、采购管理系统、生产管理系统无缝连接,账款数据直接取自上述系统,不需重复录入,只要将应收款信息、应付款信息及收款付款信息录入系统,便可随时查询客户的应收账款、供应商的应付账款。另外,应收款账龄分析表、超期跟催表、回收率分析表以及应付款模拟付款表等可由系统直接分析生成。

该系统与会计总账系统直接相连,可将发生的应收、应付账款及收款、付款交易自动生成会计凭证,减少财务人员填制会计凭证的工作量,提高财务数据的正确性和可追溯性。

10.1.3 与其他模块的关联关系

应收应付模块与其他模块的关联关系如图 10-2 所示。

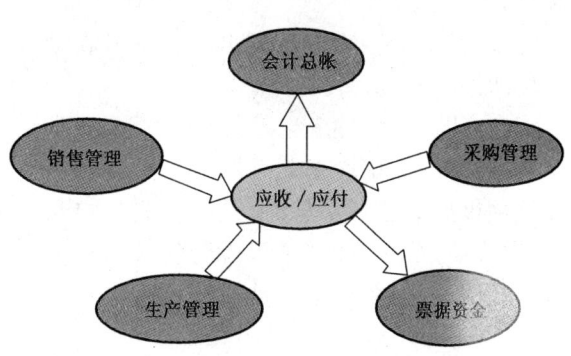

图 10-2 应收应付模块与其他模块关系图

10.2 基础资料

10.2.1 账款参数设置

10.2.1.1 基本信息的准备

基本数据中有客户数据、供应商数据、会计科目、部门信息4个基本数据作业,需先考虑其作业的编码方式,如客户数据的客户编号、供应商数据的供应商编号、会计科目的科目编号、部门信息的部门编号,现在就以这4个作业分别作说明。

【客户、供应商编号】编码建议:最多10码

(1) 您可以客户(供应商)名称的第一个字笔画数作为编号的第1、第2码,比如说,台塑公司的台字有5划,则编号为05xxxxxx,华夏公司的华字有12划,则编号为12xxxxxx,等等。

(2) 以罗马发音类似方式编号,比如,台塑公司,取台塑二字的罗马发音英文前缀TS后再编流水号,即TSxxxxxx;华夏公司可编为HSxxxxxx等,其余类推。

(3) 按客户(供应商)营业所在地的地域、区别、街路等范围来编码。

(4) 按与客户(供应商)交易产品的种类予以区分及编号。

(5) 如果再也想不出比较好的编号方式,那么只有采用流水编号。

【科目编号】编码建议:

建议按照国家统一规定的标准进行编码。

【部门编号】编码建议方式:最多6码

建议根据公司部门上下层关系建立部门编号级次关系。

10.2.1.2 每日汇率设置

1. 作业目的

可在此作业输入每日的银行买入汇率与卖出汇率(以记账汇率表示),同时也可输入汇兑损益用的调整汇率。

2. 作业界面

作业界面如图10-3所示。

3. 字段说明

➡ 日期:所要录入币种汇率的当天日期,不可空白。

➡ 币种:字段长度4码,输入各国的币种编号,不可空白。

➡ 货币名称:由系统根据币种编号自动带出。

➡ 记账汇率:输入当天汇率(银行买进汇率、银行卖出汇率均用此字段表示),在销项或进项单据中选择币种时,系统会先选定与"单据日期"最接近的"汇率",若每日币种未录入此币种,则系统会自动抓取币种汇率作业中的汇率。

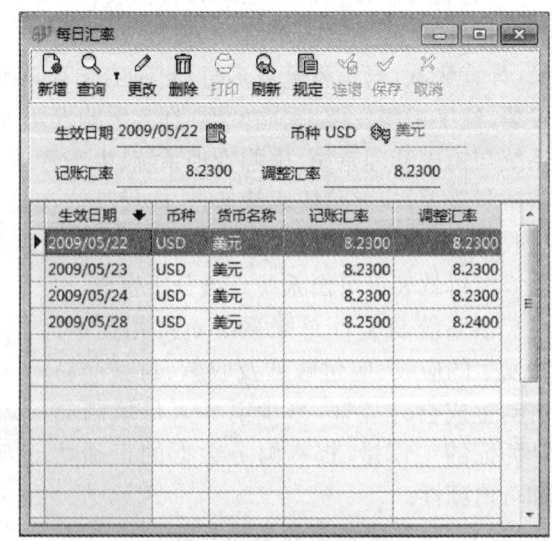

图10-3 每日汇率作业界面图

⇨ 销项单据包括:"销货单""应收票据""存款单"……

⇨ 进项单据包括:"进货单""验收单""应付票据""提款单"……
➡ 调整汇率:账款系统计算汇兑损益时,可在此输入调整日当天的汇率。

10.2.2 供应商信息维护

1. 作业目的

采购的供货商基本数据均由本作业进行录入。可以输入、查询、更改、删除各供应商基本数据的类型、负责人,交易数据的常用币种、发票种类、结账方式,等等。

2. 基本信息界面

基本信息界面如图 10-4 所示。

3. 单头字段说明

➡ 供应商编号:输入保存后不得再加以更改,不可空白。

➡ 快捷码:便于记忆的供应商编号,比如,供应商名称的拼音。

➡ 供应商简称:输入供应商的简称,不可空白。

➡ 税号:供应商的税号。

➡ 供应商全称:系统将自动先带出供应商简称,可更改,不可空白。

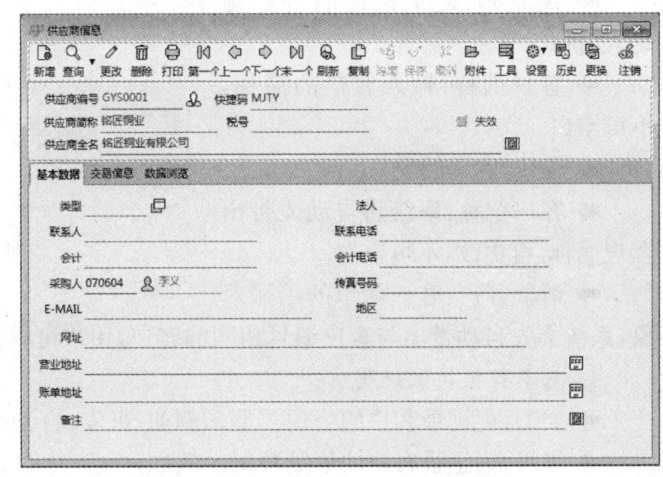

图 10-4 供应商信息作业界面图

4. 基本数据栏位说明

➡ 类型:可在此字段将供应商分类,可空白。

➡ 法人:输入供应商的负责人,可空白。

➡ 联系人:有关交易事项的联系人,可空白。

➡ 联系电话:有关交易事项要与供应商联系时的电话,可空白。

➡ 会计:输入该供应商的会计人员,以便日后联系,可空白。

➡ 会计电话:输入该供应商的会计人员的电话与分机号码,可空白。

➡ 采购人:输入负责与此供应商采购商品的人员编号,也可按 F2 作"用户数据"的查询窗口。

➡ 传真号码:输入供应商的传真号码,可空白。

➡ E-MAIL:输入供应商的 E-MAIL,可空白。

➡ 网址:输入供应商的网址,可空白。

➡ 营业地址:输入供应商的营业地址,可按 F2 作地址的开窗输入,可空白。

⇨ 新增时,当输入完营业地址,将光标移至下一字段时,系统将自动将营业地址带入"账单地址"。

➡ 账单地址:为将款项寄给供应商时的账单地址,可空白。

➡ 备注:备注字段,可空白。

10.2.3 客户信息维护

1. 作业目的

所有客户均必须在交易前(受订或销货),先行编号并录入其客户基本信息,才可以进行受订及销货作业。

2. 基本信息界面

基本信息界面如图10-5所示。

3. 单头字段说明

➡ 客户编号:一经输入保存后即不能再进行更改,不可空白。

➡ 快捷码:便于记忆的客户编码,如拼音。

➡ 客户简称:输入客户的简称,不可空白。

➡ 税号:客户的税号。

➡ 客户全称:系统将自动先带出客户简称,可更改,不可空白。

➡ 请款客户:客户账单的结账对象,系统会先自动带出与客户编号相同的客户,用户可再作更改,不可空白。

图10-5 基本信息界面图

4. 基本数据栏位说明

➡ 类型:可记录客户的公司类型。例如,批发、自营。

➡ 等级:为记录客户的等级数据。例如,大盘、中盘、零售。

➡ 地区:可将客户按地区不同来区分。例如,中部、南部。

➡ 注册资金:记录客户的注册资金,为备注字段,可空白。

➡ 年营业额:记录客户的年营业额,为备注字段,可空白。

➡ 开业日期:输入客户的开业日,为备注字段,可空白。

➡ 员工人数:记录客户的员工人数,为备注字段,可空白。

➡ 法人:为此客户的法人,可空白。

➡ 传真号码:输入客户公司的传真号码,可空白。

➡ 联系人:有关交易事项的联系人,可空白。

➡ 联系电话:有关交易事项要与客户联系时的电话,可空白。

➡ 会计:输入该客户的会计人员,以便日后的联系,可空白。

➡ 会计电话:输入该客户的会计人员的电话与分机号码,可空白。

➡ E-MAIL:输入客户的E-MAIL,可空白。

➡ 网址:输入客户的网址,可空白。

➡ 发票地址/营业地址/送货地址:客户的发票地址、注册地址、及送货地址。

　▷ 只需输入发票地址后,光标移至下一列时,系统会自动带出"营业地址"与"送货地址"。

➡ 备注:可在页脚说明客户的一些相关数据。

10.2.4 应收账款开账

1. 作业目的

所输入应收账款上线前的开账数据,在账款系统中的"按部门""按业务"的报表期初值如果希望能够正确显示,请在此作业开账时,按不同的"部门""业务员"拆单(即输入在不同张单据中)。

2. 基本信息界面

基本信息界面如图10-6所示。

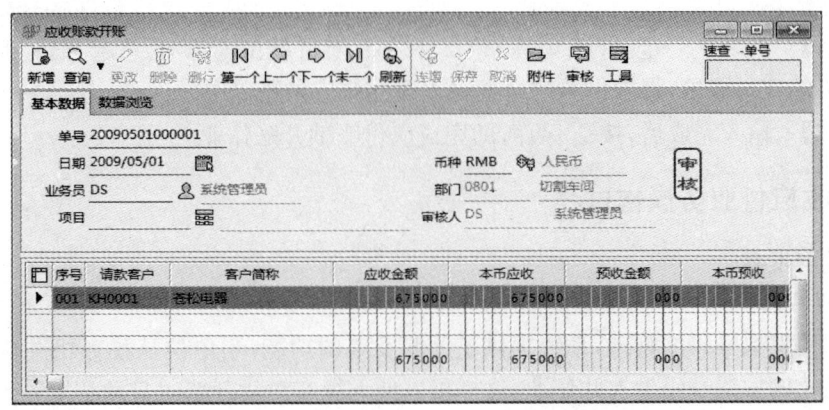

图10-6 应收账款开账基本信息界面图

操作说明

例如，若将2002/12/31作开账时（即2003/01/01正式上线），该如何将未收款的应收账单输入此套系统中呢？

【步骤1】 先将每一客户在2002/21/31未收款的账单金额汇总起来，然后新增一张2002/12/31的应收账单，将未收款的金额输入在此张应收账单中。

【步骤2】 输入完成后，按 保存，即完成应收账款开账作业。

10.2.5 应付账款开账

1. 作业目的

输入应付账款上线前的开账数据。

2. 基本信息界面

基本信息界面如图10-7所示。

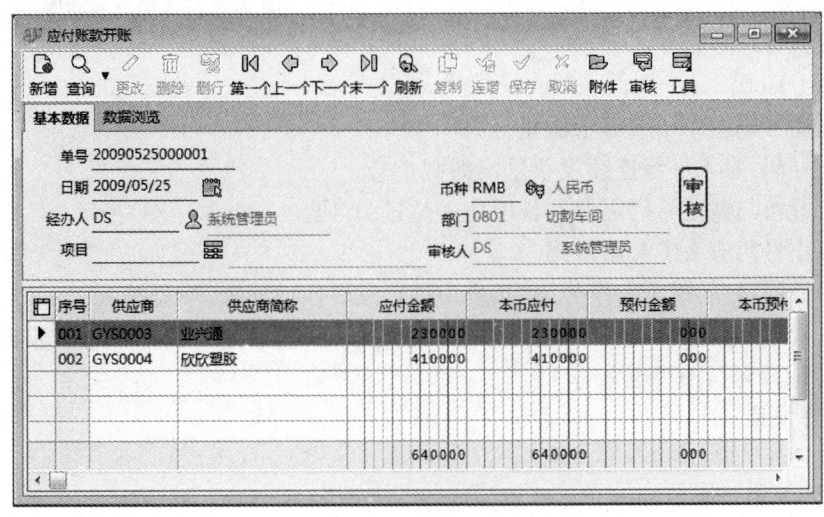

图10-7 应付账款开账基本信息界面图

▶ **操作说明**

例如,若将 2002/12/31 作开账时(即 2003/01/01 正式上线),该如何将未付款的应付账单输入此套系统中呢?

【步骤 1】 先将每一应付账单在 2002/12/31 未付款的金额汇总起来,然后新增一张 2002/12/31 的应付账单,将未付款的金额输入在此张应付账单中。

【步骤 2】 输入完成后,按 保存,即完成应付账款开账作业。

10.3 应收应付业务操作过程

10.3.1 领购发票

1. 作业目的

为了方便发票号码的管理,系统提供了领购发票的功能,当单位从税务机关购得发票后,可将一组连续的发票号码录入此作业,这样可方便系统在销货开票时自动获取号码,不需要人为判断当前应开的发票号码。

2. 基本信息界面

基本信息界面如图 10-8 所示。

3. 字段说明

➡ 发票种类:可选择"专用发票""普通发票""其他"三种类型,缺省为"专用发票",不可空白。

➡ 前置符:如果所领购的发票前几码均相同,建议将相同部分定义为前置符(前置符最长为 4 码)以方便管理。

➡ 起始号码:录入一组连续发票号码的起始号。

▷ 前置符与起始号码总和长度应不超过 10 码。

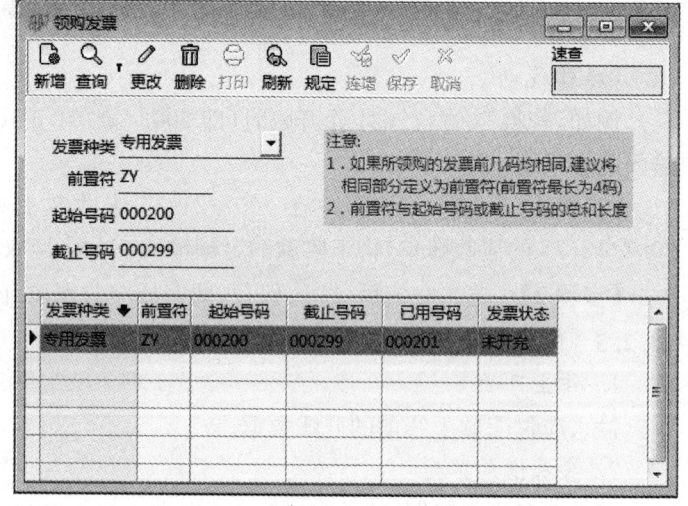

图 10-8 领购发票基本信息界面图

▷ 起始号码应小于或等于截止号码。

➡ 截止号码:录入一组连续发票号码的截止号。

▷ 前置符与截止号码之总和长度应不超过 10 码。

▷ 截止号码应大于起始号码。

➡ 已用号码:自动赋予发票号码时,可由销售发票回填回来,不可输入。

➡ 发票状态:当发票档案已用号码等于截止号码时,由后续的销售开票作业更新为"已开完",否则为"未开完",不可输入。

10.3.2 销售发票

1. 作业目的

提供对各项销货业务进行开具发票的功能。发票种类主要有增值税专用发票、普通发票及其他三种类型,默认发票种类为"专用发票"。

2. 基本信息界面

基本信息界面如图 10-9 所示。

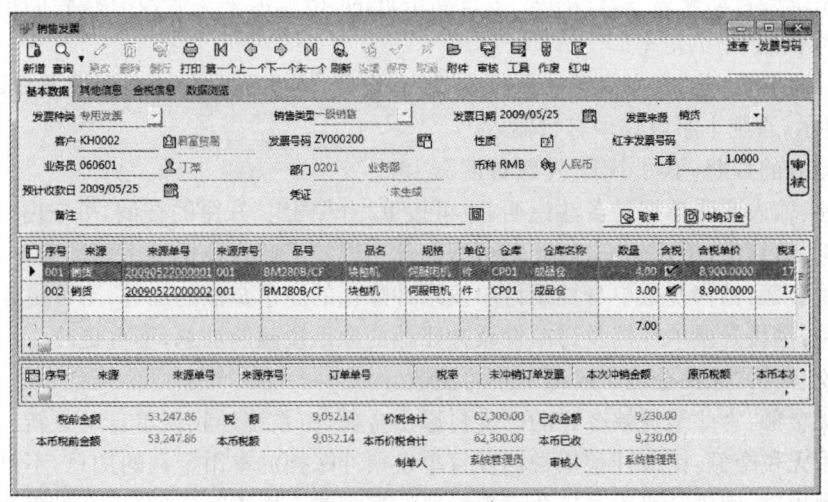

图 10-9　销售发票基本信息界面图

3. 单头字段说明

➡ 发票种类：可选择"专用发票""普通发票""其他"三种类型。

➡ 发票号码：整个系统所开具的销货发票号码唯一且不可空白。如果系统采用发票本管理，则输入发票号码时可按 F2 从发票档案中挑选，如果不采用发票本管理，则用户需自行输入发票号码。

　　▷ 发票性质：销售发票的发票性质默认为蓝字。

➡ 发票日期：可按 F2 作"日期"的开窗选定。不可空白，新增时自动缺省为系统日期。同时可根据"客户信息"设置的收款方式自动推算"预计收款日"。

➡ 发票来源：可选择"销货"或"其他"。

➡ 红字发票号码：若当前蓝字销货发票已被红冲，则显示对应红字发票的发票号码。

➡ 客户：输入此发票的客户编号（即发票购货方），系统会自动带出客户简称、客户地址、电话、开户银行、开户账号、税号、业务员等信息，并可根据"客户信息"设置的收款方式自动推算"预计收款日"，也可按 F2 作"客户"的查询窗口，不可空白。

　　▷ 客户输入时可根据客户快捷码进行录入。

➡ 性质：将此张单据的主要作用输入在此字段，以节省日后查单的时间，也可按 F2 作"单据性质"的查询窗口，可空白。

➡ 凭证：系统会按照下列三种情况来显示，不可更改。

　　▷ 若已生成凭证，将显示"凭证编号"。

　　▷ 若尚未生成凭证，将显示"未生成"。

　　▷ 若已设置不须生成凭证，则显示"不须生成"。

➡ 业务员：将由所输入的"客户"自动带出，用户可再自行更改，也可按 F2 作"用户数据"的查询窗口，不可空白。

➡ 部门：此部门会由所输入的"业务员"自动带出，不可更改。

- 币种:输入币种编号,也可按F2作"币种数据"的查询窗口,不可空白。
- 汇率:由所输入的"币种"自动带出,也可自行再作更改,不可空白。
  ▫ 系统会自动先抓"每日汇率"中日期最近的"记账汇率",若没有符合的信息,则会改抓"币种汇率信息"中的汇率。
- 预计收款日:若"客户信息—预收款日"有设置,则系统会自动根据发票日期推算预计收款日后显示,否则本字段必须自行输入。
  ▫ 输入的日期,不可小于"发票日期"。
- 备注:输入此张单据的备注说明,也可按F2作"词组"开窗的查询,可空白。
  ▫ 例如,订金、折让……(如此则可根据此字段知道此张单据的主要性质)
- 无税金额:销售开票单身档及订单发票冲账档的原币金额的加总,不可更改。
- 税额:销售开票单身档及订单发票冲账档的原币税额的加总,不可更改。
- 价税合计:"无税金额+税额",不可更改。
- 已收金额:为此笔货款客户的已支付原币金额,由系统经收款单自动更新。
- 本币无税金额:销售开票单身档及订单发票冲账档的本币金额的加总,不可更改。
- 本币税额:销售开票单身档及订单发票冲账档的本币税额的加总,不可更改。
- 本币价税合计:"本币无税金额+本币税额",不可更改。
- 本币已收金额:为此笔货款客户的已支付本币金额,由系统经收款单自动更新。
- 业务员:开立发票时,缺省为登录人员,不可输入。
- 审核人:发票审核时,缺省为有审核权限的登录人员。
- 销售类型:分为一般销售和委托代销两种。

4. 单身字段(一)说明
- 序号:由系统自动赋值,不可更改。
- 来源:表示当前所开发票所对应的单据来源。蓝字销货发票的来源可为"销货""销退"及"折让"。
- 来源单号:发票来源单据的单据号,可按F2作"来源单据"开窗的查询,也可自行输入。
- 来源序号:发票来源单据的单据序号,可自行输入。
  ▫ 应针对销货单或销退单单身每一笔进行开票。
- 品号:由来源单据,如销货单、销退单带回,不可输入。
- 品名:由来源单据,如销货单、销退单带回,可修改。
- 单位:由来源单据,如销货单、销退单带回,不可输入。
- 仓库:由来源单据,如销货单、销退单带回,不可输入。
- 数量:当前发票的本次开票数量。
  ▫ 当"来源"为"销货"时,本次开票数量不能大于来源单据"未开发票数量",且数量必须大于0。
  ▫ 当"来源"为"销退及折让"时,本次开票数量不能大于来源单据"未开发票数量",且数量必须小于0。
- 含税:表示单价是否含税。如果勾选,则含税单价可输入,单价不可输入。
- 税率:由取单带出。缺省为"商品信息档"中的税率,不可空白,可更改。
- 单价:可输入,不可小于零。

⇨ 输入后系统将自动计算出

　　　　金额＝数量×单价,可再作更改。

　　　　税额＝数量×单价×税率,可再作更改。

　　　　价税合计＝金额＋税额,不可再作更改。

　　　　含税单价＝价税合计/数量,不可再作更改。

➡ 含税单价:可输入,不可小于零。

⇨ 输入后系统将自动计算出

　　　　价税合计＝数量×含税单价,可再作更改。

　　　　税额＝含税单价/(1＋税率)×数量×税率,可再作更改。

　　　　金额＝价税合计－税额,不可再作更改。

　　　　单价＝金额/数量,不可再作更改。

➡ 折扣率:缺省为100％,可自行输入,如果打8折输入80即可。

➡ 无税金额:由系统根据"单价"栏自动计算出,可再作更改。

➡ 税额:由系统根据"金额"栏自动计算出,不可再作更改。

➡ 价税合计:由系统自动计算出,可再作更改。

➡ 本币金额:当使用外币金额交易时,系统会自动根据此币种的汇率将外币换算成本币金额,不可更改。

➡ 本币税额:当使用外币金额交易时,系统会自动根据此币种的汇率把此币种换算成本币金额,不可更改。

➡ 本币价税合计:当使用外币金额交易时,系统会自动根据此币种的汇率把此币种换算成本币金额,不可更改。

5. 单身字段(二)说明

➡ 序号:由系统自动赋值,不可更改。

➡ 来源:系统缺省"蓝字订金发票",不可输入。

➡ 来源单号:开立销货发票时,可冲销已开立的蓝字订金发票的发票号码。

➡ 来源序号:开立销货发票时,可冲销已开立的蓝字订金发票的序号。

➡ 订单单号:被冲销的蓝字订金发票所对应的订单单据号。

➡ 未冲销订单发票金额:蓝字订金发票未被销货发票冲销完毕的剩余订金发票金额。

➡ 本次冲销金额:开立销货发票时,冲销已开立的蓝字订金发票的原币发票金额。

➡ 原币税额:等于本次冲销金额乘以税率,不可输入。

➡ 本币本次冲销金额:开立销货发票时,冲销已开立的蓝字订金发票的本币发票金额。

➡ 本币税额:等于本币本次冲销金额乘以税率,不可输入。

10.3.3　收款单

1. 作业目的

输入收款,预收,退款和其他收款冲账的各项明细数据。

2. 基本信息界面

基本信息界面如图10-10所示。

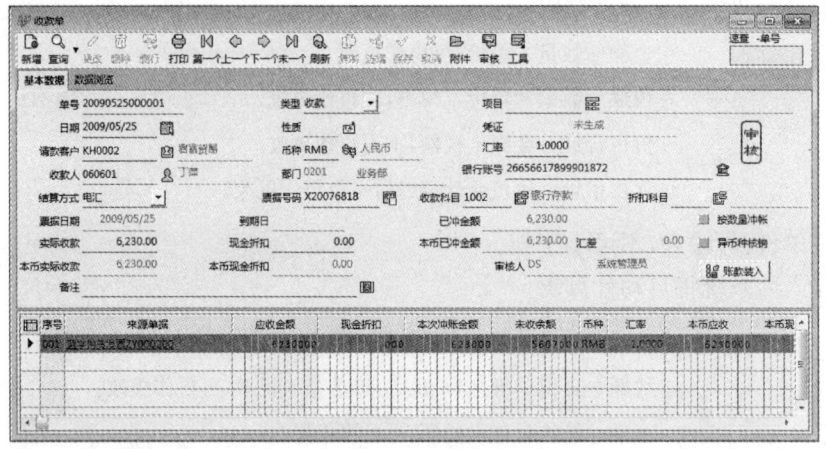

图 10-10 收款单基本信息界面图

账款装入操作步骤

当客户付款时,可在此作业将应收账款作冲销,步骤如下。

【步骤1】 按下 。

【步骤2】 输入单头的请款客户……字段与收款数据。

【步骤3】 (1)当类型为收款时,可按下 账款装入 ,输入要冲销的账款"交易日期"或"预收日期",按下 重查 ,则符合的数据便会显示在其下方窗口中。

(2)当类型为收款时,按数量冲销打钩,可按下 账款装入 ,选择发票种类,输入要冲销的账款"发票号码"或"发票日期"或"预收款日",按下 重查 ,则符合发票数据的所有对应的明细资料便会显示在其下方窗口中。

【步骤4】 选定所需的数据后,按下 确定 ,多笔选定时,只需按下"Ctrl",再用鼠标点所需要的商品即可(可发现每笔被点选的信息前都有一黑点)。

【步骤5】 所选定的信息将显示在单身中,再输入现金折扣与本次冲账的金额,输入完按下 保存 ,即完成此张收款单的录入与冲账。

10.3.4 采购发票

1. 作业目的

针对供应商提供的采购发票,在采购发票作业中将发票与相应的进货单据进行稽核,并根据采购发票成立应付账款,以便后续对应付账款作账务处理。可处理的发票种类包括专用发票、普通发票、运输发票、农产品收购凭证、海关代征完税凭证、废旧物资收购凭证及其他七种类型,并可同时处理蓝字发票和红字发票。

2. 基本信息界面

基本信息界面如图 10-11 所示。

3. 单头关键字段说明

➡ 发票种类:可选择"增值税专用发票""普通发票""运输发票""农产品收购凭证""海关代征完税凭证""废旧物资收购凭证""其他"七种类型。

➡ 发票号码:根据供应商提供的采购发票的票面号码输入至系统,不可空白。

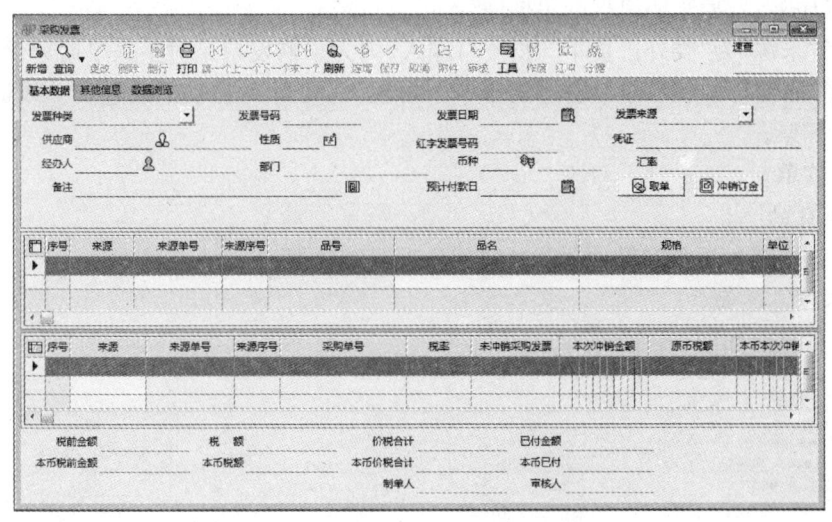

图 10-11　采购发票基本信息界面图

➡ 发票日期:可按 F2 作"日期"的开窗选定。不可空白,新增时自动缺省为系统日期。同时可根据"供应商信息"设置的付款方式自动推算"预计付款日"。

➡ 发票性质:表示此张发票为蓝字发票还是红字发票,系统默认为蓝字发票。

　⇨ 采购订金发票及一般的进货发票,发票性质应选择"蓝字"。

　⇨ 当收到的是红字发票时,发票性质应选择"红字"。

➡ 发票来源:表示当前发票所对应的单据来源。目前可分七种来源的"验收单""进货单""委外进货单"。

　⇨ 验收单:表示当前采购发票对应的来源单据为"验收单"。

　⇨ 进货单:表示当前采购发票对应的来源单据为"进货单"。

　⇨ 委外进货单:表示当前采购发票对应的来源单据为"委外进货单"。

➡ 供应商:输入此发票的供应商编号(即发票的销货方),系统会自动带出供应商简称、账单地址、电话等信息,并可根据"供应商信息"设置的付款方式自动推算"预计付款日",也可按 F2 作"供应商"的查询窗口,不可空白。

　⇨ 供应商输入时可根据供应商快捷码进行录入。

➡ 经办人:将由所输入的"供应商"自动带出,用户可再自行更改,也可按 F2 作"用户数据"的查询窗口,不可空白。

4. 单身关键字段说明

➡ 序号:由系统自动赋值,不可更改。

➡ 来源:表示当前采购发票所对应的单据来源。目前可分七种来源的"验收单""进货单""退货单""委外进货单""委外退货单",此来源需根据单头"发票来源"取得相应的缺省值。

　⇨ 当单头"发票来源"为"验收单"时,单身"来源"可选择"验收单"及"退货单"。

　⇨ 当单头"发票来源"为"进货单"时,单身"来源"可选择"进货单"及"退货单"。

　⇨ 当单头"发票来源"为"委外进货单"时,单身"来源"可选择"委外进货单"及"委外退货单"。

➡ 来源单号:发票来源单据的单据号,可按 F2 作"来源单据"开窗的查询,也可自行输入。

➡ 来源序号：发票来源单据的单据序号，可自行输入。
　　↪ 当"来源"为"委外进货单"时，不可输入，因为采购发票是对整张单据进行开立的。
　　↪ 当"来源"为"验收单"或"进货单"时，可输入，可针对验收单或进货单或退货单单身每一笔进行开票。

10.3.5　付款单

1. 作业目的

输入付款、预付、退款和其他付款冲账的各项明细数据。

2. 基本信息界面

基本信息界面如图 10-12 所示。

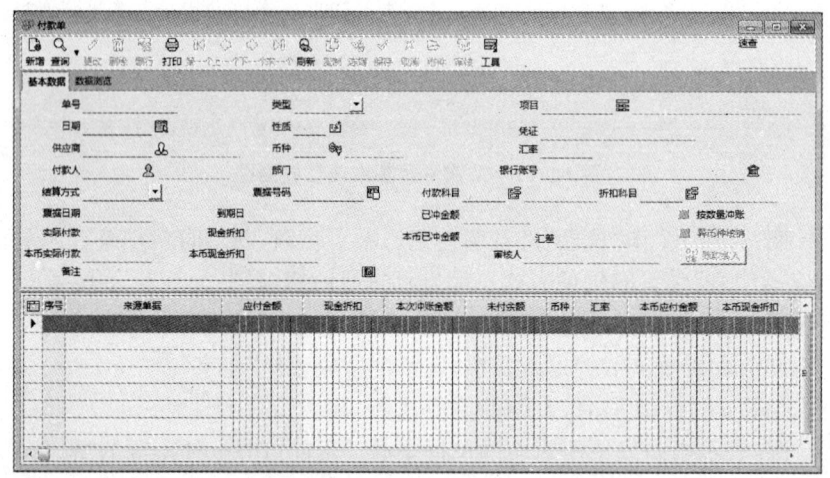

图 10-12　付款单基本信息界面图

账款装入操作步骤

当付款给供应商时，可在此作业将应付账款作冲销，步骤如下：

【步骤1】　按下 [新增]。

【步骤2】　输入单头相关的供应商……字段与付款数据。

【步骤3】　(1) 当类型为付款，按下 [账款装入]，输入要冲销的账款"交易日期"或"预付款日"，按下 [重查]，则符合的数据便会显示于下方窗口中。

(2) 当类型为付款时，按数量冲销打钩，可按下 [账款装入]，选择发票种类，输入要冲销的账款"发票号码"或"发票日期"或"预收款日"，按下 [重查]，则符合发票数据的所有对应的明细资料便会显示于下方窗口中。

【步骤4】　选定所需的数据后，按下 [确定]，多笔选定时，只需按下"Ctrl"，再用鼠标点所需要的商品即可（可发现每笔被点选的信息前都有一黑点）。

【步骤5】　所选定的信息将显示于单身中，再输入现金折扣与本次冲账的金额，输入完按下 [保存]，即完成此张付款单的录入与冲账。

若此付款单是按数量冲账，审核后，会在所对应的采购发票或红字采购发票的明细资料中显示已冲账数量、已冲账金额和本币冲账金额。

10.4　应收应付相关报表

10.4.1　应收账款余额表

1. 作业目的

以客户的角度打印某段期间内的应收账款汇总信息。

2. 基本选项界面

基本选项界面如图 10-13 所示。

3. 报表画面

报表界面如图 10-14 所示。

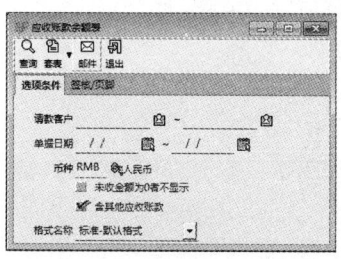

图 10-13　应收账款余额选项图

鼎捷软件有限公司-机械行业
应收账款余额表

单据日期：~
请款客户：~
制表：2013/12/26　系统管理员

单据日期	来源	来源单号	币种	金额	税额	应收金额	已冲金额	未收金额	本币金额
2009/05/01	开账	20090501000001	RMB	6,750.00	0.00	6,750.00	0.00	6,750.00	6,750.00
2009/05/25	收款单	20090525000002	RMB	-3,000.00	0.00	-3,000.00	-3,000.00	0.00	-3,000.00
	蓝字销货发票	ZY000200	RMB	53,247.86	9,052.14	62,300.00	9,230.00	53,070.00	53,247.86
2013/09/25	蓝字销货发票	ZY000201	RMB	7,264.96	1,235.04	8,500.00	8,500.00	0.00	7,264.96

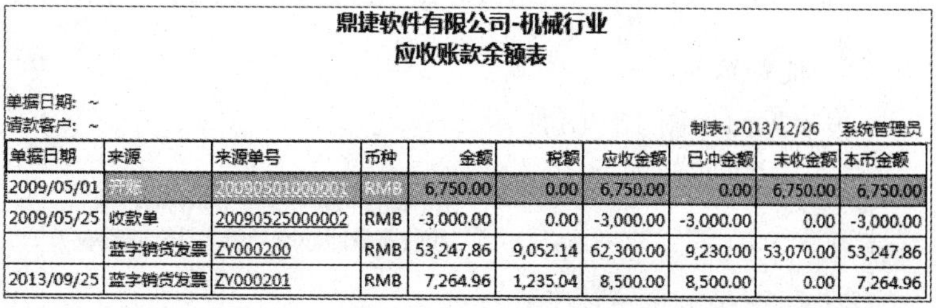

图 10-14　应收账款余额表报表界面图

10.4.2　应付账款余额表

1. 作业目的

以供应商的角度来打印某段期间内的应付账款汇总数据。

2. 基本选项界面

基本选项界面如图 10-15 所示。

3. 报表界面

报表界面如图 10-16 所示。

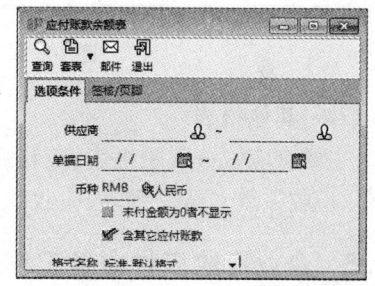

图 10-15　应付账款余额基本选项界面图

鼎捷软件有限公司-机械行业
应付账款余额表

单据日期：~
供应商：~
制表：2013/12/26　系统管理员

供应商名称	单据日期	来源	来源单号	经办人	币种	金额	税额	应付金额	已冲金额	未付金额
业兴通	2009/05/25	应付开账	20090525000001	系统管理员	RMB	2,300.00	0.00	2,300.00	0.00	2,300.00
	2011/02/22	蓝字进货发票	11.2.22	李义	RMB	10.00	1.70	11.70	0.00	11.70
欣欣塑胶	2009/05/25	应付开账	20090525000001	系统管理员	RMB	4,100.00	0.00	4,100.00	0.00	4,100.00

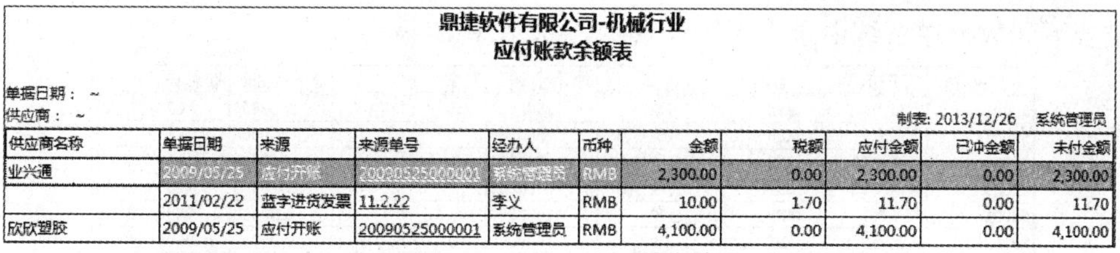

图 10-16　应付账款余额表图

10.4.3　应收账款回收率分析表

1. 作业目的

以客户为查询角度，来打印“应收金额”与“已收金额”的比率分析表。

2. 基本选项界面

基本选项界面如图 10-17 所示。

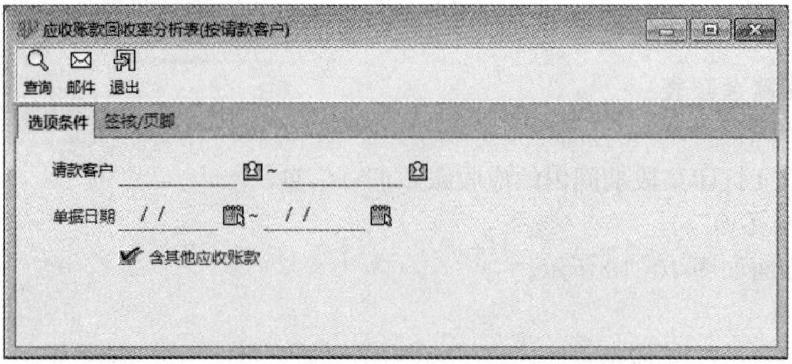

图 10-17　应收账款回收率基本选项界面图

3. 报表界面

报表界面如图 10-18 所示。

鼎捷软件有限公司-机械行业

应收账款回收率分析表(按请款客户)

起讫单据日期:~

起讫请款客户:~　　制表: 2013/12/26　系统管理员

请款客户	客户简称	应收金额	已收金额	折让金额	回收率
KH0001	苍松电器	6750.00	0.00	0.00	0.00%
KH0002	君富贸易	62300.00	9230.00	0.00	14.82%
KH0006	鼎捷软件	8500.00	8500.00	0.00	100.00%

图 10-18　应收账款回收率分析表报表界面图

10.4.4　其他报表

主要有应收账款明细表、应收账款统计表、应付账款明细表、应付账款统计表、应收账款对账单、应收账款对账明细表、应收账款账龄分析表，等等，这里不一一介绍。

10.5　企业应收应付业务工作任务分析与操作

10.5.1　工作任务一:收款单业务

结合下列数据在系统中录入系统收款单，并产出相应报表。

客户编码	客户简称	币种	性质	原币金额	汇率	本币金额	收款日
S0001	上海大众汽车	RMB	应收	2500000	1	2500000	2008/7/20
S0001	上海大众汽车	RMB	预收待抵	500000	1	500000	
S0002	奇瑞汽车	RMB	预收待抵	500000	1	500000	
S0003	通用汽车	USD	应收	300000	6.8	2040000	2008/7/15
N0001	关系人1	RMB	应收	1000000	1	1000000	2008/12/31
N0002	关系人2	RMB	应收	1500000	1	1500000	2008/12/31

10.5.2　工作任务二:付款核销业务

结合下列数据在系统中录入系统付款单，并产出相应报表。

厂商编码	厂商简称	币种	性质	原币金额	汇率	本币金额	付款日
V0001	八一钢铁	RMB	应付	3000000	1	3000000	2008/7/25
V0001	八一钢铁	RMB	暂估	500000	1	500000	2008/7/25
MISC	工资户	RMB	应付	1000000	1	1000000	2008/7/20
V0002	宝钢集团	RMB	预付待抵	300000	1	300000	
V0003	美国钢铁	USD	预付待抵	100000	6.8	680000	

第11章 现金银行管理

课程目标
- 模拟浩志电气公司出纳周乐利用 ERP 完成现金银行管理业务过程
- 掌握企业实际收付款票据业务的处理过程
- 熟练设置 ERP 的现金银行业务的相关配置
- 结合实际需要,在 ERP 系统中完成基础资料的初始化

任务名称和背景

完成浩志电气公司现金银行业务在 ERP 系统软件中的模拟操作。

周乐是浩志电气公司财务部门的出纳主管,同时兼管收付款票据的日常处理,目前他的工作有一部分是处理公司现金银行业务。

周乐迫切希望通过公司即将实施的 ERP 系统改变他现在的工作状态,把他从繁忙的手工劳动中解放出来,使现金与银行台账能在 ERP 中完成,减少手工的处理方式。财务出纳业务人员工作职责如表11-1所示。

表11-1 财务出纳业务人员工作职责

姓名	所属公司	职务或工作	工作职责
周乐	浩志电气	财务部出纳	ERP 项目核心模块参与者,相关业务负责人
孙亮	浩志电气	财务部主管	ERP 项目核心模块参与者,相关业务负责人

11.1 现金银行业务基本流程

现金银行业务基本流程图如图 11-1 所示。

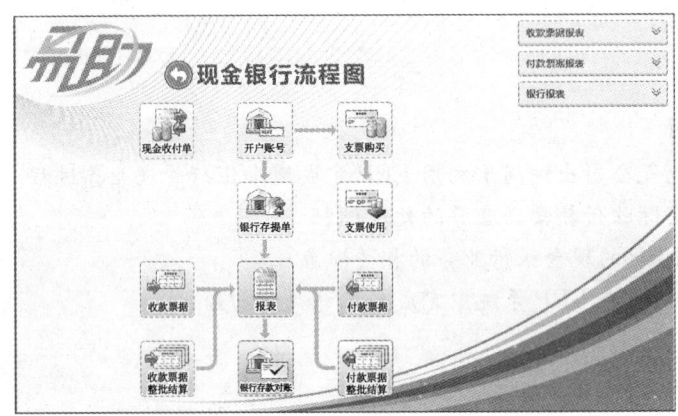

图 11-1　现金银行业务基本流程图

11.2 现金银行业务基础资料

11.2.1 现金银行业务参数设置

11.2.1.1 票据参数

1．作业目的

上线前，先将相关单据的编码方式在此作业中设置。在设置前，请先审核有无其他用户在运行其他作业，务必将其他作业关闭后，才开始作设置，以确保数据的正确性。

2．界面

现金银行参数界面如图 11-2 所示。

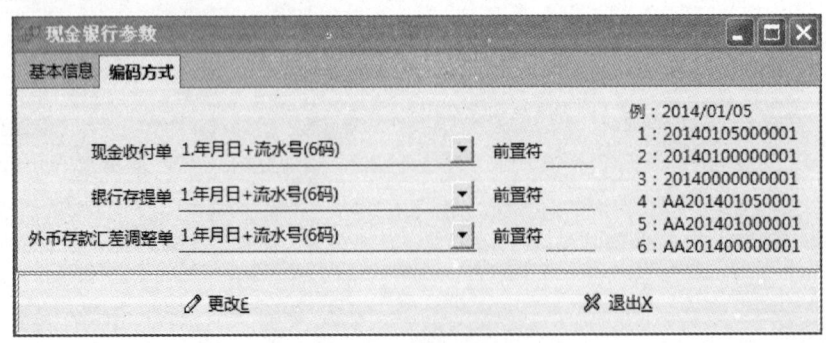

图 11-2　现金银行参数界面

11.2.1.2 录入开户账号

1．作业目的

用于输入查询、更改、删除录入公司已开户的银行账号的相关数据。

2. 基本信息画面

开户账号界面如图 11-3 所示。

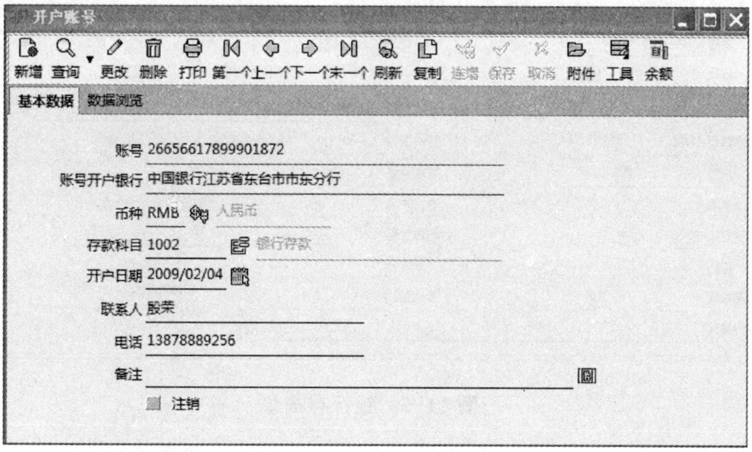

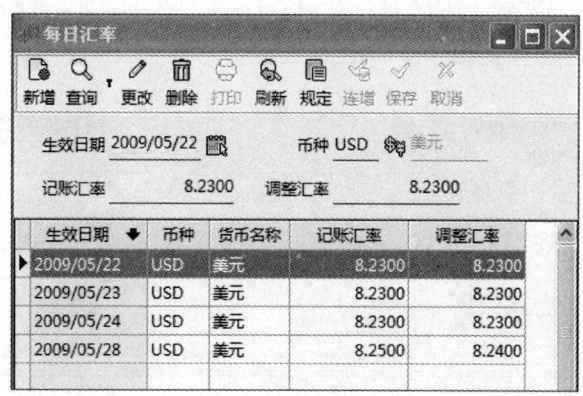

图 11-3　开户账号界面

11.2.1.3　每日汇率设置

1. 作业目的

可在此作业输入每日的银行买入汇率与卖出汇率（以记账汇率表示），同时也可输入计算汇兑损益用的调整汇率。

2. 界面

每日汇率设置界面如下图 11-4 所示。

图 11-4　每日汇率设置界面

11.2.2　现金银行期初录入

11.2.2.1　期初银行存款余额

可利用会计总账系统开账所用的电子表格中的银行存款各科目余额，作为各银行账号的开账金额，经"银行存提单"作业输入期初余额。

请先将各银行的数据至"开户账号"中作设置。

银行存提单如图 11-5 所示。

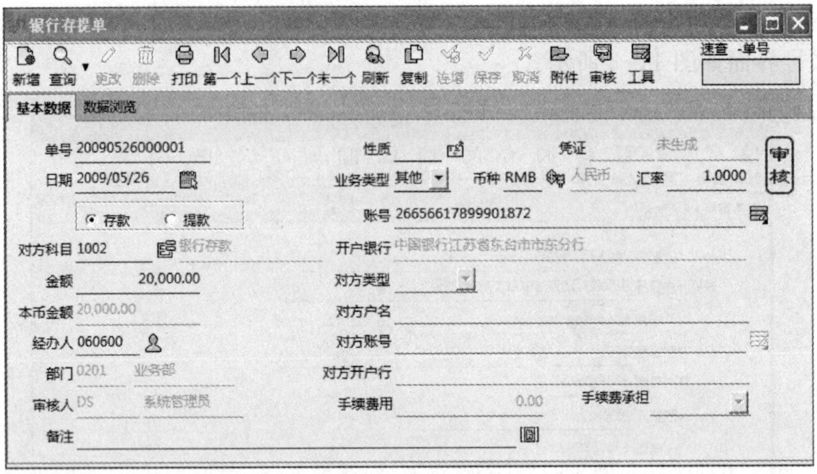

图 11-5 银行存提单

11.2.2.2 期初收款票据

整理期初未结算的收款票据(未结算的商业汇票或拿去背书的其他即期票据),录入到"收款票据"作业中。例如,如果 2003 年 1 月 1 日要正式上线,则收票日是 2002 年 12 月 31 日以前,且结算日在 2003 年 1 月 1 日之后,须将每笔信息整理出来,经"收款票据"输入数据。

收款票据界面如图 11-6 所示。

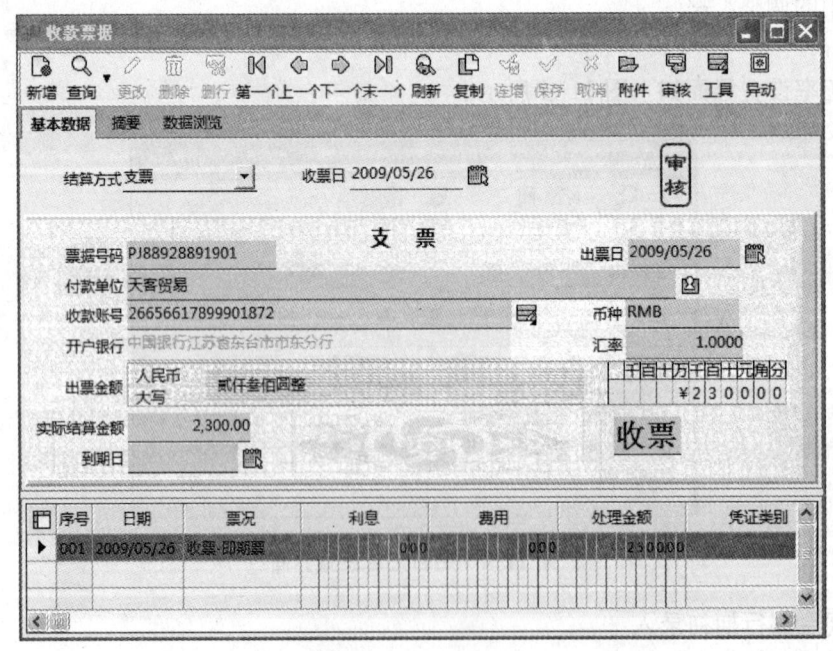

图 11-6 收款票据界面

11.3 现金银行业务操作过程

银行结算指收付双方通过银行结算往来款项,也称为转账结算。银行存款是企业存入银行和其他金融机构的各种存款。企业收到的一切款项,除国家另有规定的以外,都必须于当日解交银行。一切支出,除规定可以用现金支付的以外,应按银行有关结算制度规定,通过银行转账结算。

企业可以采取的结算方式有银行汇票、商业汇票、银行本票、支票、汇兑、委托收款、异地托收承付、信用卡、信用证。银行结算方式不同,企业原始凭证及记账凭证填制时间和依据也不同。

本系统能实现对电汇、支票、银行汇票、商业汇票等几种常用收款和付款票据的管理功能,其他结算方式也可选择对应的结算管理流程套用,当前版本仅作本币票据管理。

11.3.1 收款票据

1. 作业目的

可以输入、查询、更改、删除收款票据的相关数据。用于输入收款票据的相关数据,也可利用单头功能钮改变票据的状况。例如,结算、背书、贴现、转出、取消处理等。在本系统中,将电汇、支票、银行汇票作为即期票据管理,认为收到票,即发生银行账款划转,其中支票、银行汇票还可作背书处理,指定转付的供应商;将商业汇票作为远期票据管理,收票后,当日期大于等于汇票到期日时,才可进行票据结算处理,也可在收票日与到期日期间,对该张商业汇票进行背书、贴现、转出操作。

2. 基本数据界面

收款票据异动项界面如图 11-7 所示。

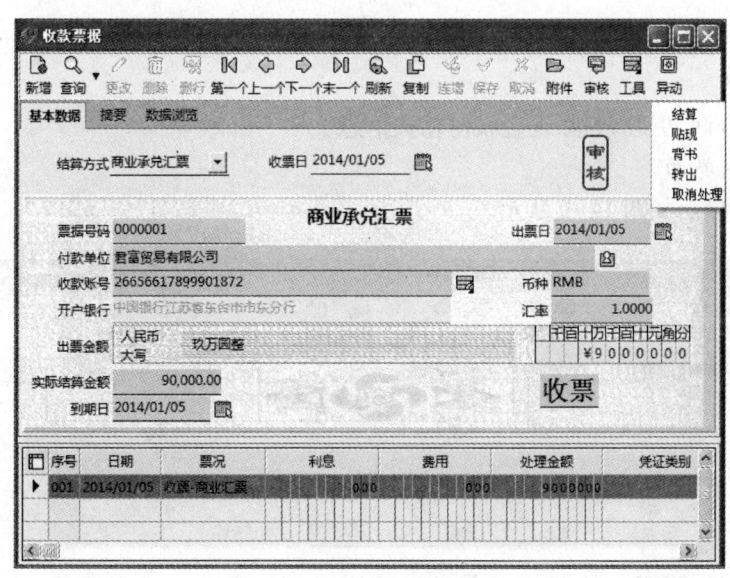

图 11-7 收款票据异动项界面

11.3.2 付款票据

1. 作业目的

可以输入、查询、更改、删除付款票据的相关数据。用于输入付款票据的相关数据,也可利用单头功能钮改变票据的状况。例如,结算、作废、取消处理等。在本系统中,将电汇、支票、银行汇票作为即期票据管理,认为出票,即发生银行账款划转;将商业汇票作为远期票据管理,出票后,当日期大于等于汇票到期日时,才可进行票据结算处理。也可将已签出但发生错误的票据进行作废处理。

2. 基本信息界面

付款票据异动项界面如图 11-8 所示。

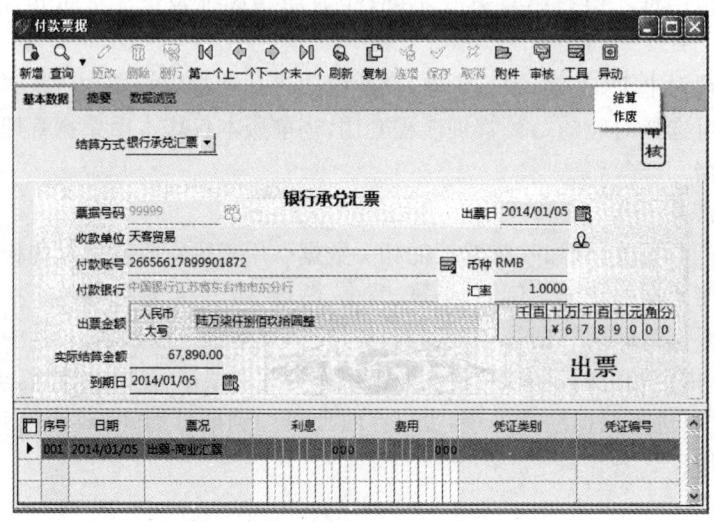

图 11-8　付款票据异动项界面

11.3.3　现金收付单界面

1. 作业目的

可以输入、查询、更改、删除现金收付相关信息。

2. 基本信息界面

现金收付单界面如图 11-9 所示。

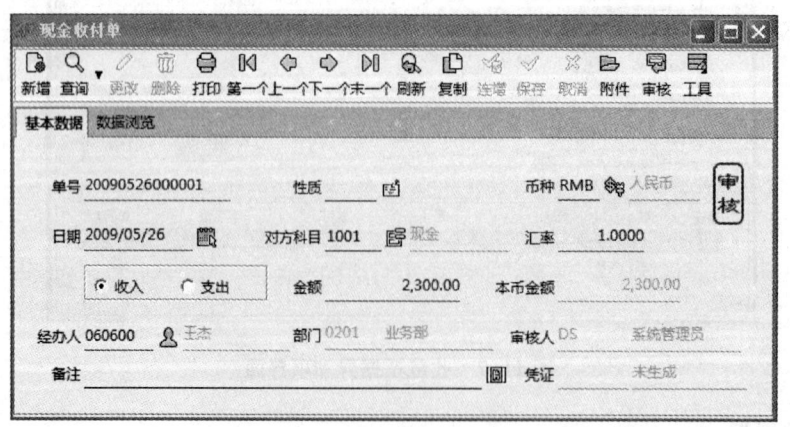

图 11-9　现金收付单界面

11.3.4　银行存提单

1. 作业目的

可以输入、查询、更改、删除银行存款、银行提款的相关信息。

2. 基本信息界面

银行存提单界面如图 11-10 所示。

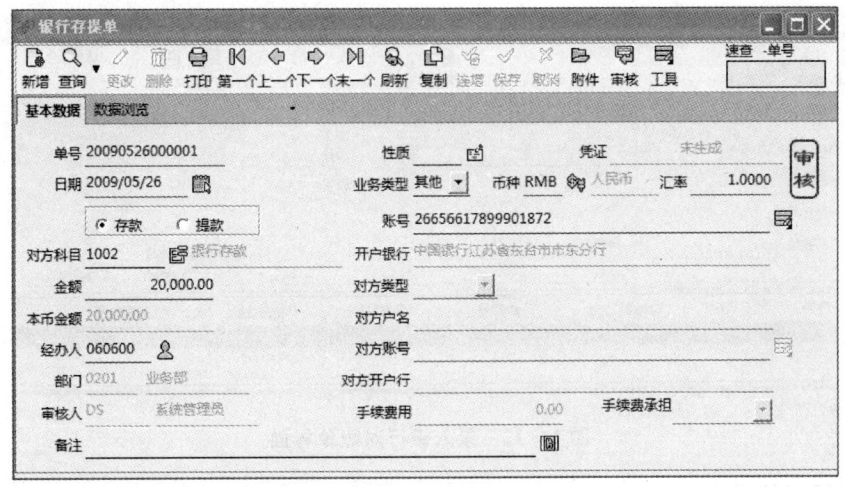

图 11-10　银行存提单界面

11.3.5　定义银行对账单引入格式

1. 作业目的

指定银行账号，定义银行对账单电子档转存系统数据库的引入格式。

2. 基本信息界面

银行对账单格式界面如图 11-11 所示。

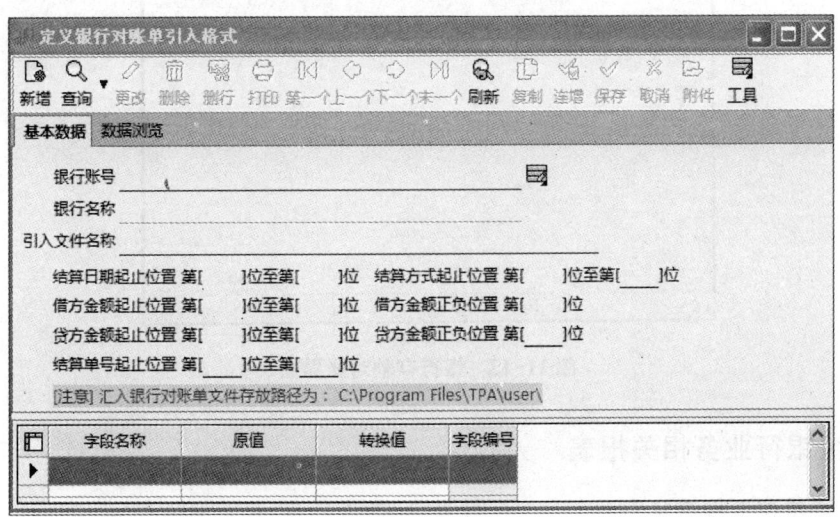

图 11-11　银行对账单格式界面

11.3.6　录入银行对账单

1. 作业目的

用于从文件引入，或直接输入、查询、更改、删除公司各账号的银行对账单的明细信息。

2. 基本信息界面

录入银行对账单界面如图 11-12 所示。

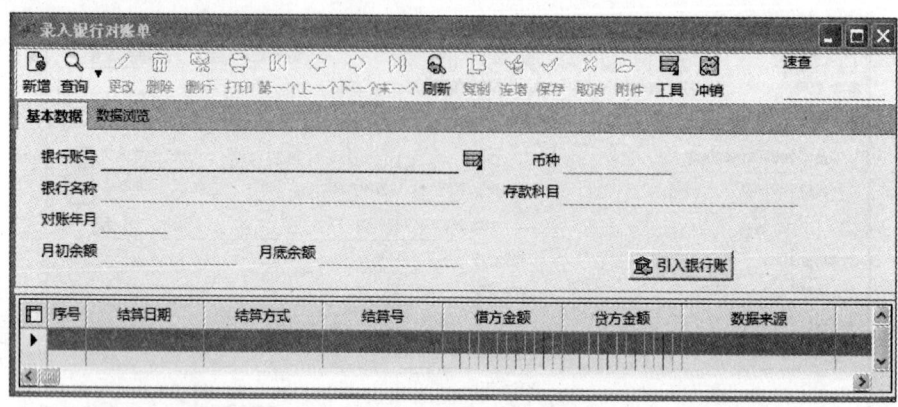

图 11-12 录入银行对账单界面

11.3.7 银行存款对账

1. 作业目的

该批次作业完成企业日记账与银行对账单之间的对账操作。

2. 基本信息界面

银行存款对账界面如图 11-13 所示。

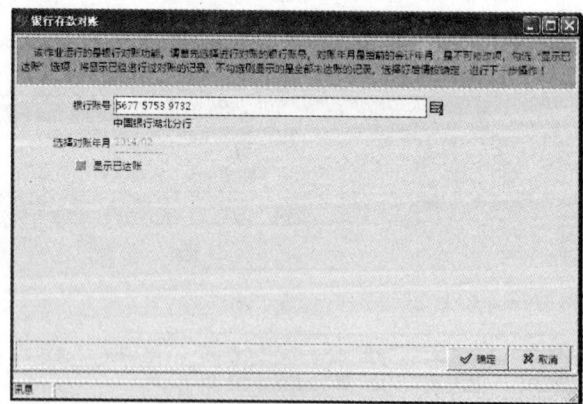

图 11-13 银行存款对账界面

11.4 现金银行业务相关报表

11.4.1 付款单位票额统计表

1. 作业目的

以付款单位来查询某段期间内不同票况的金额统计信息。

2. 报表界面

付款单位票额统计表界面如图 11-14 所示。

鼎捷软件有限公司-机械行业
付款单位票额统计表

收票日：~
付款单位：~
审核状态：全部
制表：2

付款单位	付款单位全称	币种	库存票（商业汇票）	结算（含即期票）	背书	贴现	合计	转出	总计
KH0002	君富贸易有限公司	RMB	0.00	36,230.00	0.00	0.00	36,230.00	90,000.00	126,230.00
KH0005	天套贸易	RMB	0.00	2,300.00	0.00	0.00	2,300.00	0.00	2,300.00
	总计	RMB	0.00	38,530.00	0.00	0.00	38,530.00	90,000.00	128,530.00

图 11-14　付款单位票据统计表界面

11.4.2　收款单位票额统计表

1. 作业目的

以收款单位来查询某段期间内不同票况的金额统计信息。

2. 报表界面

收款单位票额统计表界面如图 11-15 所示。

鼎捷软件有限公司-机械行业
收款单位票额统计表

出票日：~
收款单位：~
审核状态：全部

收款单位	收款单位全称	币种	出票（商业汇票）	结算（含即期票）	合计	作废	总计
GYS0002	新华通用机械有限公司	RMB	0.00	4,000.00	4,000.00	0.00	4,000.00
GYS0004	上海欣欣塑胶有限公司	RMB	0.00	2,000.00	2,000.00	0.00	2,000.00
KH0005	天套贸易	RMB	67,890.00	0.00	67,890.00	0.00	67,890.00
	总计	RMB	67,890.00	6,000.00	73,890.00	0.00	73,890.00

图 11-15　收款单位票额统计表界面

11.4.3　现金日记账

1. 作业目的

可查询每一次现金收支明细数据。

2. 报表界面

现金日记账界面如图 11-16 所示。

鼎捷软件有限公司-机械行业
现金日记账

起讫日期：~

日期	单号	对方科目	科目名称	收入金额(借)	支出金额(贷)	结存余额	本币结存余额
币种: RMB 货币名称: 人民币 前期余额: 0							
2009/05/26	20090526000001	1001	现金	2,300.00		2,300.00	2,300.00
2011/02/22	20110222000001				2,300.00	0.00	0.00

图 11-16　现金日记账界面

11.4.4　银行存提明细表

1. 作业目的

可查询每一个银行账号的存提明细数据。

存提种类：①存款　②提款　③全部

2. 报表画面

银行存提明细表界面如图 11-17 所示。

图 11-17　银行存提明细表界面

11.4.5　银行存款日记账

1. 作业目的

可将此报表与银行所寄的银行存款对账单作核对。

2. 报表画面

银行存款日记账界面如图 11-18 所示。

图 11-18　银行存款日记账界面

11.4.6　银行存款明细账

1. 作业目的

可将此报表与会计的明细账作核对。

2. 报表画面

银行存款明细账界面如图 11-19 所示。

图 11-19　银行存款明细账界面

11.4.7　银行存款汇总表

1. 作业目的

可查询每家银行账号的存提统计金额。

2. 报表画面

银行存款汇总表界面如图 11-20 所示。

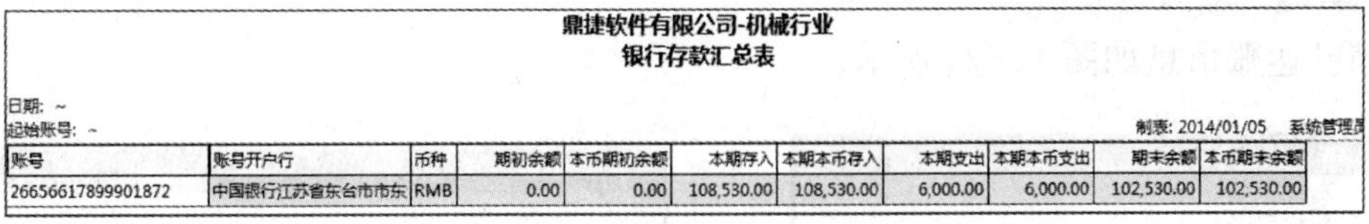

鼎捷软件有限公司-机械行业
银行存款汇总表

日期: ~
起始账号: ~
制表: 2014/01/05　系统管理员

账号	账号开户行	币种	期初余额	本币期初余额	本期存入	本期本币存入	本期支出	本期本币支出	期末余额	本币期末余额
26656617899901872	中国银行江苏省东台市市东	RMB	0.00	0.00	108,530.00	108,530.00	6,000.00	6,000.00	102,530.00	102,530.00

图 11-20　银行存款汇总表界面

11.5　现金银行业务工作任务分析与操作

11.5.1　银行存款余额调节信息维护

1. 作业目的

期初开账时，在此录入期初数据，之后的日常作业中，可以查询每月银行存款余额调节信息，打印余额调节表。

2. 基本信息界面

银行存款余额调节表信息界面如图 11-21 所示。

11.5.2　外币存款汇差调整

1. 作业目的

有使用外币存款时，当期汇率变动过大时，可通过此作业进行调整。

2. 基本信息界面

外币存款汇差调整界面如图 11-22 所示。

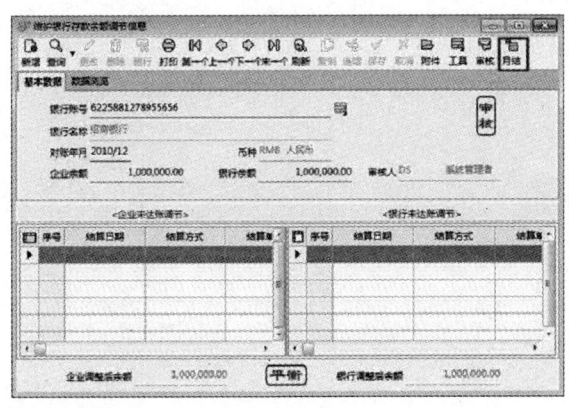

图 11-21　银行存款余额调节信息表界面

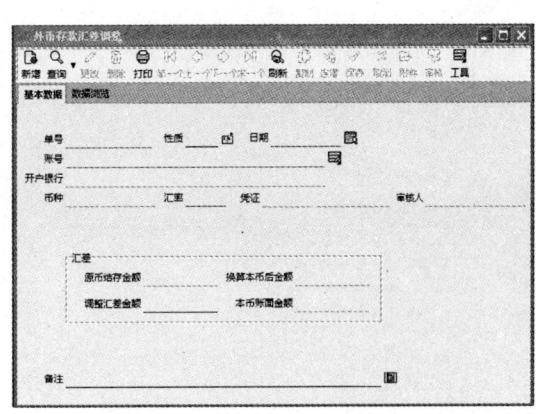

图 11-22　外币存款汇差调整表界面

11.5.3　核销已达账

1. 作业目的

该作业用于年终时、或一个账务期间的截止期，将已核对正确并确认无误的已达账删除，以减少数据的存储量。

2. 操作步骤

【步骤 1】　先输入银行账号，按 F2 作“开户账号”数据的开窗选定。

核销已达账如图 11-23 所示。

【步骤2】 输入信息后,点击 。
核销已达账信息如图 11-24 所示。

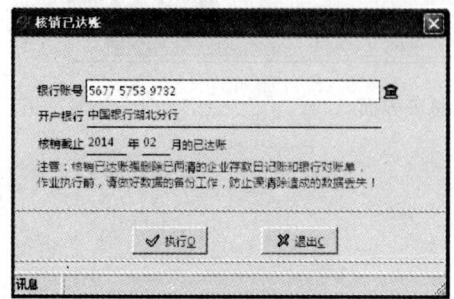

图 11-23 核销已达账图

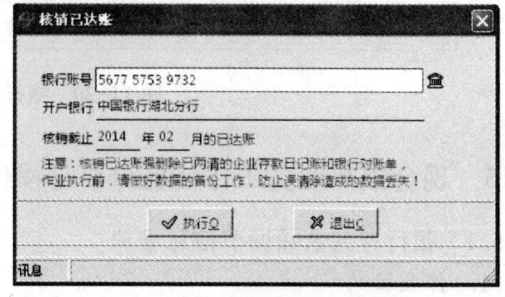

图 11-24 核销已达账信息

第 12 章　固定资产管理

课程目标

- 模拟浩志电气资产管理员熊俊利用 ERP 完成资产管理业务过程
- 掌握企业实际固定资产新增业务的处理过程
- 掌握企业实际固定资产减少业务的处理过程
- 掌握企业实际固定资产改良业务的处理过程
- 掌握企业实际固定资产折旧计提业务的处理过程
- 掌握企业实际固定资产调整或转移业务的处理过程
- 掌握企业实际固定资产减值准备业务的处理过程
- 掌握企业实际固定资产使用状况变动业务的处理过程
- 熟练设置 ERP 的固定资产相关配置方法

任务名称和背景

完成浩志电气公司财务部固定资产核算工作在 ERP 系统软件中的模拟操作。

熊俊是浩志电气公司财务部门的固资核算主管,目前他的工作是负责该公司所有固定资产的核算及折旧计提工作。熊俊迫切希望通过公司即将实施的 ERP 系统改变他现在的工作状态,能够把他从繁忙的手工劳动中解放出来,由于公司资产数量太多,种类繁杂,各资产的使用年限及折旧计提方法不一致,导致每月的工作量非常大。熊俊期望软件能优化处理过程、减少过多的人为计算过程,提供完善的处理方法。固定资产岗员工工作职责如表 12-1 所示。

表 12-1　固定资产岗员工工作职责

姓名	所属公司	职务	工作职责
熊俊	浩志电气	固资核算主管	ERP 项目核心模块参与者,相关业务负责人
孙亮	浩志电气	财务部主管	ERP 项目核心模块参与者,相关业务负责人

12.1 固定资产业务基本流程

固定资产管理主流程图如图 12-1 所示。

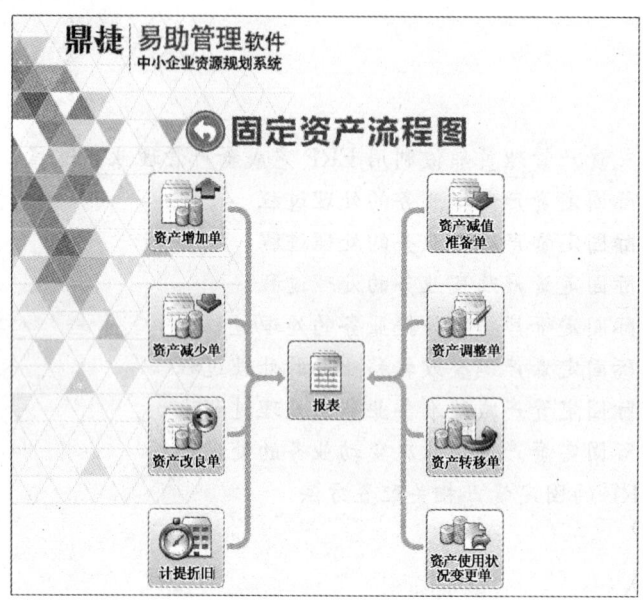

图 12-1　固定资产管理主流程图

12.1.1 固定资产业务

12.1.1.1 固定资产参数

1. 作业目的

对于本固定资产系统所需的基本设置，如：现行年、月、是否卡号管理以及多项折旧管理的选择，各个单据的编码方式的设置。

2. 作业界面

固定资产参数设置界面如图 12-2 所示。

3. 作业单号设置界面

固定资产单号设置界面如图 12-3 所示。

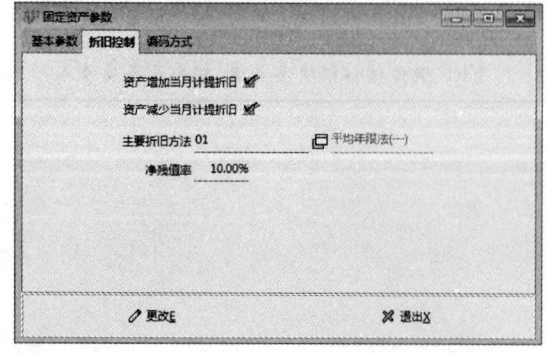

图 12-2　固定资产参数设置界面图

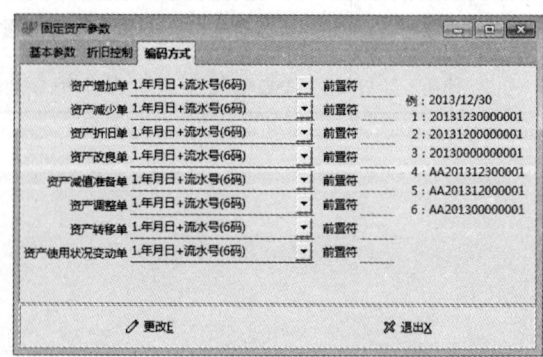

图 12-3　固定资产单号设置界面图

12.1.1.2 资产类别

1. 作业目的

录入资产的类别信息。

2. 作业界面

资产类别设置界面如图 12-4 所示。

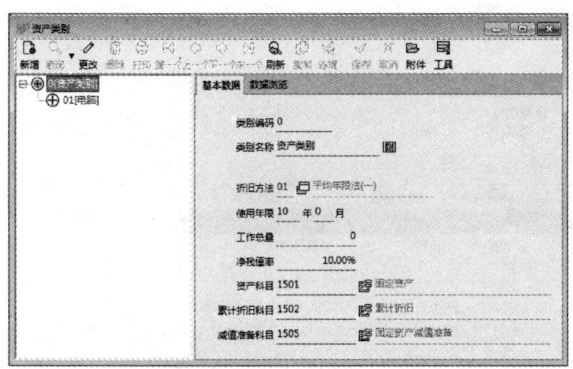

图 12-4 资产类别设置界面图

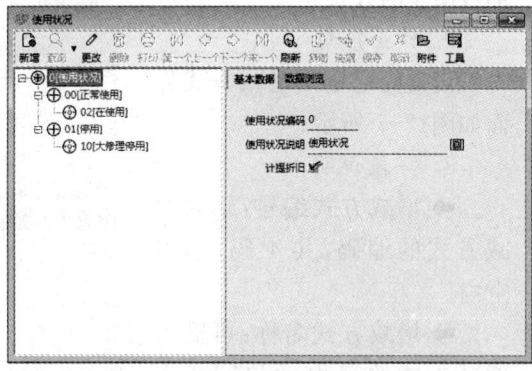

图 12-5 固定资产使用状况界面图

12.1.1.3 使用状况

1. 作业目的

录入固定资产系统中所有要用到的使用状况。

2. 作业界面

固定资产使用状况界面如图 12-5 所示。

3. 字段说明

➡ 使用状况编码：可以输入使用状况的编码，共 2 码，不可空白。

➡ 使用状况说明：可输入使用状况的说明，可按 F2 作"常用语"的开窗，可空白。

➡ 计提折旧：如果当前的使用状况要计提折旧，请勾选此选项。

12.1.2 固定资产折旧方法设置

12.1.2.1 折旧方法

1. 作业目的

显示固定资产系统中所有折旧方法的信息。

2. 作业界面

设置固定资产折旧方法界面如图 12-6 所示。

3. 字段说明

➡ 折旧方法编码：显示折旧方法的编码，共 2 码，不可空白。

➡ 折旧方法名称：显示折旧方法的名称。

➡ 月折旧率：显示计算月折旧

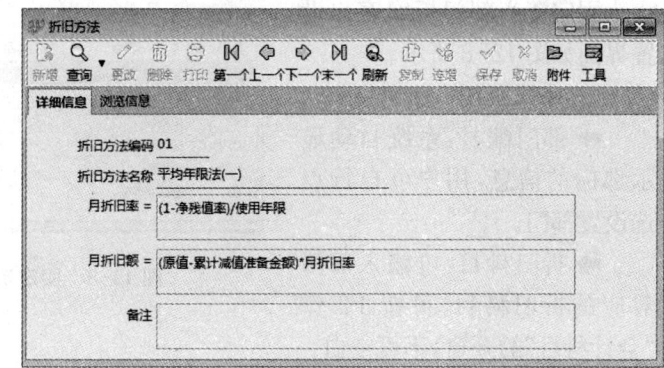

图 12-6 设置固定资产折旧方法界面图

率的公式。

➡ 月折旧额：显示计算月折旧额的公式。

12.1.2.2 增减方式

1. 作业目的

录入系统中资产的各种增加或减少的方式。

2. 作业界面

设置固定资产增减方式界面如图12-7所示。

3. 字段说明

➡ 增减方式编号：录入增减方式的编码，共4码，不可空白。

➡ 增减方式名称：可输入增减方式的名称，可按 F2 作"常用语"的开窗，可空白。

➡ 增减方向：如果是增加方式就选中增加，如果是减少方式就选中减少。

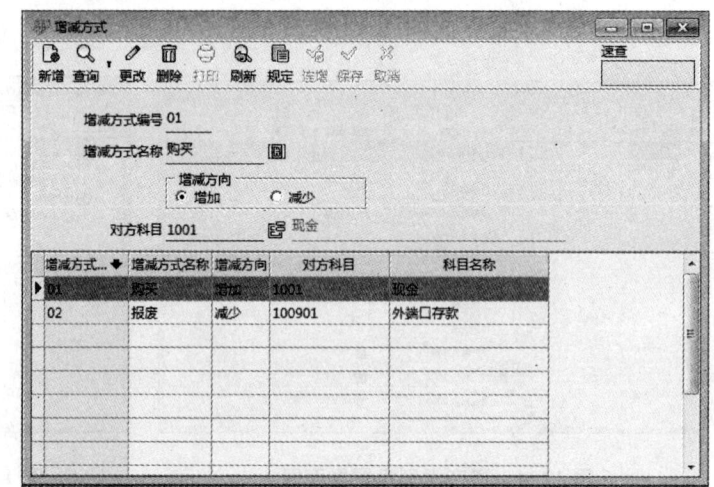

图 12-7　设置固定资产增减方式界面图

➡ 对方科目：可输入增减方式对应的对方科目，可按 F2 作"会计科目"的开窗，不可空白。

➡ 核算项目：可以输入对方科目所指定的核算项目，可按 F2 作"核算项目"的开窗，可空白。

12.1.3 固定资产部门折旧科目设置

1. 作业目的

可以录入系统中各个部门对应的折旧科目信息。

2. 作业界面

固定资产部门折旧客户设置界面如图 12-8 所示。

3. 字段说明

➡ 部门编号：系统自动显示部门的信息，用户可自行点选设置部门。

➡ 折旧科目：可输入部门对应的折旧科目，可按 F2 作"会计科目"的开窗，不可空白。

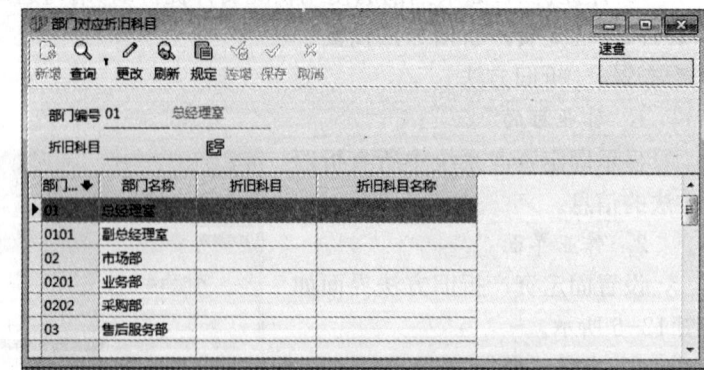

图 12-8　固定资产部门折旧科目设置界面图

➡ 核算项目：可以输入折旧科目所指定的核算项目，可按 F2 作"核算项目"的开窗，可空白。

12.2 固定资产业务操作过程

12.2.1 资产增加单

1. 作业目的

在系统日常使用过程中,资产可以通过资产增加单录入系统。

2. 作业界面

固定资产增加单界面如图 12-9 所示。

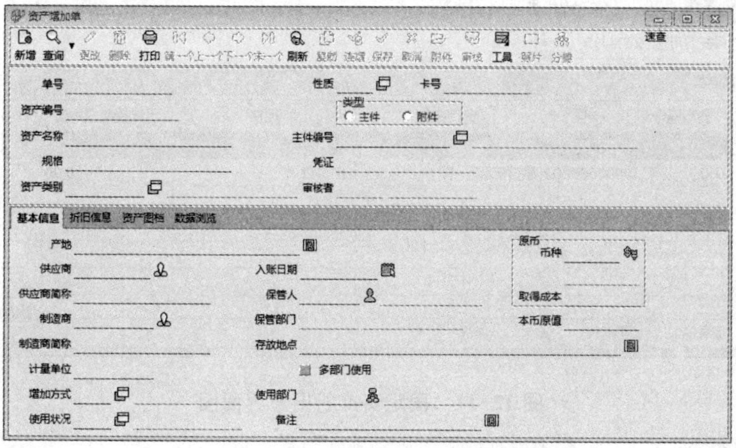

图 12-9 固定资产增加单界面图

12.2.2 资产减少单

1. 作业目的

在日常使用过程中,资产总会由于各种原因,如毁损、出售、盘亏等退出企业,可以通过资产减少单来实现资产减少业务作业。

2. 作业界面

固定资产减少单界面如图 12-10 所示。

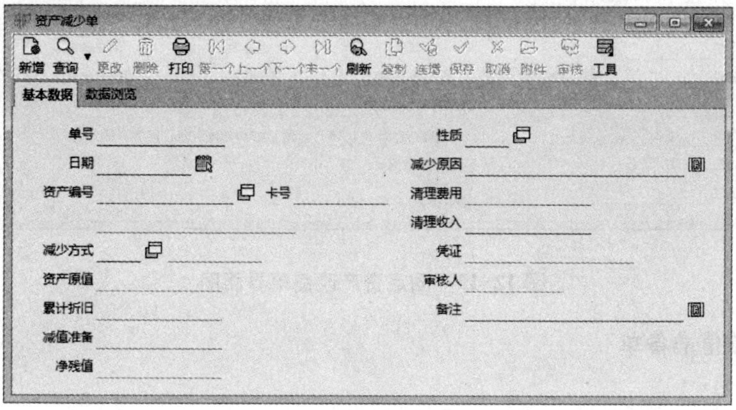

图 12-10 固定资产减少单界面图

12.2.3 资产折旧单

1. 作业目的

资产每月折旧后可以通过资产折旧单来查看折旧信息。

2. 作业界面

固定资产折旧单界面如图 12-11 所示。

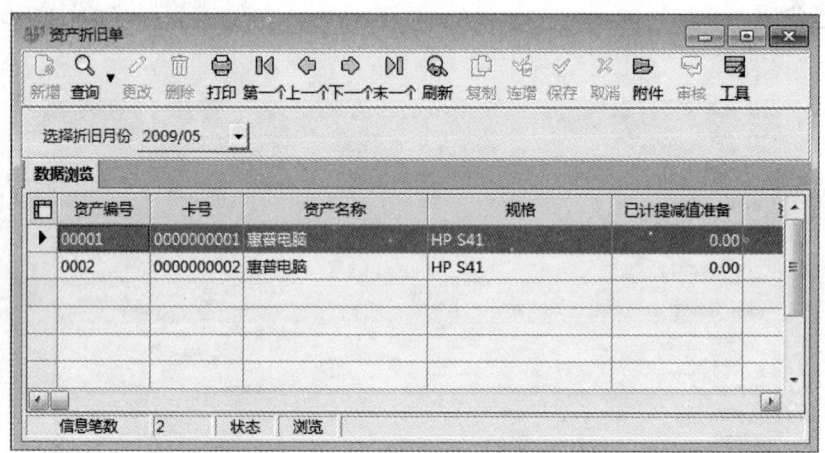

图 12-11　固定资产折旧单界面图

12.2.4 资产改良单

1. 作业目的

资产通过改良技术等原因增加了原值和使用年限,可以通过改良单来调整。

2. 作业界面

固定资产改良单界面如图 12-12 所示。

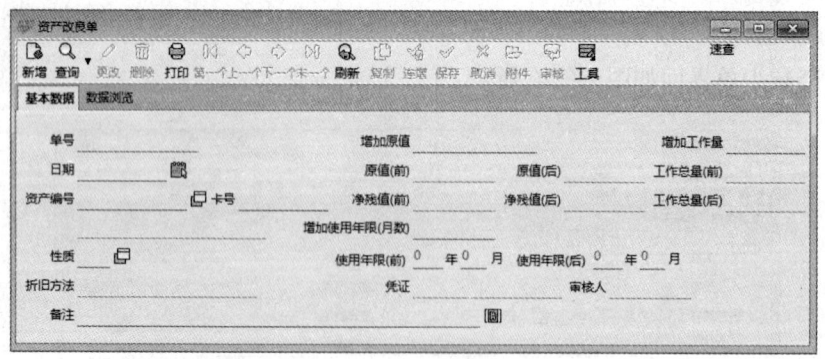

图 12-12　固定资产改良单界面图

12.2.5 资产减值准备单

1. 作业目的

由于市价持续下跌,或技术落后等原因导致资产可回收金额低于账面价值的,应当通过此作业将可回收金额低于账面价值的差额作为固定资产减值准备。

2. 作业界面

固定资产减值准备单界面如图 12-13 所示。

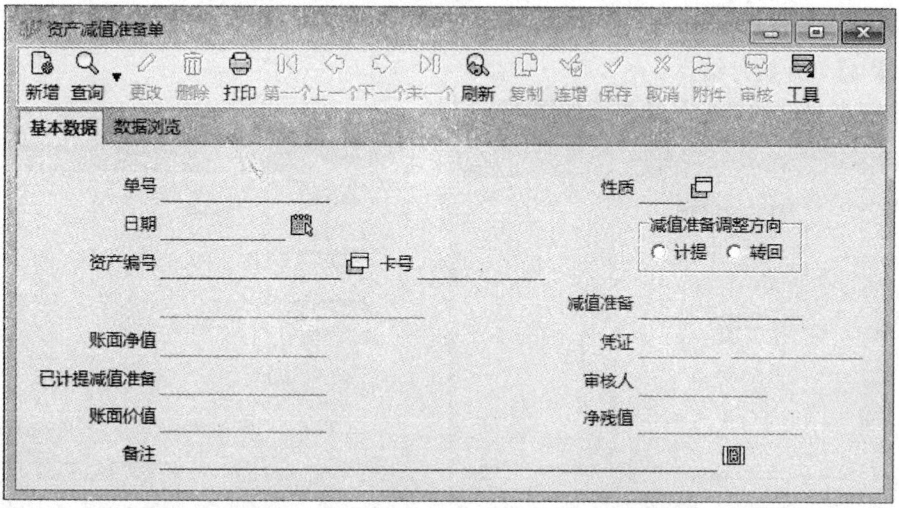

图 12-13　固定资产减值准备单界面图

12.2.6　固定资产的月结与反月结

12.2.6.1　固定资产月结

1. 作业目的

通过这个作业可以对当前月末资产的折旧进行检查。

2. 操作说明

【步骤1】　检查本月是否已经计提折旧。

固定资产月结检查是否做折旧界面如图 12-14 所示。

按 ▽下一步 继续。

【步骤2】　检查本月是否有未审核的单据。

固定资产月结检查本月是否有未审核单据界面如图 12-15 所示。

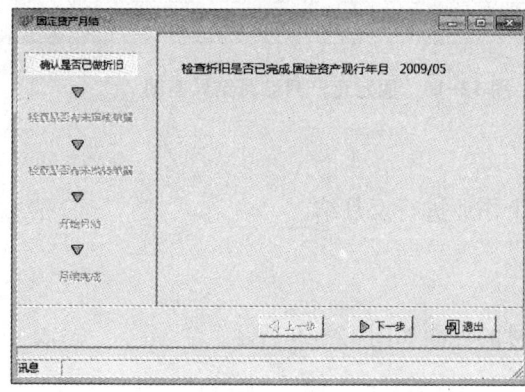

图 12-14　固定资产月结检查是否已做折旧界面图

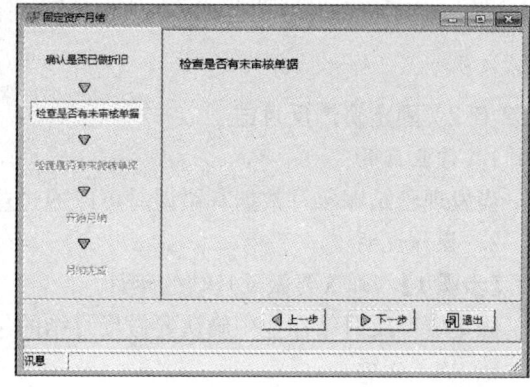

图 12-15　固定资产月结检查本月是否有未审核单据界面图

按 ▽下一步 继续。

【步骤3】 检查本月是否有未抛转的单据。

固定资产月结检查本月是否有未抛转的单据的界面如图12-16所示。

按 ▽下一步 继续。

【步骤4】 开始月结。

固定资产月结的开始月结界面如图12-17所示。

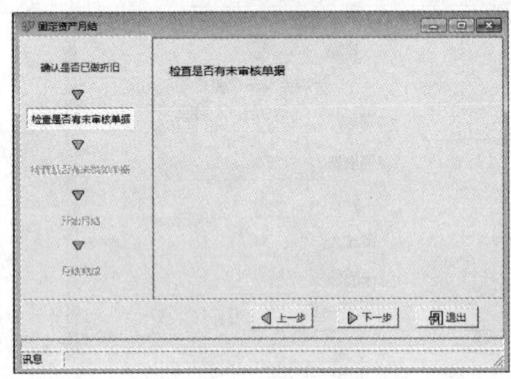
图12-16 固定资产月结检查本月是否有未抛转的单据界面图

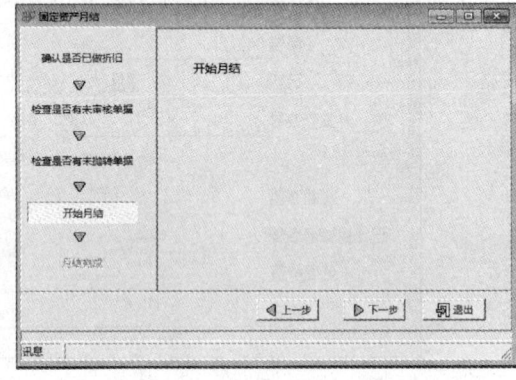
图12-17 固定资产月结开始月结界面图

按 ▽下一步 继续。

【步骤5】 月结完成。

固定资产月结的月结完成界面如图12-18所示。

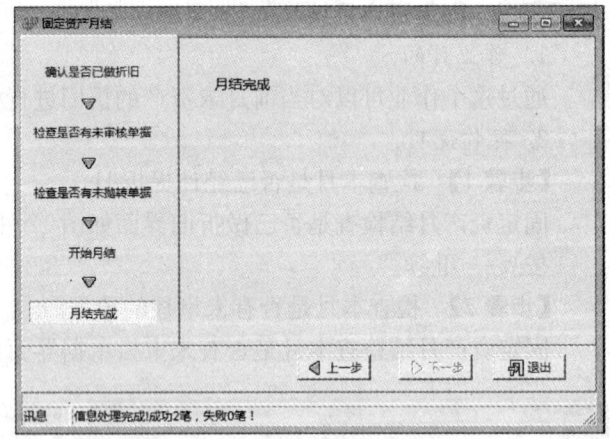
图12-18 固定资产月结月结界面图

12.2.6.2 固定资产反月结

1. 作业目的

当发现已结账年月数据有错误时可以通过这个作业进行反月结。

2. 操作说明

【步骤1】 确认要做反月结的年月。

固定资产反月结作业中确认要做反月结的年月的界面如图12-19所示。

按 ▽下一步 继续。

【步骤2】 提醒用户，如果要执行反月结就会把当前年月的资料全部删除，恢复到上期期末状态。

固定资产反月结作业中的提醒用户界面如图 12-20 所示。

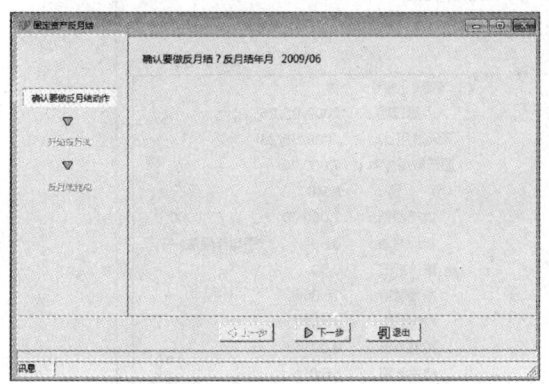
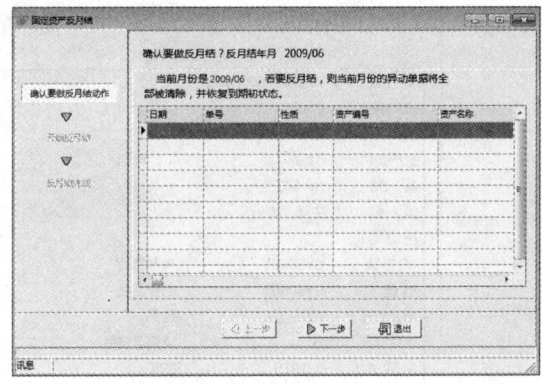

图 12-19　固定资产反月结的确认要做反月结的年月界面图

图 12-20　固定资产反月结的提醒用户界面图

按 ▽下一步 继续。

【步骤 3】 开始进行反月结。

固定资产反月结作业中的开始反月结界面如图 12-21 所示。

按 ▽下一步 继续。

【步骤 4】 反月结完成。

固定资产反月结作业中的反月结完成界面如图 12-22 所示。

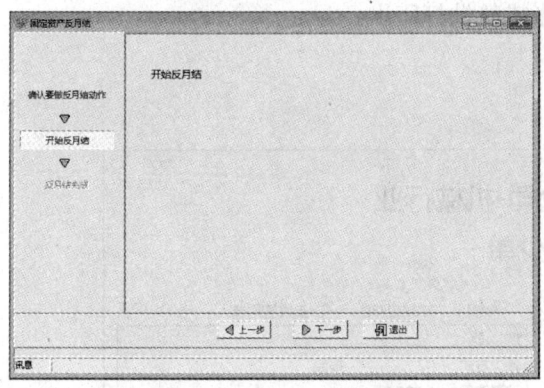

图 12-21　固定资产反月结的开始反月结界面图

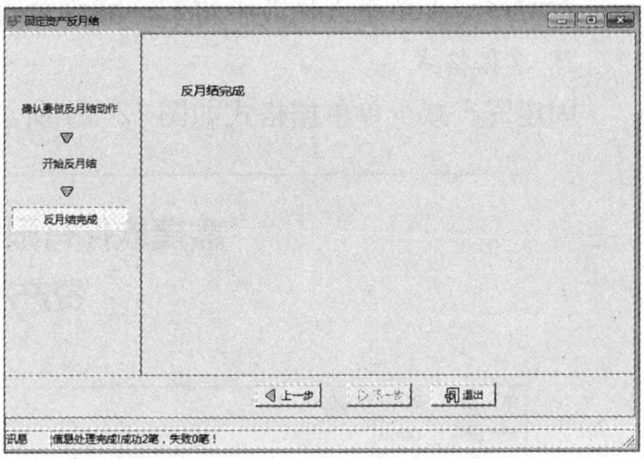

图 12-22　固定资产反月结的反月结完成界面图

12.3　固定资产业务相关报表

12.3.1　资产增加单打印

1．作业目的

资产增加单录入作业中将资产增加单单张或整批打印出。

2．单据格式

固定资产增加单单据格式如图 12-23 所示。

鼎捷软件有限公司-机械行业

资产增加单

页次：1/1

单　号：	20090526000001		多部门使用：	否	
资产编号：	00001		入账日期：	2009/05/26	
资产名称：	惠普电脑		开始使用日期：	2009/05/26	
资产类别：	01	电脑	原币取得成本：	7,000.00	
规　格：	HP S41		币　别：	RMB	人民币
类　型：	主件		本币原值：	7,000.00	7000
产　地：			折旧方法：	01	平均年限法(一)
供应商：	GYS0005	新雅百货	累计折旧：	0.00	
制造商：	GYS0005	新雅百货	净残值率：	10.00%	
增加方式：	01	购买	净残值：	700.00	
使用状况：	10	大修理停用	减值准备：	0.00	
保管人：	081015	高萍	使用年限：	5年0月	
保管部门：	07	财务部	已计提月份：	0	
存放地点：			工作总量：	0	
审核码：	已审核	审核人：DS　系统管理员	已用工作量：	0	
备　注：					

部门编码	部门名称	分摊比率	折旧科目	科目名称	备注
07	财务部 <<以下空白>>	100%			

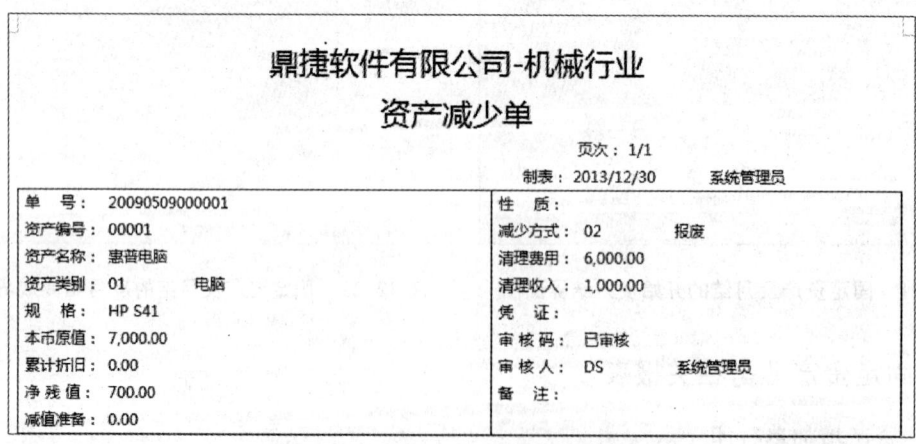

图 12-23　固定资产增加单单据格式图

12.3.2　资产减少单打印

1. 作业目的

在资产减少单录入作业中将资产减少单单张或整批打印出。

2. 单据格式

固定资产减少单单据格式如图 12-24 所示。

鼎捷软件有限公司-机械行业

资产减少单

页次：1/1

制表：2013/12/30　　系统管理员

单　号：	20090509000001	性　质：	
资产编号：	00001	减少方式：	02　报废
资产名称：	惠普电脑	清理费用：	6,000.00
资产类别：	01　电脑	清理收入：	1,000.00
规　格：	HP S41	凭　证：	
本币原值：	7,000.00	审核码：	已审核
累计折旧：	0.00	审核人：	DS　系统管理员
净残值：	700.00	备　注：	
减值准备：	0.00		

图 12-24　固定资产减少单单据格式图

12.3.3　资产折旧单打印

1. 作业目的

资产计提折旧后通过资产折旧单将资产折旧单单张或整批打印出。

2. 单据格式

固定资产折旧单单据格式如图 12-25 所示。

鼎捷软件有限公司-机械行业

资产折旧单

页次：1/1

单　号：	20131230000001	性　质：	
日　期：	2009/05/31	多部门使用：	否
资产编号：	0002	折旧费用：	105.00
资产名称：	惠普电脑	凭　证：	
规　格：	HP S41	审核码：	已审核
备　注：		审核人：	DS　系统管理员

分摊部门	部门名称	折旧科目	折旧科目名称	核算项目	核算项目名称	折旧费用	备注
09	仓储部					105	
	<<以下空白>>						

图 12-25　固定资产折旧单单据格式图

12.3.4　资产调整单打印

1. 作业目的

在资产调整单作业中将资产调整单单张或整批打印出。

2. 单据格式

固定资产调整单单据格式如图 12-26 所示。

鼎捷软件有限公司-机械行业

资产调整单

页次：1/1

制表：2013/12/30　系统管理员

单　号：	20090509000001	性　质：	
日　期：	2009/05/09	凭　证：	
资产编号：	0002	审核码：	已审核
资产名称：	惠普电脑	审核人：	DS　系统管理员
折旧方法：	01　平均年限法(一)	备　注：	

调整前		调整后	
资产原值：	7,000.00	资产原值：	6,000.00
累计折旧：	105.00	累计折旧：	105.00
净　值：	6,895.00	净　值：	5,895.00
减值准备：	0.00	减值准备：	0.00
使用年限：	60	使用年限：	60
净残值率：	10.00%	净残值率：	10.00%
净残值：	700.00	净残值：	600.00
工作总量：	0.00	工作总量：	0.00
已用工作量：	0.00	已用工作量：	0.00

图 12-26　固定资产调整单单据格式图

12.3.5　资产使用状况变动单打印

1. 作业目的

在资产使用状况变动单作业中将资产使用状况变动单单张或整批打印出。

2. 单据格式

固定资产使用状况变动单单据格式如图12-27所示。

鼎捷软件有限公司-机械行业

资产使用状况变动单

页次：1/1

制表：2013/12/30　　系统管理员

单　号：	20090526000001	原使用状态：	00	正常使用	计提折旧：计提
单据日期：	2009/05/26	新使用状态：	10	大修理停用	计提折旧：不计提
资产编号：	00001　惠普电脑	审 核 码：	已审核		
性　质：		审 核 人：	DS	系统管理员	
备　注：	保修期内严重损坏				

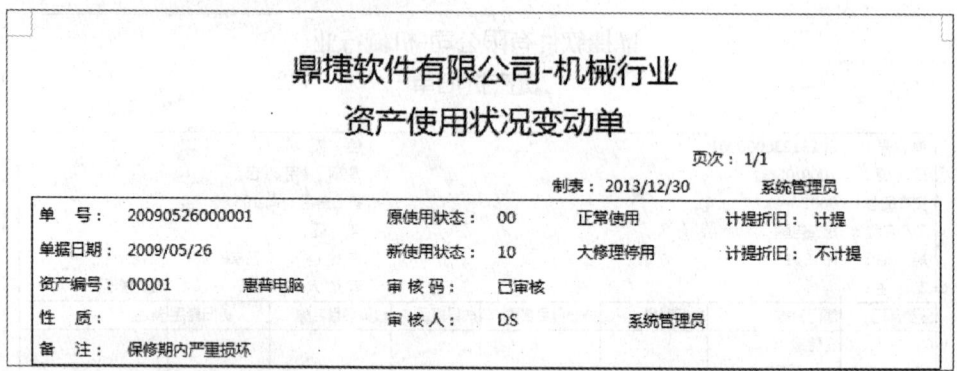

图12-27　固定资产使用状况变动单单据格式图

12.3.6 固定资产折旧清单表

1. 作业目的

查看资产在所选月份的折旧金额及累计折旧金额。

2. 报表格式

固定资产折旧清单表如图12-28所示。

鼎捷软件有限公司-机械行业

固定资产折旧清单表

年月:2009/05　资产类别:~　使用部门:~

资产编号	资产名称	部门名称	本币原值	本月折旧	累计折旧
0002	惠普电脑	仓储部	7,000.00	105.00	105.00

图12-28　固定资产折旧清单表

12.3.7 固定资产总账

1. 作业目的

了解一段期间内资产的原值、累计额及净额。

2. 报表格式

固定资产总账报表格式如图12-29所示。

固定资产总账

鼎捷软件有限公司-机械行业

固定资产总账

资产类别:　使用部门:　期间:2009/05~2009/05

	原值			累计折旧			
年月	借方	贷方	余额	借方	贷方	余额	净值
上期结转			0.00			0.00	0.00
2009/05	14,000.00	8,000.00	6,000.00	0.00	105.00	105.00	5,895.00

图12-29　固定资产总账报表格式图

12.3.8 固定资产登记簿

1. 作业目的

通过这个作业了解一段期间内资产增加的信息。

2. 报表格式

固定资产登记簿报表格式如图 12-30 所示。

固定资产登记簿

鼎捷软件有限公司-机械行业
固定资产登记簿

资产类别: 使用部门:

日期	资产编号	资产名称	单号	使用部门	借方	贷方	余额
				上期结转:	0.00	0.00	0.00
2009/05/2(	00001	惠普电脑	2009052600000:	财务部(07)	7,000.00	0.00	7,000.00
	0002	惠普电脑	2009052600000:	仓储部(09)	7,000.00	0.00	7,000.00
				本期合计:	14,000.00	0.00	14,000.00
				本期总计:	14,000.00	0.00	14,000.00

图 12-30 固定资产登记簿报表格式

12.3.9 使用状况分析表

1. 作业目的

可清楚了解从使用状况角度看,某月资产有关原值、累计折旧等信息。

2. 报表格式

固定资产使用状况表如图 12-31 所示。

使用状况分析表

鼎捷软件有限公司-机械行业
使用状况分析表

	原值		累计折旧		净值	
使用状况	金额	占总值百分比	累计折旧金额	占总值百分比	金额	占总值百分比
正常使用 (00)	6,000.00	100.00%	105.00	100.00%	5,895.00	100.00%
停用 (01)	0.00	0.00%	0.00	0.00%	0.00	0.00%
大修理停用 (10)	7,000.00	100.00%	0.00	0.00%	7,000.00	100.00%

图 12-31 固定资产使用状况表图

12.3.10 价值结构分析表

1. 作业目的

通过这个作业了解从资产类别的角度看,某月资产的原值、累计折旧等信息。

2. 报表格式

固定资产价值结构分析报表格式如图 12-32 所示。

12.3.11 固定资产统计表

1. 作业目的

可从部门、类别的角度看某月资产的原值、累计折旧等信息。

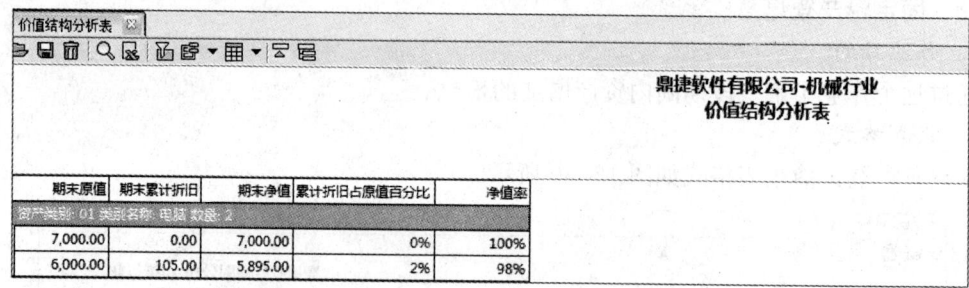

图 12-32　固定资产价值结构分析报表格式图

2. 报表格式

固定资产统计表报表格式如图 12-33 所示。

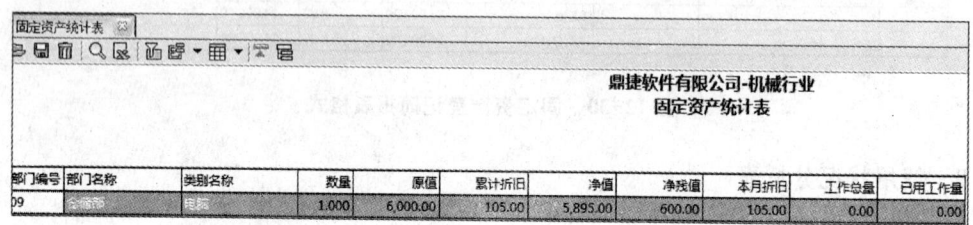

图 12-33　固定资产统计表报表格式图

12.3.12　固定资产到期提示表

1. 作业目的

通过这个作业了解即将提完折旧的资产信息。

2. 报表格式

固定资产到期提示表报表格式如图 12-34 所示。

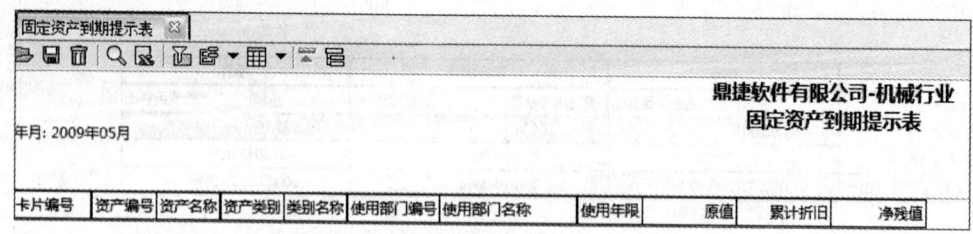

图 12-34　固定资产到期提示表报表格式图

12.4　固定资产业务工作任务分析与操作

12.4.1　资产日常调整

1. 作业目的

通过这个作业调整资产原值、累计折旧、减值准备、使用年限、净残值率等信息。

2. 作业界面

固定资产调整单如图 12-35 所示。

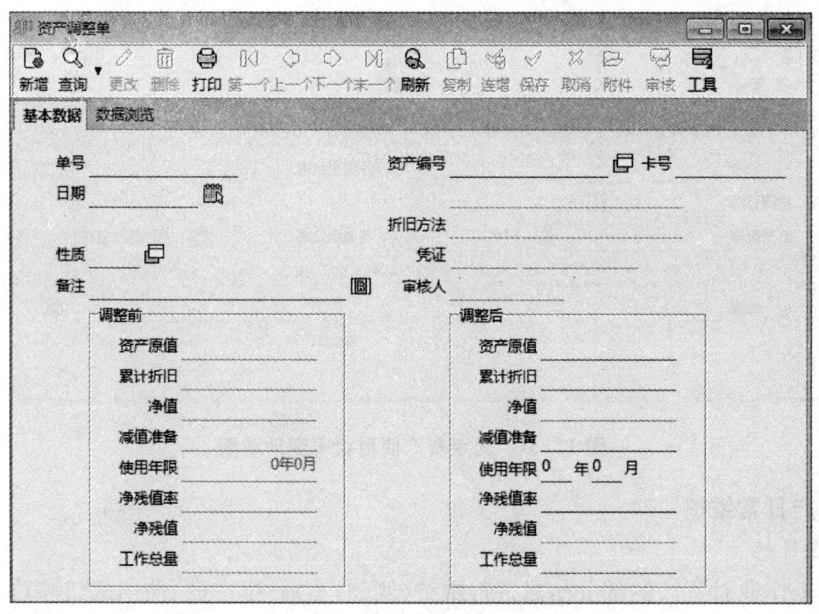

图 12-35　固定资产调整单图

12.4.2 资产日常转移

1. 作业目的

通过这个作业改变资产保管人、存放地点等信息。

2. 作业界面

固定资产转移单如图 12-36 所示。

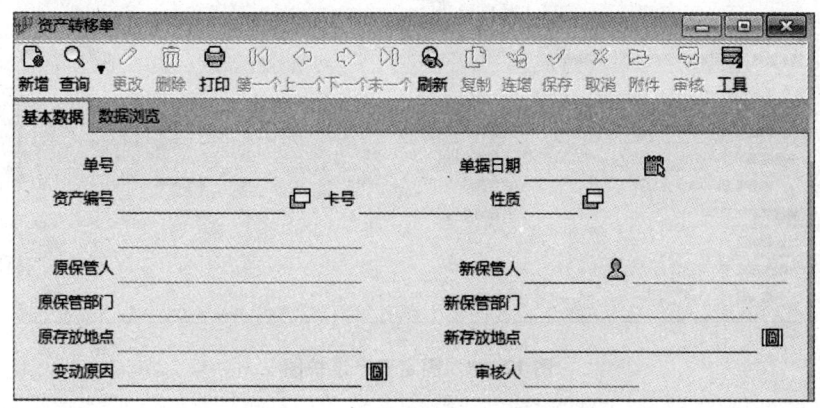

图 12-36　固定资产转移单图

12.4.3 资产使用状况变动

1. 作业目的

通过这个作业改变资产的使用状况信息。

2. 作业界面

固定资产使用状况变动单如图 12-37 所示。

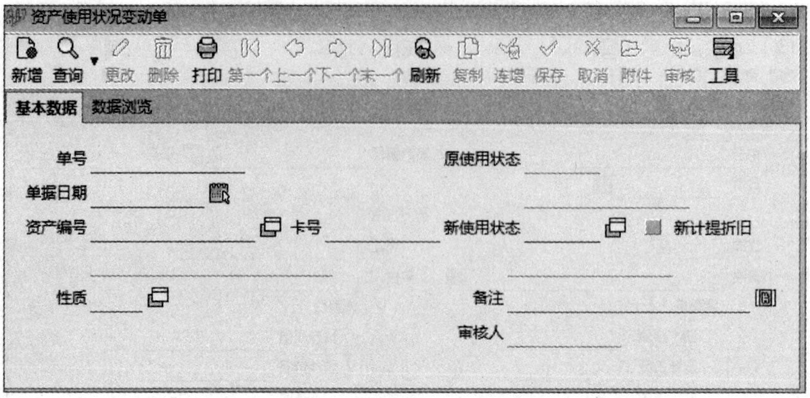

图 12-37 固定资产使用状况变动单图

12.4.4 资产日常维护

1. 作业目的

通过这个作业对资产的部分信息进行维护(例如,类别、供应商、使用部门等)。

2. 作业界面

固定资产维护如图 12-38 所示。

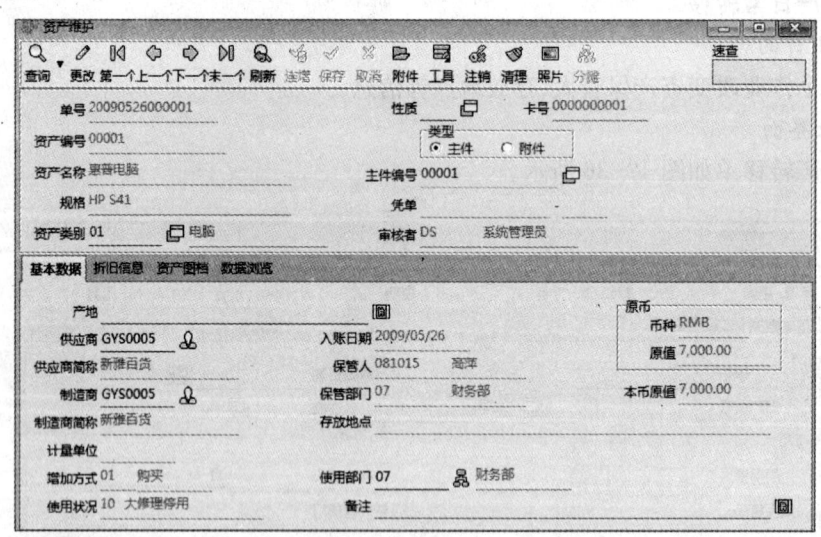

图 12-38 固定资产维护图

12.4.5 资产折旧计提

1. 作业目的

通过这个作业计算出现行年月所有需要计提折旧的资产的折旧额。

2. 操作说明

【步骤1】 选择要抛转的种类与数据日期的区期。

固定资产计提折旧作业中的确认折旧年月界面如图 12-39 所示。

按 ▽下一步 继续。

【步骤2】 检查本月工作量。

固定资产计提折旧作业中的检查本月工作量界面如图12-40所示。

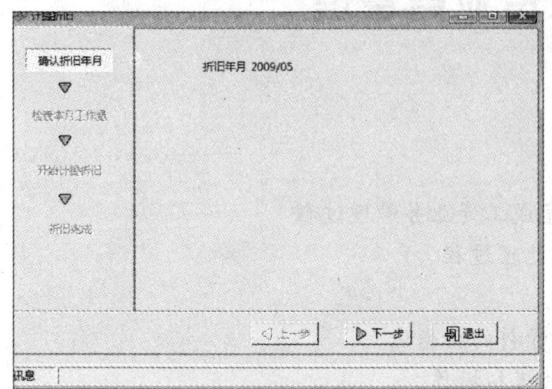

图12-39　固定资产计提折旧的确认折旧年月界面图

图12-40　固定资产计提折旧的检查本月工作量界面图

按 下一步 继续。

【步骤3】 完成检查后开始计提折旧

固定资产计提折旧作业中的开始计提折旧界面如图12-41所示。

按 下一步 继续。

【步骤4】 计提折旧完成。

固定资产计提折旧作业中的计提折旧完成界面如图12-42所示。

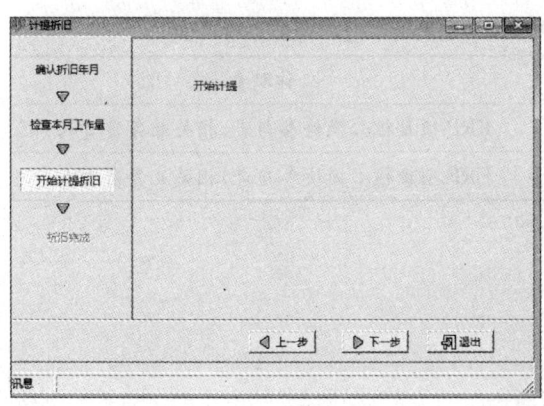
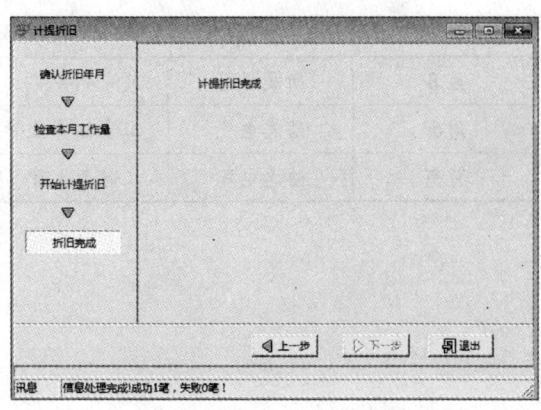

图12-41　固定资产计提折旧的开始计提折旧界面图　　图12-42　固定资产计提折旧的计提折旧完成界面图

第13章 工资业务管理

课程目标
- 模拟浩志电气公司出纳周乐利用ERP完成工资业务管理过程
- 掌握企业实际工资的计算及发放业务的处理过程
- 熟练设置ERP的工资相关配置方法
- 结合实际需要,在ERP系统中完成基础资料的初始化
- 完成工资核算部门在ERP系统软件中的模拟操作

任务名称和背景

周乐是浩志电气公司财务部门的出纳主管,目前他的工作是负责该公司工资核算工作。

周乐迫切希望通过公司即将实施的ERP系统改变他现在的工作状态,把他从繁忙的手工劳动中解放出来,尤其是对车间工人的计件工资的计算,因为计算出现的问题,经常导致工人闹事;同时也为了区分与管理人员工资的计算并最终合并处理,期望软件能提供支持。HR员工工作职责如表13-1所示。

表13-1 HR员工工作职责

姓名	所属公司	职务	工作职责
周乐	浩志电气	工资核算主管	ERP项目核心模块参与者,相关业务负责人
孙亮	浩志电气	财务主管	ERP项目核心模块参与者,相关业务负责人

13.1 工资业务主流程

工资业务流程图如图 13-1 所示。

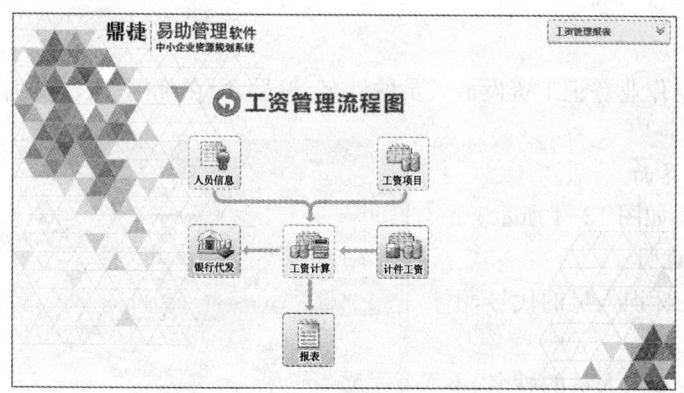

图 13-1　工资业务流程图

13.2 工资业务基础资料

13.2.1 工资业务参数设置

13.2.1.1 工资参数

1. 作业目的

期初上线时设定计薪年月，一旦有工资明细表，则不可修改。

2. 基本信息界面

基本信息界面如图 13-2 所示。

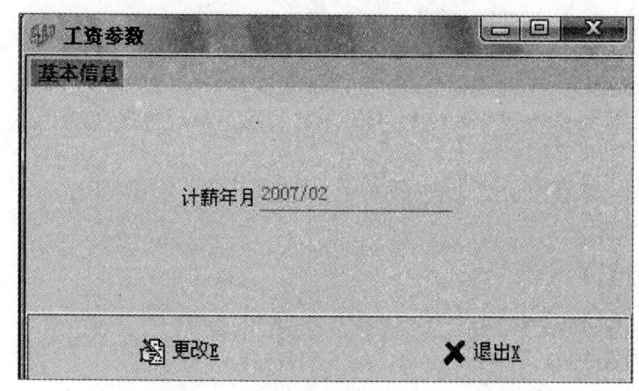

图 13-2　工资参数基本信息界面图

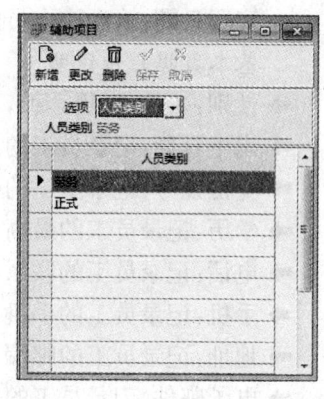

图 13-3　辅助项目基本信息界面图

13.2.1.2 辅助项目

1. 作业目的

通过此作业来维护人员类别、学历、职务、技术职称等人员基本信息。

2. 基本信息界面

基本信息界面如图 13-3 所示。

3. 字段说明

➡ 选项：自行选择要新增或更改的内容的种类，可分为以下几种：人员类别、学历、职务、技术职等。

13.2.1.3 人员信息

1. 作业目的

通过人员信息作业登记工资发放人员的姓名、编号、所在部门、人员类别等信息，处理员工的增减变动等。

2. 基本信息界面

基本信息界面如图 13-4 所示。

3. 单头字段说明

➡ 人员编号：标识人员的代号，不可空白，不可重复。

➡ 人员姓名：输入人员的姓名，不可空白。

➡ 英文名：输入人员的英文名，可空白。

➡ 部门编号：输入该人员所在的部门编号，可按 F2 作"部门编号"的开窗，不可空白。

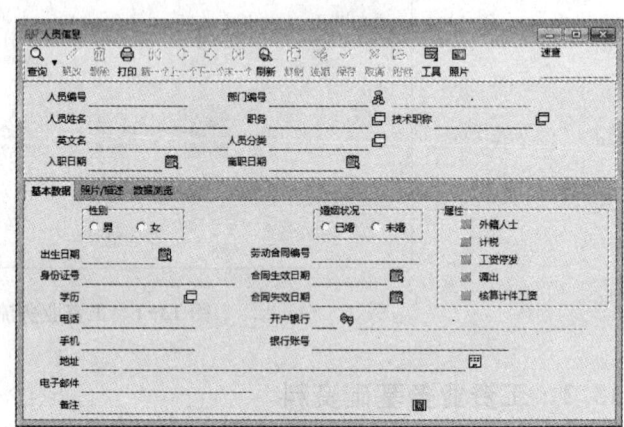

图 13-4　人员基本信息界面图

➡ 职务：输入该人员的职务，可按 F2 作"职务"的开窗，不可空白。

➡ 技术职称：输入该人员的技术职称，可按 F2 作"技术职称"的开窗，可空白。

➡ 人员分类：输入该人员所属的类别，可按 F2 作"人员类别"的开窗，不可空白。

➡ 入职日期：输入该人员的到职日期，默认日期为录入日期，可空白。

➡ 离职日期：输入该人员的离职日期，离职日期不可小于入职日期，可空白。

4. 基本数据栏位说明

➡ 性别：二选一（男，女），不可空白。

➡ 出生日期：记录员工的出生日期，可空白。

➡ 身份证号：记录员工的身份证号，如果该员工非外籍人士，则身份证号不可空白。

➡ 学历：记录员工的最高学历，可空白。

➡ 电话：记录员工的联系电话，可空白。

➡ 手机：记录员工的手机号码，可空白。

➡ 地址：记录员工的邮编、地址，可空白。

➡ 电子邮件：记录员工的电子邮件，可空白。

➡ 婚姻状况：记录员工的婚姻状况，已婚或未婚，可空白。

➡ 劳动合同编号：记录和该员工签约的劳动合同编号，可空白。

➡ 合同生效日期：记录劳动合同的生效日期，如果有输入劳动合同编号，则劳动生效日期不可空白。

➡ 合同失效日期：记录劳动合同的失效日期，失效日期不可小于生效日期，可空白。

➡ 开户银行：如果工资是通过银行代发，则记录代发的银行，可空白。

➡ 银行账号:记录员工的银行账号,如果有开户银行,则银行账号不可空白。
➡ 属性:包含的内容有:
　⇨ 外籍人士:如果是外籍员工,则打钩。
　⇨ 计税:如果该员工要缴税,则打钩。
　⇨ 工资停发:如果打钩,则不会计算该员工的工资。
　⇨ 调出:如果打钩,则不会计算该员工的工资。
　⇨ 核算计件工资:用于记录该员工是否需要核算计件工资。如果打勾,且所属的工资类别也是核算计件工资的,那么通过工资计算就能算出该员工的计件工资了。

13.2.2 工资基本项目的维护

1. 作业目的

定义工资项目的名称、类型、长度,可根据需要自由设置工资项目。如:基本工资、岗位工资、副食补贴、扣款合计等。

2. 基本信息界面

基本信息界面如图13-5所示。

3. 字段说明

➡ 工资项目编号:输入工资项目的代号。编号9910以上均为系统设置的工资项目,不可修改和删除,不可空白。

➡ 工资项目名称:输入工资项目的名称,不可空白,不可重复。

➡ 类型:分为数字和字符两种,不可空白。

➡ 长度:可以设置工资项

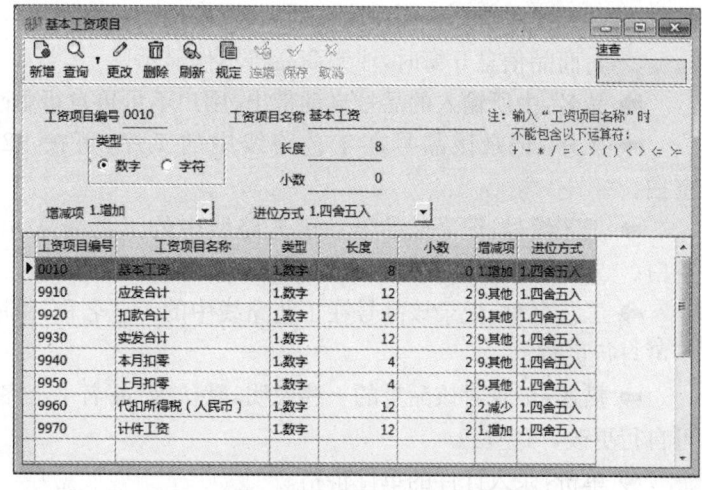

图13-5　基本工资项目基本信息界面图

目的长度,数字长度最大为12,字符长度最大为64,不可空白。

➡ 小数:当工资项目为数字时,可以设置小数的位数,不可空白。

➡ 增减项:分为增加、减少和其他三种。增项直接计入应发合计,减项直接计入扣款合计,其他项用于设置辅助项目,比如,请假扣款=请假天数×每天的工资,这是请假天数就应该设置为其他项,或者用于一些工资说明,不可空白。

➡ 进位方式:分为无、四舍五入、无条件舍和无条件入四种。如果类型为字符,则进位方式为无,不可空白。

13.3　工资业务的操作过程

13.3.1　计件工资模板设置

1. 作业目的

用来定义计件工资的方案,可针对不同的品号、工艺步骤等来设定不同的单价。

2. 基本界面

基本界面如图 13-6 所示。

3. 单头字段说明

➡ 计件工资模板编号：录入该模板的编号。

➡ 计件工资模板名称：录入该模板的名称。

4. 单身字段说明

➡ 序号：由系统自动赋值，不可更改。

➡ 品号：输入计件的商品品号，可按 F2 作"商品信息"的开窗，不可空白。

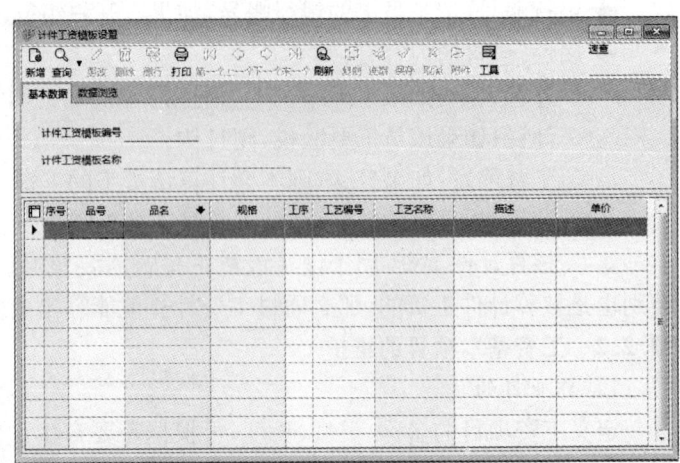

图 13-6　计件工资模板设置基本界面图

⇨ 系统将自动带回此商品的品名、单位的数据。

⇨ 商品信息开窗时，注销商品将不作显示。

➡ 品名：由所输入的品号自动带出，用户不可再自行更改。

➡ 工序：记录该品号在工艺路线中的工序，可按 F2 作"产品工艺路线"的开窗，可空白。

➡ 工艺编号：记录该品号在工艺路线中的工艺编号，可按 F2 作"工艺路线"的开窗，可空白。

➡ 工艺名称：记录该品号在工艺路线中的工艺名称，由所输入的工艺编号自动带出，用户不可自行更改。

➡ 描述：记录对该品号的一些说明，默认为"品名＋工序＋工艺编号＋工艺名称"，用户也可自行更改，可空白。

➡ 单价：录入计件的单件价格。

13.3.2　计件工资信息维护

1. 作业目的

用来录入某一人员、某一日期的计件工资的数据，从而作为来源，计算人员的计件工资。

2. 基本界面

计件工资信息基本界面如图 13-7 所示。

3. 单头字段说明

➡ 人员编号：录入要计件的人员的编号，可按 F2 作"人员信息"的开窗，会自动带出人员名称，不可空白。

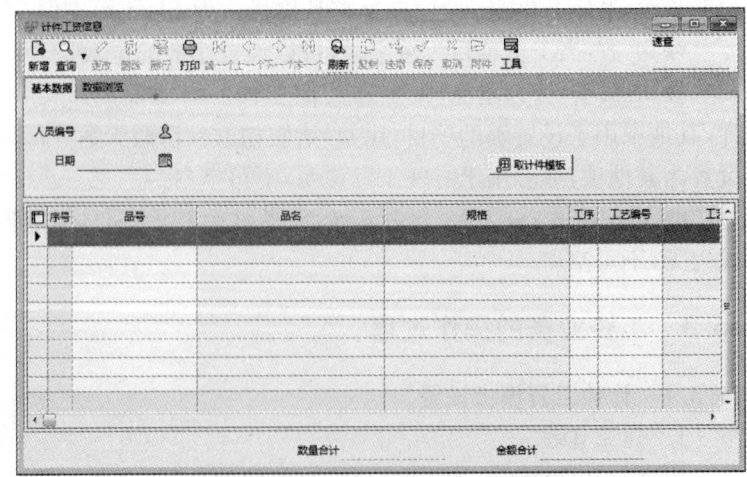

图 13-7　计件工资信息基本界面图

➡ 日期：录入计件日期，可按 F2 作"日期"的开窗，不可空白。

4. 单身字段说明

➡ 序号：由系统自动赋值，不可更改。

➡ 品号：输入计件的商品品号，可按 F2 作"商品信息"的开窗，不可空白。

⇨ 系统将自动带回此商品的品名、单位的数据。

⇨ 商品信息开窗时，注销商品将不作显示。

➡ 品名：由所输入的品号自动带出，用户不可再自行更改。

➡ 工序：记录该品号在工艺路线中的工序，可按 F2 作"产品工艺路线"的开窗，可空白。

➡ 工艺编号：记录该品号在工艺路线中的工艺编号，可按 F2 作"工艺路线"的开窗，可空白。

➡ 工艺名称：记录该品号在工艺路线中的工艺名称，由所输入的工艺编号自动带出，用户不可自行更改。

➡ 描述：记录对该品号的一些说明，默认为"品名＋工序＋工艺编号＋工艺名称"，用户也可自行更改，可空白。

➡ 单价：录入计件的单件价格。

➡ 数量：录入该员工该天的计件数量。

➡ 金额：录入该员工对于该品号的计件工资，默认为"单价×数量"，用户也可自行更改。

13.3.3 工资计算

1. 作业目的

工资计算是针对某一工资类别的人员计算其工资信息。

2. 基本信息界面

工资计算基本信息界面如图 13-8 所示。

3. 单头字段说明

➡ 工资类别编号：需要计算工资的工资类别，不可修改，不可空白。

➡ 计薪年月：当前的计薪年月，取工资参数的计薪年月，不可修改，不可空白。

4. 单身字段说明

➡ 人员编号、人员姓名、部门编号、部门名称、人员类别由工资类别中同单头工资类别编号的所有人员带出。

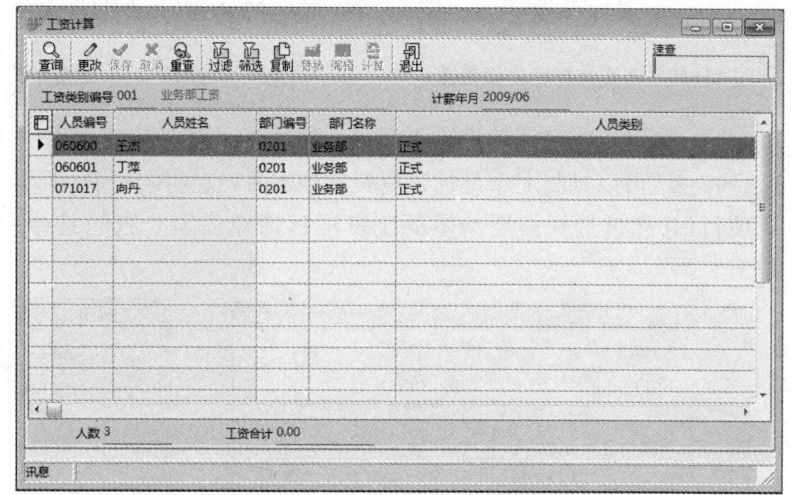

图 13-8 工资计算基本信息界面图

➡ 其他字段：字段名称由工资项目里的设定来决定。

⇨ 例如，在工资项目中设定某一个工资类别有基本工资、奖金和应发合计、扣款合计、实发合计,则单身字段会显示出这些工资项目。

5. 功能钮说明

1) :用于重新查询一个工资类别。

图 13-9　工资类别选择图

【步骤1】 选择要进行工资计算的工资类别,按下"确定",如图13-9所示。

2) :可以方便工资录入人员针对特定项目进行录入,屏蔽其他无须显示的项目。

【步骤1】 在右面的框里选择要屏蔽的工资项目,可以复选(按"Ctrl",并点选多个项目即可),然后点 ,则所选的项目会放进隐藏栏位的框里,如图13-10所示。

【步骤2】 按下"确定"按钮,则所做的动作就会显示在工资计算的主界面上了,如图13-11所示。

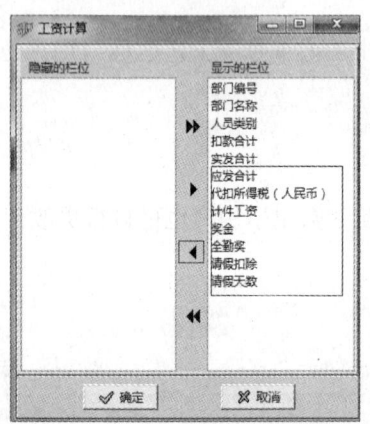

图 13-10　工资计算栏位设置图

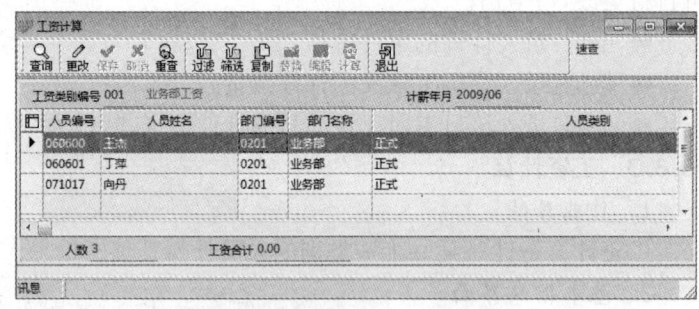

图 13-11　工资计算人员显示图

3) :可以筛选需要进行工资录入和计算的个别人员,方便用户操作,如图13-12所示。

4) :可以复制上个月的工资资料到本月,避免用户每次都重复地录入,基本保持不免工资项目,并通过选择需要清零的工资项目筛除无须复制的某些变动资料的工资项目,如图13-13所示。

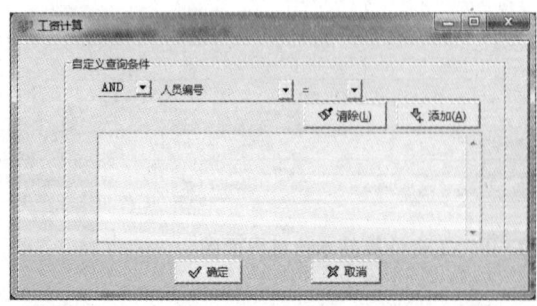

图 13-12　工资计算筛选图

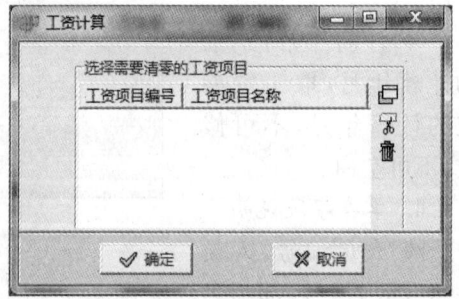

图 13-13　选择需要清零的工资项目图

5) :退出工资计算作业。

点击"退出"按钮,若工资信息被更改过,则会提示,如图13-14所示。

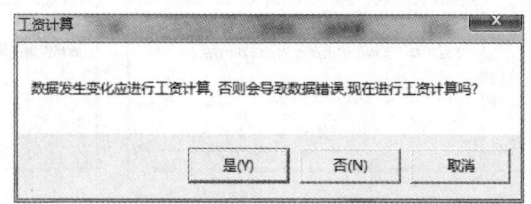

图13-14　工资计算退出提示图

13.3.4　工资类别汇总维护

1. 作业目的

在多个工资类别中,以部门编号、人员编号、人员姓名为标准,将此三项内容相同人员的工资数据做合计。

2. 操作说明

【步骤1】　在选择类别页面中选择需要汇总的工资类别,此时所选的工资类别的币种必须相同,如图13-15所示。

然后点击"下一步"继续。

【步骤2】　设置产生的汇总的工资类别是否要做扣零处理,是否要代扣所得税,是否核算计件工资。这个和新增工资类别时的设置一样,如图13-16所示。

点下一步直至"汇总"完成。

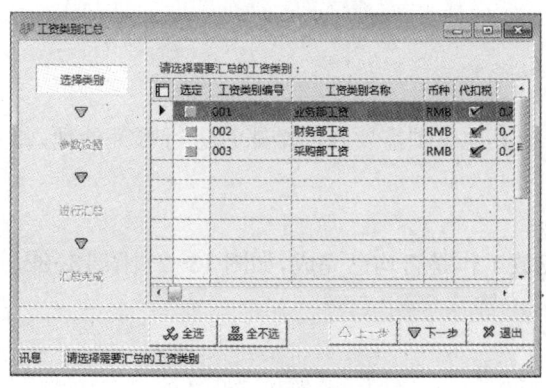

图13-15　类别选择图　　　　　　　　　图13-16　参数设置图

13.3.5　期末结账与反结账的维护

13.3.5.1　期末结账

1. 作业目的

期末结账是将当月数据经过处理后结转至下月。每月工资数据处理完毕后均可进行期末结账。

2. 操作说明

【步骤1】　检查本月所有工资类别的工资发放工作是否均已完成,如图13-17、图13-18、图13-19所示。

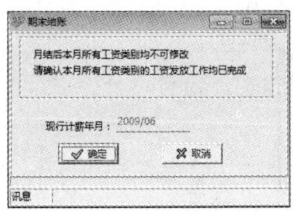 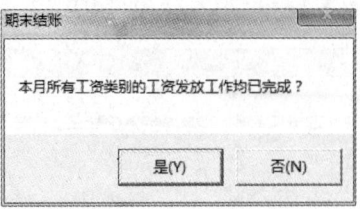 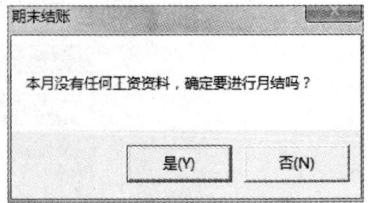

图 13-17　期末结账确认图　　图 13-18　工资发放完成确认图　　图 13-19　月结确认图

点选"是"进入下一步,如图 13-20 所示。

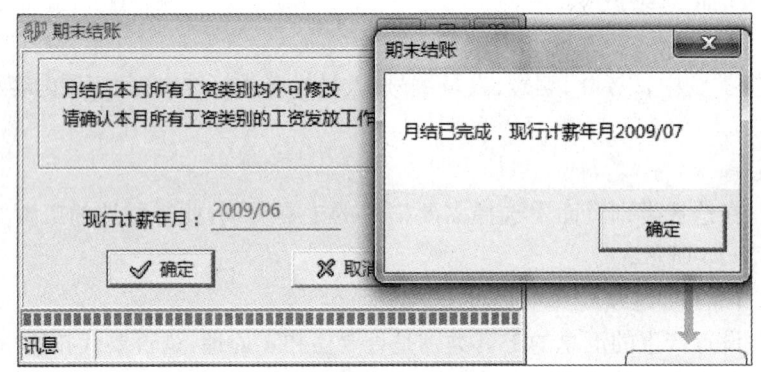

图 13-20　期末结账结果图

月结完成,计薪年月自动加 1。

13.3.5.2　反结账

1. 作业目的

在工资管理系统结账后,发现还有一些业务或其他事项需要在已结账月进行账务处理,此时需要使用反结账功能,取消已结账标记。

2. 操作说明

【步骤 1】　检查本月所有工资类别的工资发放工作是否均已完成,如图 13-21、图 13-22、图 13-23 所示。

如果点"是"则执行反结账,"否"则不执行。

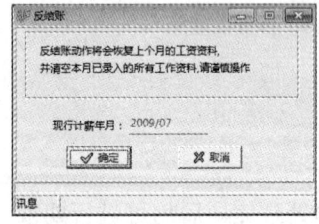 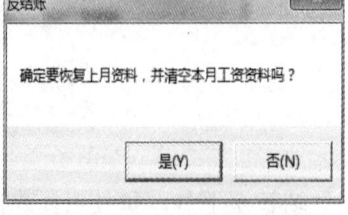 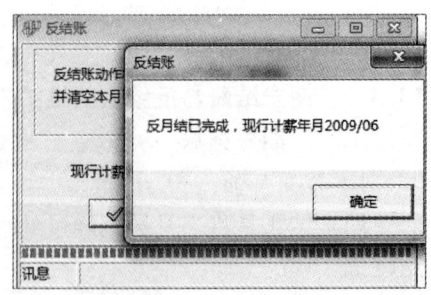

图 13-21　反结账确定图　　图 13-22　反结账确定图　　图 13-23　反结账结果图

13.4　工资业务相关报表

13.4.1　工资条

1. 作业目的

通过工资条来查看员工的工资情况，并打印工资条。

2. 选项界面

工资条选项界面如图 13-24 所示。

3. 报表画面

工资条报表界面如图 13-25 所示。

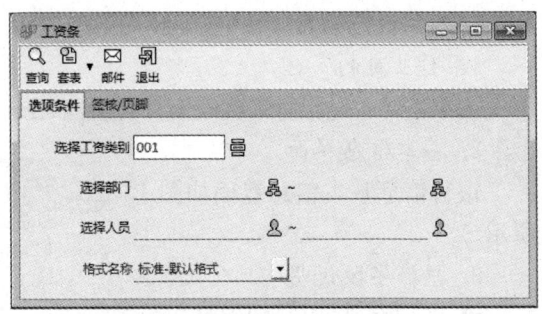

图 13-24　工资条选项界面图

鼎捷软件有限公司-机械行业
工资条

制表: 2013/12/26　系统管理员

人员编号	人员姓名	计薪年月	基本工资	应发合计	扣款合计	实发合计	代扣所得税 (
			0.00	0.00	0.00	0.00	0.00

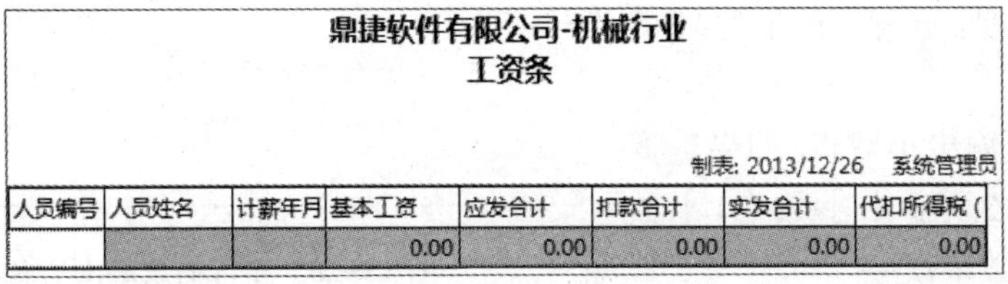

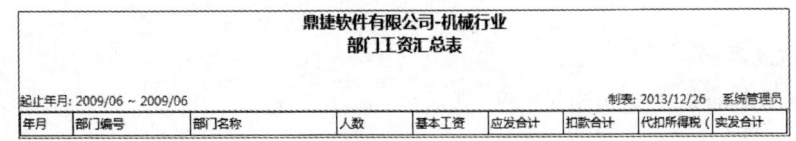

图 13-25　工资条图

13.4.2　部门工资汇总表

1. 作业目的

查看某一工资类别按照部门汇总的工资情况。

2. 选项画面

工资汇总表选项界面如图 13-26 所示。

3. 报表画面

工资汇总表报表界面如图 13-27 所示。

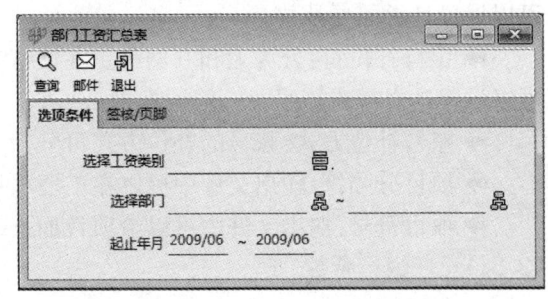

图 13-26　部门工资汇总选项界面图

鼎捷软件有限公司-机械行业
部门工资汇总表

起止年月: 2009/06 ~ 2009/06　　制表: 2013/12/26　系统管理员

年月	部门编号	部门名称	人数	基本工资	应发合计	扣款合计	代扣所得税 (	实发合计

图 13-27　部门工资汇总表报表界面图

13.4.3　其他报表

其他报表包括工资明细表、工资配款表、人员类别汇总表、工资类别人员表、计件工资明细表、计件工资汇总表，等等，这里不一一介绍；

13.5 企业工资业务工作任务分析与操作

13.5.1 与银行集成应用的工资代发模式

13.5.1.1 银行信息

1. 作业目的

如果需要通过银行来代发工资,则可以在银行信息里新建银行信息及设定代发银行的格式。

2. 基本信息界面

银行信息基本信息界面如图 13-28 所示。

3. 单据字段说明

➡ 银行编号:银行的编号。

➡ 银行名称:银行的名称。

➡ 账号长度:该银行的账号的长度。

➡ 数值类型输出小数点:如果数据是数值类型,则必须输出小数点,小数位数是由银行参数来设置。

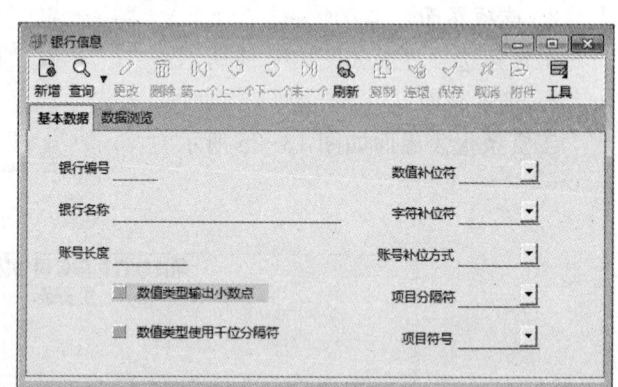

图 13-28 银行信息基本信息界面图

➡ 数值类型使用千位分隔符:数值类型的数据需输出千位分隔符,如:10,000。

➡ 数值补位符:分为无和 0 两种。在银行参数中可以设置数值的长度,如果长度不足,则可以设置是否需要补位。

➡ 字符补位符:分为无和 0 两种。在银行参数中可以设置字符的长度,如果长度不足,则可以设置是否需要补位。

➡ 账号补位方式:账号的补位方式可分为左补位和右补位。

➡ 项目分隔符:输出文件中可以在工资项目之间加入分隔符来区分不同的项目。

➡ 项目符号:输出文件中可以给项目加入一个符号。

13.5.1.2 银行参数

1. 作业目的

可以设定银行输出的格式,及需要输出的内容。

2. 基本信息界面

银行参数基本信息界面如图13-29所示。

3. 单据字段说明

➡ 栏位名称:银行的编号。

➡ 数据类型:银行的名称。

➡ 长度:该银行的账号的长度。

➡ 数值类型输出小数点:如果数据是数值类型,则必须输出小数点,小

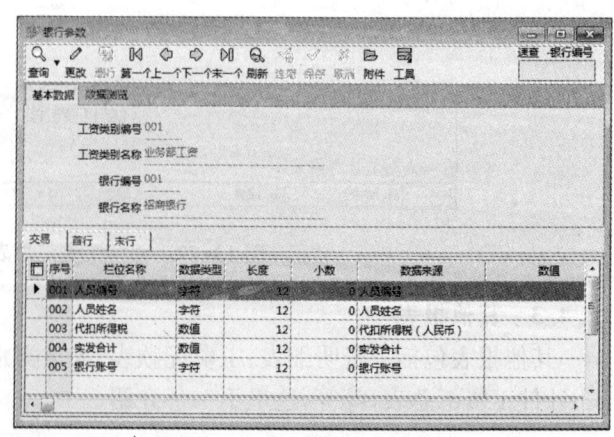

图 13-29 银行参数基本信息界面图

数位数是由银行参数来设置。
- ➡ 数值类型使用千位分隔符:数值类型的数据需输出千位分隔符,如:10,000。
- ➡ 数值补位符:分为无和 0 两种。在银行参数中可以设置数值的长度,如果长度不足,则可以设置是否需要补位。
- ➡ 字符补位符:分为无和 0 两种。在银行参数中可以设置字符的长度,如果长度不足,则可以设置是否需要补位。
- ➡ 账号补位方式:账号的补位方式可分为左补位和右补位。
- ➡ 项目分隔符:输出文件中可以在工资项目之间加入分隔符来区分不同的项目。
- ➡ 项目符号:输出文件中可以给项目加入一个符号。

13.5.1.3 银行代发

1. 作业目的

查看银行代发的结果,输出银行代发文件。

2. 基本界面

银行代发基本界面如图 13-30 所示。

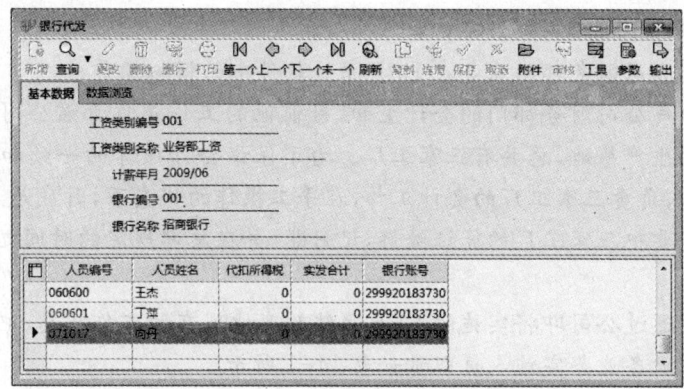

图 13-30 银行代发基本界面图

第 14 章　总账业务管理

课程目标
- 模拟浩志电气公司会计李永利用 ERP 完成财务账务处理过程
- 掌握企业总账业务的处理过程
- 熟练设置 ERP 的会计科目
- 熟练设置 ERP 的报表公式
- 结合实际需要,在 ERP 系统完成基础资料的初始化

任务名称和背景

完成浩志电气公司财务部门业务在 ERP 系统软件中的模拟操作。

孙亮是浩志电气公司财务部门的会计主管,目前他的工作是负责该公司会计工作。浩志电气公司在中国的生产基地,总共有三家工厂。为了保证会计核算的一致和各工厂之间的相对独立,孙亮一个人负责三家工厂的会计工作,在手工操作的状态下,月底是最繁忙的时候,几乎天天加班。孙亮要把三家工厂的凭证做好,记好账,并在总部规定的时间之前做完三家工厂的财务处理。

孙亮迫切希望通过公司即将实施的 ERP 系统改变他现在的工作状态,把他从繁忙的手工劳动中解放出来。财务业务实施人员职责如表 14-1 所示。

表 14-1　财务业务实施人员职责

姓名	所属公司	职务或工作	工作职责
刘婕	浩志电气	财务部会计	ERP 项目核心模块参与者,相关业务负责人
孙亮	浩志电气	财务部主管	ERP 项目核心模块参与者,相关业务负责人

14.1 总账业务基本流程

14.1.1 工作流程

会计总账流程如图 14-1 所示。

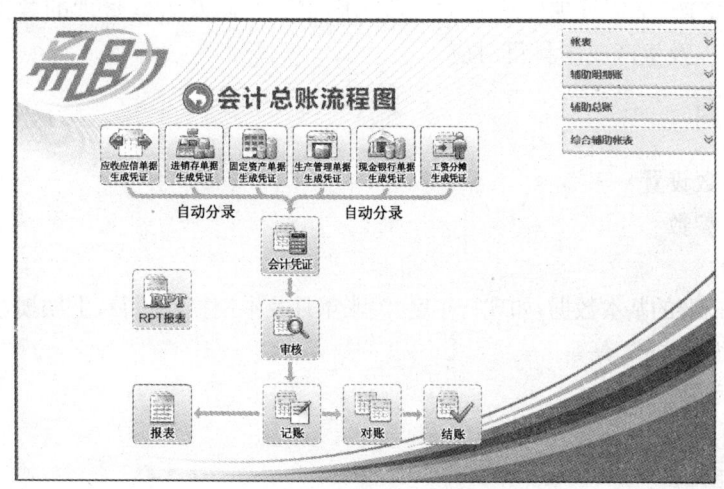

图 14-1 会计总账流程图

14.1.2 关于本系统

会计总账核算管理系统,是综合运用会计科目设立、会计凭证录入、会计凭证审核、会计凭证记账、会计账簿、会计核算报表、会计报表信息比较、财务报表模板管理等功能的管理系统。财务管理是企业信息管理中最核心的一环,企业进行的所有活动最终都会反应于财务的数据记录上。系统有全方位的记录与财务相关的重要信息,以提供一个弹性且完整的分析工具,能让财务人员充分发挥 ERP 系统整合后的效益,帮助企业财务决策分析管理。该系统可以独立执行财务核算操作,与生产管理子系统、应付款管理、进销存子系统、成本核算等其他系统结合运用,将能提供更完整、全面的企业物流业务流程管理和财务管理信息。

14.1.3 与其他模块的关联关系

1. 会计总账与其他模块的关联关系

会计总账与其他模块的关联关系如图 14-2 所示。

2. 关联关系说明

(1) 与采购管理模块间的关联。采购模块里的进货单、退回单会即时更新存货成本价格,与会计核算系统中的存货科目对应。

(2) 与销售模块间的关联。销售模块里的销售单、销售退回单会即时更新存货库存信息,与会计核算系统中的存货科目对应。

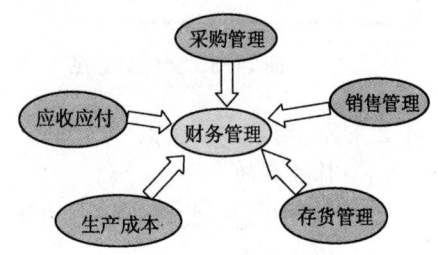

图 14-2 会计总账与其他模块的关联关系图

(3) 与存货模块间的关联。存货模块里的进货以及销售对于库存异动以及成本的核算,存货的盘点、报废、价格以及数量的变更,与系统中的存货类科目和销售成本、生产成本对应。

（4）与应收应付模块间的关联。采购模块里涉及的订金、货款和发票都会传递到应收应付模块预开发票、销售发票、收款单里。

（5）与生产管理模块间的关联。生产管理模块中的领料、派工单以及成本计算与会计科目中的生产成本科目相对应。

（6）与固定资产、工资管理模块间的关联。固定资产以及工资管理的数据直接与财务核算中的固定资产以及生产成本科目对应。

14.2 基础资料

14.2.1 会计参数设置

14.2.1.1 会计参数

1. 作业目的

设置会计所需要的基本数据,如现行年度、关账年月及本期损益科目、上期损益科目、单号设置的各单据的号码编排方式,等等。

2. 作业界面

会计参数如图 14-3 所示。

3. 凭证管理画面

会计参数凭证管理如图 14-4 所示。

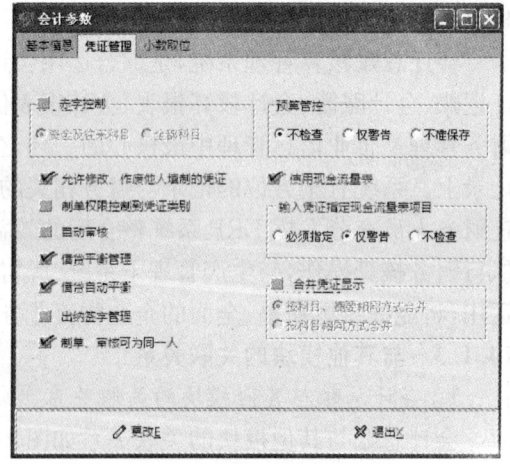

图 14-3　会计参数图　　　　　图 14-4　会计参数凭证管理图

14.2.1.2 自动分录参数

1. 作业目的

在上线前,通过此作业将自动分录的相关设置完成。

2. 作业界面

自动分录参数如图 14-5 所示。

14.2.1.3 客户科目设定

1. 作业目的

按客户来分别设置所对应的应收账款、应收票据、预收货款的科目。当有勾选"自动分录参数"的"启用客户科目设置",此作业才有意义。

2. 作业界面

客户科目设定如图 14-6 所示。

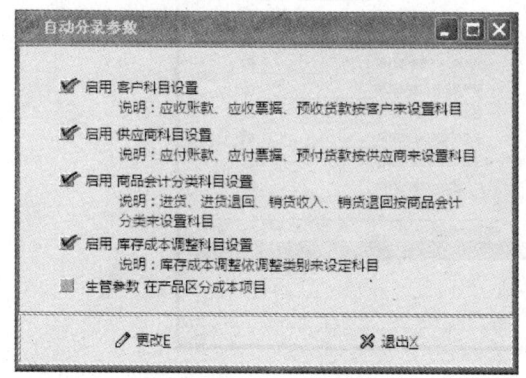

图 14-5 自动分录参数图

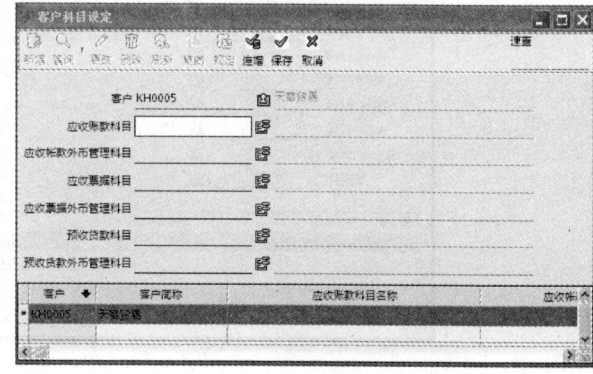

图 14-6 客户科目设定图

14.2.1.4 供应商科目设定

1. 作业目的

按供应商来分别设置所对应的应付账款、应付票据、预付货款的科目。当有勾选"自动分录参数"的"启用供应商科目设置",此作业才有意义。

2. 作业界面

供应商科目设定如图 14-7 所示。

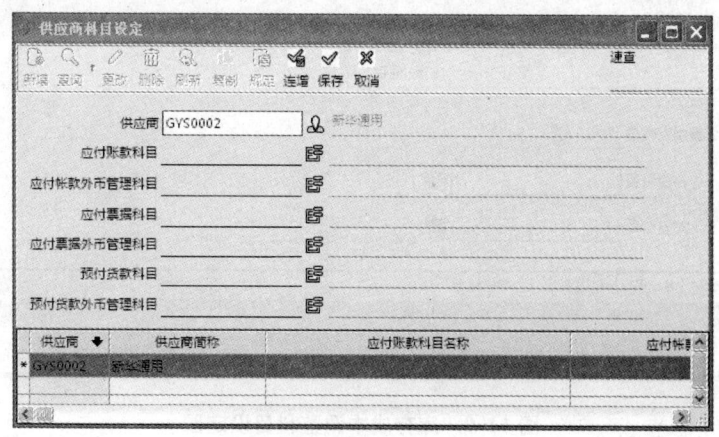

图 14-7 供应商科目设定图

14.2.1.5 商品科目设定

1. 作业目的

根据商品的"会计分类"设置生成凭证的科目。当有勾选"自动分录参数"的"启用商品会计分类科目设置",此作业才有意义。

2. 作业界面

商品科目设定如图 14-8 所示。

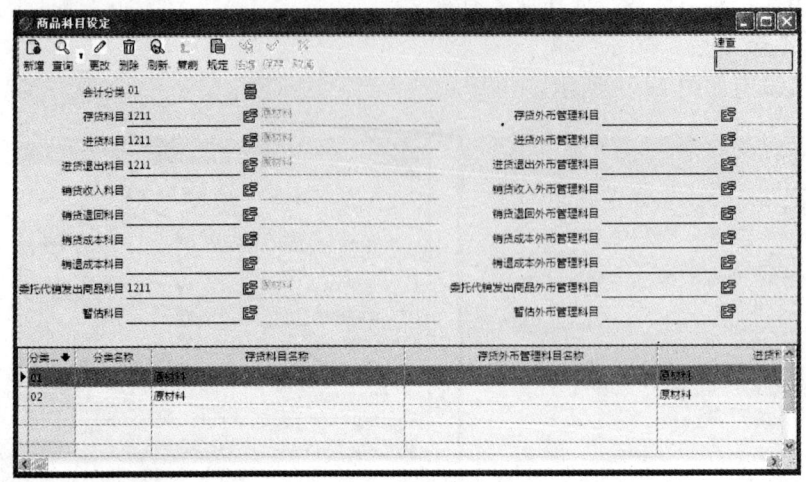

图 14-8　商品科目设定图

14.2.1.6　库存成本调整科目设定

1. 作业目的

根据调整类别设置生成凭证的科目。当有勾选"自动分录参数"的"启用库存成本调整科目设置",则此作业才有意义。

2. 作业界面

库存成本调整科目设定如图 14-9 所示。

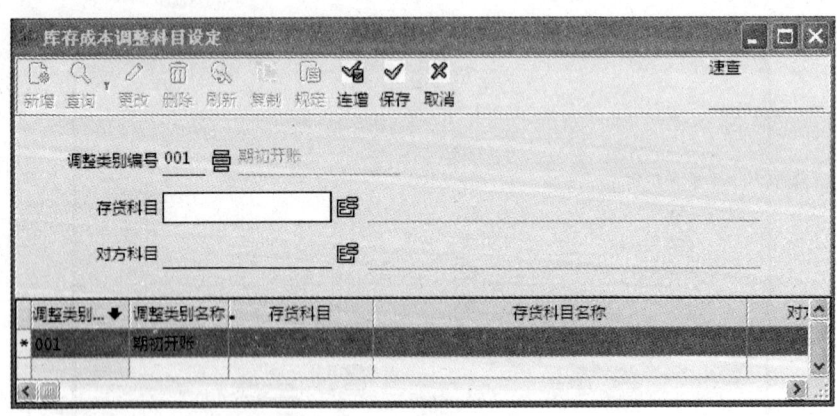

图 14-9　库存成本调整科目设定图

14.2.1.7　自动分录科目模板设定

1. 作业目的

设置各种异动单据的借贷科目及摘要内容,使自动分录能顺利生成凭证。出货时预设好,此作业只允许"更改"的功能。

2. 作业界面

自动分录科目模板如图 14-10 所示。

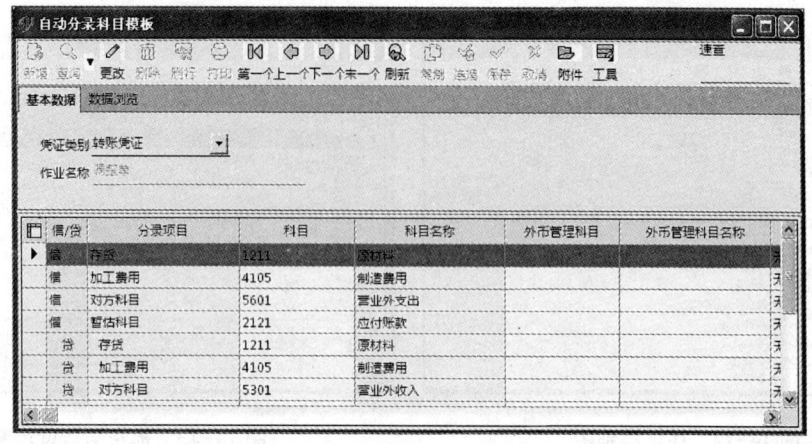

图 14-10 自动分录科目模板图

14.2.1.8 工资分摊科目设定

1. 作业目的

设置各种工资分配方案的借贷科目及摘要内容，使工资自动分录能顺利生成凭证。

2. 画面

工资分摊科目设定如图 14-11 所示。

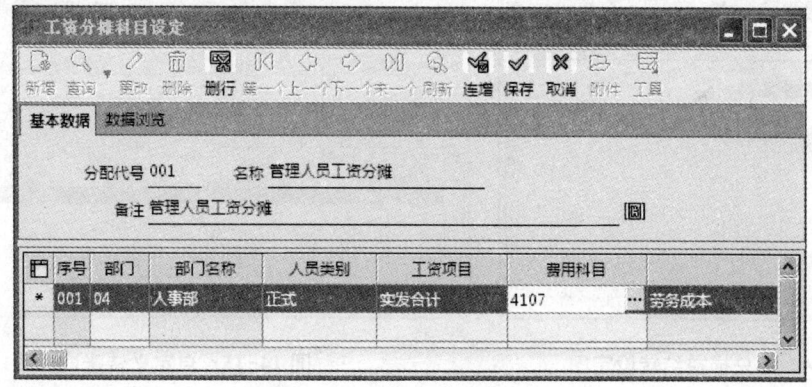

图 14-11 工资分摊科目设定图

14.2.1.9 凭证类别

1. 作业目的

设置各种凭证类别来满足企业不同的需要。

2. 画面

凭证类别如图 14-12 所示。

14.2.1.10 结转损益

1. 作业目的

设置要进行结转的损益类科目。

2. 作业界面

损益结转设定如图 14-13 所示。

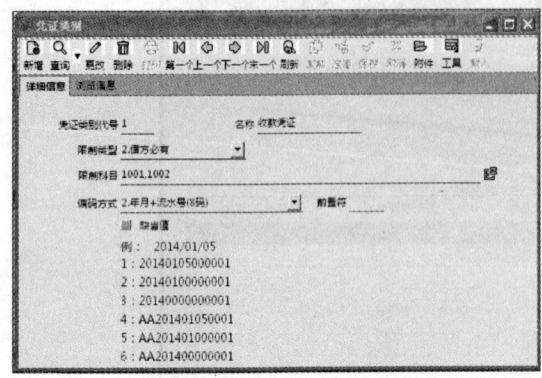

图 14-12　凭证类别图　　　　　图 14-13　损益结转设定图

14.2.1.11　汇兑损益结转

1. 作业目的

设置要进行结转的损益类科目。

2. 作业界面

汇兑损益结转设定如图 14-14 所示。

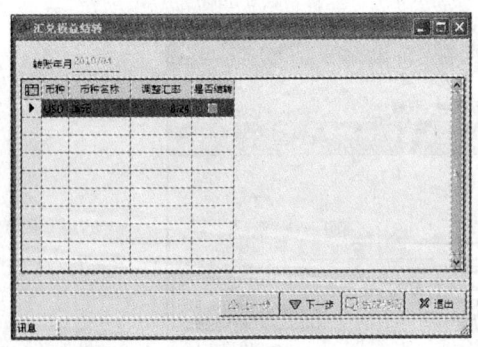

图 14-14　汇兑损益结转设定图　　　　　图 14-15　自定义转账设定图

14.2.1.12　自定义转账设定

1. 作业目的

设置自定义转账的方案。

2. 画面

自定义转账设定如图 14-15 所示。

14.2.2　会计科目信息维护

14.2.2.1　会计科目

1. 作业目的

新增、更改、删除与查询会计科目的数据。

2. 作业界面

会计科目如图 14-16 所示。

图 14-16　会计科目图

14.2.2.2　期初科目余额实施

1. 期初科目余额的收集

○ 资产负债表

通常在（年初）开账的，都以（资产负债表）来开账，在期初开账中输入资产负债表的科目余额，而将本期损益科目改成上期损益科目，不须再输入损益科目的余额。

例如，预定 2005/01/01 上线，则利用 2004/12/31 的资产负债表来进行科目余额的实施。

○ 试算表

通常在（年中）开账的，都以（试算表）来作开账，在期初开账中输入试算表的科目余额，也须将损益科目的余额输入进去。

例如，预定 2005/07/01 上线，则利用 2005/06/30 的试算表来进行科目余额的实施。

2. 期初设置作业

设置会计科目：请将要新增的会计科目数据输入在『会计科目』，数据操作详见"会计总账－会计科目录入"。

会计科目维护如图 14-17 所示。

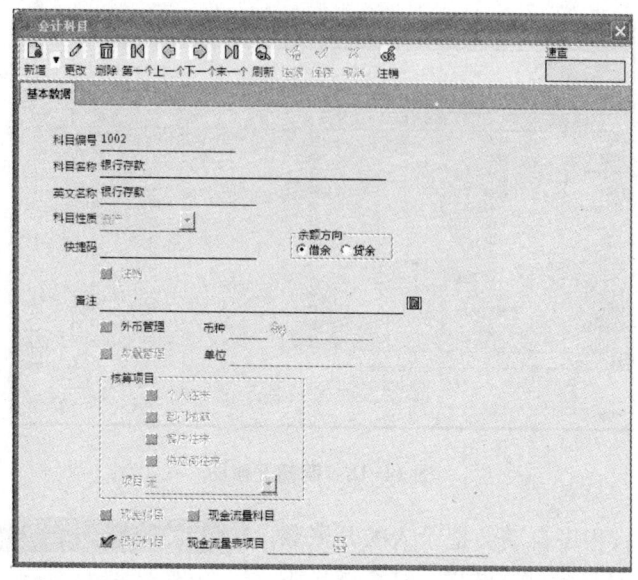

图 14-17　会计科目维护图

14.2.2.3　期初开账

以下设置以 2007/01/01 上线来做说明，将『资产负债表』或『试算表』利用"期初开账"将 2006/12/31 的科目余额输入即可。

期初开账如图 14-18 所示。

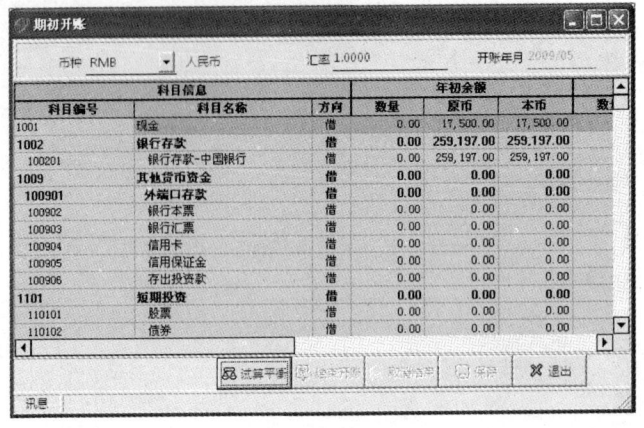

图 14-18　期初开账图

按下 ![试算平衡] 后,程序自动会把录入的开账数据进行试算平衡,并且显示试算结果。试算结果不平衡就不能结束初始化。

期初开账结果呈现如图 14-19 所示。

当试算平衡后可以单击此 ![结束开账] 结束开账,只有结束开账后总账系统才可以开始进行账务处理。

当结束开账后,并且没有审核的会计凭证存在,那么可以通过 ![取消结束] 进行取消结束。

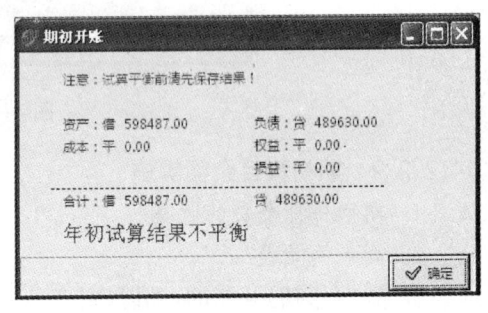

图 14-19　期初开账结果呈现

当输入开账数据后,按 ![保存] 可以保存数据。

14.2.3　会计结账作业处理

直接运行期末结账作业。

结账流程如图 14-20 所示。

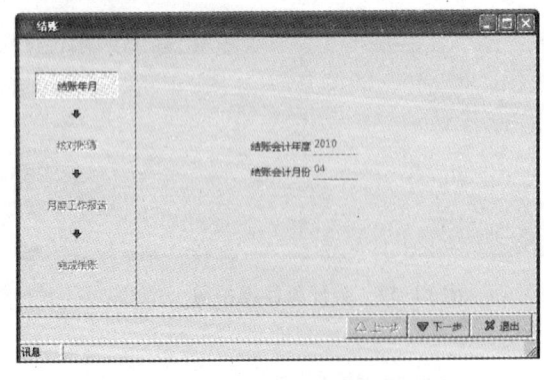

图 14-20　结账流程图

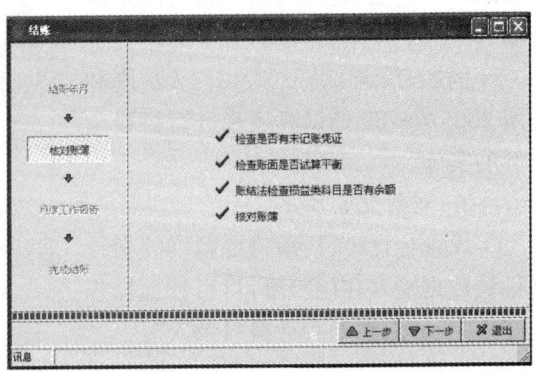

图 14-21　结账流程图

按 ![下一步] 继续。

结账流程如图 14-21 所示。

按 ![下一步] 继续。

结账流程如图 14-22 所示。

14.2.4 会计关账作业处理

1. 作业目的

○ 指定关账与进销存的关联

○ 设置关账年月

为了防止用户进行数据增修，便可作此月份的关账动作！

○ 谁来运行『关账』

可以授权会计人员来运行。

2. 作业界面

关账操作如图 14-23 所示。

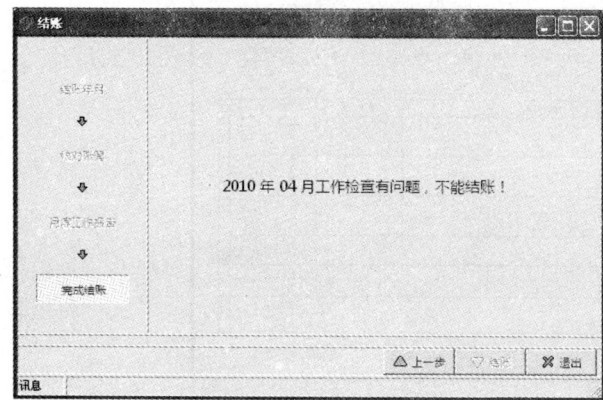

图 14-22 结账流程图

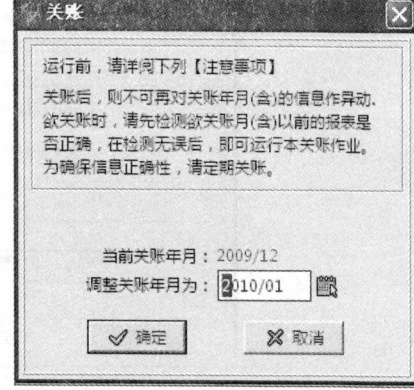

图 14-23 关账操作图

14.2.5 国家标准会计核算软件数据接口

1. 作业目的

生成国家标准会计核算软件数据接口文件。

2. 作业界面

进入接口程序，进行相关导出设置。

国家标准会计核算软件数据接口如图 14-24 所示。

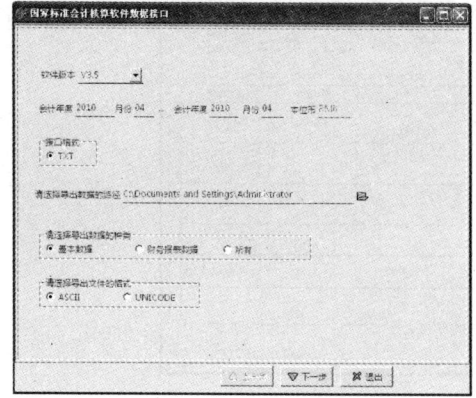
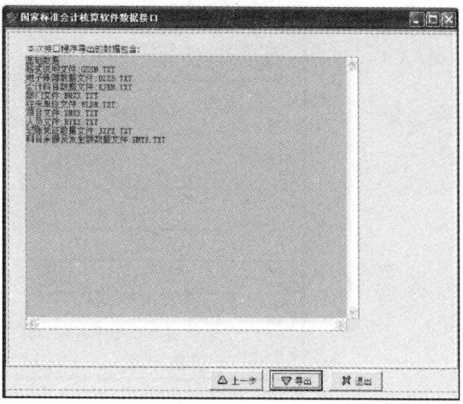

图 14-24 国家标准会计核算软件数据接口图

14.3 总账业务操作过程

14.3.1 会计凭证

14.3.1.1 会计凭证录入

1. 作业目的

可以输入各种类型凭证,具备部门、客户、供应商、项目、个人、数量、外币的管理功能,是会计系统中最重要的作业。

2. 作业界面

会计凭证如图 14-25 所示。

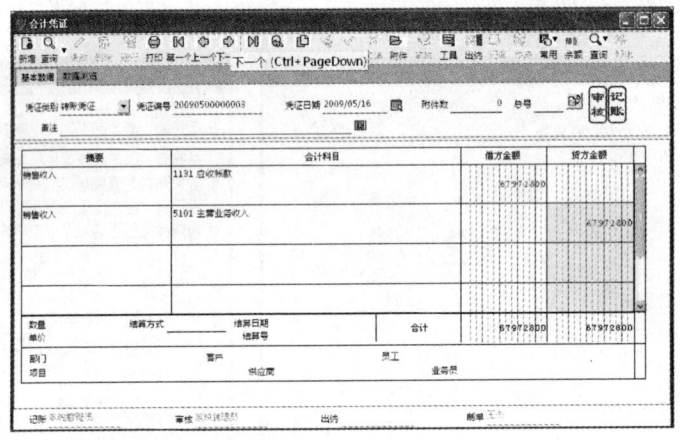

图 14-25 会计凭证图

14.3.1.2 会计凭证红冲

1. 作业目的

可以对会计凭证进行整批红冲。

2. 如何红冲

会计凭证红冲如图 14-26 所示。

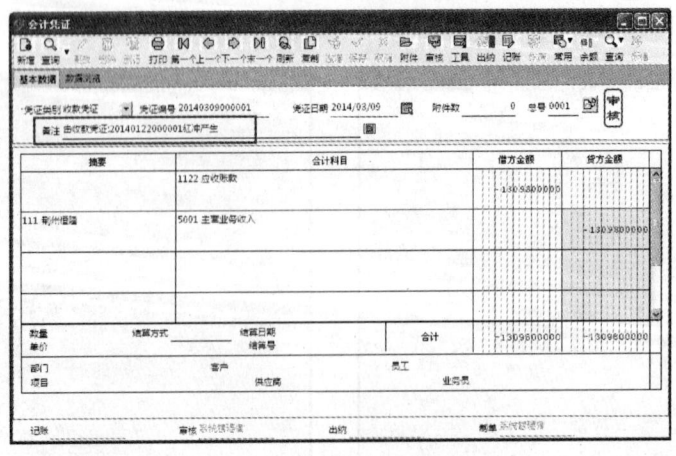

图 14-26 会计凭证结冲图

14.3.2 自动分录作业

1. 应收应付单据生成凭证

将应收应付系统的销售发票/采购发票、收/付款等信息生成到会计凭证中。

2. 进销存单据生成凭证

将进销存于日期区间内的销货成本/销退成本、其他单据等信息生成到会计凭证中。

3. 固定资产生成凭证

将固定资产系统的各种异动单据如增加单、折旧单、减少单等信息生成到会计凭证中。

4. 生管单据生成凭证

将生管系统的各种异动单据如领/退料单、生产入库/退回单、委外送/退料单、委外进/退货单等信息生成到会计凭证中。

5. 现金银行单据生成凭证

将现金银行系统中的应收票据/应付票据、银行存提单等信息生成到会计凭证中。

6. 工资分摊生成凭证

将工资系统中的工资发放金额按照工资分摊生成设定的条件生成到会计凭证中。

7. 单据不生成凭证

对于某些不需要生成凭证的单据可以通过此作业来实现。

14.3.3 月末常用作业

14.3.3.1 记账

1. 作业目的

对已审核的凭证作记账动作,更新科目总账,明细账及各类管理账。

2. 记账操作

记账操作如图 14-27 所示。

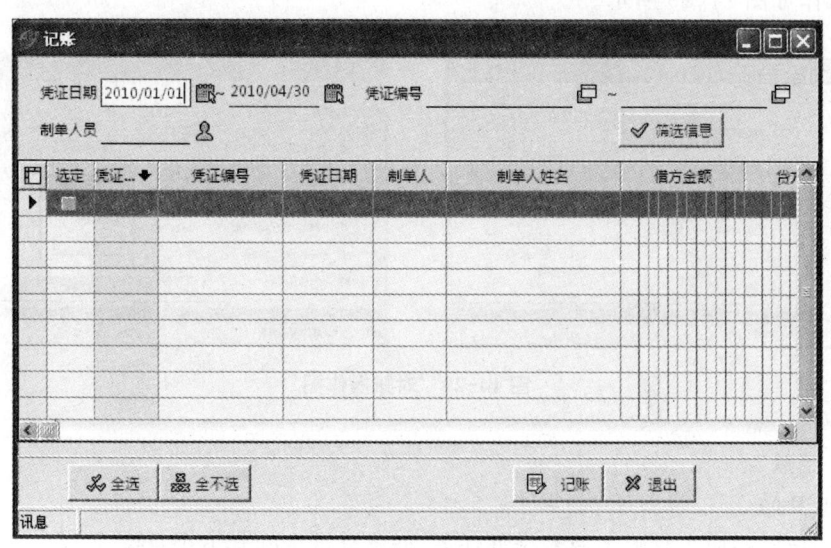

图 14-27 记账操作图

14.3.3.2 损益结转

1. 作业目的

运行此作业生成损益凭证来结清每月损益科目。

2. 损益结转操作

损益结转操作如图 14-28 所示。

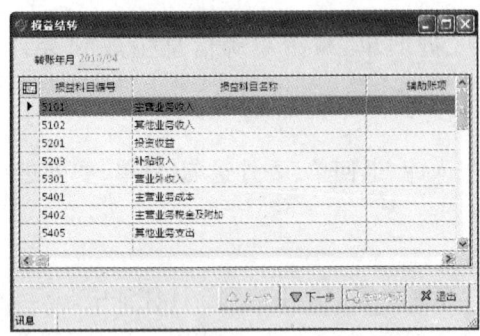 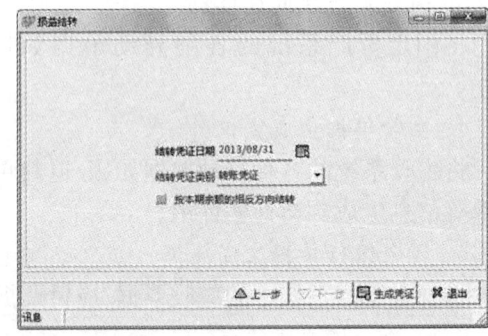

图 14-28 损益结转操作图

14.3.3.3 对账

1. 作业目的

一般说来,只要记账凭证录入正确,计算机自动记账后各种账簿都应是正确、平衡的,但由于非法操作或其他原因有时可能会造成某些数据被破坏,因而引起账账不符,为了保证账证相符、账账相符,用户应经常使用本功能进行对账,至少一个月一次,一般可在月末结账前进行。

2. 对账操作

对账操作如图 14-29 所示。

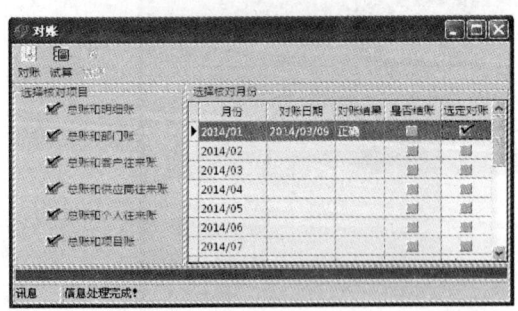 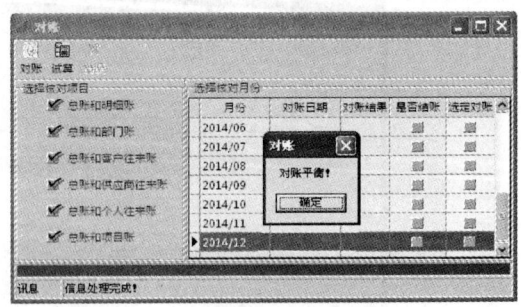

图 14-29 对账操作图

14.3.3.4 结账

1. 作业目的

作期末月结,完成当月财务核算全部任务,调整会计期间到下个月度。

2. 结账操作

结账操作如图 14-30 所示。

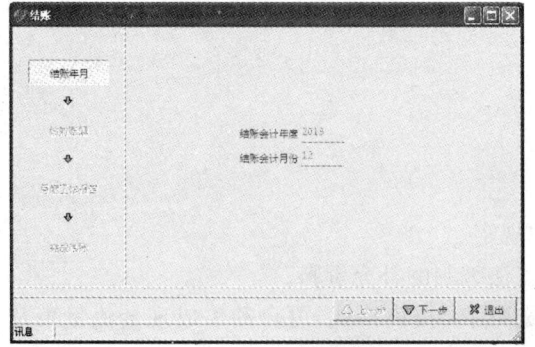
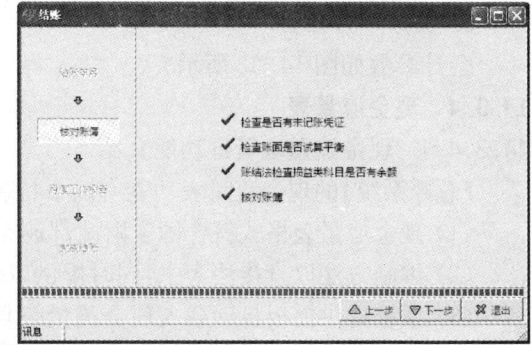
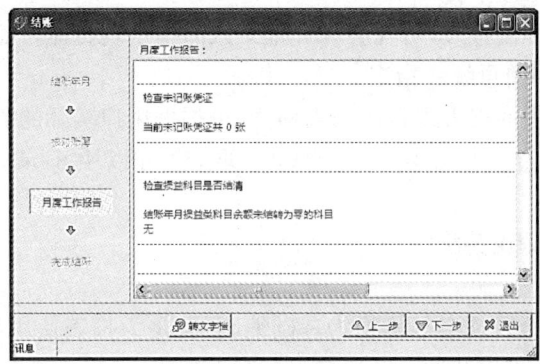

图 14-30　结账操作图

14.3.3.5　关账

1. 作业目的

当某月份的数据已经正确无误时(异动单据),为了防止用户进行数据增修。

2. 关账操作

关账操作如图 14-31 所示。

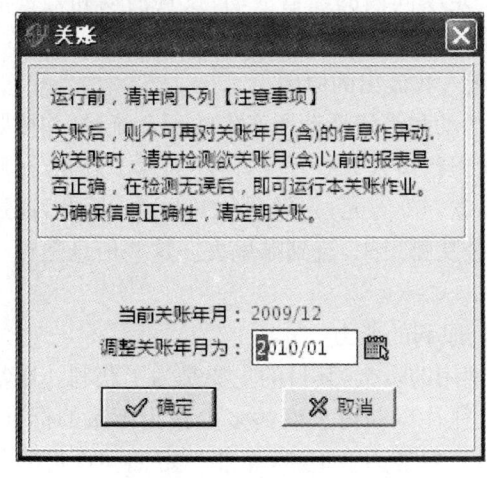
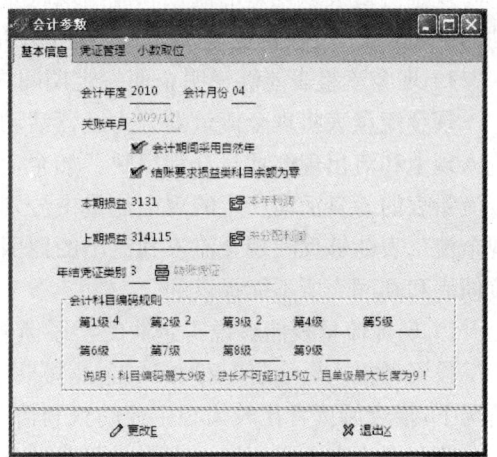

图 14-31　关账操作图　　　　　　图 14-32　会计参数图

※当前关账年月:为以前已关账的年月(2010/12)

※调整关账年月:为现在所要关账的年月(2011/12)

3. 关账年月检验

会计参数如图 14-32 所示。

14.3.4　现金流量表

14.3.4.1　现金流量表管理功能介绍

『总账系统』的现金流量表功能有以下特色：

（1）现金流量表格式符合国家财政部颁布的规定。

（2）编制方法以直接法为主，同时提供以间接法编制的补充资料。

（3）系统提供模板自动载入现金流量表填报项目及报表格式，可自动生成现金流量表及附表。

（4）提供两种方式编制报表，可在会计凭证录入时指定现金流量表项目，确定每笔业务的现金流向，也可以在编制前再统一指定。

（5）对于现金流量表的报表项目或报表格式，可根据用户实际的需求进行修改。

（6）报表数据可通过指定金额来源自动撷取，也可以手工录入，对于报表项目进行调整。

14.3.4.2　现金流量表理论解析

1. 现金流量表的概念

现金流量表是以现金及现金等价物为基础编制的，是为报表使用者提供关于企业在会计报告期内现金收入、现金支出及现金净额信息的财务报表。

企业对外提供的会计报表一般包括资产负债表、利润表和现金流量表，这三张表从不同角度反映企业的财务状况、经营成果和现金流量。资产负债表反映企业一定日期所拥有的资产、需偿还的债务，以及投资者所拥有的净资产的情况；利润表反映企业一定时期内的经营成果，即利润或亏损的情况，表明企业运用所拥有的资产获利的能力；现金流量表反映企业一定期间内现金的流入和流出，表明企业获得现金和现金等价物的能力。

2. 现金流量表的作用

现金流量表以现金的流入和流出反映企业在一定期间内的经营活动、投资活动和筹资活动的动态情况，反映企业现金的流入和流出的全貌。现金流量表的主要作用有：

1）现金流量表能够说明企业一定期间内现金流入和流出的原因

现金流量表将现金流量划分为经营活动、投资活动和筹资活动所产生的现金流量，并按照流入现金和流出现金项目分别反映。如企业当期从银行借入 300 万元，偿还利息 1 万元，在现金流量表的筹资活动产生的现金流量中分别反映借款 300 万元，支付利息 1 万元。因此，通过现金流量表能够反映现金流入和流出的原因，即现金从哪里来，流到哪里去。这些信息是资产负债表和利润表所不能提供的。

2）现金流量表能够说明企业的偿还债务和支付股利的能力

投资者投入资金、债权人提供企业短期或长期使用的资金，其目的主要是为了获利。通常情况下，报表阅读者比较关心企业的获利情况，并且往往以获得利润的多少作为衡量的标准，企业获利多少在一定程度上表明了企业具有的现金支付能力。但是，企业一定期间获得的利润并不代表企业真正具有的偿债或支付能力。在某些情况下，虽然企业利润表反映的经营业绩很可观，但企业同时又财务困难，不能偿还到期债务；还有些企业虽然利润表上反映的经营成果并不可观，但却有足够的偿付能力。

产生这种情况有诸多原因,其中会计核算采用的权责发生制、配比原则等所含的估计因素是其主要原因之一。现金流量表完全以现金的收支为基础,消除了由于会计核算采用的会计政策不同等所产生的获利能力和支付能力的差异。通过现金流量表能够了解企业现金流入和流出的构成,分析企业偿债和支付股利的能力,增强投资者的投资信心和债权人收回债权的信心。同时,通过现金流量表使投资者和债权人了解了企业获取现金的能力和现金偿付的能力,为筹资提供了有用的信息,也使有限的社会资源流向最能产生效益的地方。

3) 现金流量表能够分析企业未来获取现金的能力

现金流量表反映企业一定期间内的现金流入和现金流出的整体情况,说明企业现金从哪里来,又运用到哪里去。现金流量表中的经营活动产生的现金流量,代表企业运用其经济资源创造现金流量的能力,便于分析一定期间内产生净利润与经营活动产生现金流量的差异;投资活动产生的现金流量,代表企业运用资金产生现金流量的能力;筹资活动产生的现金流量,代表企业筹资获得现金流量的能力。通过现金流量表及其他财务信息,可以分析企业未来获取或支付现金的能力。

4) 分析企业投资和理财活动对经营成果和财务状况的影响

资产负债表能提供企业一定日期财务状况的情况,它所提供的是静态的财务信息,并不能反映财务状况变动的原因,也不能表明这些资产、负债给企业带来多少现金,又用去多少现金;利润表虽然反映企业一定期间的经营成果,提供动态的财务信息,但利润表只能反映利润的构成,也不能反映经营活动、投资和筹资活动给企业带来多少现金,又支付多少现金。现金流量表提供一定时期现金流入和现金流出的动态财务信息,表明企业在报告期内由经营活动、投资活动和筹资活动获得多少现金,企业获得这些现金是如何运用的,更能够说明资产、负债、净资产的变动的原因,对资产负债表起到补充说明的作用,现金流量表是连接资产负债表和利润表的桥梁。

5) 现金流量表能够提供不涉及现金的投资和筹资活动的信息

现金流量表除了反映企业与现金有关的投资和筹资活动外,还通过附注方式提供不适用现金的投资和筹资活动方面的信息,使会计报表使用者或阅读者能够全面了解和分析企业的投资和筹资活动。

3. 现金流量表的编制基础

1) 现金

现金流量表是以现金为基础编制的,这里的现金是指企业的库存现金、可以随时用于支付的存款,以及现金等价物。可以公式表达:现金＝库存现金＋非限制性银行存款＋其他货币资金＋三个月短期投资。

(1) 库存现金。库存现金是指企业持有可随时用于支付的现金,即与会计核算中"现金"科目所包括的内容一致。

(2) 银行存款。银行存款是指企业存在银行或其他金融机构随时可以用于支付的存款,即与会计核算中"银行存款"科目所包括的内容基本一致,区别在于:如果存在银行或其他金融机构的款项中不能随时用于支付的存款,如不能随时支取的定期存款,不作为现金流量表中的现金,但提前通知银行或其他金融机构便可支取的定期存款,则包括在现金流量表中的现金概念中。

(3) 其他货币资金。其他货币资金是指企业存在银行有特定用途的资金,或在途中尚未收到的资金,如银行汇票存款、银行本票存款、信用证保证资金、信用卡、在途货币资金等。

(4) 库存现金。现金等价物是指企业持有的期限短、流动性强、易于转换为已知金额的现金、价值变动风险很小的投资。现金等价物的主要特点是流动性强，并可以随时转换成现金的投资，通常指购买在 3 个月或更短时间内即到期或可转换为现金的投资。

2) 现金流量

现金流量是指企业的现金流入和流出。现金流量是某一期间内企业现金流入和流出的数量。影响现金流量的因素有经营活动、投资活动和筹资活动。衡量企业经营状况是否良好、是否有足够的现金偿还债务、资产的变现能力等，现金流量是非常重要的指标。

3) 影响现金流量的因素

企业日常经营业务是影响现金流量的重要因素，但并不是所有的经营业务都影响现金流量。影响或不影响现金流量的因素主要包括：

(1) 现金各项目之间的增减变动

现金各项目之间的增减变动，不会影响现金流量净额的变动。如将现金存入银行、用现金购买 2 个月到期的债券等，均属于现金各个项目之间内部资金结转，不会使现金流量增加或减少。

(2) 非现金各项目之间的增减变动

非现金各项目之间的增减变动，也不会影响现金流量净额的变动，如用固定资产清偿债务、用原材料对外投资、用存货清偿债务等，均属于非现金各项目之间的增减变动，不涉及现金的收支，不会使现金流量增加或减少。

(3) 现金各项目与非现金各项目之间的增减变动

现金各项目与非现金各项目之间的增减变动，会影响现金流量净额的变动，如用现金支付购买的原材料、用现金对外投资、收回长期投资等，均涉及现金各项目与非现金各项目之间的增减变动，这些变动会引起现金流入或现金流出。

现金流量表主要反映现金各项目与非现金各项目之间的增减变动情况对现金流量净额的影响，非现金各项目之间的增减变动虽然不影响现金流量净额，但属于重要的投资和筹资活动，在现金流量表的附注中反映。

4. 现金流量的分类

现金流量表的目的，是为会计报表使用者提供企业一定会计期间内有关现金流入和流出的信息。企业一定时期内现金流入和流出是由各种因素产生的，如工业企业为生产产品需要用现金支付购入原材料的价款，支付职工工资，购买固定资产也需要支付现金。现金流量表首先要对企业各项经营业务产生或运用的现金流量进行合理的分类，通常按照企业经营业务发生的性质将企业一定期间内产生的现金流量归为以下三类。

1) 经营活动产生的现金流量

经营活动是指企业投资活动和筹资活动以外的所有交易和事项，包括销售商品或提供劳务、经营性租赁、购买货物、接受劳务、制造产品、广告宣传、推销产品、交纳税款等。经营活动产生的现金流量是企业通过运用所拥有的资产自身创造的现金流量，主要是与企业净利润有关的现金流量。企业一定期间内实现的净利润并不一定都构成经营活动产生的现金流量，如处置固定资产净收益或净损失构成净利润的一部分，但不属于经营活动产生的现金流入和流出。通过现金流量表中反映的经营活动产生的现金流量，可以说明企业经营活动对现金流入和流出净额的影响程度。

2）投资活动产生的现金流量

投资活动是指企业长期资产以及不包括在现金等价物范围内的投资的购建和处置，包括取得或收回权益性证券的投资、购买可收回债券投资、购建和处置固定资产、无形资产和其他长期资产等。投资活动产生的现金流量中不包括作为现金等价物的投资，作为现金等价物的投资属于现金自身的增减变动，不会影响现金流量净额的变动。通过现金流量表中反映的投资活动产生的现金流量，可以分析企业通过投资获取现金流量的能力，以及投资产生的现金流量对企业现金流量净额的影响程度。

3）筹资活动产生的现金流量

筹资活动是指导致企业所有者权益和借款规模及构成发生变化的活动，包括吸收权益性资本、发行债券、借入资金、支付股利、偿还债务等。通过现金流量表中筹资活动产生的现金流量，可以分析企业筹资的能力，以及筹资产生的现金流量对企业现金流量净额的影响程度。

系统预设了现金流量表的基本报表项目，可从模板自动载入，对于这些报表项目您可以进行修改或删除，还可以设置特殊的项目。

14.4 总账业务相关报表

总账业务相关报表见表14-2。

表14-2 总账业务相关报表

报表名称	报表名称
科目一览表	供应商类型余额表
科目预算一览表	供应商科目明细账
打印会计凭证	供应商明细账
序时账	供应商三栏明细账
日记账	供应商部门明细账
日报表	供应商项目明细账
余额表	供应商业务员明细账
总账	供应商类型明细账
明细账	供应商多栏明细账
多栏账	个人科目余额表
数量金额明细账	个人余额表
摘要汇总表	个人三栏余额表
现金流量明细表	个人部门余额表
现金流量统计表	个人科目明细账
科目汇总表	个人明细账
科目核算项目余额查询	个人三栏式明细账
客户科目余额表	个人部门明细账
客户余额表	个人多栏式明细账
客户三栏余额表	部门科目总账
客户部门余额表	部门总账

（续表）

报表名称	报表名称
客户项目余额表	部门三栏总账
客户业务员余额表	部门收支分析
客户类型余额表	部门科目明细账
客户地区余额表	部门明细账
客户等级余额表	部门三栏式明细账
客户科目明细账	部门多栏式明细账
客户明细账	项目科目总账
客户三栏明细账	项目总账
客户部门明细账	项目三栏式总账
客户项目明细账	项目部门总账
客户业务员明细账	项目统计分析
客户类型明细账	项目科目明细账
客户地区明细账	项目明细账
供应商科目余额表	项目多栏式明细账
供应商余额表	核算项目明细账
供应商三栏余额表	核算项目总账
供应商部门余额表	核算项目明细表
供应商项目余额表	核算项目汇总表
供应商业务员余额表	

14.4.1 序时账

1. 作业目的

可序时打印所有凭证的详细内容，有助于信息的检查。

2. 报表界面

序时账如图 14-33 所示。

鼎捷软件有限公司-机械行业

序时账

日期: ~

制表:

日期	凭证编号	科目编码	科目名称	摘要	方向	数量	原币	金额
2009/05/04	付款凭证-20090500000001	113301	备用金	*差旅借款 李义	借			2000
2009/05/04	付款凭证-20090500000001	1001	现金	*差旅借款	贷			2000
2009/05/04	付款凭证-20090500000002	2181	其他应付款	*支付捷达公司快递费	借			1200
2009/05/04	付款凭证-20090500000002	1001	现金	*支付捷达公司快递费	贷			1200
2009/05/10	收款凭证-20090500000004	100201	银行存款-中国银行	*收到铭达公司支票	借			12000
2009/05/10	收款凭证-20090500000004	1131	应收账款	*收到铭达公司支票	贷			12000
2009/05/10	收款凭证-20090500000005	1001	现金	*结算利息	借			59.6
2009/05/10	收款凭证-20090500000005	550302	利息收入	*结算利息	贷			59.6
2009/05/10	付款凭证-20090500000003	550202	差旅费	*差旅费报销 李义	借			1800
2009/05/10	付款凭证-20090500000003	1001	现金	*差旅费报销	贷			1800
2009/05/10	转账凭证-20090500000001	1131	应收账款	*销售商品	借			12500
2009/05/10	转账凭证-20090500000001	5101	主营业务收入	*销售商品	贷			12500
2009/05/16	收款凭证-20090500000001	1001	现金	*提现	借			5000
2009/05/16	收款凭证-20090500000001	100201	银行存款-中国银行	*提现	贷			5000
2009/05/16	收款凭证-20090500000002	100201	银行存款-中国银行	*收到三鑫公司的代垫运费	借			1280
2009/05/16	收款凭证-20090500000002	113302	其他	*收到三鑫公司的代垫运费	贷			1280
2009/05/16	收款凭证-20090500000003	100201	银行存款-中国银行	*收到款项	借			28000
2009/05/16	收款凭证-20090500000003	5101	主营业务收入	*收到款项	贷			28000
2009/05/16	付款凭证-20090500000004	10090101	美元户	*存入美元户	借		6000	43380

图 14-33 序时账图

14.4.2　日记账

1. 作业目的

提供一段期间内的现金科目与非现金科目的日记账核算功能。

2. 报表界面

现金日记账如图 14-34 所示。

鼎捷软件有限公司-机械行业

现金日记账

日期:2010/04/01 ~ 2010/04/30

科目 1001 现金

本币名称:人民币

制表: 2014/02/21

月	日	凭证号	摘要	对方科目	本币借方	本币贷方	方向	本币余额

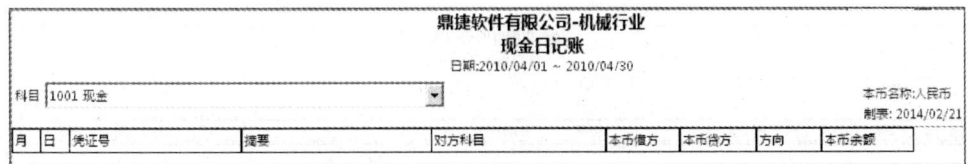

图 14-34　现金日记账图

14.4.3　余额表

1. 作业目的

查询、打印各级科目的本期发生额、累计发生额及余额。

2. 报表界面

余额表如图 14-35 所示。

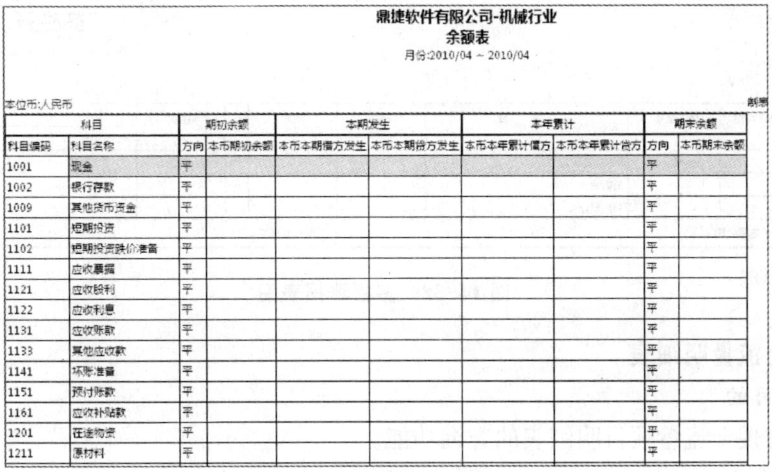

鼎捷软件有限公司-机械行业

余额表

月份:2010/04 ~ 2010/04

本位币:人民币

制表

科目		期初余额		本期发生		本年累计		期末余额	
科目编码	科目名称	方向	本币期初余额	本币本期借方发生	本币本期贷方发生	本币本年累计借方	本币本年累计贷方	方向	本币期末余额
1001	现金	平						平	
1002	银行存款	平						平	
1009	其他货币资金	平						平	
1101	短期投资	平						平	
1102	短期投资跌价准备	平						平	
1111	应收票据	平						平	
1121	应收股利	平						平	
1122	应收利息	平						平	
1131	应收账款	平						平	
1133	其他应收款	平						平	
1141	坏账准备	平						平	
1151	预付账款	平						平	
1161	应收补贴款	平						平	
1201	在途物资	平						平	
1211	原材料	平						平	

图 14-35　余额表图

14.4.4　总账

1. 作业目的

了解一段期间内总账科目的本期发生额、累计发生额及余额。

2. 报表画面

总账报表如图 14-36 所示。

宇O汽车配件股份有限公司

库存现金总账

科目 1001 库存现金

月份:2013/12~2013/12

本位币:人民币

制表: 2014/02/21　系统管理者

科目全称	期	摘要	本币借方	本币贷方	方向	本币余额

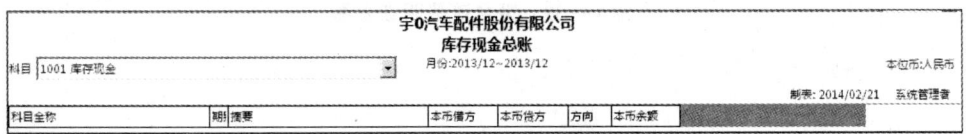

图 14-36　总账报表图

14.4.5 明细账

1. 作业目的

了解一段期间内明细科目的本期发生额、累计发生额及余额。

2. 报表界面

明细账报表如图 14-37 所示。

图 14-37　明细账报表图

14.4.6 多栏账

1. 作业目的

了解分析一段期间内总账科目所属明细科目的本期发生额、累计发生额及余额。

2. 报表界面

多栏账报表如图 14-38 所示。

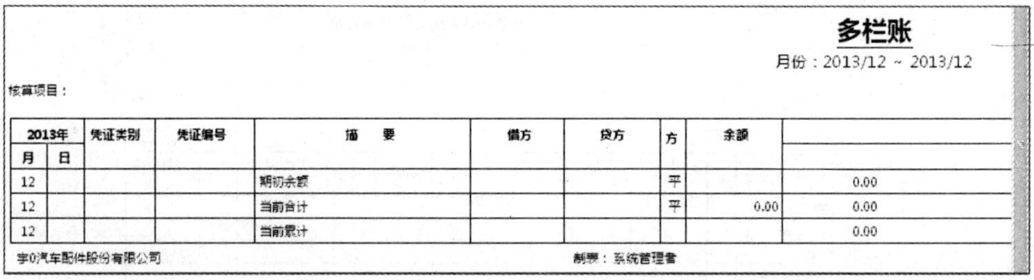

图 14-38　多栏账报表图

14.4.7 现金流量明细表

1. 作业目的

提供针对现金流量项目明细表的查询功能。

2. 报表画面

现金流量明细表如图 14-39 所示。

图 14-39　现金流量明细表图

第 15 章　生产成本管理

课程目标

➢ 模拟浩志电气公司雷鸣利用 ERP 完成生产成本管理业务
➢ 掌握企业实际生产成本计算逻辑及处理过程
➢ 熟练设置 ERP 的生产成本科目
➢ 熟练进行 ERP 的成本数据的收集
➢ 结合实际,在 ERP 系统中完成成本相关基础资料的初始化

任务名称和背景

　　完成浩志电气公司财务部门成本核算业务在 ERP 系统软件中的模拟操作。雷鸣是浩志电气公司财务部门的成本核算主管,目前他的工作是负责该公司生产成本核算及成本数据收集工作。手工操作的状态下,雷鸣每月大半时间都非常繁忙,几乎天天加班。

　　雷鸣迫切希望通过公司即将实施的 ERP 系统改变他现在的工作状态,把他从繁忙的手工成本核算及成本数据收集的低效劳动中解放出来。成本会计岗员工工作职责如表 15-1 所示。

表 15-1　成本会计岗员工工作职责

姓名	所属公司	职务或工作	工作职责
刘婕	浩志电气	财务部会计	ERP 项目核心模块参与者,相关业务负责人
雷鸣	浩志电气	成本核算主管	ERP 项目核心模块参与者,相关业务负责人

15.1 生产成本基本流程

15.1.1 工作流程

生产成本工作流程如图 15-1 所示。

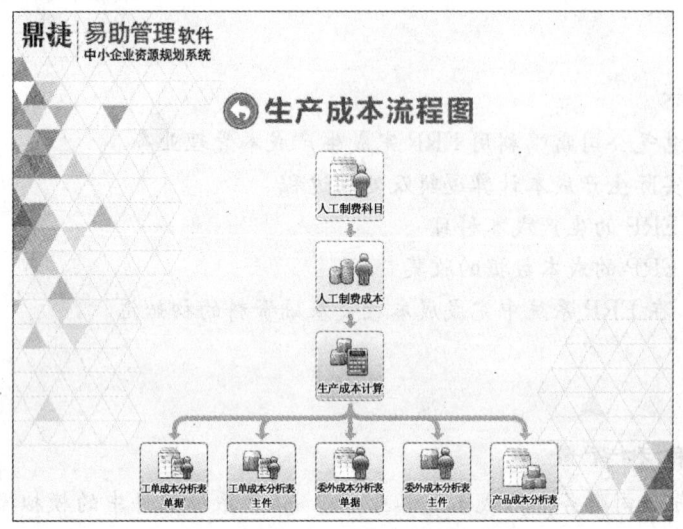

图 15-1 生产成本工作流程图

15.2 基础资料

15.2.1 生产成本参数设置

1. 作业目的

记录某一个项目、会计科目、部门所耗用的成本,便于在做成本计算时根据这些资料将费用分摊下去。

2. 界面

生产成本界面如图 15-2 所示。

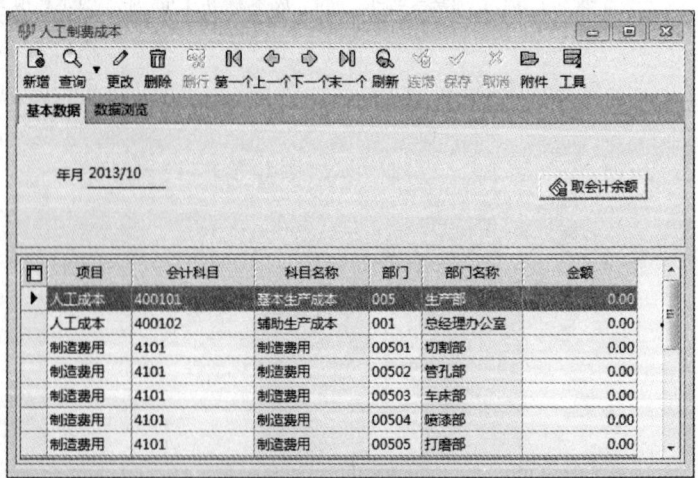

图 15-2 生产成本界面图

"取会计余额"按钮可以取到会计科目余额档中对应会计科目。

3. 单头字段说明

➡ 年月:记录人工制费成本的年月。

4. 单身字段说明

➡ 项目:指出该笔资料是指人工成本还是制造费用。

➡ 会计科目:该笔成本对应的会计科目,可按 F2 作"会计科目"的开窗,不可空白。

➡ 科目名称:由所输入的会计科目自动带出,不可更改。
➡ 部门:指分摊该笔费用的部门,可按 F2 作"部门"的开窗,可空白。
➡ 部门名称:由所输入的部门自动带出,不可更改。
➡ 金额:需要分摊的金额,不可空白。

15.2.2 生产成本计算过程

1. 作业目的

计算各工单、委外单当月的材料、人工、制费、委外等成本。运行前请先运行进销存的成本计价作业。

2. 操作步骤

【步骤1】 检查进销存参数中的相关设置是否正确,如图 15-3 所示。

调整尾差成本:如果勾选,则会针对有尾差的品号产生调整单调整尾差。

调整分库成本:如果勾选,则会针对有分库差额的品号产生调整单。

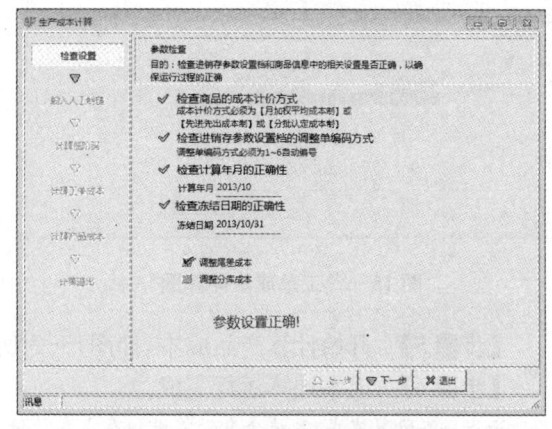

图 15-3 生产成本参数设置图

【步骤2】 显示要进行成本计算的人工成本与制造费用。

人工成本与制造费用的资料,请先于"人工制费科目""人工制费成本"作业中先行录入完成,如图 15-4 所示。

按 ▽下一步 继续。

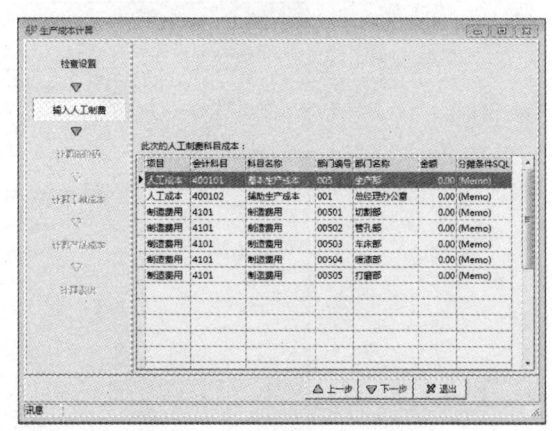

图 15-4 人工制费科目成本图

【步骤3】 将开始计算产品的低阶码,按 BOM 计算或按工单计算维度进行计算选择,如图 15-5 所示。

按 ▽下一步 开始计算。

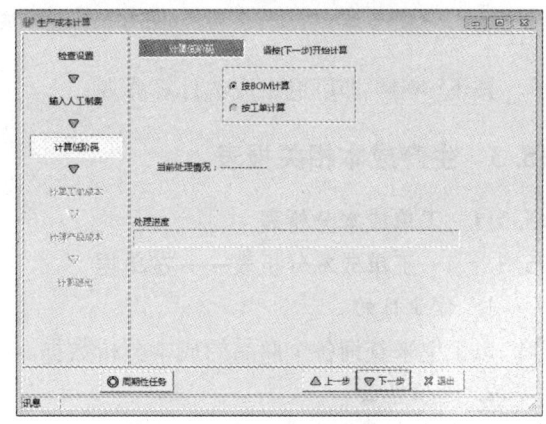

图 15-5 计算低阶码图

【步骤4】 开始计算工单的成本,如图15-6所示。

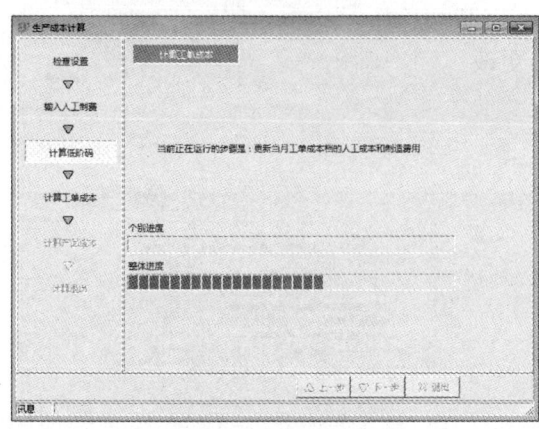
图15-6 工单成本计算图

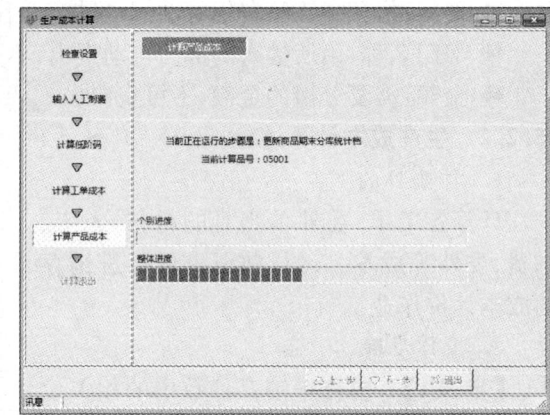
图15-7 产品成本计算图

【步骤5】 开始计算产品成本,如图15-7所示。

【步骤6】 成本计算运行完成。

※当成本计算完成,系统会自动将进销存成本计价时所生成的调整单上的商品成本再作一次修正,如图15-8所示。

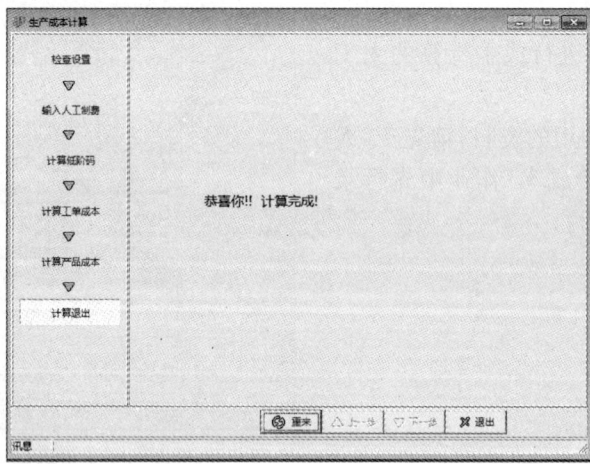

图15-8 生产成本计算完成图

按下 ✖退出 即可退出成本计算作业。

15.3 生产成本相关报表

15.3.1 工单成本分析表

15.3.1.1 工单成本分析表——按单据

1. 作业目的

以工单来查询各个商品的成本分析数据。

2. 选项界面

工单成本选项界面如图15-9所示。

3. 报表界面

按单据工单成本报表界面如图 15-10 所示。

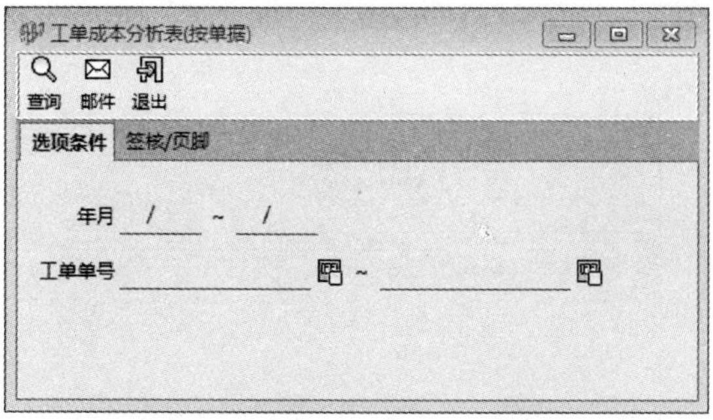

图 15-9 工单成本选项界面图

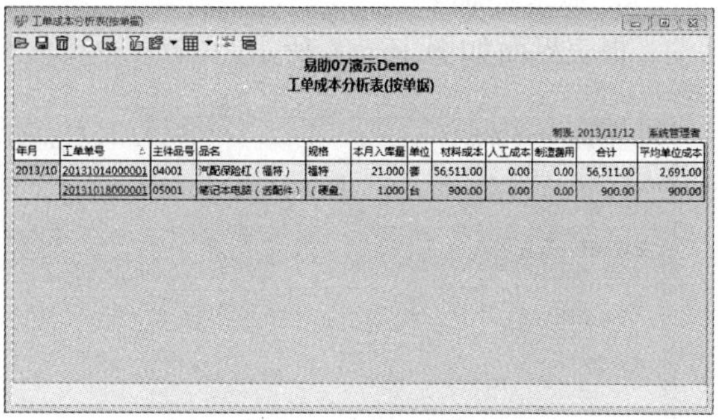

图 15-10 工单成本报表界面图

15.4.1.2 工单成本分析表——按主件

1. 作业目的

从主件的角度来查询工单各个商品的成本分析数据。

2. 选项界面

按主件选项界面如图 15-11 所示。

3. 报表界面

报表界面如图 15-12 所示。

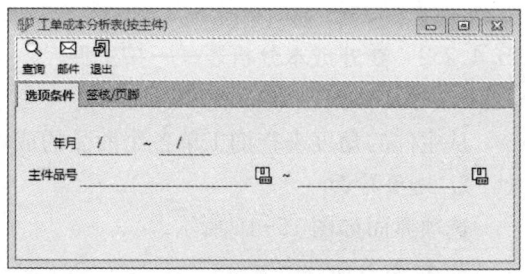

图 15-11 工单成本按主件分析选项界面图

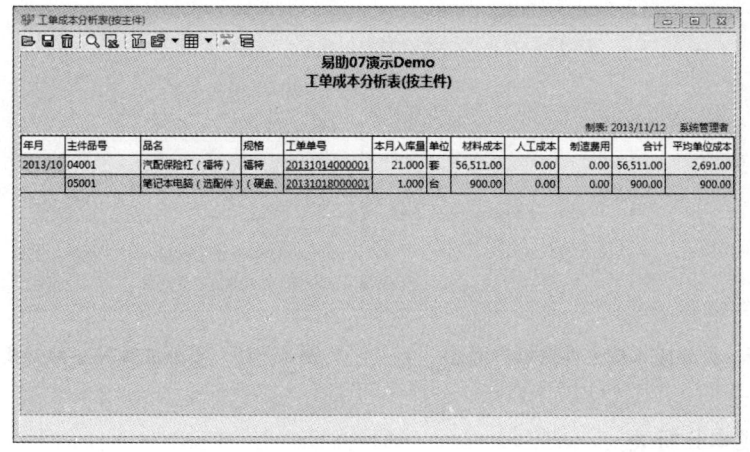

图 15-12 工单成本按主件分析表图

15.4.2 委外成本分析表

15.4.2.1 委外成本分析表——按单据

1. 作业目的

通过委外单来查询各个商品的成本分析数据。

2. 选项界面

选项界面如图 15-13 所示。

3. 报表界面

报表界面如图 15-14 所示。

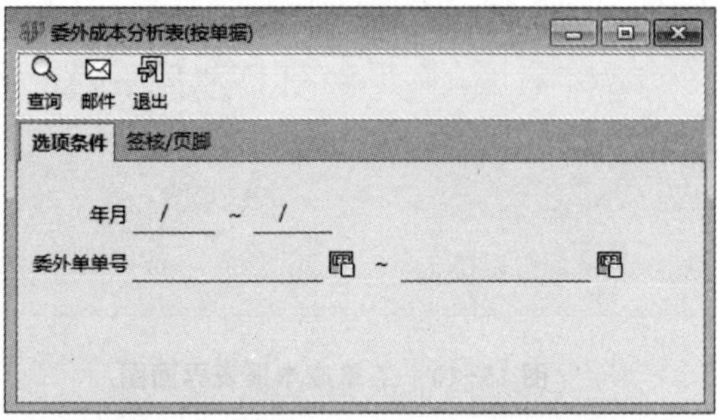

图 15-13 委外成本分析按单据选项界面图

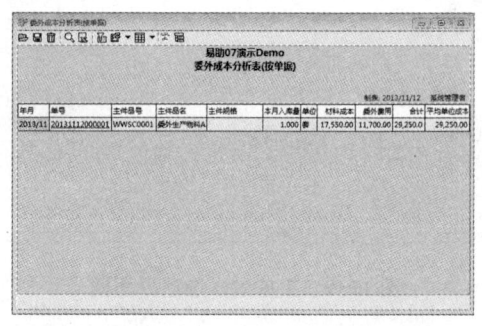

图 15-14 委外成本按单据分析表报表界面图

15.4.2.2 委外成本分析表——按主件

1. 作业目的

从主件的角度来查询工单各个商品的成本分析数据。

2. 选项界面

选项界面如图 15-15 所示。

3. 报表界面

报表界面如图 15-16 所示。

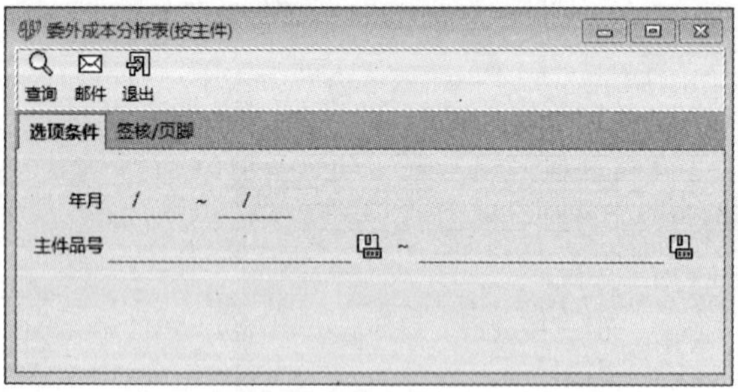

图 15-15 委外成本按主件选项界面图

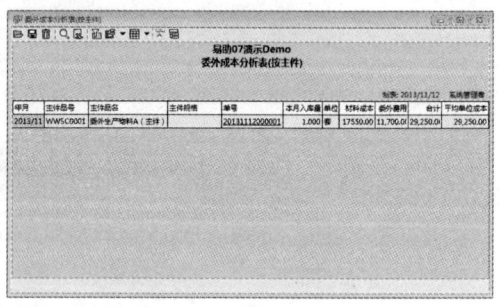

图 15-16 委外成本按主件分析表报表界面图

15.3.3 产品成本分析表

1. 作业目的

将某月的各产品实际成本结构打印出来。

2. 选项界面

选项界面如图 15-17 所示。

3. 报表界面

报表界面如图 15-18 所示。

第 15 章　生产成本管理

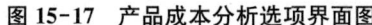
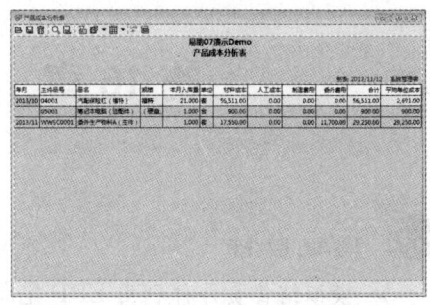

图 15-17　产品成本分析选项界面图　　　图 15-18　产品成本分析表报表界面图

第 16 章　CRM 客户关系管理

课程目标

- 模拟销售员许祥利用 ERP 完成客户关系管理
- 了解企业客户关系管理的维护过程
- 熟悉在 ERP 系统中完成 CRM 客户关系管理过程
- 熟练掌握 ERP 软件系统 CRM 模块的操作
- 熟悉 CRM 相关基础资料的设置和输入过程
- 能够熟练完成 CRM 系统初始化工作
- 掌握客户关系管理维护方法
- 能够利用 ERP 系统完成 CRM 客户关系管理的操作

任务名称和背景

掌握浩志电气公司销售人员业务的实际操作过程。

许祥是浩志电气公司销售部门的一名普通员工,目前他的主要工作是开拓新市场,每天都需要拜访各种不同的客户,记录他们的相关信息,以及销售进度,大量的业务信息使得许祥的工作非常忙,而且这些业务信息经常用过就丢了,之后再拜访这家客户时还要重复整理,无意中增加了很多工作量。销售人员工作职责如表 16-1 所示。

表 16-1　销售人员工作职责

姓名	所属公司	职务	工作职责
许祥	浩志电气	销售开拓	ERP 项目核心模块参与者,相关业务负责人

16.1 CRM 基本流程

16.1.1 CRM 工作流程图

CRM 工作流程如图 16-1 所示。

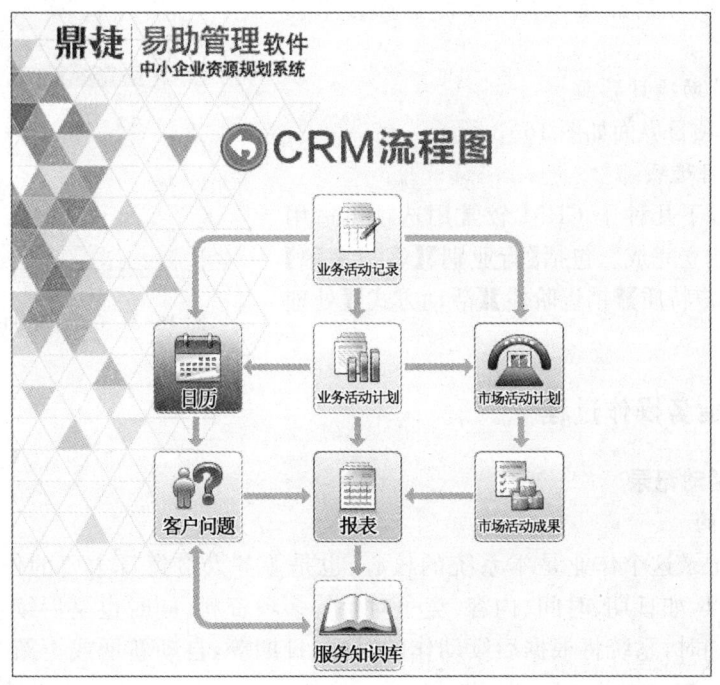

图 16-1　CRM 工作流程图

16.2 基础资料

16.2.1 基础资料设置

1. 作业目的

设置 CRM 系统中相关单据的编码方式。

2. 参数信息界面

参数信息界面如图 16-2 所示。

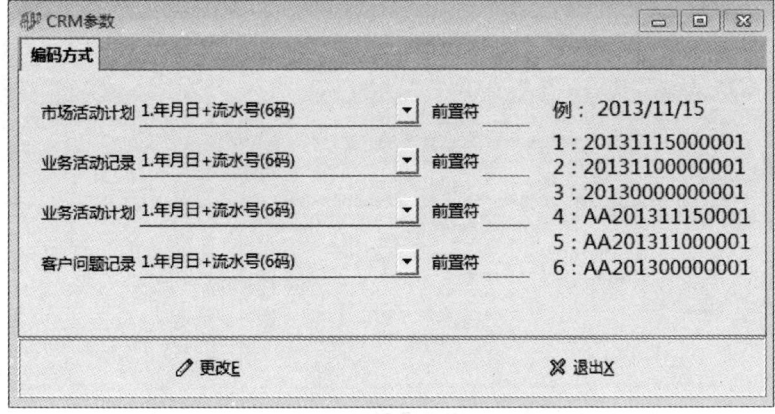

图 16-2　CRM 参数信息设置界面图

16.2.2 CRM 辅助项目

1. 作业目的

先将客户的行业类别、来源、分级、特质、销售阶段、活动方式、处理方式等资料先在此作业建立完成，日后打单时可以开窗点选使用，从而节省打单的时间。

2. CRM 辅助项目界面

CRM 辅助项目界面如图 16-3 所示。

3. 辅助项目选项

系统提供以下几种于 CRM 较常用选项供适用者先于此作业建立完成。包括【行业别】【客户来源】【客户分级】【客户特质】【销售阶段】【活动方式】【处理方式】。

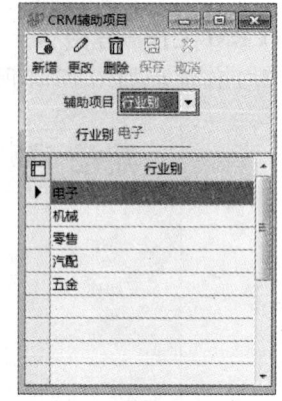

图 16-3　CRM 辅助项目界面图

16.3　CRM 业务操作过程

16.3.1　业务活动记录

1. 作业目的

业务活动记录这个作业是本系统的核心，也是业务人员每日主要的作业，它可以记录各项活动的重点，如日期、时间、内容、竞争对手等多项资料，同时也是后续多种分析报表的资料来源。存档时，系统将根据后续动作的时间、日期等，自动新增或更新"业务活动计划"的资料，但若"下次动作""日期"与"时间"任一字段为空白时，将不会自动更新到"业务活动计划"中去。

2. 业务活动记录界面

业务活动记录界面如图 16-4 所示。

3. 名片界面

名片界面如图 16-5 所示。

当所洽谈的客户在客户资料中有设定名片的图文件，只需按下作业上方的按钮，即可立即查看到。

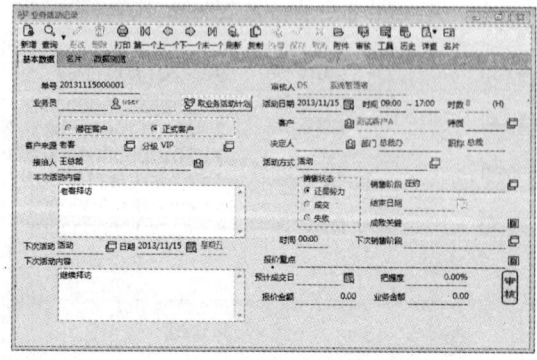

图 16-4　业务活动记录界面图

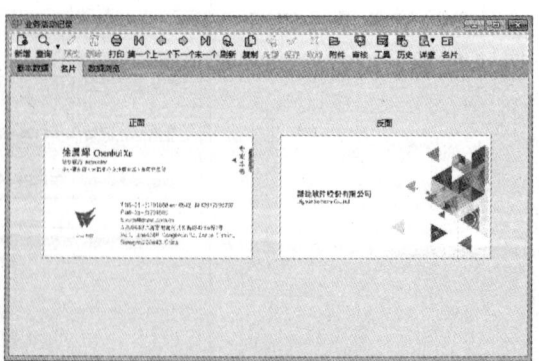

图 16-5　名片界面图

4. 功能说明

1) ——业务历史活动记录查询。

【步骤1】 按下功能钮，将自动带出业务历史记录所选的那笔资料的业务员与客户的业务活动纪录，如图16-6所示。

【步骤2】 若要查询其他客户，先选择客户性质（正式客户/潜在客户），如图16-7所示。

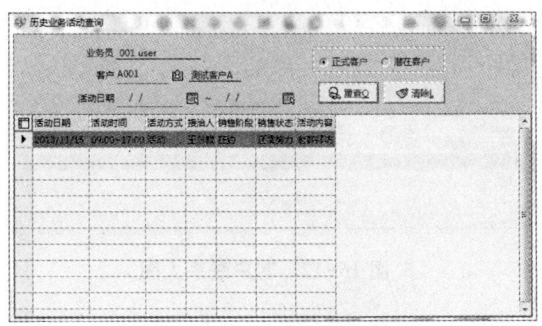

图16-6 历史业务活动查询图

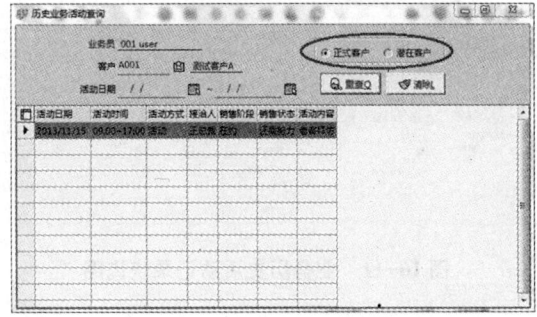

图16-7 客户性质选择图

【步骤3】 选择要查询的客户，可按F2作开窗选取，如图16-8所示。

【步骤4】 维护要查询的业务活动日期区间，如图16-9所示。

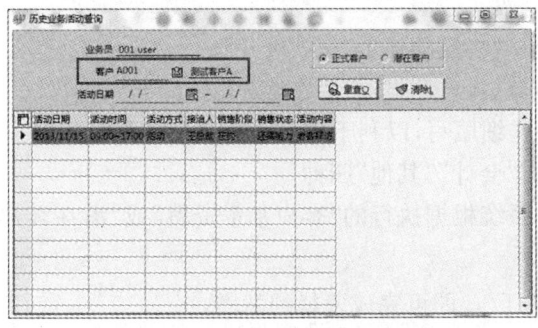

图16-8 选择查询客户图

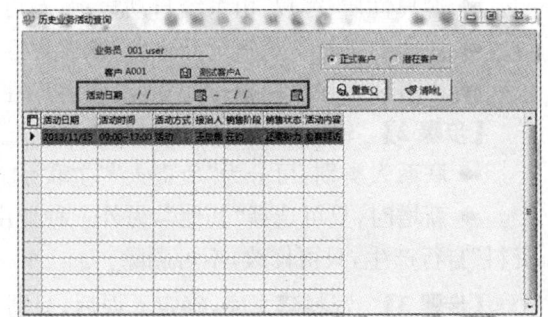

图16-9 选择活动日期图

【步骤5】 按下 查询，符合条件的历史业务活动记录就会呈现在图16-10所示的窗口中，如图16-10所示。

【步骤6】 若要重新输入查询的条件，只需按下 清除 即可。

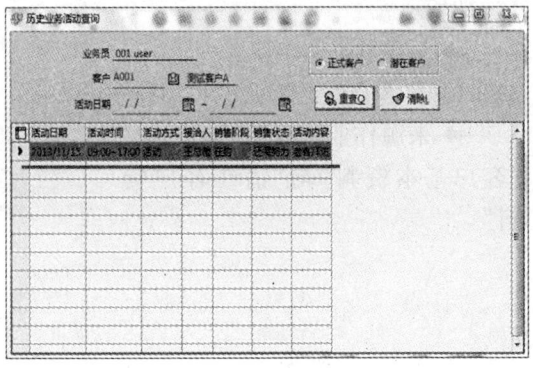

图16-10 历史业务活动查询结果图

2) ——业务历史活动记录查询。

业务历史活动记录查询如图16-11所示。

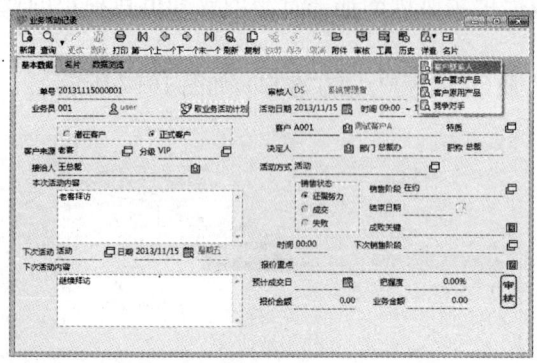

图16-11 业务历史活动记录查询图　　图16-12 客户联系人图

（1）客户联系人。可以使用此作业来增设客户的联系人的详细资料，如图16-12所示。

➡ 系统将依据来源作业的资料来预设"客户性质"与"客户"。

➡ 来源作业："业务活动记录""客户基本资料""潜在客户资料"。

【步骤1】 按下 新增 。

➡ 客户性质/客户：由系统自动显示，不可修改。

➡ 由客户基本资料执行此作业，则客户性质栏将自动显示"正式客户"。

➡ 由潜在客户资料执行此作业，则客户性质栏将自动显示"潜在客户"。

【步骤2】 输入联系人的基本资料，请尽量详细填写，以利于日后与客户日常联络。

➡ 联系人类别：可分为"负责人""主联系人""会计""其他"四种。

➡ 新增时，只可选择"其他"，另外三种皆由系统根据执行的"客户基本资料"或"潜在客户资料"自行产生，只可修改，不可删除。

【步骤3】 资料建立完，确定无误后，只需按下 保存 即可完成资料的新增。

（2）客户需求产品。可以将客户所需要的产品与相关资料记录于此作业，以便检讨案子时，可以掌握客户的需求，如图16-13所示。

➡ 系统将依据来源作业的资料来预设"客户性质"与"客户"。

➡ 来源作业："业务活动记录""客户基本资料"与"潜在客户资料"。

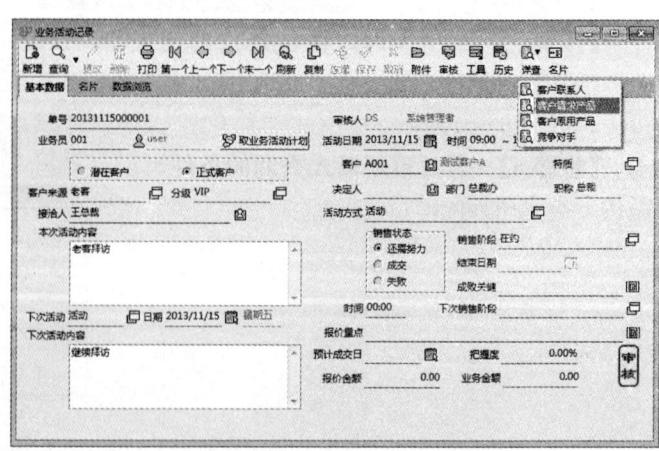

图16-13 客户需求产品图

【步骤1】 按下 [新增]，如图16-14 所示。

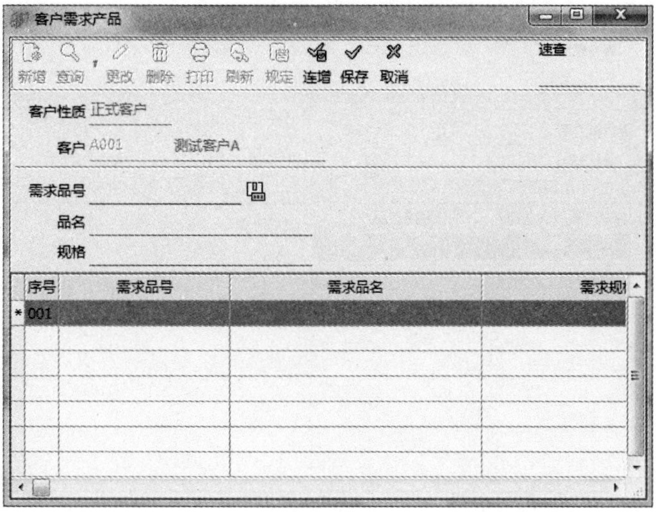

图16-14 新增客户需求产品图

➡ 客户性质/客户：由系统自动显示，不可修改。
➡ 由客户基本资料执行此作业，则客户性质栏将自动显示"正式客户"。
➡ 由潜在客户资料执行此作业，则客户性质栏将自动显示"潜在客户"。

【步骤2】 选择客户需求产品品号，如图16-15所示。

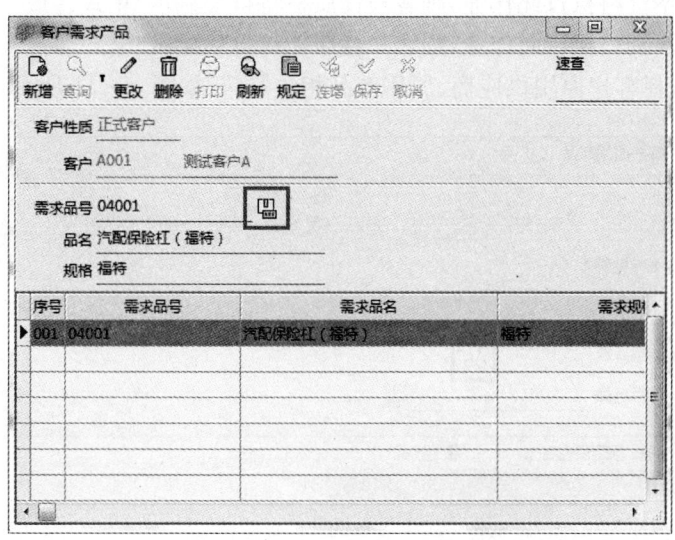

图16-15 需求产品品号选择图

➡ 需求品号：可按 F2 作"商品基本资料"的开窗选取。
➡ 品名：当品号输入后，由系统自动带出。

【步骤3】 资料建立完，确定无误后，只需按下 [保存] 即可完成资料的新增。

（3）客户原用产品建立。记录客户原先或目前所使用的产品与供应商，如图16-16所示。

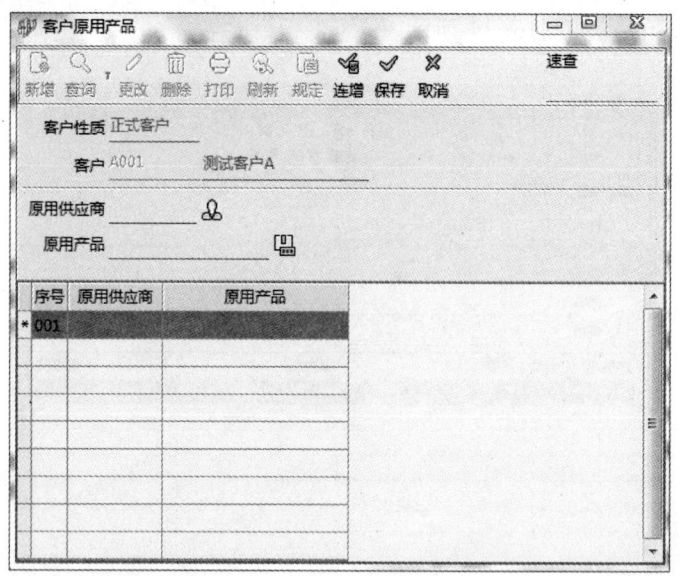

图 16-16　客户原用产品图

➡ 系统将依据来源作业的资料来预设"客户性质"与"客户"。

➡ 来源作业:"业务活动记录""客户基本资料"与"潜在客户资料"。

【步骤1】　按下 [新增]。

➡ 客户性质/客户:由系统自动显示,不可修改。

➡ 由客户基本资料执行此作业,则客户性质栏将自动显示"正式客户"。

➡ 由潜在客户资料执行此作业,则客户性质栏将自动显示"潜在客户"。

【步骤2】　选择客户原用供应商、原用产品相关资料,如图 16-17 所示。

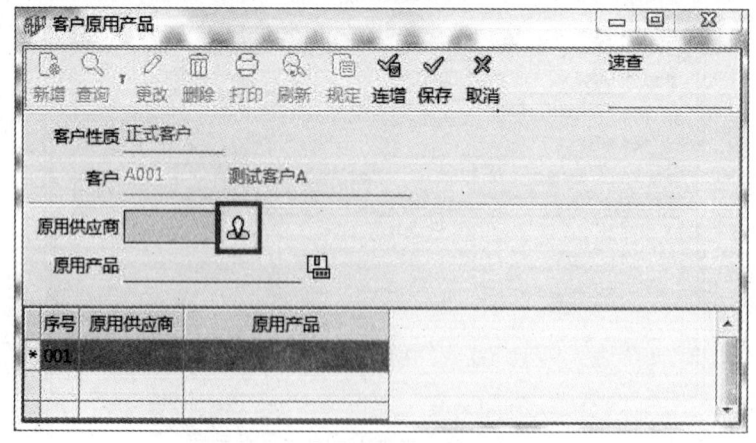

图 16-17　原用供应商选择图

➡ 原用供应商:客户原用产品的来源供应商。

➡ 原用产品:客户原用的产品名称。

【步骤3】　资料建立完,确定无误后,只需按下 [保存] 即可完成资料的新增。

(4) 竞争对手：记录目前所遇到的竞争对手的产品资料，如图16-18所示。

➡ 系统将依据来源作业的资料来预设"客户性质"与"客户"。

➡ 来源作业："业务活动记录""客户基本资料"与"潜在客户资料"。

【步骤1】 按下 新增。

➡ 客户性质/客户：由系统自动显示，不可修改。

➡ 由客户基本资料执行此作业，则客户性质栏将自动显示"正式客户"。

➡ 由潜在客户资料执行此作业，则客户性质栏将自动显示"潜在客户"。

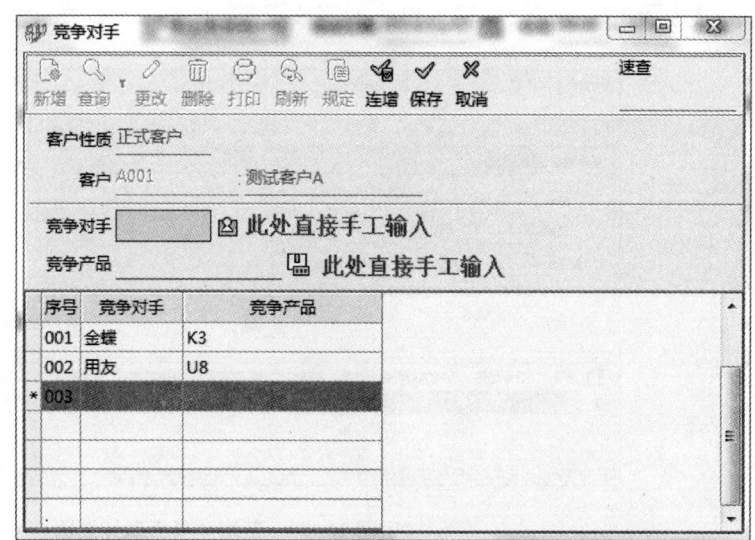

图16-18 竞争对手图

【步骤2】 手工维护竞争对手、竞争产品的相关资料。

➡ 竞争对手：为此客户所考虑的另一家供应商。

➡ 竞争产品：为此客户所考虑的另一家供应商的产品名称。

【步骤3】 资料建立完，确定无误后，只需按下 保存 即可完成资料的新增。

16.3.2 业务活动计划

1. 作业目的

除了可以立即查询某天的行程外，也可以挑选大量的客户资料，作整批行程的安排，如新产品上市、旧客户整批的拜访等。此作业也将由"业务活动记录"自动产生。

2. 基本信息界面

基本信息界面如图16-19所示。

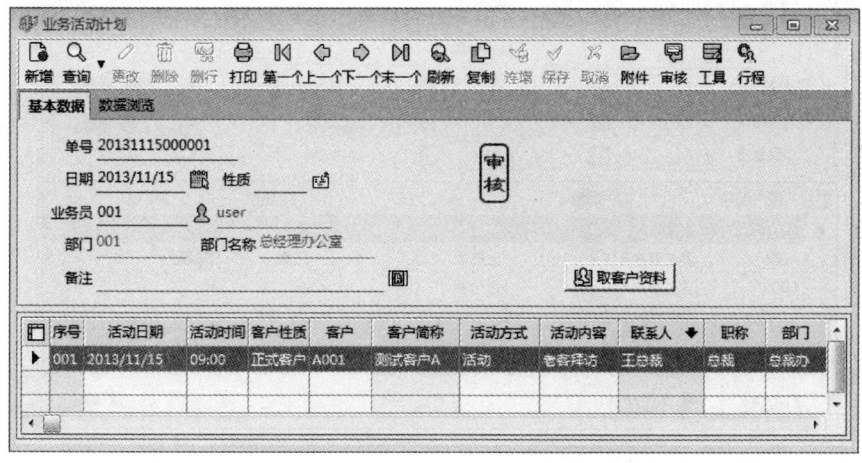

图16-19 业务活动计划基本信息界面图

3. 取客户资料说明

【步骤1】 按下 新增,输入单头的字段资料,如图16-20所示。

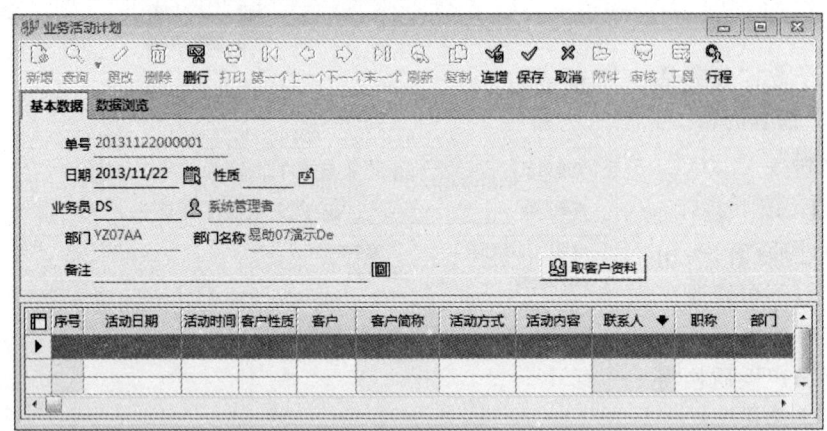

图16-20 新增业务活动计划图

【步骤2】 按下 取客户资料,先将要筛选的条件资料输入,再按下 重查Q,则符合的资料将显示在图16-21所示的窗口中,此时若多笔选取,只需按下 Ctrl 再用鼠标点选所需要的资料(可发现每笔被点选的资料前都有一个黑色圆点)。按下 确定,即可将客户资料带回业务活动作业中。

⇨ 本次活动方式,一定要先输入后,才可查询,如图16-21所示。

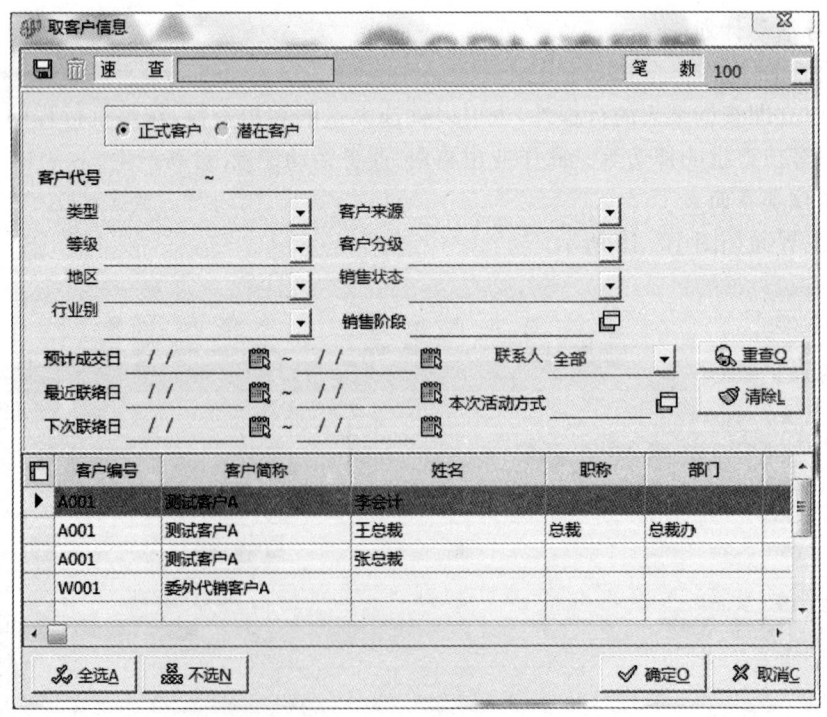

图16-21 取客户信息图

16.3.3 业务活动计划

1. 作业目的

记录每次活动的日期与内容,还可以筛选出大量的客户,透过 E-mail 的传送活动的邀请或市场的开发信息。

2. 基本信息界面

基本信息界面如图 16-22 所示。

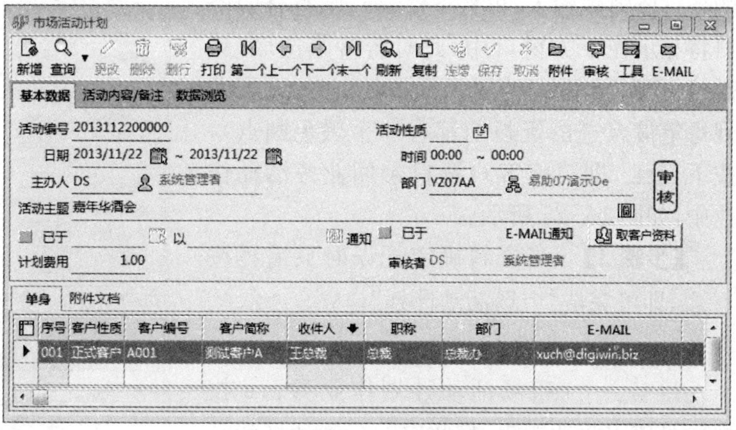

图 16-22 市场活动计划基本信息界面图

3. 活动内容/备注画面

活动内容/备注界面如图 16-23 所示。

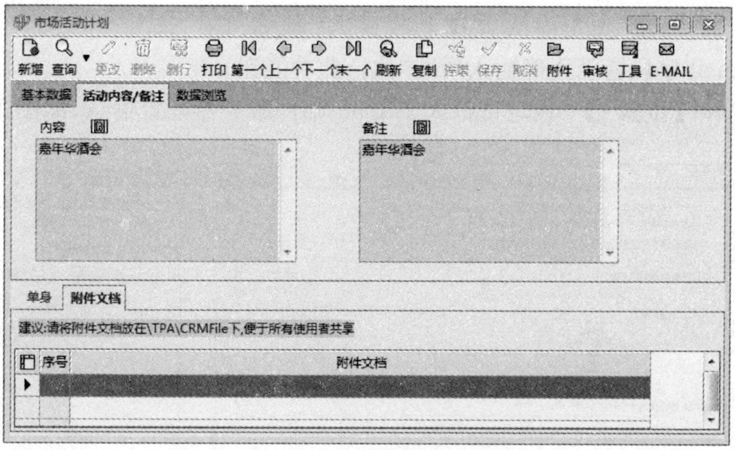

图 16-23 活动内容/备注界面图

4. 取客户资料说明

【步骤1】 按下,输入单头的字段资料,如图 16-24 所示。

▷"单头"栏一定要先输入!

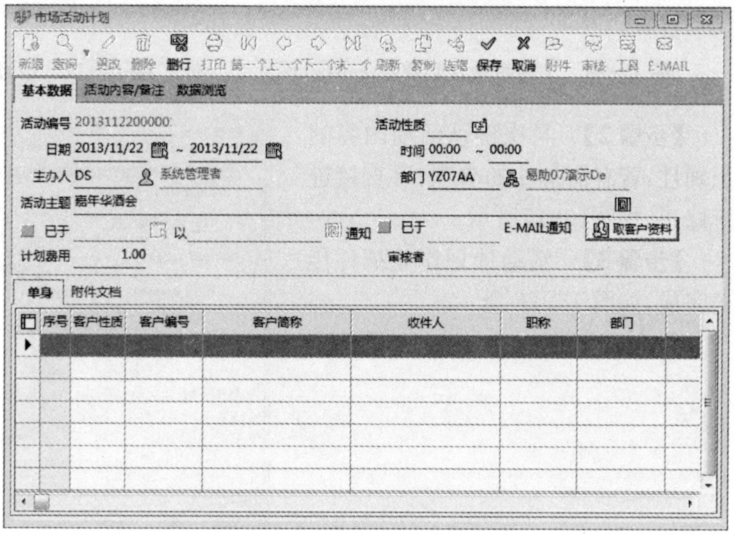

图 16-24 市场活动计划新增图

【步骤2】 按下 取客户资料，请先将要筛选的条件资料先输入，再按下 重查Q，则符合的资料将显示在下方窗口中，此时若多笔选取，只需按下 Ctrl 再用鼠标点选所需要的资料。（可发现每笔被点选的资料前都有一个黑色圆点），按下 确定，即可将客户资料带回业务活动作业中，如图16-25所示。

【步骤3】 当资料确定无误时只需再按下 保存，即可完成"市场活动计划"建立。

5. 功能钮说明

1) E-MAIL——市场活动计划作业E-mai投送。可使用此功能钮，将此次的行销计划活动以整批的方式mail给客户。

➪ 请先确认单身上收件人、职称、E-mail字段皆已正确输入后，才执行此功能钮。

【步骤1】 设定寄件人E-mail邮件服务器配置信息，如图16-26所示。

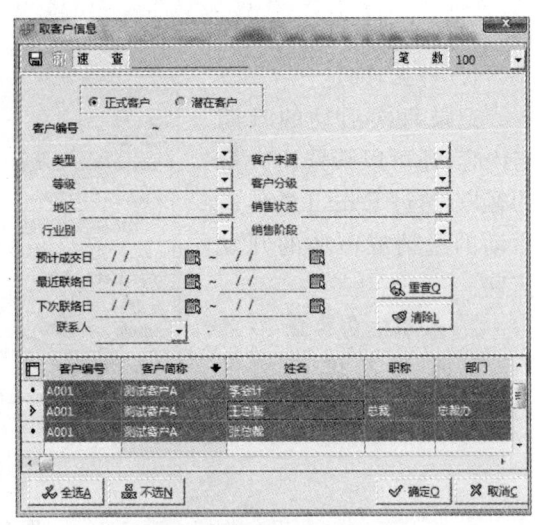

图16-25 取客户信息图

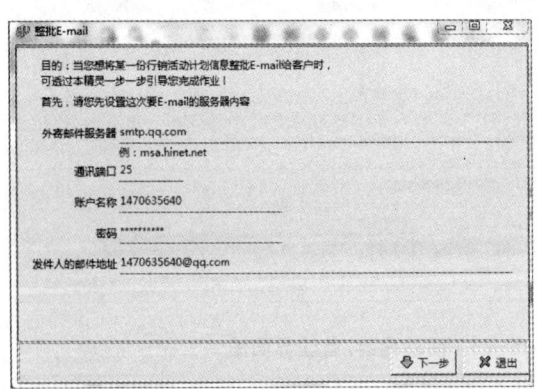

图16-26 市场活动计划整批E-Mail图

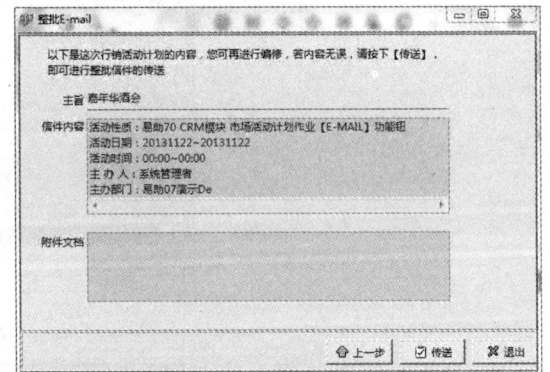

图16-27 市场活动计划整批E-MAIL确认图

【步骤2】 再次确认活动内容的正确性，若有需加注的事项，可直接进行修正，如图16-27所示。

【步骤3】 活动计划作业邮件传送完成，如图16-28所示。

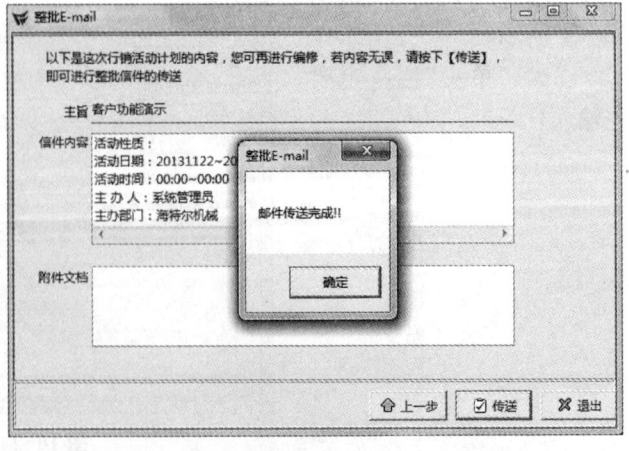

图16-28 市场活动计划整批E-MAIL结果图

16.3.4 市场活动成果

1. 作业目的

记录市场活动计划的实际执行结果。如实际费用、实际参加的人员等情况。

2. 基本信息界面

基本信息界面如图 16-29 所示。

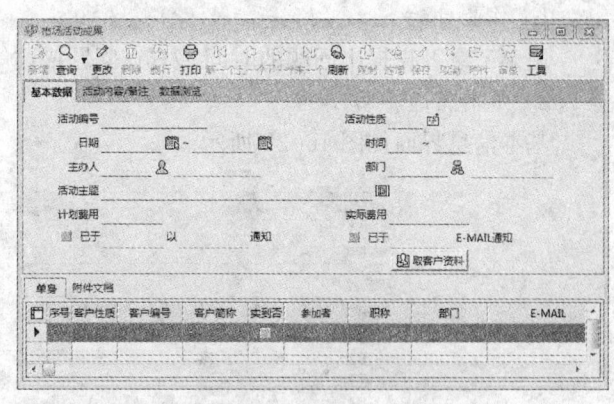

图 16-29 市场活动成果基本信息界面图

3. 取客户资料说明

【步骤 1】 查询到想要录入成果的单据，按下 ，输入单头字段资料，如图 16-30 所示。

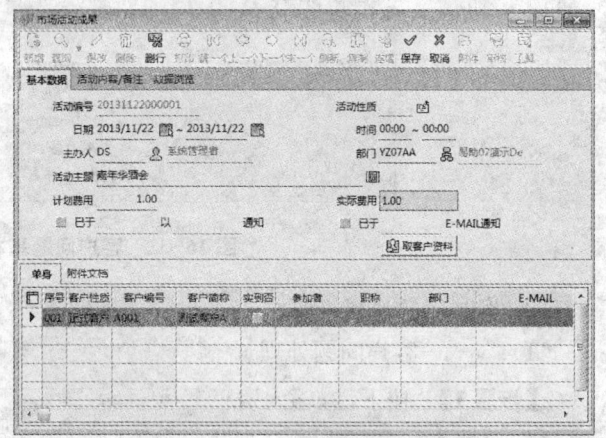

图 16-30 市场活动成果更改图

【步骤 2】 按下 ，请先将要筛选的条件资料先输入，再按下 ，则符合的资料将显示在下方窗口中，此时若多笔选取，只需按下 再用鼠标点选所需要的资料。（可发现每笔被点选的资料前都有一个黑色圆点），按下 ，即可将客户资料带回业务活动作业中，如图 16-31 所示。

⇨ 联系人：将根据所设定的联系人来显示。

【步骤 3】 当资料确定无误时只需再按下 ，即可完成"市场活动成果"建立。

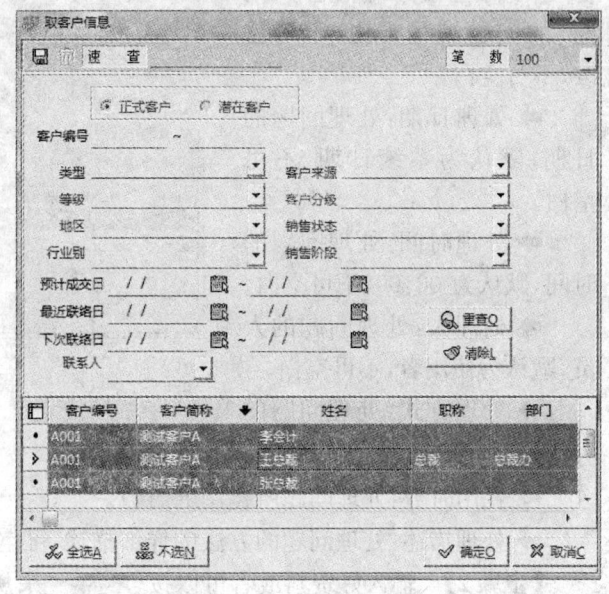

图 16-31 取客户信息图

16.3.4 客户问题

1. 作业目的

用于记录客户提出问题的时间、人员、问题描述等信息。

2. 基本信息界面

基本信息界面如图 16-32 所示。

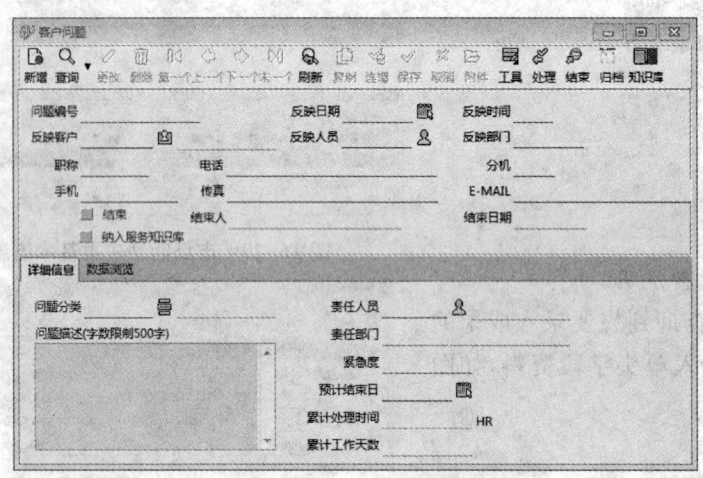

图 16-32　客户问题基本信息界面图

3. 客户问题处理说明

1) ——客户问题处理。

【步骤1】 按下 ，输入资料，如图 16-33 所示。

➡ 问题编号：由"客户问题"的问题编号带出，不可修改，不可空白。

➡ 处理日期：处理问题的日期，默认为系统日期，不可空白。

➡ 处理时间：处理问题的时间，默认为 00:00，不可空白。

➡ 处理人：处理问题的人员，默认为使用者，不可空白。

➡ 处理方式：处理问题的方法，可空白。

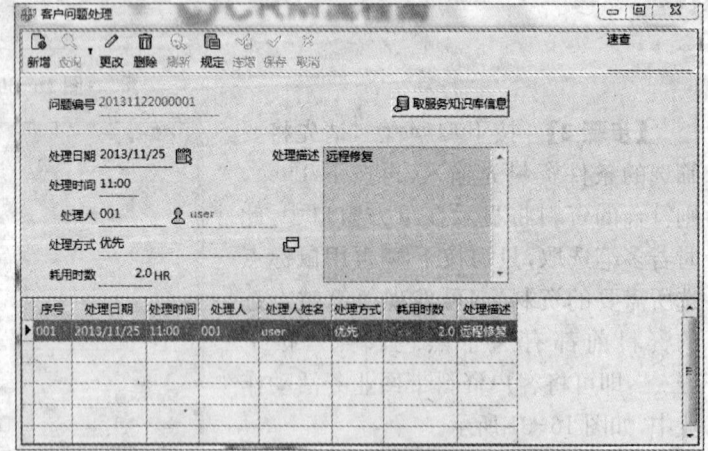

图 16-33　客户问题处理图

➡ 耗用时数：处理问题所耗用的时数。

➡ 处理描述：处理问题的方法的详细描述，可空白。

【步骤2】 输入好资料或者可以按 来从服务知识库中带出与该问题相同的解决方法，如图 16-34 所示。

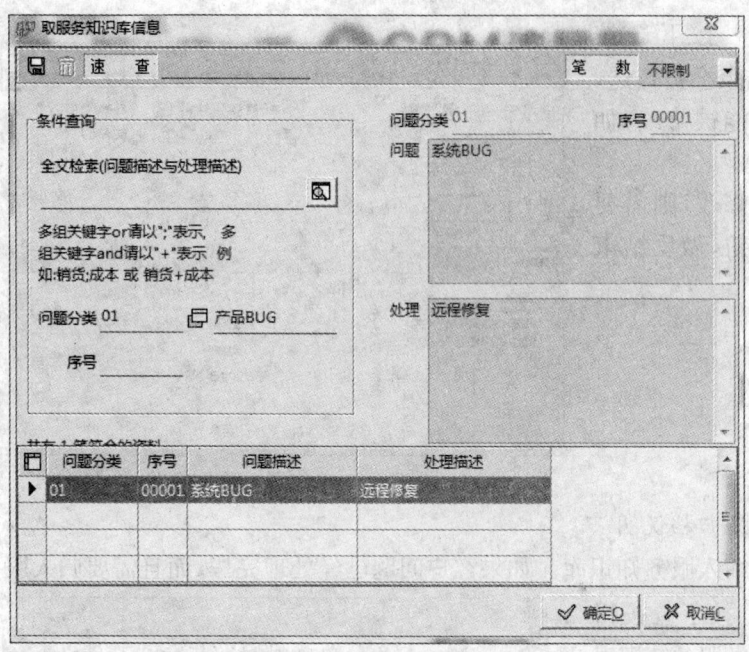

图 16-34　取服务知识库信息图

【步骤 3】　点击 按钮即可。

如果有多次处理,则需要填入多次处理的情况。并且在最后一次处理描述上详细说明处理的方法,便于以后录入知识库查询。

4. 客户问题结束说明

1) ——结束。如果客户的问题已经处理完毕,则需要做结束动作。

【步骤 1】　按下 按钮前,单头的结束状态不会被勾选,此张单据能被修改。

如果想要修改,直接点更改按钮操作,如图 16-35 所示。

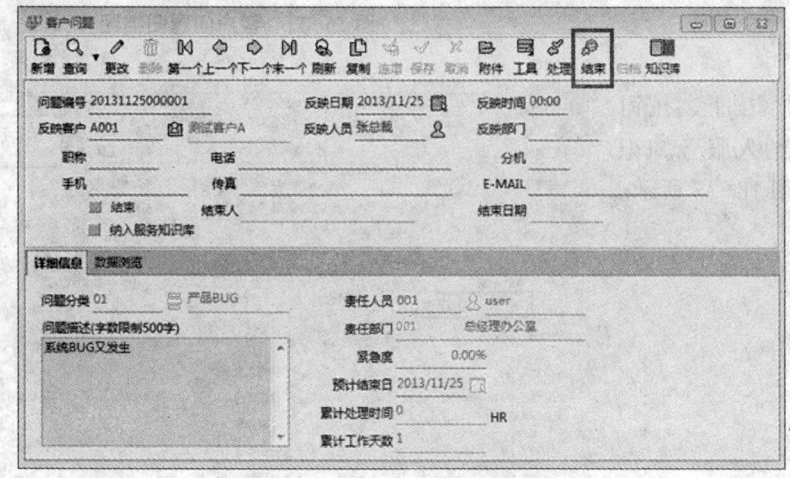

图 16-35　客户问题结束图

【步骤2】 按下按钮,则单头的结束会被勾选,此张单据则不能被修改,如图16-36所示。

如果想要修改,则需要再单击结束按钮,做反结束操作。

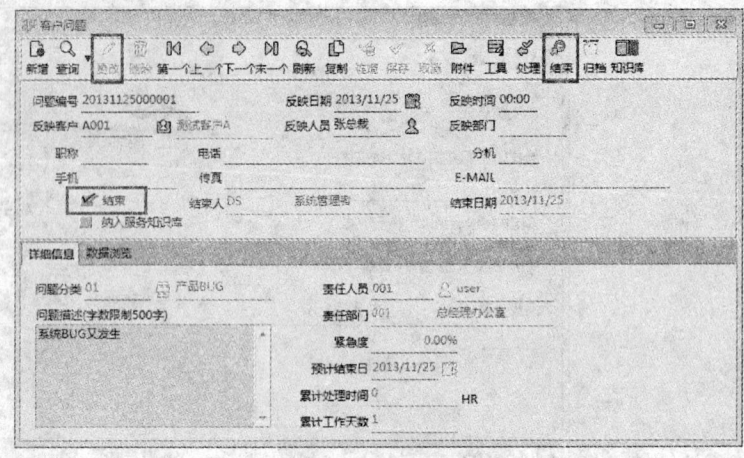

图16-36 客户问题结束图

5. 客户问题归档说明

1) ——纳入服务知识库。如果客户问题已经处理完毕,而且需要归入服务知识库。

【步骤1】 按下按钮前,则单头的纳入服务知识库未被勾选,如图16-37所示。

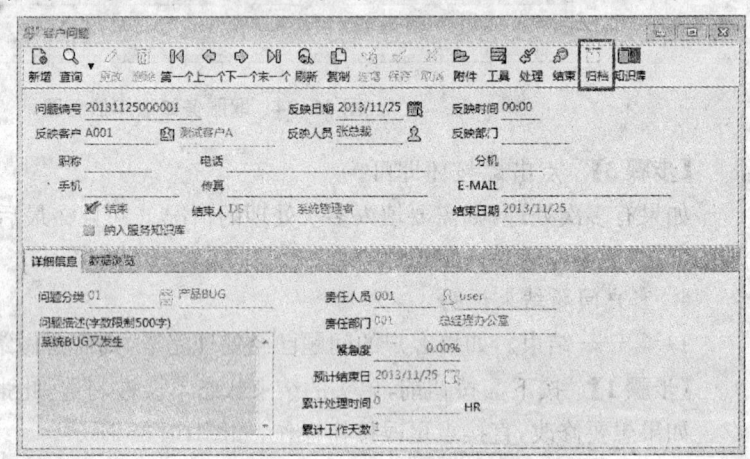

图16-37 客户问题归档图

【步骤2】 按下按钮后,则单头的纳入服务知识库被勾选,如图16-38所示。

图16-38 客户问题纳入服务知识库图

5. 问题处理知识库说明

1) ——知识库查询。已处理、已结束、已归档的纳入服务知识库问题,可以通过"服务知识库查询"来查看。

16.3.5 服务知识库

1. 作业目的

用于记录服务过程中遇到的问题和一些解决的方法。

2. 基本资料界面

基本资料界面如图 16-39 所示。

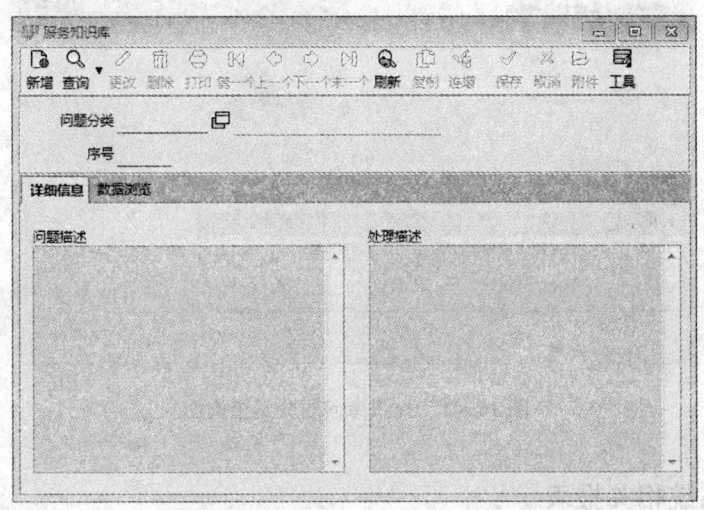

图 16-39 服务知识库基本资料界面图

16.3.6 服务知识库查询

1. 作业目的

可查询服务知识库的资料。

2. 基本资料界面

基本资料界面如图 16-40 所示。

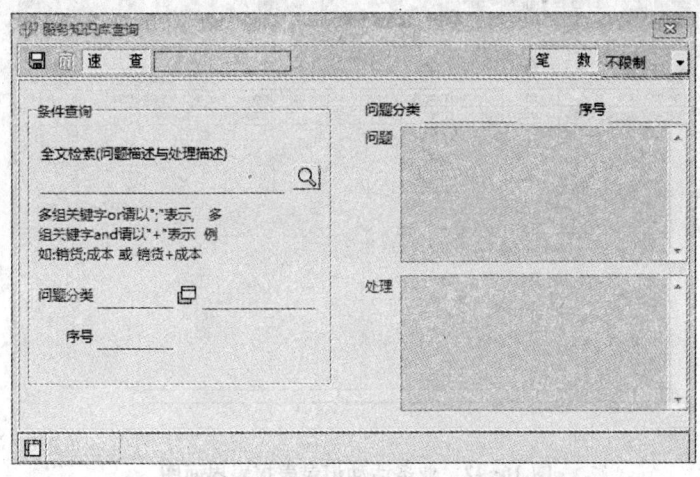

图 16-40 服务知识库查询基本资料界面图

3. 操作说明

按下 🔍 按钮，问题分类开窗 📁 ，可以查询服务知识库的资料，如图 16-41 所示。

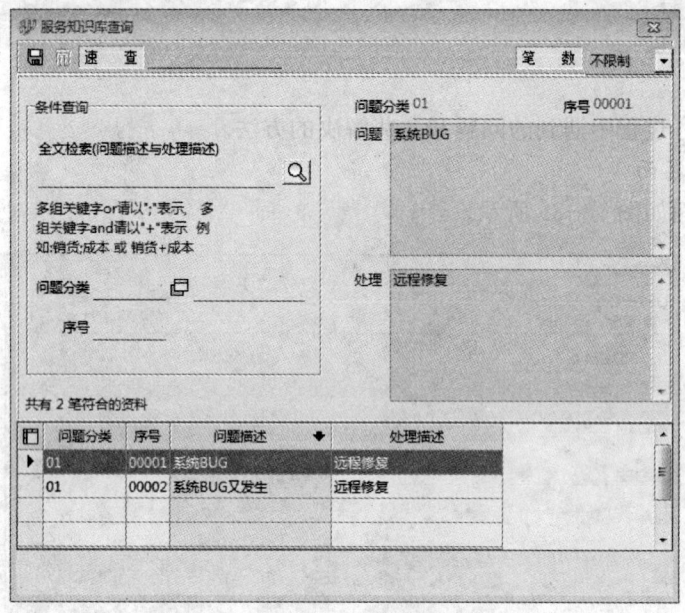

图 16-41　知识库问题分类查询图

16.4　CRM 系统相关报表

16.4.1　业务活动记录表(按客户、按业务)

1. 作业目的

查看不同客户的业务活动记录。

2. 报表界面

报表界面如图 16-42 所示。

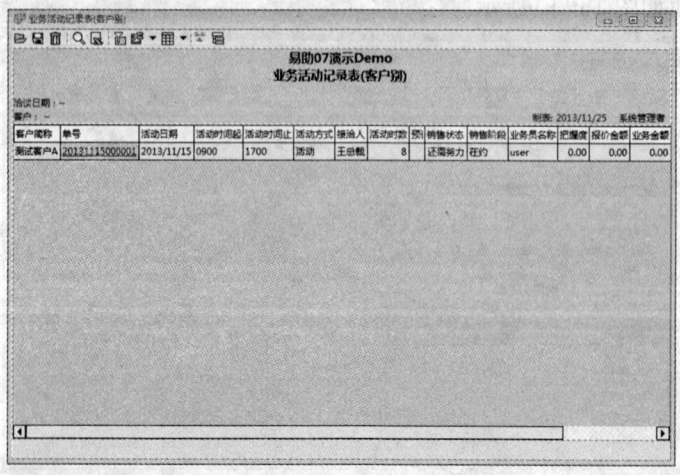

图 16-42　业务活动记录表报表界面图

16.4.2 业务活动分析表(按地区、按行业类别)

1. 作业目的

查看对于不同地区的业务活动的分析情况。

2. 报表界面

报表界面如图 16-43 所示。

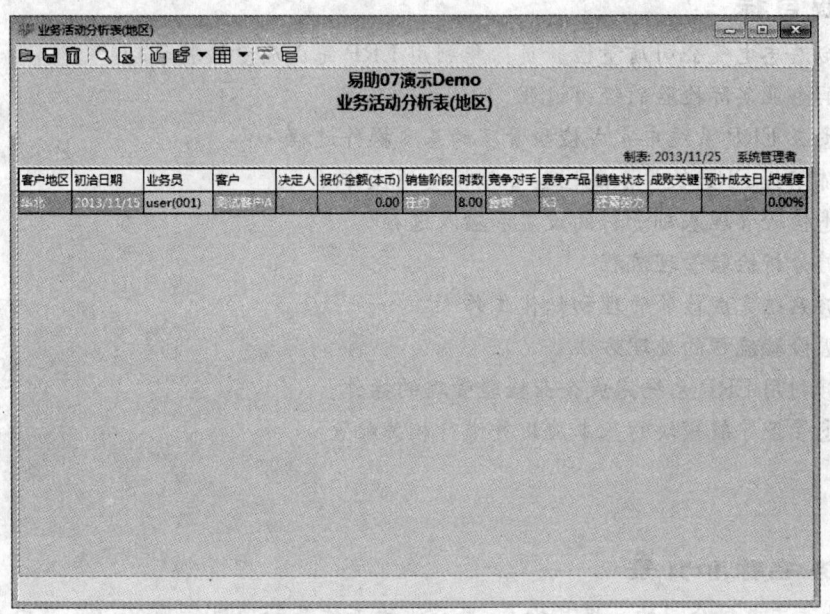

图 16-43　业务活动分析表报表界面图

第 17 章　其他管理模块功能说明

课程目标

- 模拟浩志电气公司质量检验员徐华利用 ERP 完成质量检验管理
- 了解企业实际检验的经办过程
- 熟悉在 ERP 系统中完成检验管理的基本操作过程
- 熟练掌握 ERP 软件系统检验管理模块的操作
- 熟悉检验管理基础资料的设置和输入过程
- 能够分析检验管理流程
- 能够熟练完成检验管理初始化工作
- 掌握检验流程的处理方法
- 能够利用 ERP 系统完成企业检验管理的操作
- 熟悉管理导航模块的基本应用并进行相关配置

任务名称和背景

徐华是浩志电气公司的一名质检员,目前他的工作是管理进货商品以及产内生产品的质量检验验收,在日常的工作中,徐华主要负责检验生产车间的成品,如果有不合格的产品需要重新安排生产;当采购员进货或者委外生产进货后,徐华需要第一时间记录到货数量并进行检验,将合格的入库,不合格的退货;另外,徐华还会参加每个月的库存盘点,在盘点过程中检验部分质保产品,如发现报废品,需要及时报废。王博的工作职责如表 17-1 所示。

表 17-1　王博的工作职责

姓名	所属公司	职务	工作职责
徐华	浩志电气	质检员	ERP 项目核心模块参与者,相关业务负责人

17.1 服务管理

17.1.1 服务管理参数设置

17.1.1.1 进销存参数

1. 作业目的

设置本服务管理系统所需的基本。例如,单据的编码方式。

2. 作业界面

服务管理单号设置如图 17-1 所示。

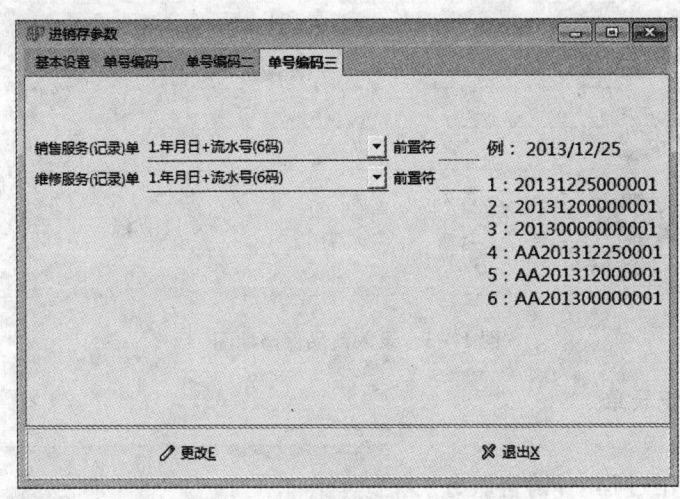

图 17-1 服务管理单号设置图

17.1.1.2 录入故障类型

1. 作业目的

在新增维修服务记录单前,先在这里录入故障类型。
进行故障类型的选择。

2. 作业界面

录入故障类型如图 17-2 所示。

3. 字段说明

➡ 故障类型编号:手动输入,不可空白,不能输入重复的类型编号。

➡ 故障类型名称:手动输入,可以空白。

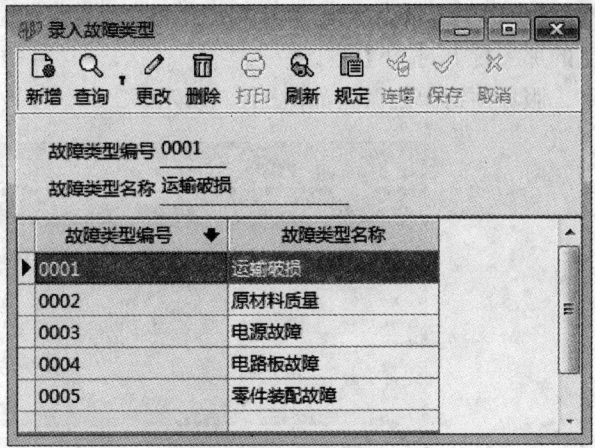

图 17-2 录入故障类型图

17.1.1.3 录入商品保修期

1. 作业目的

在这里设置商品的主保修期和维修保修期。以后在维修服务记录单时,可以根据这里的保修期来推算维修商品是否在保修期内。

2. 作业界面

录入商品保修期如图 17-3 所示。

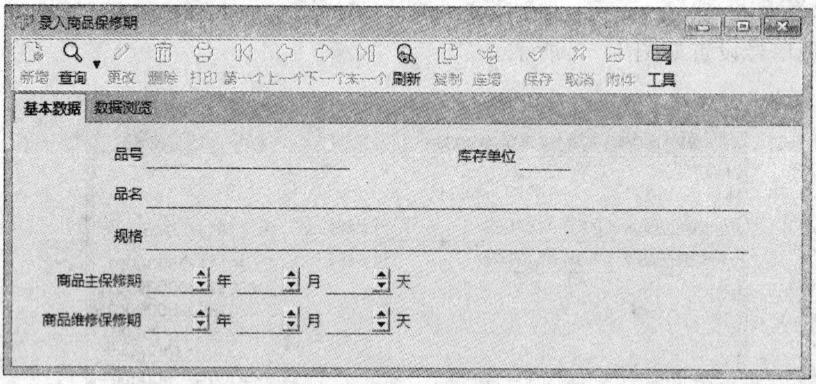

图 17-3 录入商品保修期图

17.1.2 销售服务记录单

1. 作业目的

在系统日常使用过程中,销售服务可以通过服务预约单录入系统。

2. 作业界面

销售服务预约单如图 17-4 所示。

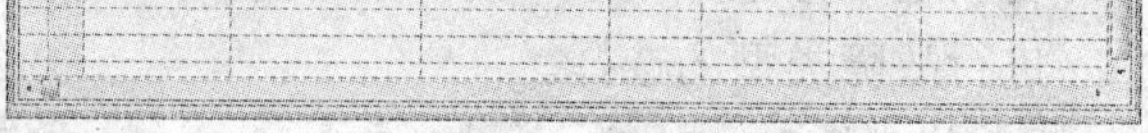

4. 功能钮说明

(1) 派工。

【步骤1】 鼠标点击单身需派工的信息的那一行上,按下【派工】。

图 17-4 销售服务预约单图

服务预约单之派工如图 17-5 所示。

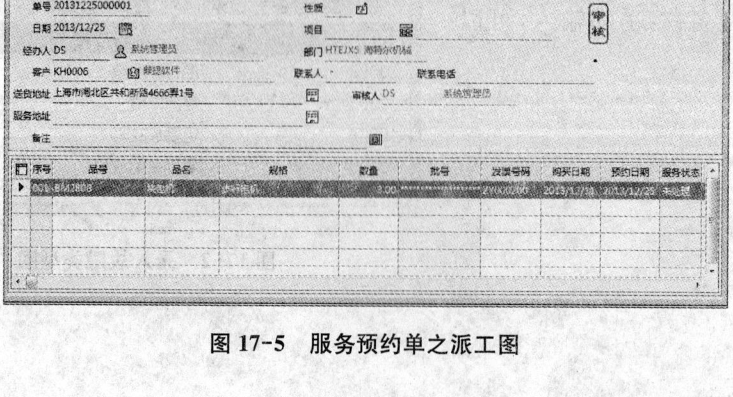

图 17-5 服务预约单之派工图

【步骤2】 弹派工人员的窗口,在窗口中输入人员,也可按 F2 作人员信息的开窗。服务预约单的派工选择服务人员如图 17-6 所示。

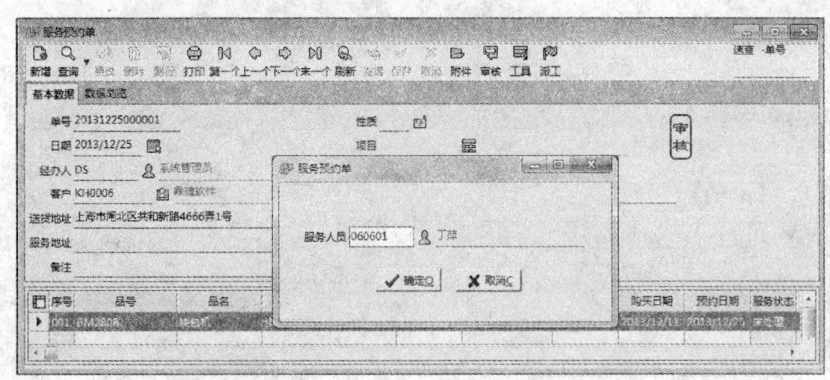

图 17-6　服务预约单之派工选择服务人员图

(2)再次点击【派工】。即清除已经派工的商品的相关派工信息。回到单据,这时可发现派工信息已经更新到单身了。

17.1.3　销售服务单

1. 作业目的

当"销售服务记录单"有派工信息时,便会在"销售服务单"中查询到,该作业能记录商品的销售服务情况及服务结果。

2. 作业界面

销售服务单如图 17-7 所示。

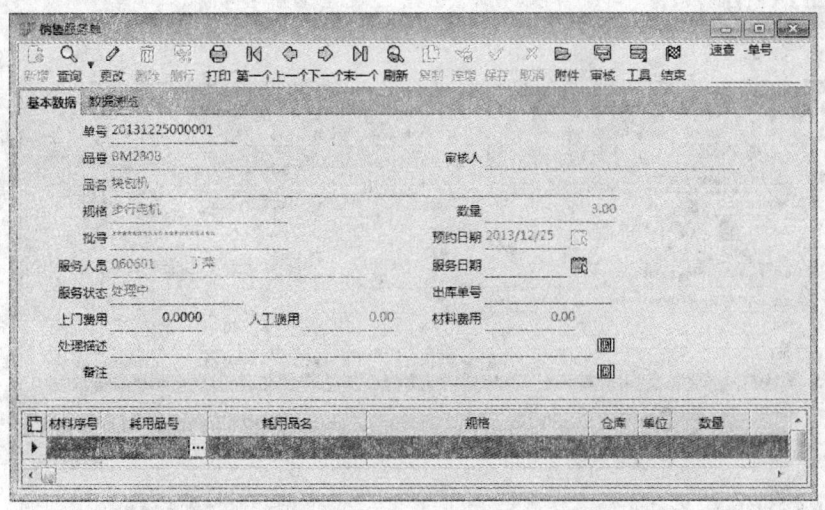

图 17-7　销售服务单图

3. 功能按钮说明

1)　结束。

服务状态为"处理中"中的销售服务单可通过此功能钮,结束一张销售服务单。结束后,该单据的服务状态更新为"已结束"。此功能钮也可进行反方向的操作。

销售服务单的结束如图 17-8 所示。

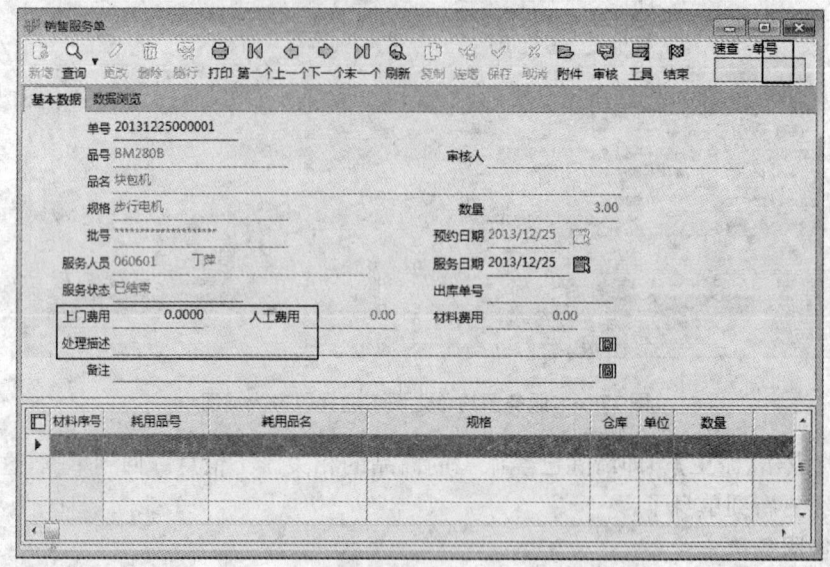

图 17-8　销售服务单的结束图

17.1.4　维修服务预约单

1. 作业目的

维修动作发生前,用于记录需要维修的信息。

2. 基本信息画面

维修预约单如图 17-9 所示。

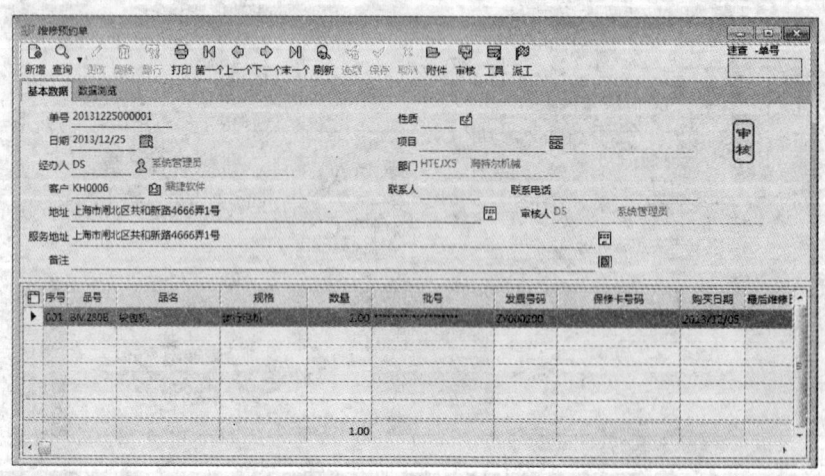

图 17-9　维修预约单图

17.1.5　维修服务单

1. 作业目的

维修动作发生后,记录的维修服务信息。

2. 基本信息画面

维修服务单如图 17-10 所示。

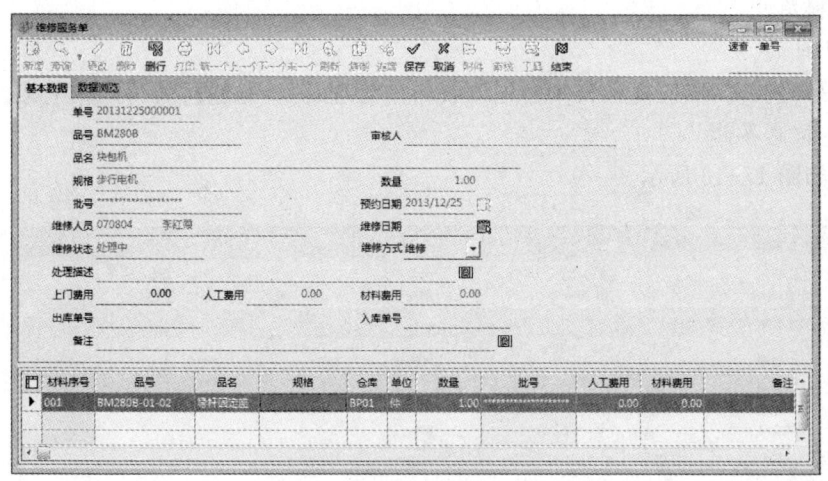

图 17-10　维修服务单图

17.1.6　服务管理相关报表

17.1.6.1　销售服务记录单明细表(按单据)

1. 作业目的

从单号角度查询销售服务记录单的相关信息。

2. 报表格式

销售服务记录单明细报表格式如图 17-11 所示。

图 17-11　销售服务记录单明细报表格式图

17.1.6.2　维修服务记录单明细表(按客户)

1. 作业目的

以单据来查询商品维修服务记录的状况。

2. 报表界面

维修服务记录单明细报表格式如图 17-12 所示。

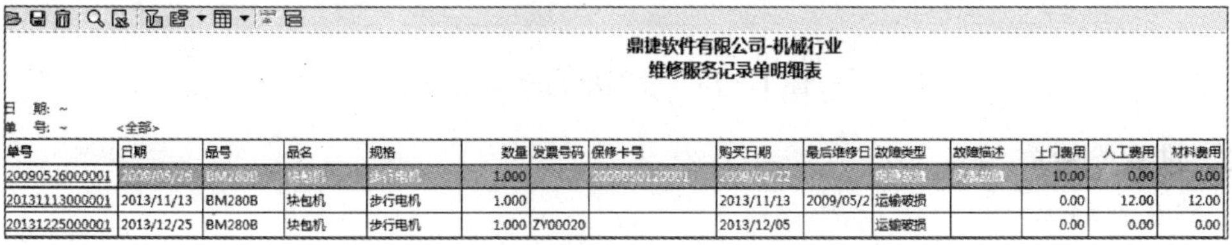

图 17-12　维修服务记录单明细报表格式图

17.2 检验管理

17.2.1 收料单

1. 作业目的

若做货品检验时,供应商送料来会先以收料单管理,待检验通过后再入库上架。

2. 基本信息界面

收料单如图 17-13 所示。

图 17-13 收料单图

3. 取单操作说明

可经由"采购单"取出前置单据至收料单中。

收料单的取单如图 17-14 所示。

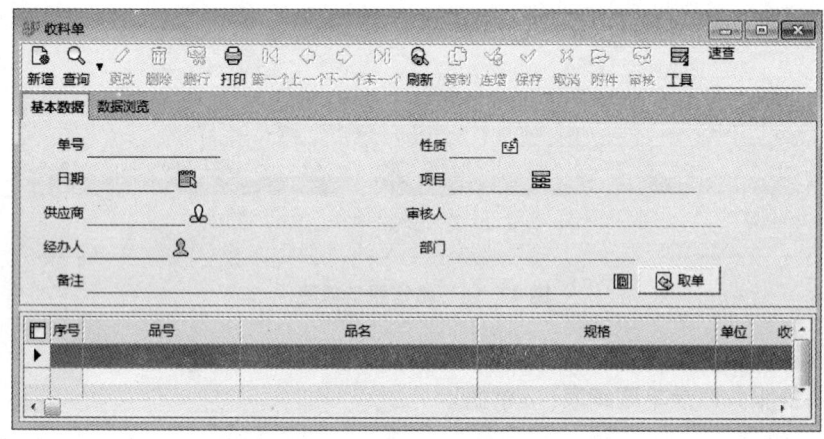

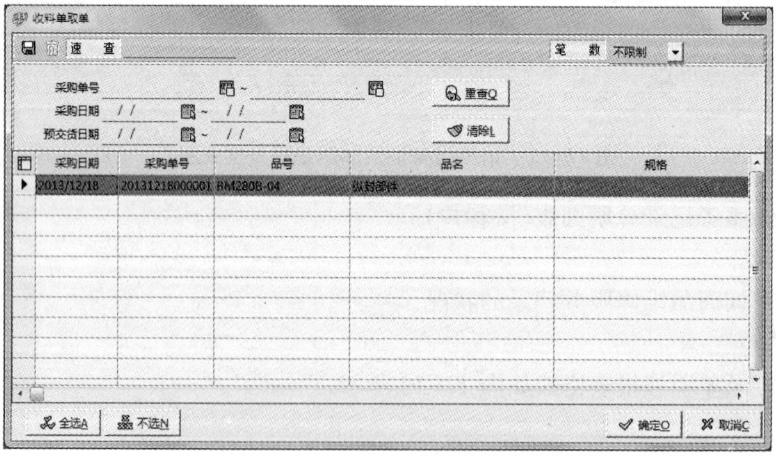

图 17-14 收料单的取单图

17.2.2 进货检验单

1. 作业目的

当进行进货检验管理时,收料后在进货检验单中输入检验结果。

2. 基本信息界面

进货检验单如图 17-15 所示。

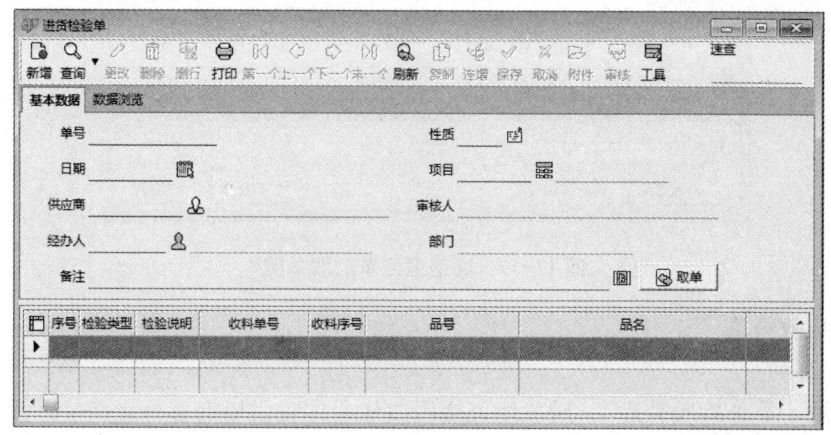

图 17-15　进货检验单图

17.2.3　验退退回单

1. 作业目的

当商品检验发现不合格产品时,需退回给供应商,当供应商取回时请从本作业输入。

2. 基本信息界面

验退退回单如图 17-16 所示。

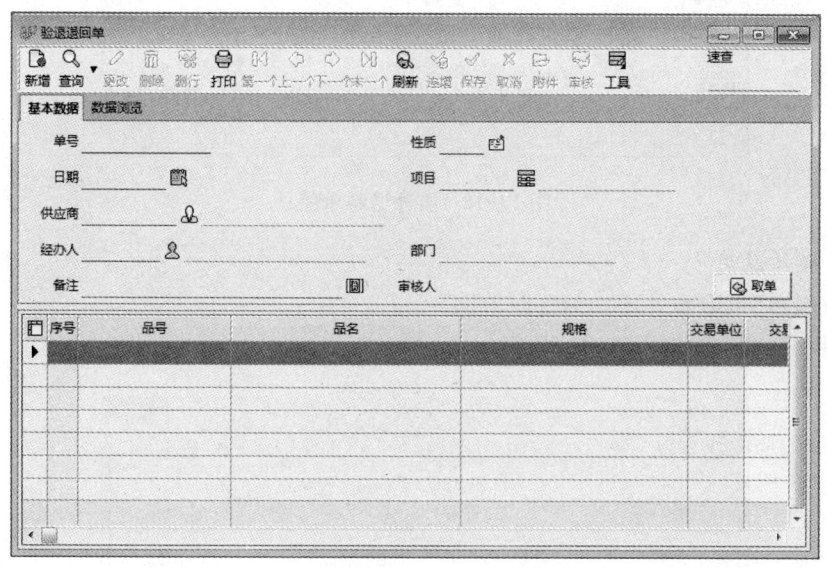

图 17-16　验退退回单图

3. 取单操作说明

将验收单中,检验不合格的商品,带至"验退退回单"。

验退退回单的取单如图17-17所示。

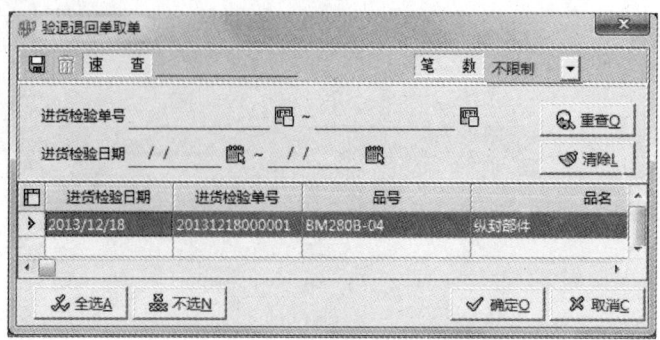

图 17-17　验退退回单的取单图

17.2.4　委外收料单

1. 作业目的

当系统做了委外检验管理后,用户便可使用该作业接收供应商委外生产的产品,以便后续待检。

2. 基本信息画面

委外送料单如图17-18所示。

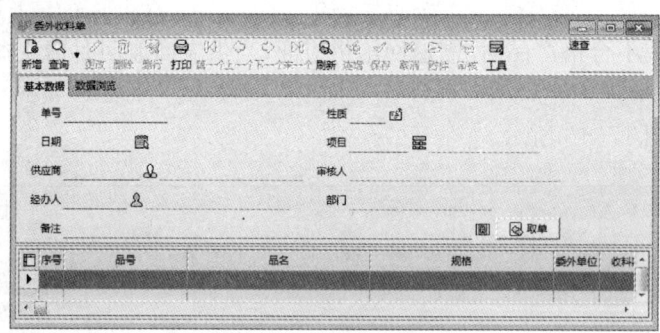

图 17-18　委外送料单图

3. 取单操作说明

"委外收料单"可取委外单做前置源单据。

委外送料单的取单如图17-19所示。

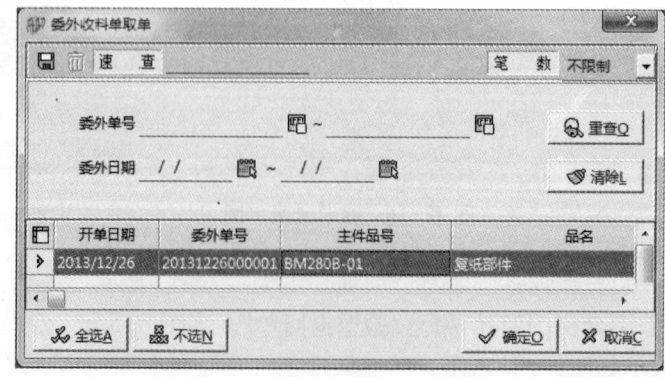

图 17-19　委外送料单之取单图

17.2.5 委外检验单

1. 作业目的

用于对已收料的商品进行检验，验收合格的商品后续便可进货入库，不合格的便需作验退或报废处理。

2. 基本信息画面

委外检验单如图 17-20 所示。

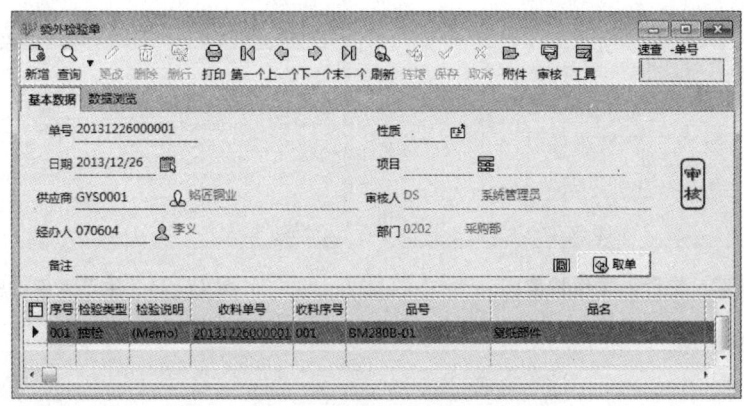

图 17-20　委外检验单图

17.2.6 委外验退退回单

1. 作业目的

用于将已检验不合格的商品退回给供应商的处理。

2. 基本信息界面

委外验退退回单如图 17-21 所示。

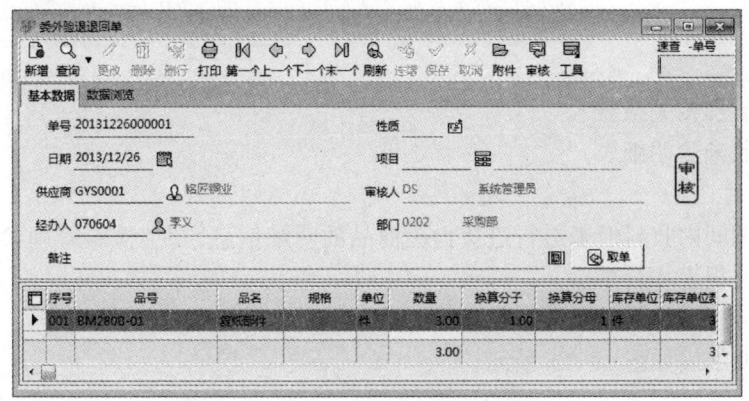

图 17-21　委外验退退回单图

17.2.7 生产入库检验单

1. 作业目的

当进行生产入库检验检验管理时，领料后在生产入库检验单中输入检验结果。

2. 基本信息界面

生产入库检验单如图 17-22 所示。

3. 操作说明

“生产入库单”可取“工单”或“重工单”做前置源单据。

生产入库检验单如图 17-23 所示。

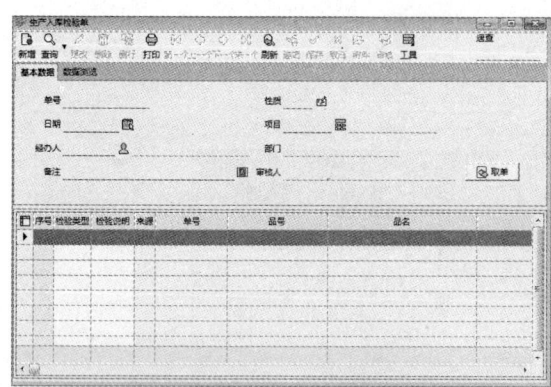

图 17-22　生产入库检验单图

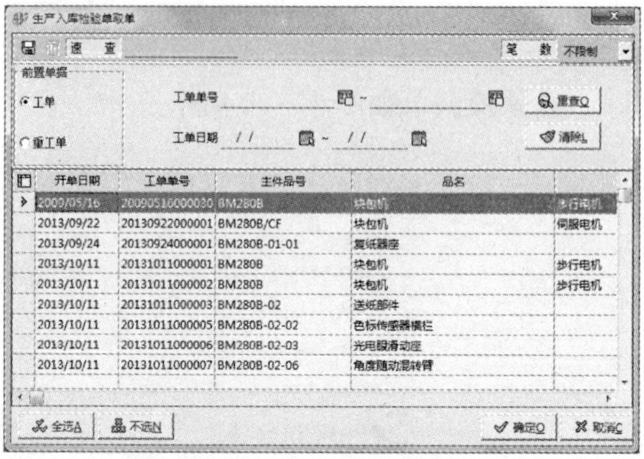

图 17-23　生产入库检验单图

17.2.8　库存检验单

1. 作业目的

将在存货仓的待检商品进行检验后录入此单据，合格的便可进行出货，不合格的后续便可进行报废等处理。

2. 基本信息界面

库存检验单如图17-24所示。

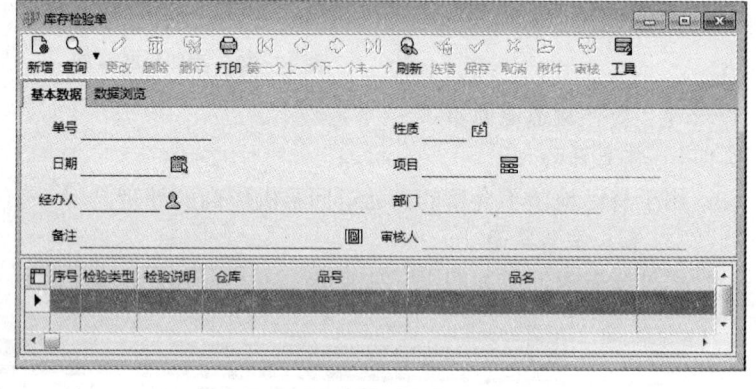

图 17-24　库存检验单图

17.2.9　检验管理相关报表

17.2.9.1　已收未验明细表

1. 作业目的

查询某段期间内收料但未进行进货检验商品的明细信息。在“检验管理参数”有勾选“进货检验管理”，此报表才会显示。

2. 报表界面

已收未验明细表如图 17-25 所示。

鼎捷软件有限公司-机械行业
已收未验明细表

收料单号: ~
收料日期: ~

收料单号	收料日期	供应商简称	经办人名称	品号	品名	单位	收料数量	未验数量	前置单据
20131226000002	2013/12/26	松远鸿业	李义	BM280B-04	纵封部件	件	1.000	1.000	采购20131218000001

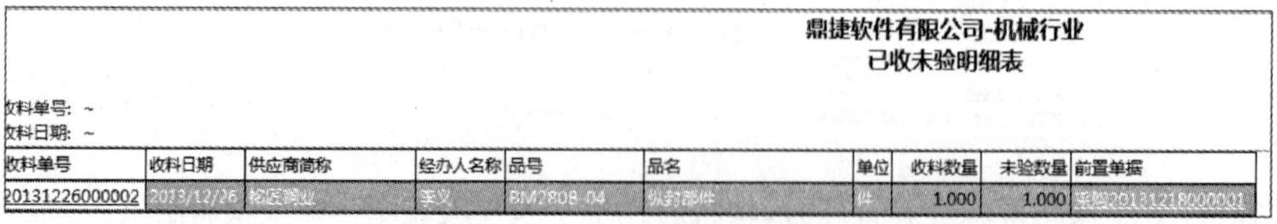

图 17-25　已收未验明细表图

17.2.9.2 生产入库检验明细表(按单据)

1. 作业目的

以单号方式查询某段时间内的生产入库检验明细数据。

2. 报表界面

生产入库检验明细表如图 17-26 所示。

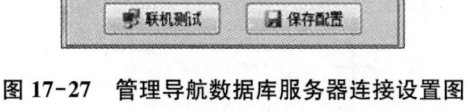

图 17-26　生产入库检验明细表图

17.3 管理导航

17.3.1 管理导航总体介绍

17.3.1.1 管理导航简介

管理导航是一个 Flash 报表查看工具。

17.3.1.2 管理导航使用说明

双击管理导航,运行管理导航。首次运行时,会弹出连接设置窗体,设置数据库服务器连接信息。管理导航数据库服务器连接设置如图 17-27 所示。

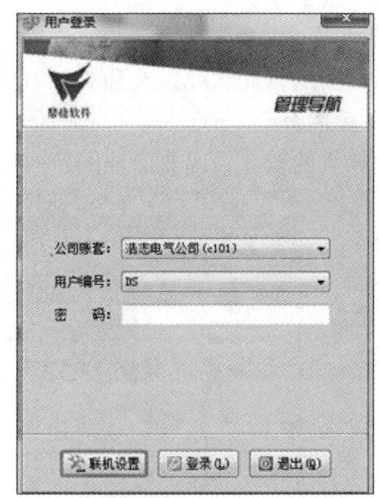

图 17-27　管理导航数据库服务器连接设置图　　图 17-28　管理导航登陆界面图

设置好数据库连接后,点击"保存配置",出现登录窗。

管理导航登陆界面如图17-28 所示。

选择登录公司账套、用户名,输入密码,点击登录即可进入管理导航主界面。

17.3.1.3 管理导航主界面

管理导航主界面由以下几部分组成:菜单档、工具栏、页签栏、列表栏、报表区、状态栏

管理导航主界面如图 17-29 所示。

ERP 应用实训教程

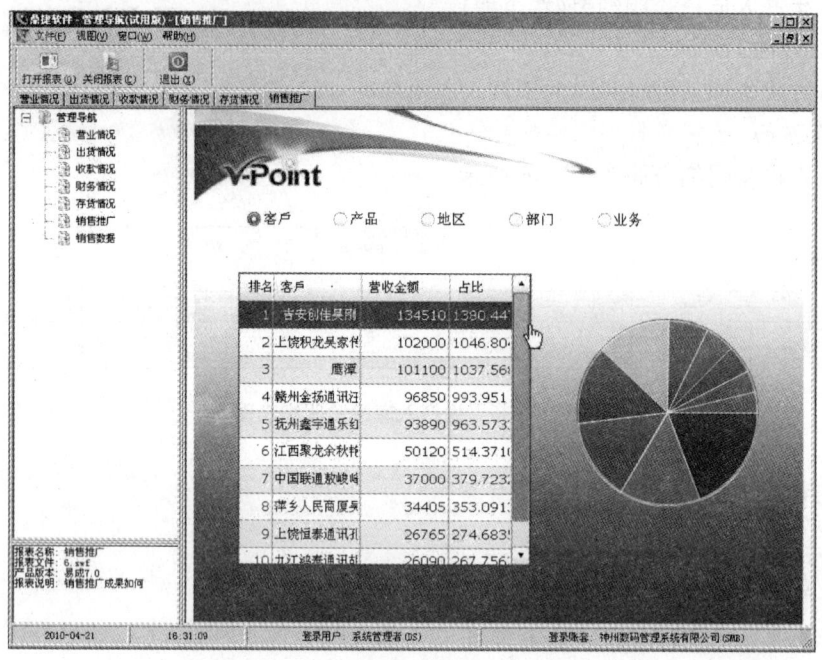

图 17-29　管理导航主界面图

17.3.2　管理导航报表简述

17.3.2.1　营业情况表

1. 报表简述

公司目前的营业状况以及和去年对比的一个成长率的分析,分全年对比和按月对比两种。

2. 报表界面

管理导航的营业情况界面如图17-30所示。

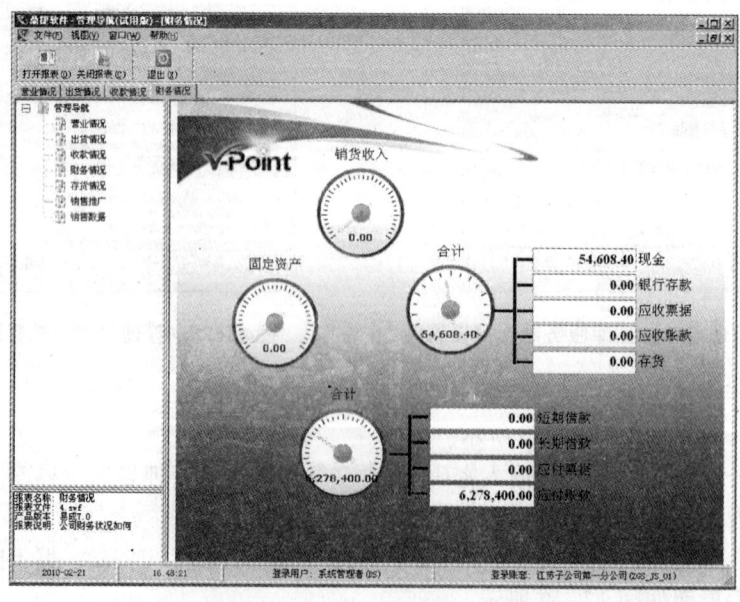

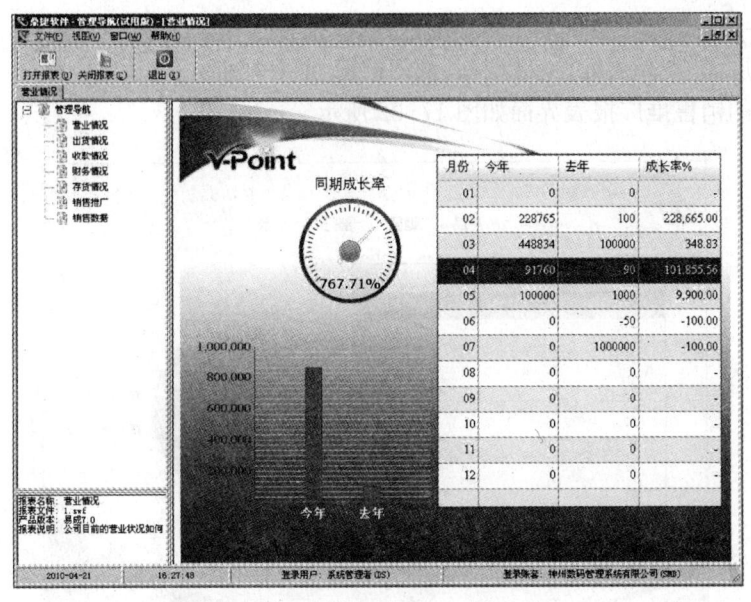

图 17-30　管理导航的营业情况界面图

17.3.2.5　存货情况表

1. 报表简述

分析存货情况,从进出比较、出货记录、进货记录分析出货量与出货金额。

2. 报表界面

比较表、进出比较表、出货记录。

管理导航的存货报表界面如图 17-31 所示。

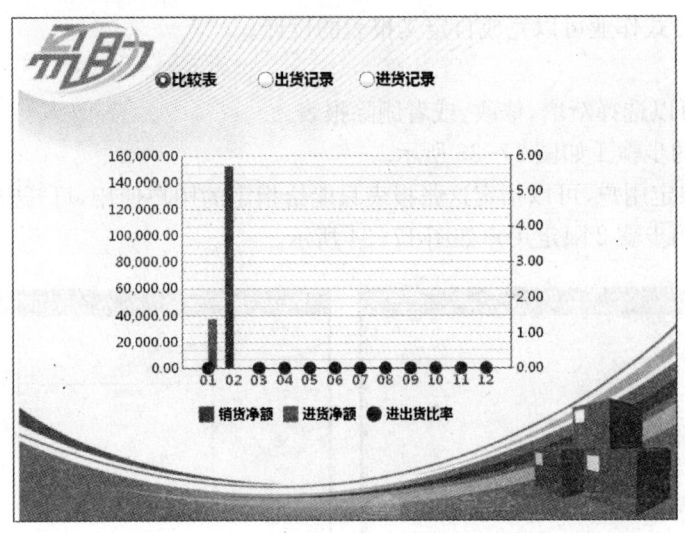

图 17-31　管理导航的存货报表界面图

17.3.2.6　销售推广表

1. 报表简述

销售情况的分析,从客户、产品、地区、部门、业务五个层面分析销售推广情况。

2. 报表界面

包含客户层面、产品层面、地区层面、部门层面、业务层面。

管理导航的销售推广报表界面如图 17-32 所示。

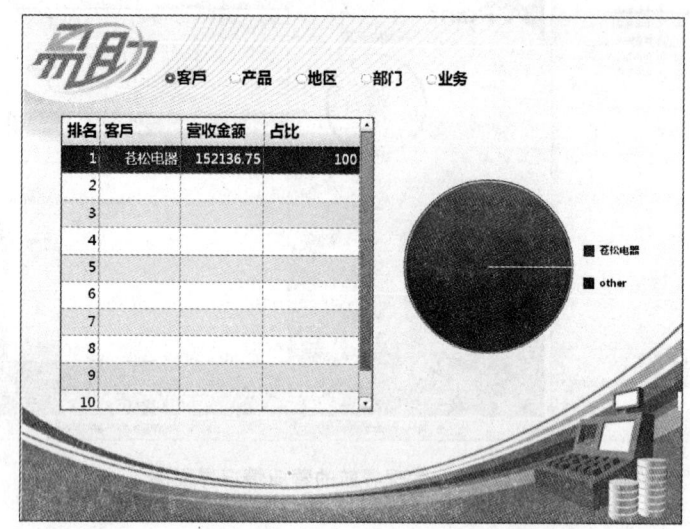

图 17-32　管理导航的销售推广报表界面

17.4　报表设计器

17.4.1　设计自定义报表

1. 作业目的

通过这个向导式作业可以完成自定义报表的设计。

2. 操作说明

【步骤 1】　可以选择新增、修改、或者删除报表。

报表生成器的步骤 1 如图 17-33 所示。

【步骤 2】　限定用户，可以指定这张报表只能给指定的用户使用，可开窗选择用户。

报表生成器的步骤 2 限定用户如图 17-34 所示。

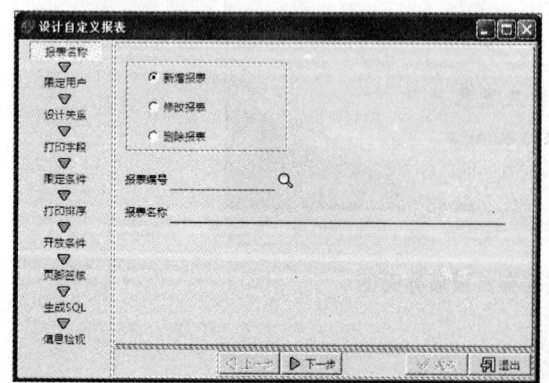

图 17-33　报表生成器的步骤 1 图

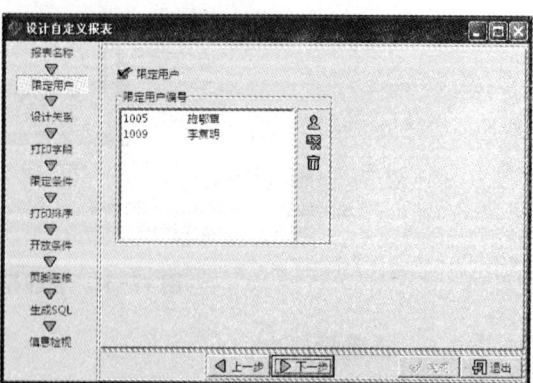

图 17-34　报表生成器的步骤 2 图

限定用户:这张报表是否能给指定的用户查看。
限定用户编号:列出限定用户的编号,不可输入。

【**步骤 3**】 可以按右键"显示表(Z)"选择来源表并且指定表与表之间的关联。

1) 在关联的界面上点击右键,会出现显示表

报表生成器的步骤 3 之显示表如图 17-35 所示。

2) 点击 下一步 按钮

报表生成器的步骤 3 之关联如图 17-36 所示。

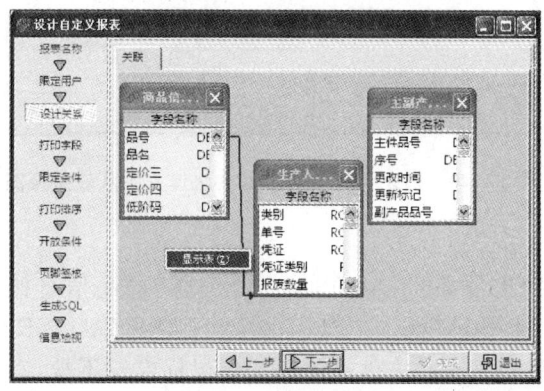

图 17-35 报表生成器的步骤 3 之显示表图

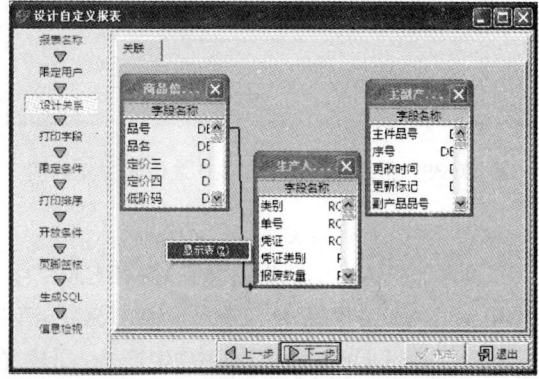

图 17-36 报表生成器的步骤 3 之关联图

3) 所有的资料表将会列出于下方窗口中

报表生成器的步骤 3 之资料表显示图如图 17-37 所示。

4) 根据自己要设计的报表来选择表名,可按 ctrl 或 shift 选择多个表名

按 添加 按钮。当再要选择其他表时,可选择好表名后,也可选中某个表后双击鼠标左键,进行表的添加,系统会将你选中的表名立即带入到"设计关系"界面中。

5) 删除表,可点击表名右上角的 关闭 ,即可将该表移除

报表生成器的步骤 3 之删除表如图 17-38 所示。

图 17-37 报表生成器的步骤 3 之资料表显示图

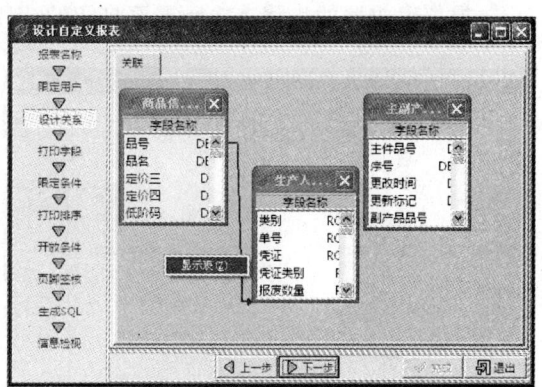

图 17-38 报表生成器的步骤 3 之删除表图

6) 设置主文档

选中一个表为主表,点击右键,会将此表的背景设置为黄色,白色背景的表为从表。

报表生成器的步骤 3 设置主文档如图 17-39 所示。

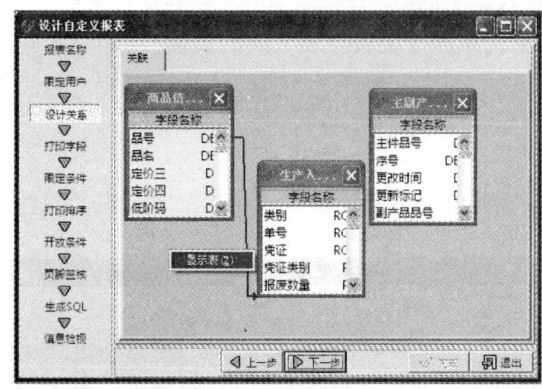

图 17-39　报表生成器的步骤 3 之设置主文档图

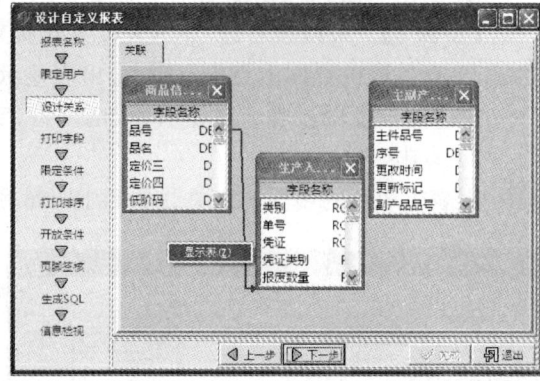

图 17-40　报表生成器的步骤 3 之建立主从表关系图

7）建立主从表关系

如"生产入/出库单头档（SGMRCA）"中的"主件品号（RCA008）"要关联"商品信息档（TPADEA）"的"品号（DEA001）"，SQL 语句为：SGMRCA LEFT JOIN TPADEA ONRCA008 ＝ DEA001；先选中"生产入/出库单头档"中的"主件品号"，按住鼠标左键不放，直接拖动到"商品信息档"的"品号"，这样，他们之间的关系就建立好了。

报表生成器的步骤 3 建立主从表关系如图 17-40 所示。

8）编辑主从表关系

选中该条关联线，使之变粗，点击右键，会出现删除关联，编辑关系（LEFT JOIN 和 INNER JOIN）。

删除关联：将此关联关系删除。当用户发现自己的关联关系建错了，可先删除此关联，再重新进行关联。

编辑关系：用户可更加自己的需要建立是 LEFT JOIN 还是 INNER JOIN。按 ▽下一步 继续。

【步骤 4】　可以从选择的来源表中选取要打印的字段。

报表生成器的步骤 4 选择需要打印的字段如图 17-41 所示。

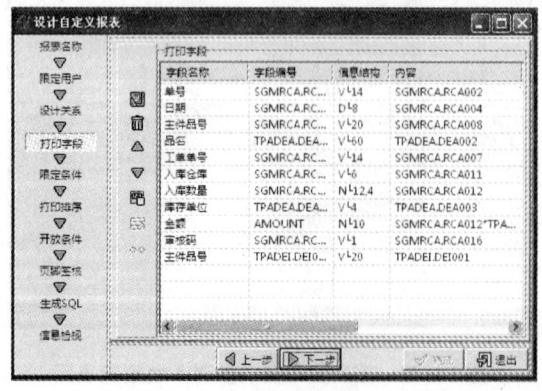

图 17-41　报表生成器的步骤 4 图

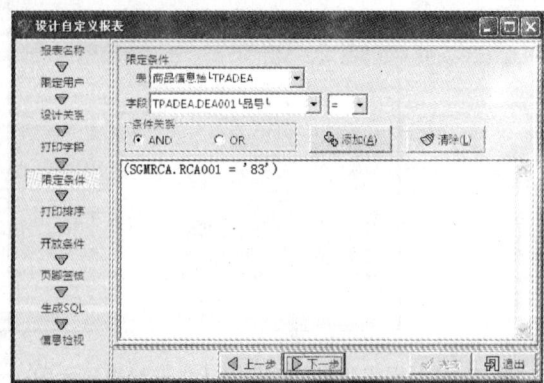

图 17-42　报表生成器的步骤 5 图

【步骤 5】 可以给选择的来源表的数据进行筛选,增加筛选条件。

报表生成器的步骤 5 如图 17-42 所示。

【步骤 6】 可以给选择的来源表的数据进行排序,增加排序条件。

报表生成器的步骤 6 如图 17-43 所示。

【步骤 7】 可以给用户增加报表前端的开放条件,以便最终用户可以再次筛选报表内容,并且可以选择选项条件是否要在报表上打印。

【步骤 8】 可以指定报表的页脚和签核。

报表生成器的步骤 8 如图 17-44 所示。

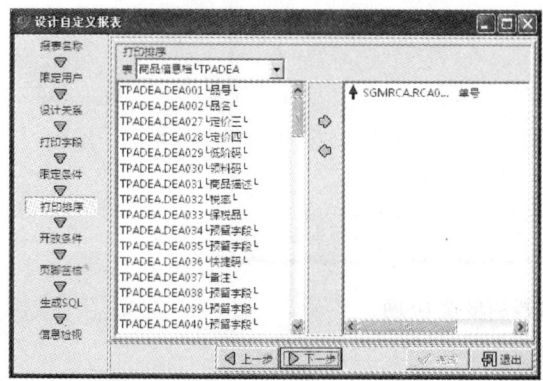

图 17-43 报表生成器的步骤 6

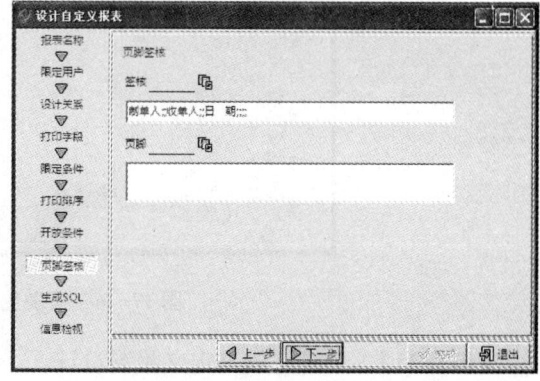

图 17-44 报表生成器的步骤 8

签核:选择签核的编号,可按 F2 作"签核流程"的查询窗口,可空白。系统会自动将签核的流程列于下面的 text 框中。如果有选择签核,则打印报表时,可浏览到签核的流程。

页脚:选择页脚的编号,可按 F2 作"页脚"的查询窗口,可空白。系统会自动将页脚的内容列于下面的 text 框中。如果有选择页脚,则打印报表时,可浏览到页脚的内容。

【步骤 9】 可以点击"SQL"按钮查看 SQL 语句并且提供修改的功能。

报表生成器的步骤 9 如图 17-45 所示。

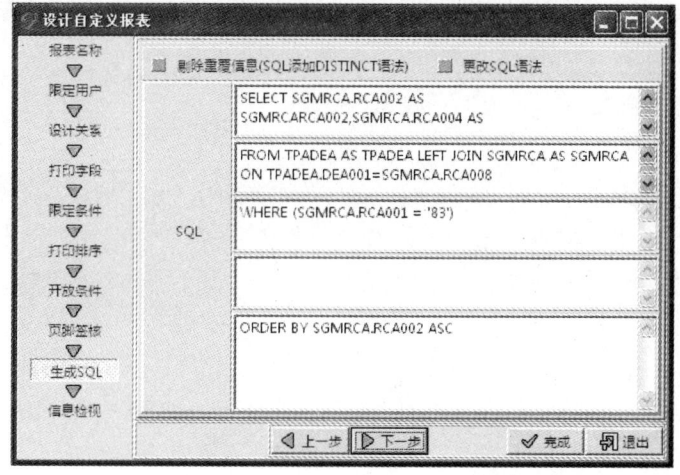

图 17-45 报表生成器的步骤 9 图

【步骤10】 信息检视,点击"信息检视"按钮可以查看报表内容,点击"信息检视"按钮,会将所有资料列在 GRID 中。

报表生成器的步骤 10 如图 17-46 所示。

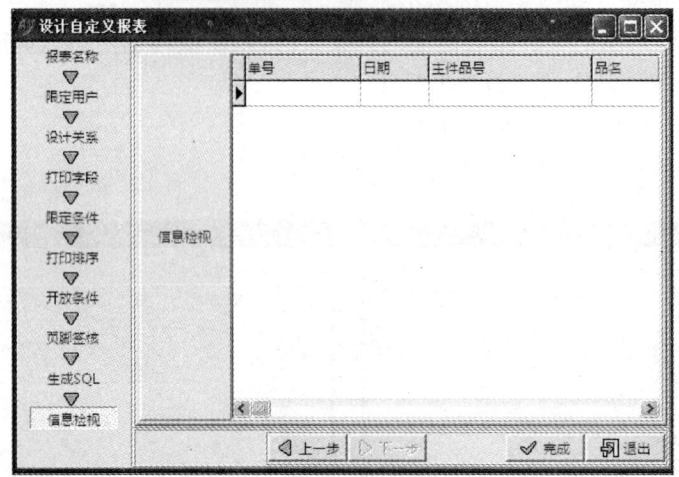

图 17-46　报表生成器的步骤 10 图

【步骤11】 最终完成自定义报表设计。